普通高等学校经管类精品教材

安徽省高水平高职教材
校企合作共同开发教材

财务管理
项目化教程

主　　编　徐　旻　钱胡风
副主编　张兴福　范　昱　余　畅
编写人员（以姓氏笔画为序）
　　　　　王　彤　田维维　余　畅　陈　欣
　　　　　张兴福　范　昱　席　菊　徐　旻
　　　　　钱胡风　戴瑞佳

中国科学技术大学出版社

内 容 简 介

本书以培养学生掌握企业财务管理岗位职业技能为核心,以企业财务管理工作项目为导向,以"教、学、做"一体化为目标,系统介绍企业财务管理基本认知、财务管理基础观念、财务预算、财务预测、筹资活动管理、投资管理、营运资金管理、成本管理、分配管理、财务分析、战略管理等知识与技能。

本书适用于高等职业院校财务管理、会计、审计、理财和金融等财经类专业的教学,也可供参加会计专业技术资格考试的人员和中小企业财务工作者及财会爱好者参考。

图书在版编目(CIP)数据

财务管理项目化教程/徐旻,钱胡风主编.--合肥:中国科学技术大学出版社,2024.8.--ISBN 978-7-312-06035-9

Ⅰ.F275

中国国家版本馆CIP数据核字第2024WC3182号

财务管理项目化教程
CAIWU GUANLI XIANGMUHUA JIAOCHENG

出版	中国科学技术大学出版社 安徽省合肥市金寨路96号,230026 http://press.ustc.edu.cn https://zgkxjsdxcbs.tmall.com
印刷	合肥市宏基印刷有限公司
发行	中国科学技术大学出版社
开本	787 mm×1092 mm 1/16
印张	20.75
字数	531千
版次	2024年8月第1版
印次	2024年8月第1次印刷
定价	56.00元

前　言

为全面贯彻党的二十大关于教育基础性、战略性支撑作用和教育优先发展精神，推进职业教育"三教"改革，突出教材在职业教育中的基础地位，发挥教材作为知识和技能的载体作用，落实立德树人根本任务，培养德技并修的高素质劳动者和技术技能人才，我们依托2021年安徽省高等学校省级质量工程高水平高职教材建设项目"财务管理项目化教程"（2021gspjc009），组织相关院校一线教师编写了本书，本书具有以下特点：

1. 落实立德树人，健全德技并修

本书以习近平新时代中国特色社会主义思想特别是习近平总书记关于职业教育的重要论述为指导，落实立德树人根本任务，健全德技并修、工学结合的编写机制，坚持图书内容与思想政治理论课同向同行，弘扬社会主义核心价值观，深挖财务管理中的思政元素并融入图书具体内容，努力实现职业技能和职业精神培养高度融合。

2. 依托项目任务，设计结构内容

本书针对职业教育的特点和高职高专院校的培养目标，根据财务管理基本理论和工作实际，在夯实理论、注重能力和突出素养原则的统筹下，将全书分为11个项目，每个项目分解为若干个典型工作任务，以更好地体现业财融合、工学结合和理实一体。每个项目包括项目情境、任务导入、学习目标、知识导图、任务知识、任务实施、知识检测、技能训练、延伸阅读9个模块。通过项目化、任务式的驱动，达到"教、学、做、练"深度融合和"岗、课、赛、证"高度融通，学生既可以较好地理解财务管理的基本理论知识，也能有效提高实践操作技能。

3. 紧跟时代步伐，强化知识更新

随着新产业、新理念和新技术的不断发展，业财一体、大数据财务和智能财务深入人心，财务管理理论内容和职业特点发生了深刻变化，本书在体现时代发展和财经法规最新变化的同时，在以筹资、投资、营运和分配业务为主线的基础上，增加了战略管理、财务预算、成本管理和分配管理等基础知识和相关技能，促进学生对财务管理领域形成更加全新的认知。

4. 注重交互学习，加大资源建设

为了便于课堂教学和课后学习，本书加强了课程相关资源库建设，教学资源库集合了工具书功能，开发了配套的课程标准、教案、教学课件、参考答案和延伸阅读等资源，辅助教师教学，同时，供学生自主拓展学习使用，以开阔学生视野，培养学生发散思维。

本书由徐旻、钱胡风担任主编，张兴福、范昱、余畅担任副主编，具体编写分工如下：安徽工业经济职业技术学院徐旻编写了项目一、张兴福编写了项目二、余畅编写了项目三、陈欣编写了项目四、范昱编写了项目八和项目十、钱胡风编写了项目九，安徽国际商务职业学院田维维编写了项目五，安徽城市管理职业学院席菊编写了项目六、戴瑞佳编写了项目十一，安徽审计职业学院王彤编写了项目七。徐旻、钱胡风对全书进行了统稿。

本书既可以作为高职高专财会类与经管类专业学生学习财务管理的教学用书，也可以作为企业管理人士和财务管理工作者的参考用书。本书在编写过程中参考了大量同类书籍及相关资料，走访了相关企业，得到了安徽国防科技职业学院张显国教授和中国电信股份有限公司安徽分公司高级会计师叶飞等专家的大力指导，在此一并深表谢意！同时，鉴于本书涉及面广，编写人员水平有限，疏漏之处在所难免，恳请专家和读者批评指正，以便今后修订。

编　者

目　录

前言 ……………………………………………………………………………………（ i ）

项目一　财务管理基本认知 ………………………………………………………（ 1 ）
　　任务一　了解企业及其财务管理 ……………………………………………（ 2 ）
　　任务二　确立财务管理目标,坚持财务管理原则 …………………………（ 7 ）
　　任务三　制定财务管理工作程序,选用财务管理工作方法 ………………（ 10 ）
　　任务四　建立财务管理组织机构,明确财务管理运行机制 ………………（ 12 ）
　　任务五　熟悉财务管理环境,制定财务管理对策 …………………………（ 15 ）

项目二　财务管理基础观念 ………………………………………………………（ 22 ）
　　任务一　理解货币时间价值内涵,掌握货币时间价值计算 ………………（ 23 ）
　　任务二　识别项目风险,评判风险价值 ……………………………………（ 31 ）

项目三　财务预算 …………………………………………………………………（ 42 ）
　　任务一　认识全面预算体系 …………………………………………………（ 44 ）
　　任务二　熟悉财务预算的编制方法 …………………………………………（ 47 ）
　　任务三　掌握预算的编制 ……………………………………………………（ 51 ）

项目四　财务预测 …………………………………………………………………（ 70 ）
　　任务一　认知财务预测 ………………………………………………………（ 72 ）
　　任务二　熟悉销售百分比法步骤,掌握销售百分比法应用 ………………（ 76 ）
　　任务三　理解资金习性,掌握资金习性预测法 ……………………………（ 82 ）

项目五　筹资活动管理 ……………………………………………………………（ 89 ）
　　任务一　认识筹资岗位的主要任务 …………………………………………（ 92 ）
　　任务二　熟悉权益筹资及方式选择 …………………………………………（ 94 ）
　　任务三　熟悉负债筹资及方式选择 …………………………………………（102）
　　任务四　运用杠杆原理评价风险和收益 ……………………………………（113）
　　任务五　理解资本成本,决策最优资本结构 ………………………………（119）

项目六　投资管理 …………………………………………………………………（132）
　　任务一　熟悉投资内涵,把握投资程序 ……………………………………（134）

任务二　理解项目投资现金流量,掌握项目投资决策……(138)
　　任务三　熟悉证券投资种类,掌握证券投资决策……(149)

项目七　营运资金管理……(169)
　　任务一　认识营运资金……(171)
　　任务二　强化现金管理,把控最佳现金持有量……(174)
　　任务三　发挥应收账款功能,加强应收账款管理……(180)
　　任务四　保护存货安全完整,提高存货运营效益……(188)

项目八　成本管理……(201)
　　任务一　了解成本管理……(203)
　　任务二　熟悉成本性态,掌握本量利分析……(205)
　　任务三　运用标准成本法,分析成本与差异……(214)
　　任务四　了解作业成本法,掌握责任成本评价……(220)

项目九　分配管理……(229)
　　任务一　认知收益分配……(230)
　　任务二　制定股利政策……(233)
　　任务三　熟悉股利支付形式、支付程序……(240)
　　任务四　了解股票分割、股票回购……(242)

项目十　财务分析……(250)
　　任务一　初识财务分析……(252)
　　任务二　熟悉偿债能力指标,进行偿债能力分析……(253)
　　任务三　熟悉营运能力指标,进行营运能力分析……(260)
　　任务四　熟悉获利能力指标,进行获利能力分析……(265)
　　任务五　理解杜邦财务分析法,运用杜邦财务分析法综合分析……(268)
　　任务六　开展业绩评价,提供有价值信息……(271)

项目十一　战略管理……(277)
　　任务一　理解战略管理的内涵,掌握战略管理的过程和层次……(278)
　　任务二　进行外部环境分析,了解企业运营环境……(284)
　　任务三　进行内部环境分析,了解企业运营状况……(291)
　　任务四　明确战略选择,加强战略实施……(299)

附录……(306)
　　附录一　系数表……(306)
　　附录二　各项目知识检测与技能训练参考答案……(314)

参考文献……(326)

项目一　财务管理基本认知

项目情境

小林即将从一所大学财务管理专业毕业,他拿着自己的简历兴致勃勃地到一家企业应聘财务岗位。面试组由财务经理及相关人员组成,首先小林做了自我介绍,随即财务经理对企业发展情况做了一个基本介绍并进行了相应的提问。据介绍,该企业于2015年由单位负责人出资300万元成立,出资人和资金结构较为单一,主要从事果汁饮料的研发、生产和销售。近些年,随着企业果汁饮料品质深受消费者青睐,市场销售势头良好,效益逐年增长。但随着市场果汁产品品种的多样化,竞争也日益激烈。为了开发出口味更为丰富、品质更好的果汁饮料,提高竞争力,扩大市场份额,助推企业形成持续的盈利空间和盈利能力,企业拟申请升级变更为公司制企业,以便加大融资力度,扩大经营规模,吸引更多的投资者,进一步提升产品研发力度,更新设备,扩建厂房,招聘人才,进行规模化、标准化生产和销售。随后面试组向小林提出了一些关于企业转型为公司制后面临的财务管理工作变化和如何应对的问题,针对提问,小林结合自己所学,现场逐一进行了回答,回答结果令面试组很满意。

任务导入

根据上述情境,假设面试组向小林提出了如下问题,请思考并尝试回答:
1. 变更后,公司制企业有哪些发展优势?财务管理工作内容有哪些变化?
2. 变更后,财务管理目标有哪些?如何选定?
3. 变更后,企业会增加哪些主要利益关系人?利益关系人之间的利益如何协调?
4. 变更后,企业的财务管理体制如何设定?其机构和岗位如何设置?
5. 变更后,企业将面临哪些理财环境?如何应对?

学习目标

本项目主要解决初学者对财务管理工作的基本认识问题,通过对本项目的学习,应实现如下目标:

1. 知识目标:了解企业及其组织形式;理解财务管理的概念和目标;熟悉财务管理原则、工作程序、工作方法、工作机制和理财环境。
2. 技能目标:理解财务管理的目标,能合理组织好财务活动并处理好财务关系;熟悉财务管理工作体制,掌握其岗位设置及主要职责;熟悉我国主要理财环境,能制定相应的财务管理对策。

3. 素养目标:遵循国家相关法律法规和职业道德,树立正确的社会观、价值观和企业发展观;充分认识并理解我国目前主要理财环境,能制定相应的财务管理对策和财务管理目标,协调好各方利益主体。

4. 思政目标:弘扬社会主义核心价值观,树立大局意识、长远意识,兼顾各方利益,积极履行社会责任,助力企业提升经济效益、社会效益和生态效益,助推经济社会高质量发展。

知识导图

本项目的知识导图如图1.1所示。

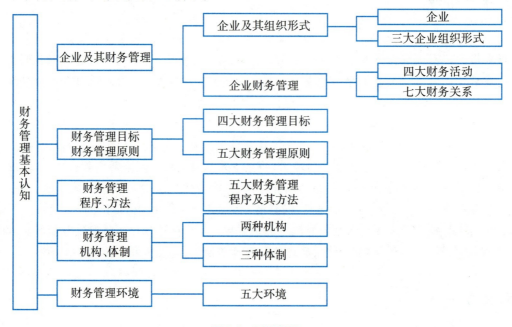

图1.1 知识导图

任务一 了解企业及其财务管理

任务知识

一、企业及其组织形式

(一)企业

企业是依法设立的,以盈利为目的,运用各种生产要素(如土地、劳动力、资本和技术等),向市场提供商品或服务,实行自主经营、自负盈亏、独立核算的法人或其他社会经济组织。企业作为国民经济细胞,扮演着愈发重要的角色,发挥着愈发重要的作用,是社会生产和服务的主要承担者,是市场经济活动的主要参与者和价值的创造者,是推动经济社会高质量发展的重要力量。

(二) 企业组织形式

企业组织形式有很多,按不同的分类标准可以分为不同类型,最为典型的组织形式包括个人独资企业、合伙企业和公司制企业三种。

1. 个人独资企业

个人独资企业是指由一个自然人出资,全部资产为投资者个人所有,全部债务由投资者个人承担的经营实体。它具有创立容易、结构简单和经营灵活等优势,但不具备法人资格,承担无限责任,存在着外部融资困难、风险较大和寿命有限等不足。

2. 合伙企业

合伙企业通常是由两个或两个以上的自然人(包括法人或其他组织)遵循自愿、平等、公平和诚信等原则订立合伙协议,实行共同出资、合伙经营、共享收益、共担风险的营利性组织。合伙企业具体又分为普通合伙企业和有限合伙企业。普通合伙企业由普通合伙人组成,合伙人对企业均承担无限连带责任;有限合伙企业由普通合伙人和有限合伙人组成,普通合伙人对企业承担无限连带责任,有限合伙人以其认缴的出资额为限对企业债务承担责任。合伙企业优缺点除了与个人独资企业类似外,资信和资金来源有所增加,但权力也较为分散。

3. 公司制企业

公司制企业是指由投资人(包括自然人或法人)依法出资组建,具有独立法人财产,自主经营、自负盈亏的法人企业。公司制企业具体又分为有限责任公司和股份有限公司两种。

(1) 有限责任公司是指股东以其认缴的出资额为限对公司承担责任,公司以其全部财产为限对公司的债务承担责任的企业法人。其中,国有独资公司是有限责任公司的一种特殊形式,具体指国家单独出资、由国务院或者地方人民政府授权本级人民政府国有资产监督管理机构履行出资人职责的有限责任公司。有限责任公司的股东人数可以为1人以上至50人以下,权益总额不作等额划分,股东的股权是通过投资人所拥有的比例来表示的,对股东只发放一张出资证明书,不发行股票,股东转让出资需要由股东会或董事会集体讨论通过。

(2) 股份有限公司是指其全部资本分为等额股份,股东以其所持股份为限对公司承担责任,公司以其全部财产对公司的债务承担责任的企业法人。设立股份有限公司,应当有2人以上200人以下为发起人,股份有限公司的权益总额平均划分为相等的股份,股东的股权是用持有多少股份来表示的,股份有限公司可以发行股票,股票可以依法转让。

公司制企业的优点有所有权容易转让、股东以其出资额为限对公司债务承担有限责任、融资渠道较多且筹集容易、公司可以无限存续;缺点有创立门槛较高、程序复杂,经营权和所有权分离时代理成本较高,企业盈利时企业和股东需要双重课税。

在上述三种企业组织形式中,公司制企业是大中型企业普遍采用的组织形式,因此,现代财务管理学的分析与研究多以公司制企业为基本研究对象。本书所讲的财务管理,如不作特别说明也主要是指公司制企业的财务管理。

二、企业财务管理

"企业管理的重心在于财务管理,财务管理的重心在于资金管理",对企业财务(资金)的管理主要包括两个方面——企业生产经营过程中的资金运动及其在运动过程中体现的经济利益关系,即财务活动和财务关系。

(一)财务活动

财务活动即企业的资金运动。资金是企业各种财产物资的货币表现。就一般工业企业来说,伴随着企业再生产过程,一方面表现为实物商品在不断地运动,通过改变商品的实物形态而实现其使用价值;另一方面表现为价值运动,通过价值形态的不断转换而实现其价值。企业资金运动过程如图1.2所示。

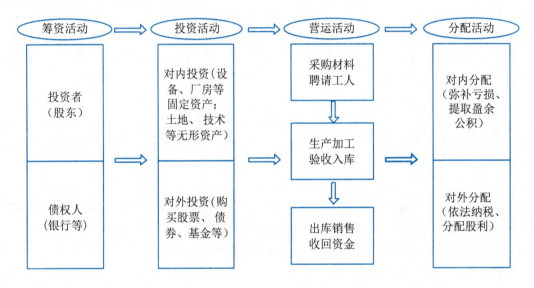

图1.2 企业资金运动过程示意图

由图1.2可知,企业的资金运动过程,即资金形态的不断转化及其增值过程,表现为筹资活动、投资活动、营运活动及分配活动,资金运动引起的这一系列的活动,称为财务活动。

1. 筹资活动

筹资是指企业通过各种渠道和方式依法、有效地筹集所需资金的行为。筹资是资金运动的起点,是企业生存和发展需要。一方面,企业要科学预测各个时期筹资规模,以保证所需资金;另一方面,还需要通过选择筹资渠道、筹资方式或工具,合理确定筹资结构,降低筹资成本和风险,提高企业的价值。

2. 投资活动

投资是指企业根据项目需要投出资金的行为,包括购建固定资产、无形资产等对内投资和购买股票、债券等对外投资。投资是企业生存、发展以及进一步获利的前提。一方面,企业在投资过程中,首先要考虑投资规模;另一方面,还要选择合理的投资方向和方式来确定合适的投资结构,提高投资效益,降低投资风险。

3. 营运活动

营运活动(资金营运)是指企业日常经营而发生一系列的流动资产和流动负债的收付行为。资金营运是为了满足维持企业正常生产经营和资金周转需要。首先,企业需要采购材料或商品,从事生产和销售活动,同时,还要支付工资和其他营业费用;其次,当企业把商品或产品售出后,便可取得收入,收回资金;最后,如果资金不能满足经营需要,企业还要采取短期借款方式来筹备所需资金。企业要合理确定现金持有计划,应收账款的信用标准、信用条件和收账政策,存货周期、存货数量和订货计划,短期借款计划和商业信用筹资计划等,加速资金的周转,节约资金成本,提高资金的使用效率和效益。

4. 分配活动

分配是指企业对经营成果依法、合理地在企业各利益相关者之间进行分派,包括依法纳税、弥补亏损、提取盈余公积和支付股利等行为。分配是企业实现价值目标的主要途径和重要措施。企业需要依据法律的有关规定,合理确定分配规模和方式,正确处理好国家、企业和股东等各方面关系人之间的利益关系,确保企业取得最大的长期利益。

上述财务活动的四个方面相互联系、互相依存,构成了完整的企业财务活动,也正是财务管理的基本内容,即企业筹资管理、投资管理、营运资金管理和收益分配管理。

(二) 财务关系

财务关系是指企业组织财务活动过程中与各有关方面发生的经济利益关系。在市场经济条件下,企业面临的各种利益相关者,既有企业内部的,也有外部的,具体包括以下几个方面。

1. 企业与国家税务机关之间的财务关系

企业与国家税务机关之间的财务关系是指企业按税法的规定依法纳税而与国家税务机关之间形成的经济关系。任何企业都要按照国家税法的规定缴纳各种税款,以保证国家财政收入的实现,满足社会各方面的需要。及时、足额地纳税是企业对国家的贡献,也是对社会应尽的义务。因此,企业与税务机关之间的关系反映的是依法纳税和依法征税的权利义务关系。

2. 企业与投资者之间的财务关系

企业与投资者之间的财务关系是指企业的所有者(所有者即投资者,包括国家、法人单位、个人或外商)向企业投入资金,企业向其所有者支付投资报酬所形成的经济关系。企业的所有者要按照投资合同、协议、章程的约定履行出资义务,以便及时形成企业的资本金。企业利用资本金进行经营,实现利润后,应按出资比例或合同、章程规定,向其所有者分配利润。企业同其所有者之间的财务关系体现了所有权的性质,反映的是经营权和所有权的关系。

3. 企业与债权人之间的财务关系

企业与债权人之间的财务关系是指企业向债权人(包括债券持有人、贷款机构、商业信用提供者、其他出借资金的单位或个人)借入资金,并按借款合同的规定按时支付利息和归还本金所形成的经济关系。企业除利用资本金进行经营活动外,还要借入一定数量的资金,以降低企业资本成本,扩大企业经营规模。企业利用债权人的资金后,要按约定的利息率及时向债权人支付利息。债务到期时,要合理调度资金,按时向债权人归还本金。企业同其债权人之间的关系体现的是债务与债权关系。

4. 企业与受资者之间的财务关系

企业与受资者之间的财务关系是指企业将其闲置资金以购买股票或直接投资的形式向其他企业投资所形成的经济关系。企业向其他单位投资,应按约定履行出资义务,参与被投资单位的利润分配。企业同被投资单位之间的关系体现的是所有权性质的投资与受资的关系。

5. 企业与债务人之间的财务关系

企业与债务人之间的财务关系是指企业将其资金以购买债券、提供借款或商业信用等形式出借给其他单位所形成的经济关系。企业将资金借出后,有权要求其债务人按约定的条件支付利息和归还本金。企业同其债务人的关系体现的是债权与债务关系。

6. 企业与内部各单位之间的财务关系

企业与内部各单位之间的财务关系是指企业内部各单位之间在生产经营各环节相互提供产品或劳务所形成的经济关系。在实行内部责任核算制度的条件下,企业供、产、销各部门以及各生产单位之间,相互提供产品和劳务要进行计价结算。这种在企业内部形成的资金结算关系,体现了企业内部各单位之间的利益关系。

7. 企业与员工之间的财务关系

企业与员工之间的财务关系是指企业在向职工支付劳动报酬的过程中形成的经济关系。企业按照员工提供的劳动数量和质量支付报酬。这种企业与员工之间的财务关系,体现了员工和企业在劳动成果上的分配关系。

(三)财务管理

综上所述,企业财务管理作为企业管理的一个重要组成部分,应做到以下两点:一是要合理地组织生产经营活动中的资金运动,即财务活动;二是要正确处理好企业在资金运动中与各方面的经济利益关系,即财务关系,以保证资金运动能顺畅进行。同时,财务管理还是一项全员参与、全过程管理的综合性的管理工作。财务管理涉及企业从筹资到资金分配,企业上至职业经理人,下至企业员工都会不同程度地参与财务管理。

任务实施

请根据前述项目情境,结合所学任务知识,完成下列任务:
(1)回答"任务导入"中的第一个问题。
(2)公司制企业要开展的财务活动有哪些?面临的财务关系又有哪些?

任务二　确立财务管理目标，坚持财务管理原则

一、财务管理目标

财务管理的目标又称理财目标,是企业理财活动希望达到的目的,财务管理的目标应与企业的总体目标一致,在现代财务管理理论和实践中,财务管理目标主要有以下几种:

(一)以利润最大化作为目标

利润最大化是指企业财务管理以实现利润最大化为目标。

利润代表了企业新创造的财富,利润越多则企业的财富增加越多,越接近企业的目标,该目标简单易理解,有利于加强企业经营管理。

同时该目标也有很多不足:

(1)没有考虑资金的时间价值。因为不同期间取得的相同利润,并不一定能等同。

(2)利润是一个绝对数指标,没有反映创造的利润与投入的资本之间的关系,不能反映企业一定时期的收益率水平,更无法在不同企业之间进行财务状况的比较。

(3)没有考虑风险因素,高额利润的获得往往要承担过大的风险。这可能会使财务人员不顾风险的大小去追求最多的利润。

(4)片面追求利润最大化,可能会导致企业短期行为,而不顾企业的长远发展,损害可持续发展的能力,与企业发展的战略目标相背离。

应该看到,利润最大化的提法,只是对经济效益的浅层次的认识,存在一定的片面性,所以现代财务管理理论认为,利润最大化并不是财务管理的最优目标。

(二)以股东财富最大化作为目标

股东财富最大化是指企业的财务管理以实现股东财富最大化为目标。在上市公司中,股东财富是由其所拥有的股票数量和股票市场价格两方面来决定的。在股票数量一定时,股票价格达到最高,股东财富也就达到最大。

与利润最大化相比,股东财富最大化反映了潜在的投资群体对公司价值的客观评价。其主要优点是:

(1)考虑了风险因素。因为股价通常会对风险做出敏感反应。

(2)在一定程度上能避免企业追求短期行为,因为不仅过去和目前的利润会影响股票价格,预期未来的利润同样会对股价产生重要影响。

(3)对上市公司而言,股东财富最大化目标比较容易量化,便于考核和奖惩。

但以股东财富最大化作为财务管理目标存在以下不足:

(1) 通常只适用于上市公司,非上市公司难以随时准确获得公司股价。

(2) 股价影响因素很多,有外部的,甚至是非正常的,不能完全准确反映企业财务管理状况。

(3) 更多强调的是股东利益,而对其他相关者利益重视程度不够。

(三) 以企业价值最大化作为目标

企业价值最大化是指企业的财务管理以实现其市场价值(或者企业所能创造的预计未来现金流量的现值)最大化为目标。

企业价值最大化的财务管理目标,反映了企业潜在的或预期的获利能力和成长能力,其优点主要表现在:

(1) 考虑了资金的时间价值和风险价值,符合企业理财的两大基础观念。

(2) 反映了对企业长期稳定的盈利能力的要求,克服管理上的短期行为。

(3) 用价值替代价格,避免了过多外界市场因素的干扰。

但企业价值最大化这一目标,过于理论化,不易操作,对于上市公司,可以通过股票价格反映企业的市场价值,对于非上市公司要进行专门的评估,而评估受评估标准和评估方法的影响,很难做到客观、准确。

(四) 以相关者利益最大化作为目标

在现代市场经济中,企业的理财主体更加细化和多元化,企业的利益相关者不仅包括股东,还包括债权人、经营者、客户、供应商、员工和政府等。在确定企业财务管理目标时,不能忽视这些相关利益群体的利益。

以相关者利益之和最大化作为财务管理目标注重企业在发展过程中兼顾企业、股东、政府、客户等的利益,体现了合作共赢的价值理念,有利于企业长期稳定发展,有利于实现企业经济效益和社会效益的统一。但这一目标混淆了企业这一理财主体和股东等其他理财主体的关系,也不太易于计量。

企业是市场经济的主要参与者,其创立和发展都必须以股东的投入为基础,并且,在企业的日常经营过程中,股东在企业中承担着最大的义务和风险,相应也应享有最高的收益,为市场经济的持续发展提供动力。

上述各种财务管理目标,都以股东财富最大化为基础。没有股东财富最大化的目标,利润最大化、企业价值最大化以及相关者利益最大化的目标也就无法实现。因此,在强调公司承担应尽的社会责任的前提下,应当允许企业以股东财富最大化为目标,并考虑利益相关者的利益。

(五) 企业财务管理目标的利益冲突与协调

将股东财富最大化作为企业财务管理目标的一重要任务就是要协调相关利益群体的关系,尤其是投资者、经营者和债权人之间的关系,化解他们之间的利益冲突,增加企业总体价值。

1. 所有者与经营者的利益冲突与协调

在现代企业中,所有权和经营权往往是分离的,经营者一般只是所有者的代理人,所有者期望经营者勤勉尽责,实现所有者财富最大化,而经营者则有其自身的利益考虑。为了协调这一冲突,所有者一般会采取以下三种措施。

(1)解聘。这是一种通过所有者来约束经营者的措施,如果经营者未能使企业价值达到最大,就解聘经营者,经营者害怕被解聘而被迫努力实现财务管理目标。

(2)接收。这是一种通过市场来约束经营者的措施,如果经营者经营决策失误、经营不力,未能采取一切有效措施提高企业价值,该企业就可能被其他企业强行接收或吞并,经营者也会被解聘。为此,经营者为了避免企业被接收,必须采取一切措施增加股东财富和企业价值。

(3)激励。这是一种通过把经营者的报酬与其绩效挂钩,使经营者自觉采取能提高股东财富和企业价值的措施。激励通常有"股票期权"和"绩效股"两种基本方式。

2. 所有者与债权人的利益冲突与协调

债权人把资金借给企业,其目标是及时足额收回本金和利息。但所有者可能不通过债权人同意,投资于比债权人预期风险高的新项目,或者不征得债权人的同意,发行新债,增加负债率和破产可能性,这可能给债权人带来损失。为了协调这一冲突,通常采取如下措施。

(1)增加限制性条款,即在借款合同中加入某些限制性条款,如规定借款的用途、借款的担保条款和借款的信用条件等。

(2)收回借款或停止借款,即当债权人发现公司有侵蚀其债权价值的意图时,采取收回债权和不给公司增加放款等措施,来保护自身的权益。

3. 企业目标与社会责任协调

企业在经营过程中必须同时兼顾社会责任的履行,比如给员工提供健康舒适的工作环境和及时足额的薪资福利、对环境资源的节约和保护、为社会提供质优价廉的产品或服务,为社会提供更多更好的就业岗位和履行公益慈善等义务等,尽管这一责任的履行短期看并不利于股东财富的最大化,但是从根本上看,企业的经营离不开它所处的社会环境,两者的目标在许多方面具有可协调性。

二、财务管理原则

财务管理原则是企业进行财务管理活动的行为规范和行动指南,有助于引导财务管理工作、实现财务管理目标,具体包括以下五个原则。

(一) 系统性原则

财务管理是企业管理系统的一个子系统,它本身又由筹资管理、投资管理、营运资金管理和收益分配管理子系统构成,在财务管理中坚持系统性原则,这是财务管理工作的首要出发点。

(二) 风险价值权衡原则

进行财务决策时必须对报酬和风险做出权衡,低报酬只能承担低风险,高风险必须要求获得高报酬。

(三) 现金收支平衡原则

财务管理客观上要求在财务管理活动中做到现金收入和支出在数量上、时间上达到动态平衡。

(四) 成本收益权衡原则

在财务管理中,时刻都需要进行成本与收益的权衡。在筹资管理中,要进行资金成本和筹资收益的权衡;在长期投资管理中,要进行投资成本和投资收益的权衡;在营运资金管理中,收益难以量化,但应追求成本最低化;在分配管理中,应在追求分配管理成本最小的前提下,妥善处理好各种财务关系。

(五) 利益关系协调原则

企业在进行财务活动时,离不开处理与所有者、债权人、经营者、职工、内部各部门、债务人、被投资企业、国家(政府)、社会公众等利益主体之间的财务关系,这是一个协调各种利益关系的过程,协调成功与否,直接关系到财务管理目标的实现程度。

任务实施

请根据前述项目情境,结合所学任务知识,完成下列任务:
(1) 回答"任务导入"中的第二个、第三个问题。
(2) 撰写一份企业性质变更后相关利益人财务关系分析报告书。

任务三 制定财务管理工作程序,选用财务管理工作方法

任务知识

财务管理程序和方法是为了实现财务管理目标,在进行理财活动时所采用的各个步骤及其技术手段,具体包括以下几种:

一、财务预测及方法

财务预测是根据历史资料,依据现实条件,运用特定的方法对企业未来的财务活动和财务成果所做出的科学预计和测算。财务预测是财务决策的基础,是编制财务预算的前提,同时也是组织日常财务活动的必要条件。

财务预测具体包括定性预测方法和定量预测方法。定性预测法主要是利用直观材料,依靠基于个人经验的主观判断,对事物未来的状况和趋势进行预测。定量预测法是根据变

量之间存在的数量关系(如时间关系、因果关系)建立数学模型,来进行预测。

二、财务决策及方法

财务决策是指财务人员在财务管理目标的总体要求下,从若干个可供选择的财务活动方案中,选出最优方案的过程。财务决策是财务管理的核心,财务预测是为财务决策服务的,财务预算是财务决策的具体化。

财务决策具体包括经验判断法和定量分析法。经验判断法是根据决策者的经验来判断选择,具体又包括淘汰法、排队法和归类法等。定量分析法根据数学模型进行计算选择,具体又包括优选对比法、线性规则法和微分法等。

三、财务预算及方法

财务预算是在一定的计划期内以货币形式反映生产经营活动所需要的资金及其来源、财务收入和支出、财务成果及其分配的计划。财务预算是以财务决策确立的方案和财务预测提供的信息为基础来编制的,是财务预测和财务决策的具体化,是控制财务活动的依据。

财务预算是关于资金筹措和使用的预算,编制方法通常包括固定预算与弹性预算、增量预算与零基预算、定期预算与滚动预算。

四、财务控制及方法

财务控制是指在财务管理过程中,利用有关信息和特定手段,对企业的财务活动施加影响或调节,以便实现计划所规定的财务目标。财务控制是落实预算任务、保证预算实现的有效措施。

财务控制的方法有很多,最常见的有防护性控制、前馈性控制和反馈性控制。

五、财务分析及方法

财务分析是根据财务核算资料、运用特定方法,对企业财务活动过程及其结果进行分析和评价的一项工作。通过财务分析,可以掌握各项财务计划指标的完成情况,评价财务状况,研究和掌握企业财务活动的规律性,改善财务预测、决策、计划和控制,提高企业经济效益,提高企业管理水平。

财务分析的方法通常有比较分析法、比率分析法和综合分析法。

以上五种财务管理工作程序及其方法相互联系、相互配合,形成周而复始的财务管理循环过程,构成完整的财务管理工作体系。

任务实施

请根据前述项目情境,结合所学任务知识,完成下列任务:

相比于会计核算岗位,财务管理岗位工作程序及其方法有何不同?

任务四　建立财务管理组织机构,明确财务管理运行机制

任务知识

一、财务管理组织机构

财务管理的组织机构是指在企业中组织、领导、管理控制企业财务活动的机构,是企业财务管理活动的主体。一般而言,企业财务工作的组织形式可分为会计、财务一体的一元制组织形式和财务、会计分设的二元制组织形式。

(一) 一元制组织形式的财务组织机构

一元制财务组织形式是指财务管理工作与会计核算工作由一个部门同时负责,财务人员在负责会计核算工作的同时直接负责财务管理工作。一元制财务组织机构运行统一、高效,多见于规模较小、组织机构比较简单的小型企业。一元制形式财务组织机构如图1.3所示。

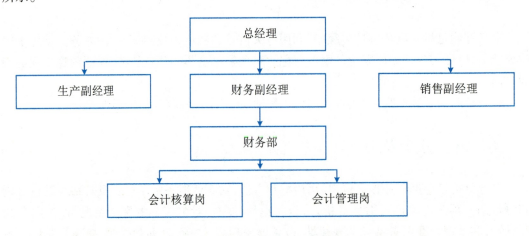

图1.3　一元制形式的财务组织机构图

(二) 二元制组织形式的财务组织机构

二元制财务组织形式是指财务管理工作与会计核算工作不再由一个部门负责,而是同时设立专门的财务部门与会计核算部门,会计核算部门负责会计核算工作,财务部门负责资金的筹集、投资、营运与分配活动。二元制财务组织机构有利于两机构之间的相互制约,能够培养专业高端的财务管理人才,一般适用于大中型企业和公司制企业,尤其是现代公司制企业。二元制形式财务组织机构如图1.4所示。

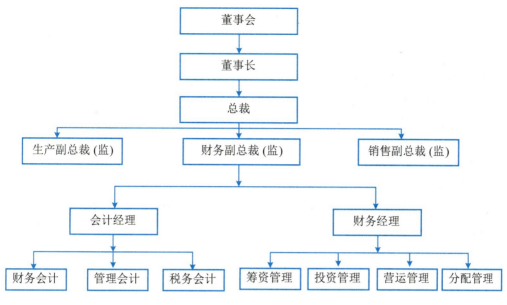

图1.4 二元制形式的财务组织机构图

二、财务管理运行体制

企业财务管理体制是明确企业各财务层级财务权限、责任和利益的制度,其核心问题是如何配置财务管理权限,企业财务管理体制决定着企业财务管理的运行机制和实施模式。

(一)企业财务管理体制模式

1. 集权型财务管理体制

集权型财务管理体制是指企业对各所属单位的所有财务管理决策都进行集中统一,各所属单位没有财务决策权,企业总部财务部门不但参与决策和执行决策,在特定情况下还直接参与各所属单位的执行过程。它的优点是企业内部可充分展现其一体化管理的优势;其缺点是集权过度会使各所属单位缺乏主动性、积极性,丧失活力和市场机会。

2. 分权型财务管理体制

分权型财务管理体制是指企业将财务决策权与管理权完全下放到各所属单位,各所属单位只需将一些决策结果报请企业总部备案即可。它的优点是有利于针对本单位存在的问题及时做出有效决策,因地制宜地搞好各项业务,也有利于分散经营风险,促进所属单位管理人员及财务人员的成长;其缺点是各所属单位大多从本单位利益出发安排财务活动,缺乏全局观念和整体意识,从而可能导致资金管理分散、资金成本增大、费用失控、利润分配无序。

3. 集权与分权相结合型财务管理体制

集权与分权相结合型财务管理体制,其实质就是集权下的分权,企业对各所属单位在所有重大问题的决策与处理上实行高度集权,各所属单位则对日常经营活动具有较大的自主权。该体制吸收了集权型和分权型财务管理体制各自的优点,避免了两者各自的缺点,从而具有较大的优越性。

（二）企业财务管理体制的选择

影响企业财务管理体制选择的因素通常有如下几个方面，企业应综合各种因素，建立符合企业自身特点和发展需要的财务管理体制。

1. 企业所处的生命周期

一般而言，企业发展会经历初创阶段、快速发展阶段、稳定增长阶段、成熟阶段和衰退阶段。企业各个阶段特点不同，所对应的财务管理体制选择模式也会有区别。如在初创阶段，企业经营风险高，财务管理宜偏重集权模式。

2. 企业发展战略

企业战略的发展大致会经历数量扩大、地区开拓、纵横发展和产品多样化四个阶段，不同战略目标应匹配不同的财务管理体制。比如那些实施纵向一体化战略的企业，要求各所属单位保持密切的业务联系，各所属单位之间业务联系越密切，就越有必要采用相对集中的财务管理体制。

3. 企业所处市场环境

如果企业所处的市场环境复杂多变，有较大的不确定性，就要求在划分权力时，给中下层财务管理人员较多的随机处理权，以增强企业对市场环境变动的适应能力。如果企业面临的环境是稳定的、对生产经营的影响不太显著，则可以较多地集中财务管理权。

4. 企业当前规模

一般而言，企业规模小，财务管理工作量小，为财务管理服务的财务组织制度也相应简单、集中，偏重集权模式。

5. 企业管理层素质

如果财务管理人员素质高、能力强，可以采用集权型财务管理体制。反之，则可以考虑分权制，通过分权可以调动所属单位的生产积极性、创造性和应变能力。

6. 信息网络系统成熟度

集权制在企业内部需要有一个能及时、准确传递信息的网络系统，并通过对信息传递过程的严格控制来保障信息的质量。

企业要顺利实现财务管理目标，应健全财务管理组织机构，选择契合自身情况的运行机制，合理有效地组织财务管理工作。

任务实施

请根据前述项目情境，结合所学任务知识，完成下列任务。
1. 回答"任务导入"中的第四个问题。
2. 绘制财务管理组织机构、岗位职责和运行机制图。

任务五 熟悉财务管理环境,制定财务管理对策

任务知识

财务管理环境又称理财环境,是企业在财务管理的过程中所面对的各种客观条件和影响因素。财务管理环境涉及的范围很广,不同时期、不同国家和不同领域的财务管理要面对不同的理财环境。我国企业财务管理环境主要包括经济环境、法律环境、金融环境、技术环境和社会文化环境等各种因素。

一、经济环境

经济环境是指影响企业财务管理活动的各种经济因素,一般包括经济体制、经济周期、经济发展水平、宏观经济政策以及通货膨胀等。

(一)经济体制

经济体制是一国的基本经济制度,是国家对有限资源进行配置而制定并执行决策的各种机制。不同经济体制下,企业财务管理有显著区别。在计划经济体制下,财务管理活动内容比较单一,财务管理方法比较简单;在市场经济体制下,企业的自主权扩大,成为市场经济中的独立实体。为了在市场竞争中求得生存与发展,企业必须面向市场自主筹资,慎重进行财务决策,强化财务控制,保持合理的资金结构,灵活运用资金,这就要求财务管理扩展职能、加强作用。

(二)经济周期

经济周期是经济运行过程中呈现的周期性变动,在市场经济条件下,经济发展与运行带有一定的波动性,大体上经历复苏、繁荣、衰退和萧条几个阶段的循环,这种循环叫作经济周期。在不同的经济周期阶段,企业应采用相应的财务管理策略,具体如表1.1所示。

表1.1 不同经济周期阶段企业财务管理相应策略

经济发展阶段	复苏	繁荣	衰退	萧条
财务管理策略	增加厂房设备 实行长期租赁 建立存货 引入新产品 增加劳动力	扩充厂房设备 继续建立存货 提高价格 开展营销规划 增加劳动力	停止扩张 出售多余设备 停产滞销产品 停止长期采购 削减存货 停止扩招雇员	建立投资标准 保持市场份额 缩减管理费用 放弃次要利益 削减存货 裁减雇员

（三）经济发展水平

经济发展水平是指不同的国家处于不同的经济发展阶段。经济发展水平越高，财务管理水平也越高，也越受到重视，当然财务管理水平的提高，也有利于经济发展水平的进一步提高，因此，企业财务管理工作者必须积极探索与经济水平相适应的财务管理模式。

（四）宏观经济政策

宏观经济政策是指国家进行宏观经济调控的重要政策、手段，包括产业政策、金融政策、财税政策、价格政策等。不同的宏观经济政策对企业财务管理的影响不同。金融政策中的货币发行量、信贷规模会影响企业投资的资金来源和投资的预期收益；财税政策会影响企业的资金结构和投资项目的选择等；价格政策会影响资金的投向、投资的回收期及预期收益。可见，经济政策对企业财务的影响是非常大的，这就要求企业财务人员必须把握经济政策，趋利除弊，更好地组织财务管理工作。

（五）通货膨胀

通货膨胀是指物价持续上涨而引起货币的贬值，消费者购买力下降。通货膨胀对企业财务活动的影响是多方面的，企业应当采取措施予以防范。在通货膨胀初期，货币面临贬值的风险，这时企业进行投资可以避免风险，实现资本保值；应与客户签订长期购货合同，以减少物价上涨造成的损失；取得长期负债，保持资本成本的稳定。在通货膨胀持续期，企业可以采用比较严格的信用条件，减少企业债权；调整财务政策，防止和减少企业资本流失等。

二、法律环境

法律环境是指影响企业财务管理的各种法律、法规和规章等。比如影响企业筹资的《公司法》《证券法》，影响企业投资的《证券法》，影响企业收益分配的"税法"等，这些不同种类的法律、法规分别从不同方面约束企业的经济行为，对企业财务管理产生影响，同时也为企业从事各种合法合规经济活动提供保护。企业财务人员应精通法律法规，规范理财行为。

三、金融环境

金融环境是指对企业开展财务管理活动有直接影响的金融市场环境。金融市场是指资金供需双方通过一定的金融工具进行交易进而形成的融通资金的场所。金融市场的要素包括金融市场主体、金融市场客体（金融工具）、金融市场组织方式和金融市场交易价格等。

（一）金融市场主体

金融市场主体是指参与金融市场的机构或个人，或者是资金的供给者，或者是资金的需求者，或者以双重身份出现。金融市场主体一般包括政府、企业、金融机构（银行或非银行的金融机构）、机构投资者和家庭五个部门。

(二) 金融市场客体

金融市场客体是指金融市场的交易对象和交易的标的物,也就是通常所说的金融工具。常见的金融工具有票据、债券、股票、衍生工具等。

(三) 金融市场组织方式

金融市场的组织方式主要有证券交易所交易方式、柜台方式和电信网络交易方式。

(四) 金融市场交易价格(利率)

利率也称利息率,是利息占本金的百分比,是资金这一特殊商品的价格。利率在资金分配及企业财务决策中起着重要作用。影响利率的因素较多,主要包括资金的供需状况、国家货币政策和财政政策、经济周期、通货膨胀等。一般而言,金融市场上资金的购买价格即利率可用下式表示:

利率＝纯利率＋通货膨胀补偿率＋风险补偿率
　　＝(纯利率＋通货膨胀补偿率)＋(违约风险补偿率＋流动性风险补偿率
　　　＋期限风险补偿率)

其中,纯利率、通货膨胀补偿率构成基础利率,违约风险补偿率、流动性风险补偿率、期限风险补偿率都是在考虑风险情况下的风险补偿率。

1. 纯利率

纯利率是指在没有通货膨胀和零风险情况下的平均利率,理论上其是由资金供求关系决定的,纯利率不是一成不变的,它随着资金供求的变化而不断变化。

2. 通货膨胀补偿率

通货膨胀已成为世界上大多数国家经济发展过程中难以克服的问题,持续的通货膨胀会不断降低货币的实际购买力,对投资项目的投资报酬率也会产生影响。资金的供应者在通货膨胀的情况下,必然要求提高利率水平以补偿其购买力损失。政府发行的短期无风险证券(如国库券)的利率就是由纯利率和通货膨胀补偿率这两部分内容组成的。

3. 风险补偿率

资金供给者通过出让资金的使用权而获得报酬,然而未来是不确定的,现实中,可能因为种种因素导致资金需求者无法支付资金供给者相应的报酬,使得资金供给者承担风险。因此,资金供给者要求针对这部分风险而获得额外报酬,即风险报酬率。风险报酬一般包括违约风险补偿、流动性风险补偿和期限风险补偿。

(1) 违约风险补偿率。违约风险是指借款人无法按时支付利息或偿还本金而给投资人带来的风险。借款人如经常不能按期支付本息,则说明该借款人的违约风险高,为了弥补违约风险,必须提高利率,否则,借款人就无法借到资金,投资人也不会进行投资。该指标大小一般通过证券评级来确定,信用等级越低,违约风险越大,要求的违约风险补偿率越高;反之则相反。

(2) 流动性风险补偿率。流动性是指某项资产迅速转化为现金的能力。有的资产容易转让变现,而有的资产不容易转让变现,投资者由此承受着不同的资产变现收入风险,因此,投资者要求提高利率以补偿资产变现能力方面的风险。资产的变现能力越差,投资者要求的变现补偿率就越高;反之则相反。一般而言,政府债券、大公司的股票与债券,由于信用好、变现能力强,因此流动性风险小,而一些不知名的中小企业发行的证券,则流动性风险较大。

(3) 期限风险补偿率。一项负债到期日越长,债权人承受的不确定因素就越多,承担的风险也越大。为弥补这种因风险而增加的利率就叫期限风险报酬。例如,同时发行的国库券,5年期的利率就比3年期的利率高,银行存贷款利率也一样。因此,长期利率一般要高于短期利率,这便是期限风险报酬。当然,在利率剧烈波动的情况下,也会出现短期利率高于长期利率的情况,但这种偶然情况并不影响上述结论。

综上所述,影响某一特定借款或投资的利率主要有以上五大因素,只要能合理预测上述因素,便能比较合理地测定利率水平。

金融市场为企业提供了良好的投融资场所,同时也为企业财务管理提供了大量有价值的信息,对企业的理财活动有着至关重要的影响,是企业财务管理中主要的环境因素之一。

四、技术环境

技术环境是指财务管理得以实现的技术手段和技术条件,它决定着财务管理的效率和效果。随着数据科学、自动化等智能技术不断应用到财务管理领域,推动着财务信息化和财务共享,创建并优化了高效而智能的业务流程,使企业的各项管理活动和经济业务更加灵活、高效,并对风险进行了有效管控。

五、社会文化环境

社会文化环境包括教育、科学、文学、艺术、新闻出版、广播电视、卫生、体育、世界观、理想、信念、道德、习俗,以及同社会制度相适应的权利义务观念、道德观念、组织纪律观念、价值观念、劳动态度等。企业的财务活动不可避免地受到社会文化的影响。但是,社会文化的各方面对财务管理的影响程度不尽相同,有的具有直接影响,有的只有间接影响,有的影响比较明显,有的影响较小,若忽视社会文化,将给公司财务管理工作带来一定的影响。

任务实施

请根据前述项目情境,结合所学任务知识,完成下列任务。
1. 回答"任务导入"中的第五个问题。
2. 疫情之后,企业面临复杂多变的国内外金融环境,请为企业确定一个切实有效的财务策略。

知识检测

一、单项选择题

1.与个人独资企业相比,下列各项中属于公司制企业特点的是( )。
A. 企业股东承担无限债务责任　　B. 企业所有权转移困难

C. 企业可以无限存续　　　　　　　　D. 企业融资渠道较少

2. 下列各项中,不属于公司制企业缺点的有(　　)。
A. 导致双重课税　　　　　　　　　　B. 组建公司成本高
C. 存在代理问题　　　　　　　　　　D. 股东需承担无限连带责任

3. 企业为了预防通货膨胀而提前购买了一批存货,该活动属于(　　)。
A. 收入管理　　　　　　　　　　　　B. 筹资管理
C. 长期投资管理　　　　　　　　　　D. 营运资金管理

4. 下列关于企业财务管理目标的表述中,错误的是(　　)。
A. 企业价值最大化目标弥补了股东财富最大化目标过于强调股东利益的不足
B. 相关者利益最大化目标认为应当将除股东之外的其他利益相关者置于首要地位
C. 利润最大化目标没有考虑资金的时间价值
D. 股东财富最大化目标比较适用于上市公司

5. 作为财务管理目标,企业价值最大化与股东财富最大化相比,其优点是(　　)。
A. 在一定程度上避免了企业短期行为　B. 考虑了风险因素
C. 适用于上市公司　　　　　　　　　D. 避免了过多外界市场因素的干扰

6. 若上市公司以股东财富作为财务管理目标,则衡量股东财富大小最为直观的指标是(　　)。
A. 每股收益　　　　　　　　　　　　B. 股价
C. 净利润　　　　　　　　　　　　　D. 净资产收益率

7. 下列各项中,能够用于协调企业股东与企业债权人矛盾的方法是(　　)。
A. 解聘　　　B. 接收　　　C. 激励　　　D. 停止借款

8. 按照财务战略目标的总体要求,利用专门方法对各种备选方案进行比较和分析,从中选出最佳方案的是(　　)。
A. 财务预测　　B. 财务控制　　C. 财务决策　　D. 财务预算

9. 下列说法正确的是(　　)。
A. 集权型财务管理体制削弱所属单位主动性
B. 分权型财务管理体制全局观念和整体意识较强
C. 企业在初创阶段,企业经营风险高,财务管理宜偏重分权模式
D. 企业规模大,财务管理工作量大,偏重集权模式

10. 若市场上纯利率为5%,通货膨胀补偿率为2%,实际市场利率为10%,则风险报酬率为(　　)。
A. 3%　　　　B. 5%　　　　C. 8%　　　　D. 10%

二、多项选择题

1. 下列不同的企业组织形式中,有可能由投资人对企业债务承担无限(连带)责任的有(　　)。
A. 个人独资企业　　　　　　　　　　B. 合伙企业
C. 有限责任公司　　　　　　　　　　D. 股份有限公司

2. 相关者利益最大化目标的具体内容包括(　　)。
A. 强调合作共赢的价值理念

B. 有利于实现企业经济效益和社会效益的统一

C. 不断加强与债权人的关系,培养可靠的资金供应者

D. 加强与供应商的协作

3. 下列关于各种财务管理目标之间关系的说法中,正确的有( )。

A. 利润最大化、企业价值最大化以及相关者利益最大化等各种财务管理目标,都以股东财富最大化为基础

B. 股东和其他利益相关者在企业中的地位是平等的

C. 在强调公司承担应尽的社会责任的前提下,应当允许企业以股东财富最大化为目标

D. 以股东财富最大化为核心和基础,还应该考虑利益相关者的利益

4. 下列关于财务管理原则的说法中,正确的有( )

A. 财务管理系统性原则就是要做到统筹兼顾

B. 成本收益权衡原则要求当收益难以量化时,应追求成本最低化

C. 利益关系协调原则要求妥善协调好各利益主体之间的利益关系

D. 风险权衡原则要求管理者在追求收益的时候,不能忽略由此带来的风险

5. 下列关于财务预测的说法中,正确的有( )

A. 财务预测的方法主要有定性预测和定量预测两类

B. 财务决策是财务管理工作的核心

C. 财务预算是财务预测和财务决策的具体化,是控制财务活动的依据

D. 财务控制是落实预算任务、保证预算实现的有效措施

6. 下列关于利益冲突与协调的说法中,正确的有( )。

A. 解聘是一种通过股东来约束经营者的办法

B. 接收是一种通过股东来约束经营者的办法

C. 债权人为了保障自己的利益,可以事先规定借债的用途限制

D. 激励通常包括股票期权和绩效股两种方式

7. 下列关于企业财务管理机构和体制的说法中,正确的有( )。

A. 企业财务管理体制的核心问题是如何配置财务管理权限

B. 企业在初创阶段,经营风险较高,需集思广益,宜采用分权模式

C. 财务管理体制设计要与现代企业制度要求相适应

D. 二元制财务组织机构一般适用于大中型企业和公司制企业

8. 法律环境对企业的影响范围包括( )。

A. 企业组织形式　　　　　　B. 公司治理结构

C. 日常经营　　　　　　　　D. 投资活动

9. 企业根据目前所处的经济周期特点,采取了增加劳动力、建立存货储备和增加厂房设备,该企业当前所处的经济周期可能有( )。

A. 衰退阶段　　　　　　　　B. 复苏阶段

C. 萧条阶段　　　　　　　　D. 繁荣阶段

10. 金融市场利率由( )构成。

A. 纯利率　　　　　　　　　B. 通货膨胀补偿率

C. 风险补偿率　　　　　　　D. 资本利润率

三、判断题

1. 不论是公司制企业还是合伙制企业,股东或合伙人都面临双重课税问题,即在缴纳企业所得税后,还要缴纳个人所得税。（　）
2. 相对于个人独资企业和合伙企业,公司制企业受政府监管较为宽松。（　）
3. 企业的财务关系不包括企业与员工的关系。（　）
4. 作为财务管理目标,股东财富最大化和企业价值最大化通常都只适用于上市公司。（　）
5. 相关者利益最大化的财务管理目标体现了合作共赢的价值理念。（　）
6. 财务考核是指将报告期实际完成数与规定的考核指标进行对比,通常只能使用绝对指标来考核。（　）
7. 集权与分权相结合型财务管理体制吸收了集权型和分权型财务管理体制各自的优点,避免了两者各自的缺点,从而具有较大的优越性。（　）
8. 现代公司制企业财务机构设立时倾向于财务机构与会计机构分立,财务职能与会计职能分离。（　）
9. 为了减轻通货膨胀对企业造成的不利影响,在通货膨胀持续期,企业可以进行投资以避免风险,实现资本保值。（　）
10. 金融市场的纯粹利率是指没有风险和通货膨胀情况下的平均利率。（　）

1. 阿林毕业于某大学财务管理专业,在一家财税咨询公司上班,有一天接待了一位客户。该客户表示随着疫情的结束,旅游市场逐渐复苏繁荣,行业前景非常看好,他打算创办一家旅游公司,已有多位朋友表示愿意出资,考虑到管理模式和发展前景,想着成立一家有限责任公司,并向阿林咨询了如下问题:

（1）公司内部的组织结构如何设置？财务机构工作内容及其方法有哪些？

（2）财务管理的目标是什么？在实施这一目标的过程中,可能会遇到的问题有哪些？如何解决？

（3）近些年理财环境怎么样？后续发展如遇到资金困难该如何筹措资金？

请运用所学知识回答上述问题。

2. 有人说会计核算人员就是财务管理人员,他们的工作内容和方法是重叠的,这种观点准确吗？请从专业角度分析说明。

延伸阅读

项目一延伸阅读

项目二　财务管理基础观念

项目情境

2×23年初甲公司拟投资生产一新兴产品项目,项目周期预计为5年,根据市场调研和相关数据分析,有关资料如下:

(1) 引进的产品生产设备,目前市场价格为1 000万元,有两种付款方式可供选择,若现在一次性付款,需支付设备当前市场价款1 000万元,若分期付款,需先付款200万元,余款在今后五年每年末支付200万元,公司目前资金成本为5%。

(2) 引进的设备可用于投产两种不同风格的新兴产品A和B,投产后公司希望五年内收回项目投资并产生可观的项目利润,根据调研和分析,两种产品的市场行情和预期收益情况如表2.1所示。

表2.1　两种产品的市场行情和预期收益

经济状况	发生概率(P)	预期报酬率(R)	
		A产品项目	B产品项目
繁荣	20%	40%	50%
正常	50%	30%	20%
衰退	30%	10%	−20%

任务导入

根据上述情境,请思考并回答下列问题。

1. 在设备价款支付方式上是选择一次性支付,还是选择分期付款?
2. 从风险角度考虑,在产品投产上,是选择投产A产品合适还是投产B产品合适?

学习目标

本项目主要介绍资金(货币)的时间价值和风险价值等财务管理基本观念,通过对本项目的学习,应实现如下目标:

1. 知识目标:理解资金时间价值的概念和意义;理解风险及风险价值的概念,明确风险与报酬的关系。

2. 技能目标:掌握复利现值和终值的计算;掌握各类年金现值和终值的计算及财务决策;掌握风险和风险价值的计算及财务决策。

3. 素养目标:培养学生树立正确的资金时间收益观和风险收益观,面对风险和收益,做出合理的决策,确保企业财产安全和稳健发展。

4. 思政目标:树立法治意识,识别风险,拒绝诱惑,精准计量,积极防范,树立正确的理财观。

本项目的知识导图如图2.1所示。

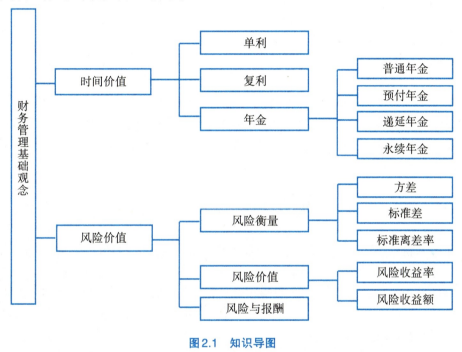

图2.1 知识导图

任务一 理解货币时间价值内涵,掌握货币时间价值计算

一、货币时间价值的概念

货币时间价值是指在没有风险和没有通货膨胀的情况下,货币在经过一定时间的投资和再投资后所增加的价值。

二、货币时间价值产生的条件

货币被投入生产经营以后,会生产出新的产品,产品销售以后得到的收入会大于原来投入的资金额,创造出新的价值,形成货币的增值。因此,随着时间的推移,货币总量在循环周转中不断增长,使得货币具有时间价值。需要注意的是,将货币作为资本投入生产过程所获得的价值增值并不全是货币的时间价值。这是因为,生产经营活动不可避免地具有风险和通货膨胀的因素,投资者承担风险也要获得相应的风险报酬和通货膨胀贴水,由此可见,货币在生产经营过程中产生的报酬扣除风险报酬和通货膨胀贴水后的报酬才是货币时间价值,通常情况下,它相当于在没有风险也没有通货膨胀的情况下的社会平均资金利润率。

三、货币时间价值的作用

在市场经济条件下,企业在选择投资项目时,投资报酬率至少要取得社会平均的利润率,因此,货币时间价值就成了评价投资方案的基本标准,也是衡量企业经济效益、考核企业经营成果的重要依据。企业的财务管理活动离开了时间价值因素就无法正确计算不同时期的财务收支,也就无法对资金筹集、投放、使用和回收等进行分析,所以运用货币时间价值原理正确揭示不同时点上货币之间的换算关系,是企业筹资、投资和分配决策必不可少的计量手段,也是财务决策的基本依据。

四、货币时间价值的表现形式

货币时间价值有两种表现形式:一种是相对数形式,即时间价值率,是指扣除风险报酬和通货膨胀贴水后的平均资金利润率;另一种是绝对数形式,即时间价值额,是指货币与时间价值率的乘积。在财务管理中,一般用相对数表示货币时间价值。为研究问题方便,本书在论述货币时间价值时采用抽象分析法,假定没有风险、没有通货膨胀,以利率代表货币时间价值率,以利息代表货币时间价值额。

五、单利、复利终值和现值

在实际工作中,货币时间价值的计算,一般有单利和复利两种计算方法。单利是指只对本金计算利息,之前计算期的利息不累加到本金中计算利息,即本生利,利息不能生利;而复利是指不仅本金要计算利息,利息也要计算利息,也就是每期利息收入在下一期累加到本金中计算新的利息收入,即"利滚利"。

终值是指某一特定金额按规定利率折算的未来价值。现值是指某一特定金额按规定利率折算的现在价值。从投资的角度来看,终值就是本利和,现值就是本金。

以 F 表示终值(即本利和),P 表示现值(即本金),i 表示利息率,I 表示利息总额,n 表示计息期数。

(一)单利终值和现值

1. 单利终值计算

$$F=P+I$$
$$=P+P\times i\times n$$
$$=P(1+i\times n)$$

2. 单利现值计算

$$P=F/(1+i\times n)$$

【案例2.1】 某人将10 000元存入银行,假设银行存款年利率为10%,单利计息,存期为3年。

要求:计算三年后一次性能取出多少元。

解析:

$$F=P(1+i\times n)$$
$$=10\,000\times(1+3\times 10\%)$$
$$=13\,000(元)$$

(二)复利终值和现值

1. 复利终值计算

$$F=P\times(1+i)^n$$

式中,$(1+i)^n$ 称为复利终值系数,记为$(F/P,i,n)$,其数值可以查阅"复利终值系数表(附表1)"得到。

【案例2.2】 某人将10 000元存入银行,假设银行存款年利率为10%,复利计息,存期为3年。

要求:计算三年后一次性能取出多少元。

解析:

$$F=P\times(1+i)^n$$
$$=10\,000\times(1+10\%)^3$$
$$=10\,000\times(F/P,10\%,3)$$
$$=10\,000\times 1.331\,0$$
$$=13\,310(元)$$

2. 复利现值计算

$$P=F\times(1+i)^{-n}$$
$$=F\times(P/F,i,n)$$

式中,$(1+i)^{-n}$ 称为复利现值系数,记为$(P/F,i,n)$,其数值可以查阅"复利现值系数表(附表2)"得到。

【案例2.3】 某人希望在3年后获得10 000元,假设银行存款年利率为10%,复利计息。

要求:计算现在应存入多少元到银行。

解析:

$$P = F \times (1+i)^{-n}$$
$$= 10\ 000 \times (1+10\%)^{-3}$$
$$= 10\ 000 \times (P/F, 10\%, 3)$$
$$= 10\ 000 \times 0.751\ 3$$
$$= 7\ 513(元)$$

六、年金终值和现值

年金是指间隔相等时间的等额收付款项。例如直线法计提的折旧、租金、养老金、保险费、分期付款赊购、分期偿还贷款和分期支付工程款等都通常都采取年金的形式。年金按付款的方式可分为普通年金（又称后付年金）、预付年金（又称先付年金）、递延年金和永续年金。

年金通常以符号 A 表示，F 表示终值（即本利和），P 表示现值（即本金），i 表示利息率，n 表示计息期数。

（一）普通年金终值和现值

普通年金是指在一定时期内每期期末发生相等数额的资金收入或支出，又称后付年金，这是年金中最常见的形式。

1. 普通年金终值

设每期期末年金为 A，则 n 期普通年金终值的分布情况，如图2.2所示。

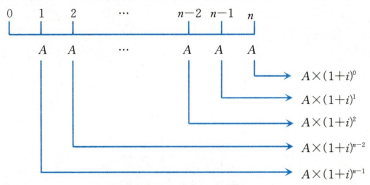

图2.2　普通年金终值示意图

由图2.2可知，普通年金终值的计算公式为：
$$F_A = A + A \times (1+i) + A \times (1+i)^2 + A \times (1+i)^3 + \cdots + A \times (1+i)^{n-1}$$
对上式进行整理后，得到普通年金终值的计算公式：
$$F_A = A \times \frac{(1+i)^n - 1}{i}$$

式中，$\frac{(1+i)^n - 1}{i}$ 称为普通年金终值系数，记为 $(F/A, i, n)$，其数值可以查阅"年金终值系数表（附表3）"得到。

【案例2.4】 某人计划在5年后添置一辆小汽车，准备于每年末在银行存入年终奖5万元,假设银行存款年利率为10%。

要求:计算5年后该笔购车款能达到多少万元。

解析:

$$F_A = 50\,000 + 50\,000 \times (1+10\%) + 50\,000 \times (1+10\%)^2$$
$$+ 50\,000 \times (1+10\%)^3 + 50\,000 \times (1+10\%)^4$$
$$= 50\,000 \times \frac{(1+10\%)^5 - 1}{10\%}$$
$$= 50\,000 \times (F/A, 10\%, 5)$$
$$= 50\,000 \times 6.105\,1$$
$$= 305\,255(元)$$

2. 普通年金现值

设每期期末年金为 A,则 n 期普通年金现值的分布情况,如图2.3所示。

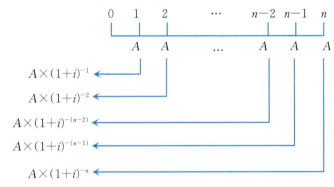

图2.3 普通年金现值示意图

由图2.3可知,普通年金现值的计算公式为:

$$P_A = A \times (1+i)^{-1} + A \times (1+i)^{-2} + A \times (1+i)^{-3} + \cdots + A \times (1+i)^{-n}$$

对上式进行整理后,得到普通年金现值的计算公式:

$$P_A = A \times \frac{1-(1+i)^{-n}}{i}$$

式中,$\frac{1-(1+i)^{-n}}{i}$ 称为普通年金现值系数,记为 $(P/A, i, n)$,其数值可以查阅"年金现值系数表(附表4)"得到。

【**案例2.5**】 长江公司年初租入设备一台,每年末需要支付租金1万元,假设银行存款年利率为10%。

要求:计算如果一次性支付该设备租金,则为多少元。

解析:

$$P_A = 10\,000 \times (1+10\%)^{-1} + 10\,000 \times (1+10\%)^{-2} + 10\,000 \times (1+10\%)^{-3}$$
$$+ 5 \times (1+10\%)^{-4} + 10\,000 \times (1+10\%)^{-5}$$
$$= 100\,000 \times \frac{1-(1+10\%)^{-5}}{10\%}$$
$$= 10\,000 \times (P/A, 10\%, 5)$$

$$=100\,000×3.790\,8$$
$$=37\,908(元)$$

(二)预付年金终值和现值

预付年金是指在一定时期内每期期初发生相等数额的资金收入或支出,又称先付年金或即付年金。

1. 预付年金终值

设每期期初年金为 A,则 n 期预付年金终值的分布情况,如图2.4所示。

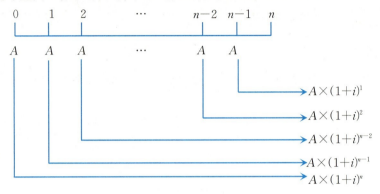

图2.4 预付年金终值示意图

由图2.4可知,预付年金终值的计算公式为(即在普通年金终值基础上乘以"$1+i$"):

$$F_A = A×(1+i)+A×(1+i)^2+A×(1+i)^3+\cdots+A×(1+i)^{n-1}+A×(1+i)^n$$

对上式进行整理后,得到预付年金终值的计算公式:

$$F_A = A × \left[\frac{(1+i)^{n+1}-1}{i}-1\right]$$

式中,$\left[\dfrac{(1+i)^{n+1}-1}{i}-1\right]$ 称为预付年金终值系数,它是在普通年金终值系数基础上,期数加1,系数减1,记为 $[(F/A,i,n+1)-1]$,其数值通过查阅"年金终值系数表(附表4)"得到 $(n+1)$ 期的值,然后再减去1便可得到对应的预付年金终值系数的值。

【案例2.6】 某家长要为5年后上大学的孩子准备学费,从现在开始每年初存入银行10 000元,假设银行存款年利率为6%。

要求:计算截至第5年末,家长能从银行取出多少元学费。

解析:

$$F_A = A × \left[\frac{(1+i)^{n+1}-1}{i}-1\right]$$
$$=10\,000×[(F/A,6\%,5+1)-1]$$
$$=10\,000×[6.975\,3-1]$$
$$=59\,753(元)$$

2. 预付年金现值

设每期期末年金为 A,则 n 期预付年金现值的分布情况,如图2.5所示。

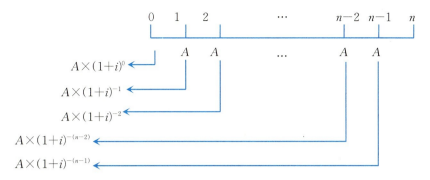

图 2.5 预付年金现值示意图

由图 2.5 可知,预付年金现值的计算公式为(即在普通年金现值基础上乘以"1+i"):

$$P_A = A \times (1+i)^0 + A \times (1+i)^{-0} + A \times (1+i)^{-2} + \cdots + A \times (1+i)^{-(n-1)}$$

对上式进行整理后,得到预付年金现值的计算公式:

$$P_A = A \times \left[\frac{1-(1+i)^{-(n-1)}}{i} + 1 \right]$$

式中,$\left[\frac{1-(1+i)^{-(n-1)}}{i} + 1 \right]$ 称为预付年金现值系数,它是在普通年金现值系数基础上,期数减 1,系数加 1,记为 $[(F/A, i, n-1)+1]$,其数值通过查阅"年金现值系数表(附表 4)"得到 $(n-1)$ 期的值,然后再加上 1 便可得到对应的预付年金现值系数的值。

【案例 2.7】 长江公司租用 A 设备,期限为 10 年,每年初支付租金 5000 元,假设银行存款年利率为 8%。

要求:计算如果一次性支付该设备租金,则现值为多少。

解析:

$$\begin{aligned} P_A &= A \times \left[\frac{1-(1+i)^{-(n-1)}}{i} + 1 \right] \\ &= 5\,000 \times [(P/A, 8\%, 10-1)+1] \\ &= 5\,000 \times [6.246\,9+1] \\ &= 36\,234.5(元) \end{aligned}$$

(三)递延年金终值和现值

递延年金是指在最初若干期(m 期)没有收付款项的情况下,后面若干期(n 期)有等额的系列收付款项。递延年金形式如图 2.6 所示。

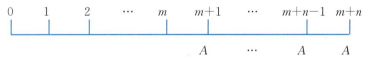

图 2.6 递延年金示意图

1. 递延年金终值

m 期以后的 n 期递延年金终值的计算公式可参照普通年金的终值进行计算。

2. 递延年金现值

递延年金现值的计算有三种方法。

(1) 方法一

先计算出全部"$m+n$"期的普通年金现值,然后减去前m期的普通年金现值。其计算公式为:

$$P=A\times(P/A,i,m+n)-A\times(P/A,i,m)$$

(2) 方法二

先将递延年金视为n期的普通年金,按普通年金现值法求出在第n期期初(即第m期期末)时的现值,然后按m期复利折现到第一期期初的现值即为递延年金的现值。其计算公式为:

$$P=A\times(P/A,i,n)\times(P/F,i,m)$$

(3) 方法三

先计算出n期普通年金终值,然后按"$m+n$"期复利折现到第一期期初的现值即为递延年金的现值。其计算公式为:

$$P=A\times(F/A,i,n)\times(P/F,i,m+n)$$

【案例2.8】 某人拟在年初存入一笔资金,以便能够在第6年末起每年取出10 000元,至10年末取完,假设银行存款年利率为10%。

要求:计算此人应在最初一次存入银行的金额为多少元。

解析:

$$\begin{aligned}P&=A\times[(P/A,10\%,5+5)-(P/A,10\%,5)]\\&=10\ 000\times(6.144\ 6-3.790\ 8)\\&=23\ 540(元)\end{aligned}$$

或

$$\begin{aligned}P&=A\times(P/A,10\%,5)\times(P/F,10\%,5)\\&=10\ 000\times3.790\ 8\times0.620\ 9\\&=23\ 540(元)\end{aligned}$$

或

$$\begin{aligned}P&=A\times(F/A,10\%,5)\times(P/F,10\%,5+5)\\&=10\ 000\times6.105\ 1\times0.385\ 5\\&=23\ 540(元)\end{aligned}$$

(四) 永续年金终值和现值

永续年金是指无限期连续等额收付款项的特种年金,即期限趋于无穷的普通年金。优先股因为有固定的股利而又无到期日,其股利可视为永续年金,诺贝尔奖等也属于永续年金。

1. 永续年金终值

由于永续年金是无限期等额发生的,没有终止时间,因此也就没有终值。

2. 永续年金现值

永续年金现值可以看成一个n无穷大的普通年金现值,计算如下:

$$P_A = A \times \frac{1-(1+i)^{-n}}{i}$$

当 $n \to \infty$ 时，$(1+i)^{-n}$ 无穷小，公式中分子趋于1，可推导出永续年金现值计算公式为：

$$P = A/i$$

【案例2.9】 长江公司董事会决定从今年起建立一项永久性的奖励基金，将于以后每年末颁发50 000元，奖励公司优秀管理人员，假设银行存款年利率为10%。

要求：计算该公司的奖励基金至少应为多少元。

解析：

$$P = A/i$$
$$= 50\,000/10\%$$
$$= 500\,000(元)$$

请根据前述项目情境，结合所学任务知识，完成下列任务：
1. 回答"任务导入"中的第一个问题。
2. 该设备价款分期付款的现值是多少？

任务二　识别项目风险，评判风险价值

一、风险的概念及类型

（一）风险的概念

风险是指一定条件下、一定时期内，某一行动或事件具有多种可能，但结果不确定。从财务管理的角度看，风险就是企业在各项财务活动过程中，由于各种难以预料或无法控制的因素，导致企业的实际收益与预期收益发生背离，从而产生蒙受经济损失的可能性。

风险是客观的、普遍的，广泛地存在于企业的财务活动中，并影响着企业的财务目标。由于企业财务活动经常是在有风险的情况下进行的，各种难以预料和无法控制的因素可能使企业遭受风险、蒙受损失。如果只有损失，没人会去冒风险，企业冒着风险投资的最终目的是得到额外收益。因为风险可能会给企业带来超出预期的损失，也可能带来超出预期的收益。分析风险，以承担最小的风险来换取最大的收益，是十分必要的。

(二) 风险的种类

风险可以从下列不同的角度加以分类。

1. 从投资者的角度划分

从投资者的角度可将风险划分为市场风险和企业特有风险两类。

(1) 市场风险

市场风险是指那些影响整个市场的风险。市场风险对任何企业来说都是不可避免的，这类风险不能通过多元化投资组合来分散或消除，所以，市场风险也称为不可分散风险或系统风险，如战争、自然灾害、利率的变化、经济周期的变化、通货膨胀等。

(2) 企业特有风险

企业特有风险是指个别企业的特有事件造成的风险。它是随机发生的只与个别企业或个别投资项目有关，不涉及所有企业和所有项目，可以分散，又称非系统风险或可分散风险，如产品开发失败、销售份额减少、工人罢工、管理不善等。

2. 从公司的角度划分

从公司的角度可将风险划分为经营风险和财务风险。

(1) 经营风险

经营风险是指企业经营条件的变化给企业收益带来的不确定性，又称商业风险。这些生产经营条件变化的原因可能来自企业内部，也可能来自企业外部，如顾客购买力发生变化、竞争对手增加、原材料价格变动、产品质量不稳定、生产组织不合理等。这些内外因素，使企业的生产经营产生不确定性，最终引起收益变化。经营风险是不可以避免的。

(2) 财务风险

财务风险是指企业举债给财务成果带来的不确定性，又称筹资风险。企业借款，虽可以解决企业资金短缺的困难、提高自有资金的盈利能力，但也改变了企业的资金结构和自有资金利润率，还需还本付息，并且借入资金所获得的利润是否大于支付的利息额，具有不确定性，因此借款有风险。在全部资金来源中，借入资金所占的比重大，企业的财务风险就大；借入资金所占的比重小，企业的负担就轻，风险也就低。财务风险是可以避免的，如果企业不举债，则企业就没有财务风险，因此，必须确定合理的资金结构，提高资金盈利能力，防止财务风险加大。

二、风险的衡量

由于风险具有不易计量的特征，需要利用概率和统计的方法进行估量，其主要指标有收益率的方差、标准差和标准离差率。

(一) 方差

计算方差首先要确定概率分布和计算期望值。

1. 确定概率分布

在经济活动中，某一事件在相同条件下可能发生也可能不发生，这类事件称为随机事件。概率是用来表示随机事件发生的可能性的大小的数值，通常用符号 P 表示。通常，把一定会发生的事件的概率定为1,一定不会发生的事件的概率定为0,而一般有可能发生的事件的概率就是0和1之间的某个数。概率越大就表示这件事发生的可能性越大,如果把所有可能的结果都列出来并给予一定的概率,列示在一起,就构成概率分布表。概率分布必须满足以下两个要求:所有概率(P_i)都在0和1之间,即$0 \leq P_i \leq 1$;所有结果的概率之和等于1,即$\sum P_i = 1 (i=1,2,3,\cdots,n)$。

2. 计算期望值

期望值,即期望报酬率(预期报酬率),是指所有可能发生的结果与各自相应的概率之积计算的加权平均值,反映投资者的合理预期,通常用符号$E(R)$表示。其计算公式为:

$$E(R) = \sum_{i=1}^{n} R_i P_i$$

式中,$E(R)$为期望报酬率;R_i为第i种经济情况下的收益率;P_i为第i种经济情况出现的概率;n为所有可能结果的数量。

【案例2.10】 长江公司有A、B两个投资方案,假设未来的经济情况和预期报酬率及发生的概率如表2.2所示。

表2.2 A、B投资方案的未来预期报酬率及发生概率

经济情况	发生概率(P_i)	预期报酬率(R_i)	
		A方案	B方案
繁荣	0.3	60%	30%
一般	0.4	30%	20%
衰退	0.3	−20%	10%
合计	1	—	—

要求:分别计算A、B两个投资方案的期望报酬率。

解析:

$$E(R)_A = R_1 P_1 + R_2 P_2 + R_3 P_3$$
$$= 60\% \times 0.3 + 30\% \times 0.4 + (-20\%) \times 0.3$$
$$= 24\%$$

$$E(R)_B = R_1 P_1 + R_2 P_2 + R_3 P_3$$
$$= 30\% \times 0.3 + 20\% \times 0.4 + 10\% \times 0.3$$
$$= 20\%$$

3. 计算方差

方差表示各种可能的报酬率偏离期望报酬率的综合差异,用来反映离散程度,通常用符号σ^2表示。其计算公式为:

$$\sigma^2 = \sum [R_i - E(R)]^2 P_i$$

【案例2.11】 根据"案例2.10"资料。

要求:分别计算A、B两个投资方案的方差。

解析:

$$\sigma^2_A = \sum [R_i - E(R)]^2 P_i$$

$$=(60\%-24\%)^2\times0.3+\times(30\%-24\%)^2\times0.4+(-20\%-24\%)^2\times0.3$$
$$=9.84\%$$
$$\sigma_B^2=\sum[R_i-E(R)]^2P_i$$
$$=(30\%-20\%)^2\times0.3+(20\%-20\%)^2\times0.4+(10\%-20\%)^2\times0.3$$
$$=0.6\%$$

在期望报酬率相同的情况下,方差越大,风险也越大;相反,在期望报酬率相同的情况下,方差越小,风险也就越小。

(二) 标准差

标准差也表示各种可能的报酬率偏离期望报酬率的综合差异,用来反映离散程度,它等于方差的开方,通常用符号σ表示。其计算公式为:

$$\sigma=\sqrt{\sum[R_i-E(R)]^2P_i}$$

【案例2.12】 根据"案例2.11"资料。

要求:分别计算A、B两个投资方案的标准差。

解析:

$$\sigma_A=\sqrt{\sum[R_i-E(R)]^2P_i}$$
$$=\sqrt{(60\%-24\%)^2\times0.3+(30\%-24\%)^2\times0.4+(-20\%-24\%)^2\times0.3}$$
$$=31.37\%$$
$$\sigma_B=\sqrt{\sum[R_i-E(R)]^2P_i}$$
$$=\sqrt{(30\%-20\%)^2\times0.3+(20\%-20\%)^2\times0.4+(10\%-24\%)^2\times0.3}$$
$$=7.75\%$$

在期望报酬率相同的情况下,标准差越大,风险也越大,相反,在期望报酬率相同的情况下,标准差越小,风险也就越小。

(三) 标准离差率

如果两个项目的期望报酬率不相同,方差或标准差也不相同,仅用方差或标准差无法判断各方案的收益和风险是否对称,而其风险大小就要用标准离差率来衡量。标准离差率是标准离差与期望报酬率的比值,又称为方差系数,通常用符号V表示。其计算公式为:

$$V=\sigma/E(R)$$

【案例2.13】 根据前述相关案例资料。

要求:分别计算A、B两个投资方案的标准离差率。

解析:

$$V_A=\sigma/E(R)$$
$$=31.37\%\div24\%$$
$$=130.71\%$$
$$V_B=\sigma/E(R)$$
$$=7.75\%\div20\%$$
$$=38.73\%$$

标准离差率说明了每单位期望报酬率所含风险的程度,标准离差率越大,风险越大;反之,标准离差率越小,风险也就越小。

三、风险价值

对于理性投资者来说,要冒风险投资,就需要有额外的补偿。风险价值就是投资者冒风险投资而获得的超过货币时间价值和通货膨胀补偿的额外报酬,又称风险收益、风险报酬、风险溢价或风险补偿。同样,风险价值也有两种表示方法,即风险收益率和风险收益额。现代投资理论所确立的风险价值观念,就是要求投资者在选择投资项目时,将风险和预期收益结合起来进行分析,在权衡这两者的关系后才能做出有利的财务决策。

(一)风险收益率

风险收益率是风险收益额与投资额的比率,又称为风险报酬率。风险收益率与风险程度有关,风险越大,要求的收益率越高。标准离差率虽然代表项目的风险程度,但不能直接代表项目要求的风险收益率。要将标准离差率转换为风险收益率还需引入风险系数 b,即风险收益率是标准离差率与风险系数的乘积。其计算公式为:

$$R_b = bV$$

式中,R_b 为风险收益率(风险报酬率);b 为风险系数。

该公式表明风险与报酬率是同方向变化的,即风险高,报酬率也高。风险系数 b 是两者之间变化的比例关系,称为风险价值系数,它是将标准离差率转换为风险报酬率的一种系数。它的取值一般为 $0 \sim 1$,其确定的方法有三种:根据以往同类项目加以确定、由企业或组织有关专家确定或由国家有关部门组织专家确定。当然,除了可按以上三种方法确定风险系数外,风险系数的确定在很大程度上还取决于投资者对风险的态度。敢于冒风险的投资者,会把风险系数 b 定得低些,稳健的投资者会把风险系数 b 定得高些。

【案例2.14】 根据"案例2.13"资料,假设长江公司A方案的风险系数 b 为0.4,B方案的风险系数 b 为0.2。

要求:分别计算A、B两个投资方案的风险收益率。

解析:

$$\begin{aligned} R_A &= bV \\ &= 0.4 \times 130.71\% \\ &= 52.28\% \\ R_B &= bV \\ &= 0.2 \times 38.73\% \\ &= 7.75\% \end{aligned}$$

(二)风险收益额

风险收益额是投资者因冒风险投资而获得的超过货币时间价值和通货膨胀补偿的额外收益,又称为风险报酬额。

风险收益额根据总投资额与风险收益率来计算,计算公式为:

$$P_R = CR_b$$

式中,P_R为风险收益额(风险报酬额);C为总投资额。

【案例2.15】 根据"案例2.14"资料,假设长江公司A、B两个方案的总投资额均为100万元。

要求:请分别计算A、B两个方案的风险收益额。

解析:

$$P_A = CR_b$$
$$= 100 \times 52.28\%$$
$$= 52.28(万元)$$
$$P_B = CR_b$$
$$= 100 \times 7.75\%$$
$$= 7.75(万元)$$

四、风险与报酬(率)

(一)报酬率类型

在实际的财务工作中,由于工作角度和出发点不同,报酬率可以分为不同的类型。

1. 实际报酬率

实际报酬率表示已经实现或者可以实现的资产报酬率。

2. 预期报酬率

预期报酬率也称期望报酬率,是指在不确定的条件下,预测的某资产未来可能实现的报酬率。

3. 必要报酬率

必要报酬率也称最低必要报酬率或最低要求的报酬率,表示投资者对某资产合理要求的最低报酬率。它通常用字母R表示,等于无风险报酬率与风险报酬率之和。

4. 无风险报酬率

无风险报酬率也称无风险利率,是指确定可知的无风险资产的报酬率,它的大小由纯粹利率和通货膨胀补贴两部分组成。一般情况下,为了方便起见,通常用短期国库券的利率近似地代替无风险利率,通常用字母R表示。

5. 风险报酬率

风险报酬率是指某资产持有者因承担该资产的风险而要求的超过无风险利率的额外报酬,它等于必要报酬率与无风险报酬率之差。风险报酬率衡量了投资者将资金从无风险资产转移到风险资产而要求得到的"额外补偿",它的大小取决于两个因素:一是风险的大小;二是投资者对风险的偏好。

(二)风险与报酬率

根据前面所述,风险和必要报酬率的关系还可以用图2.7来表示。

根据图2.7,风险和必要报酬率的关系可表示为:

$$R = R_F + R_b = R_F + bV$$

式中,R 为必要报酬率;R_F 为无风险报酬率;R_b 为风险报酬率;b 为风险系数;V 为标准离差率。

无风险报酬率就是资金时间价值率(纯利率)与通货膨胀补偿率之和,一般把投资于国债的报酬率作为无风险报酬率。一般国家发行的短期无风险证券(如国库券)的利率就是由纯利率和通货膨胀率这两部分内容构成的。

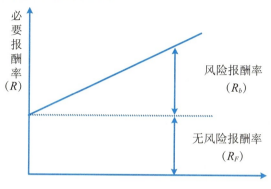

图 2.7 风险和必要报酬率的关系

【案例 2.16】 根据"案例 2.14"资料,假设同期国库券利率为 10%。

要求: 请分别计算 A、B 两个方案的必要报酬率。

解析:

由于项目必要报酬率为无风险报酬率与风险报酬率之和,则企业两个方案的必要报酬率分别为:

A 方案必要报酬率＝52.28%＋10%＝62.28%

B 方案必要报酬率＝7.75%＋10%＝17.75%

五、风险的防范和控制

尽管高风险可能带来高报酬,但这仅仅是一种可能,因此,对公司管理来讲,还要善于防范和控制风险。

(一) 风险规避

风险规避是指企业回避、停止或退出蕴含某一风险的商业活动或商业环境,避免成为风险的承受者。例如,退出某一市场以避免激烈竞争;拒绝与信用不好的交易对手进行交易;禁止各业务单位在金融市场上进行投机。

(二) 风险承担

风险承担是指企业对所面临的风险采取接受的态度,从而承担风险带来的后果。对未能辨识出的风险,企业只能选择风险承担;对于辨识出的风险,企业可能由于缺乏能力进行主动管理、没有其他备选方案等因素而选择风险承担;对于企业的重大风险,企业一般不采用风险承担。

(三) 风险转移

风险转移是指企业通过合同将风险转移到第三方,企业对转移后的风险不再拥有所有权。转移风险不会降低其可能的严重程度,只是从一方移除后转移到另一方。例如,购买保险;采取合营方式实现风险共担。

(四) 风险转换

风险转换是指企业通过战略调整等手段将企业面临的风险转换成另一种风险,其简单形式就是在减少某一风险的同时增加另一风险。例如,放松交易客户信用标准虽然增加了应收账款,但扩大了销售。

(五) 风险对冲

风险对冲是指引入多个风险因素或承担多个风险,使得这些风险能互相冲抵。风险对冲不是针对单一风险,而是涉及风险组合。常见的例子有资产组合使用、多种外币结算的使用和战略上的多种经营。

(六) 风险补偿

风险补偿是指企业对风险可能造成的损失采取适当的措施进行补偿,形式包括财务补偿、人力补偿、物资补偿。常见的财务补偿包括企业自身的风险准备金或应急资本等。

(七) 风险控制

风险控制是指控制风险事件发生的动因、环境、条件等,来达到减轻风险事件发生时的损失或降低风险事件发生概率的目的。风险控制对象一般是可控风险,包括多数运营风险,如质量、安全和环境风险以及法律风险中的合规性风险。

根据前述"项目情境",结合所学任务知识,完成下列任务:

1. 回答"任务导入"中的第二个问题。
2. A、B产品期望报酬率和标准离差率分别是多少?
3. 如果A、B产品风险系数b分别为0.3和0.2,则A、B产品风险报酬率是多少?
4. 如果同期国库券利率为5%,则A、B产品必要报酬率分别是多少?

知识检测

一、单项选择题

1. 某公司以单利方式一次性借入资金2 000万元,借款期限3年,年利率8%,到期一次还本付息,则第3年末应当偿还的本利和为( )万元。
   A. 2 160 B. 2 240 C. 2 480 D. 2 519
2. $(P/F, i, 9)$与$(P/F, i, 10)$分别表示9年期和10年期的复利现值系数,关于两者的数量关系,下列表达式正确的是( )。

A. $(P/F,i,10)=(P/F,i,9)-i$ B. $(P/F,i,9)=(P/F,i,10)\times(1+i)$
C. $(P/F,i,10)=(P/F,i,9)\times(1+i)$ D. $(P/F,i,10)=(P/F,i,9)+i$

3. 某企业每年末存入银行100万元用于3年后的技术改造,已知银行存款年利率为5%,按年复利计息,则到第3年末可用于技术改造的资金总额为( )万元。
A. 331.01 B. 330.75 C. 315.25 D. 315.00

4. 某投资项目于2×23年初动工,假设当年投产,从投产之日起每年末可得收益10 000元。按年折现率10%计算,按年复利计息,则5年收益的现值为( )元。
A. 37 908 B. 31 699 C. 43 553 D. 42 310

5. 已知$(F/P,9\%,4)=1.411\,6$,$(F/P,9\%,5)=1.538\,6$,$(F/A,9\%,4)=4.573\,1$,则$(F/A,9\%,5)$为( )。
A. 5.984 4 B. 4.573 3 C. 5.573 3 D. 4.984 7

6. 下列各项中,代表预付年金现值系数的是( )。
A. $(P/A,i,n+1)+1$ B. $(P/A,i,n+1)-1$
C. $(P/A,i,n-1)+1$ D. $(P/A,i,n-1)-1$

7. 某项永久性扶贫基金拟在每年初发放80万元扶贫款,年利率为4%,则该基金需要在第一年初投入的资金数额(取整数)为( )万元。
A. 1 923 B. 2 003 C. 2 080 D. 2 000

8. 甲、乙两个投资项目的期望收益率分别为10%、14%,收益率标准差均为3.2%,则下列说法正确的是( )。
A. 乙项目的风险高于甲项目 B. 无法判断两者风险的高低
C. 甲项目的风险高于乙项目 D. 甲项目与乙项目的风险相等

9. 企业放宽了应收账款的信用标准,增加了企业的销售收入,但也因此加大了企业的应收账款的成本,该措施属于( )。
A. 风险对冲 B. 风险承担
C. 风险补偿 D. 风险转换

10. 已知该公司的β系数为1.2,短期国库券利率为5%,市场上所有股票的平均收益率为10%,则该公司股票的必要收益率为( )。
A. 10% B. 11% C. 12% D. 13%

二、多项选择题

1. 下列各项中,代表预付年金终值系数的有( )。
A. $(F/A,i,n+1)+1$ B. $(F/A,i,n+1)-1$
C. $(F/A,i,n)\times(1+i)$ D. $(F/A,i,n)\times(1-i)$

2. 递延年金的特点有( )。
A. 其终值计算与普通年金相同 B. 其现值计算与普通年金相同
C. 最初若干期没有收付款项 D. 后面若干期才有收付款项

3. 某公司向银行借入一笔款项,年利率为10%,分6次还清,从第5年至第10年每年末偿还本息1 000元。下列计算该笔借款现值的算式中,正确的有( )。
A. $1\,000\times(P/A,10\%,6)\times(P/F,10\%,3)$

B. 1 000×(P/A,10%,6)×(P/F,10%, 4)

C. 1 000×[(P/A,10%,9)−(P/A,10%,3)]

D. 1 000×[(P/A,10%,10)−(P/A,10%,4)]

4. 下列说法关于两个互斥投资项目的选择正确的有( )。

A. 预期报酬率相同时,选择标准差较小的项目

B. 标准差相同时,选择预期报酬率较高的项目

C. 当预期报酬率和标准差都不相同时,选择标准离差率较大的

D. 当预期报酬率和标准差都不相同时,选择标准离差率较小的

5. 某企业拟进行一项存在一定风险的投资,有甲、乙两个方案可供选择:已知甲方案收益的期望值为1 000万元,标准差为300万元;乙方案收益的期望值为1 200万元,标准差为330万元。下列结论中不正确的有( )。

A. 甲方案优于乙方案　　　　　　　B. 甲方案的风险大于乙方案

C. 甲方案的风险小于乙方案　　　　D. 无法评价甲、乙方案的风险大小

6. 下列风险中,属于系统风险的有( )。

A. 利率变化　　　　　　　　　　　B. 经济周期

C. 管理不善　　　　　　　　　　　D. 销售锐减

7. 下列风险中,属于非系统风险的有( )。

A. 经营风险　　　　　　　　　　　B. 利率风险

C. 政治风险　　　　　　　　　　　D. 财务风险

8. 下列属于经营风险的有( )。

A. 原材料价格上涨　　　　　　　　B. 竞争对手增加

C. 大量借款　　　　　　　　　　　D. 内控形同虚设

9. 下列关于资产收益率的说法中,正确的有( )。

A. 实际收益率仅表示已经实现的资产收益率

B. 预期收益率是预测的资产未来可能实现的收益率

C. 必要收益率也称最低必要收益率或最低要求的收益率

D. 必要收益率=无风险收益率+风险收益率

10. 企业投资的必要报酬率构成包括( )。

A. 纯利率　　　　　　　　　　　　B. 通货膨胀率

C. 风险补偿率　　　　　　　　　　D. 资金成本率

三、判断题

1. 货币时间价值绝对数时间价值额,是指货币与时间价值率的乘积。　　　　( )
2. 在本金不变的情况下,复利计时时,每期利息呈递增趋势。　　　　　　　( )
3. 在期数一定的情况下,折现率越大,则年金现值系数越大。　　　　　　　( )
4. 预付年金现值系数是普通年金现值系数期数加1系数减1。　　　　　　　( )
5. 递延年金终值计算与递延期无关。　　　　　　　　　　　　　　　　　　( )
6. 永续年金由于收付款的次数无穷多,所以其现值无穷大。　　　　　　　　( )
7. 所有可能性结果的概率之和等于1。　　　　　　　　　　　　　　　　　 ( )

8. 根据风险与收益对等原理,高风险的投资项目必然会获得高收益。　　　(　)
9. 当两个投资方案的期望值不相等时,可以用标准差大小比较这两个投资方案的风险程度。　　　(　)
10. 必要报酬率也称最低必要报酬率或最低要求的报酬率。　　　(　)

技能训练

1. A公司欲购置一台设备,销售方提出了以下四种付款方案:

(1) 方案甲:第一年初付款10万元,从第二年开始,每年末付款28万元,连续支付5次。

(2) 方案乙:第一年初付款5万元,从第二年开始,每年初付款25万元,连续支付6次。

(3) 方案丙:第一年初付款10万元,同时从该年起以后每间隔半年付款一次,每次支付15万元连续支付8次。

(4) 方案丁:前三年不付款,后六年每年初付款30万元。

要求:假设年折现率为10%,分别计算四个方案的付款现值并做出选择。

2. 甲、乙两种股票各种可能的投资收益率以及相应的概率如表2.3所示,由两种股票组成的投资组合中甲、乙两种股票的投资比例分别为40%和60%。

表2.3　甲、乙股票资料

发 生 概 率	甲股票投资收益率	乙股票投资收益率
0.3	20%	30%
0.4	10%	10%
0.3	−5%	5%

要求:

(1) 计算两种股票的期望收益率。

(2) 计算两种股票收益率的标准差。

(3) 比较两种股票风险大小。

(4) 计算投资组合收益率。

延伸阅读

项目二延伸阅读

项目三　财务预算

项目情境

某公司老板是个缺少预算理念的管理者,但工作非常敬业。他经常在夜里12点给高管打电话,组织召开视频会议,讨论某件事情,最后部署大家必须在3天之内完成。

于是,所有人都在这3天内放下原有的工作,打破了原有的计划,全部围绕这个最新的部署制定新的计划,调动所有的资源去完成这件事。到了第二天晚上,老板又给各位高管打电话,说昨天确定的计划取消,还按照原定计划执行,或者重新调整计划。

任务导入

根据上述情境,请问:你觉得这位老板是个怎样的人?他的做法对公司的预算有什么影响?你希望遇到这样的老板吗?

学习目标

本项目主要解决初学者如何编制财务预算的问题,通过对本项目的学习,应实现如下目标:

1. 知识目标:了解财务预算的概念和作用,了解固定预算法、增量预算法和定期预算法的含义及内容;掌握财务预算的具体构成内容,掌握弹性预算法、零基预算法和滚动预算法等具体编制方法的特征及操作技巧。

2. 技能目标:掌握财务预算的编制步骤、财务预算的编制方法;能运用财务预算的编制方法编制公司的财务预算。

3. 素养目标:提升自我学习能力和工作能力;培养科学的思维方法、开拓创新的精神和严谨的工作作风;拓展自我天赋、可持续发展能力和创造性解决问题的能力。

4. 思政目标:培养全局观念和战略思维,树立长远规划意识,提升风险管理素养,强化职业道德修养,加强沟通协作,践行社会责任,实现企业使命。

知识导图

本项目的知识导图如图3.1所示。

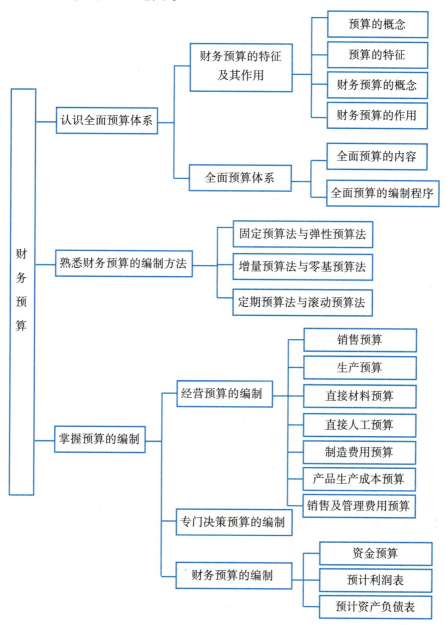

图3.1　知识导图

任务一　认识全面预算体系

任务知识

一、财务预算的特征及其作用

（一）预算的概念

预算就是用货币计量的方式，对决策目标所涉及的经济资源进行配置，以计划的形式具体地、系统地反映出来。

预算既是计划工作的成果，又是决策的具体化。

预算在传统上被看成是控制支出的工具，但新的观念是将其看成"使企业的资源获得最佳生产率和获利率的一种方法"。

（二）预算的特征

预算是企业在预测、决策的基础上，用数量和金额以表格的形式反映企业未来一定时期内经营、投资、筹资等活动的具体计划，是为实现企业目标而对各种资源和企业活动所做的详细安排，预算是实现企业战略导向预定目标的有力工具。预算具有以下两个特征：① 预算与企业的战略目标保持一致；② 预算可以量化并且有可行性，这也是预算最主要的特征。

从预算所涵盖的内容范围来看，其主要分为经营预算、资本预算和财务预算。

（三）财务预算的概念

财务预算是指反映企业未来一定时期内的预计现金收支、财务状况和经营成果的各种预算，具体包括现金预算、财务费用预算、预计资产负债表、预计利润表、预计利润分配表等内容。

财务预算以价值量指标总括地反映日常业务预算和专门决策预算的结果，是预算的最后环节，亦称为"总预算"，各种业务预算和专门决策预算就称为"分预算"。由此可见，财务预算是企业预算的一个重要环节，它和其他预算紧密联系在一起，构成了企业完整的全面预算体系。

（四）财务预算的作用

财务预算是企业全面预算体系中的组成部分，它在全面预算体系中具有重要的作用，主要表现在：

1. 财务预算使决策目标具体化、系统化和定量化

在现代企业财务管理中，财务预算必须服从决策目标的要求，尽量做到全面地、综合地

协调、规划企业内部各部门、各层次的经济关系与职能,使之统一服从于未来经营总体目标。同时,财务预算又能使决策目标具体化、系统化和定量化,能够明确规定企业有关生产经营人员各自职责及相应的奋斗目标,做到人人事先心中有数。

2. 财务预算是总预算,其余预算是辅助预算

财务预算作为全面预算体系中的最后环节,可以从价值方面总括地反映经营特种决策预算与业务预算的结果,使预算执行情况一目了然。

3. 财务预算有助于财务目标的顺利实现

通过财务预算,可以建立评价企业财务状况的标准,以预算数作为标准的依据,将实际数与预算数对比,及时发现问题和调整偏差,使企业的经济活动按预定的目标进行,从而实现企业的财务目标。

编制财务预算,并建立相应的预算管理制度,可以指导与控制企业的财务活动,提高预见性,减少盲目性,使企业的财务活动有条不紊地进行。

二、全面预算体系

预算管理是一种"全面预算"管理,具有全面控制的能力。

它主要用来规划企业在未来一定时期内的财务状况和经营成果,为企业活动提出一个具体的目标,以此协调各部门活动,从而保证企业各项计划的顺利实现。

(一)全面预算的内容

全面预算是由一系列预算构成的体系,各项预算之间相互联系,是一个有机的整体,如图3.2所示,该图简要地反映了各预算之间的主要联系。

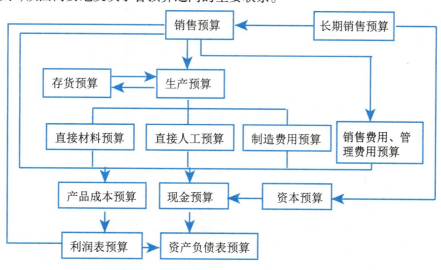

图3.2 全面预算体系

企业应根据长期市场预测和生产能力,编制长期销售预算。以此为基础,确定本年度的销售预算,并根据企业财力确定资本支出预算。销售预算是年度预算的编制起点,根据"以销定产"的原则确定生产预算,同时确定所需要的销售费用。生产预算的编制,除了考虑计

划销售量外,还要考虑现有存货和年末存货。根据生产预算来确定直接材料、直接人工和制造费用预算。产品成本预算和现金预算是有关预算的汇总。预计损益表、资产负债表和现金流量表是全部预算的综合。

全面预算按其涉及的预算期分为长期预算和短期预算。长期销售预算和资本支出预算属于长期预算,有时还包括长期资金筹措预算和研究与开发预算。短期预算是指年度预算,或者时间更短的季度或月度预算,如直接材料预算、现金预算等。通常长期和短期的划分以一年为界限,有时把2~3年的预算称为中期预算。

全面预算按其涉及的内容分为总预算和专门预算。总预算是指预计损益表、资产负债表和现金流量表,它们反映企业的总体状况,是各种专门预算的综合。专门预算是指其他反映企业某一方面经济活动的预算。

全面预算按其涉及的业务活动领域分为销售预算、生产预算和财务预算。前两个预算又统称业务预算,用于计划企业的基本经济业务。财务预算是关于资金筹措和使用的预算,包括短期的现金收支预算和信贷预算,以及长期的资本支出预算和长期资金筹措预算。

(二) 全面预算的编制程序

企业预算以利润为最终目标,并把确定下来的目标利润作为编制预算的前提条件。根据已确定的目标利润,通过市场调查,进行销售预测,编制销售预算。在销售预算的基础上,做出不同层次不同项目的预算,最后汇总为综合性的现金预算和预计财务报表。

企业预算的编制,涉及经营管理的各个部门,只有动员全体执行人参与预算的编制,才能最大限度地激发他们实现目标的积极性。

企业预算的编制程序如下:

① 最高领导机构根据长期规划,利用本量利分析等工具,提出企业一定时期的总目标,并下达规划指标。

② 基层成本控制人员自行草编预算,应使预算较为可靠、较为符合实际。

③ 各部门汇总部门预算,并初步协调本部门预算,编制出销售、生产、财务等业务预算。

④ 预算委员会审查、平衡业务预算,汇总出公司的总预算。

⑤ 经过行政领导批准、审议机构通过,或者驳回修改预算。

⑥ 将主要预算指标报告给董事会或上级主管单位,讨论通过或者驳回修改。

⑦ 批准后的预算下达给各部门执行。

任务实施

请根据前述项目情境,结合所学任务知识,完成下列任务:

1. 全面预算体系包含的内容有哪些?

2. 有人说:"编制预算就是财务部的事,财务部门可以编制全公司的预算。"你觉得这句话对吗?并简单说明理由。

任务二 熟悉财务预算的编制方法

任务知识

预算编制方法的分类标准有很多,针对不同的分类标准,常见的预算的编制方法分类如图3.3所示。

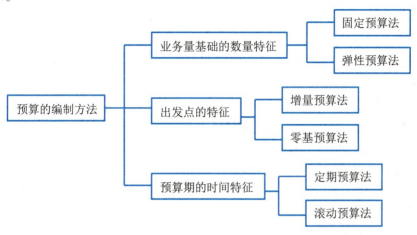

图3.3 预算的编制方法分类

一、固定预算法与弹性预算法

根据业务量基础的数量特征不同,可分为固定预算法和弹性预算法两大类。

(一)固定预算法

1. 固定预算法的概念

固定预算法,也称静态预算法,是一种传统的预算编制方法。其核心在于只根据预算期内可实现的某一固定业务量(如生产量、销售量等)水平来编制预算,而不考虑可能发生的变动。

2. 固定预算法的优缺点

固定预算法的优点包括简单明了,直观易行,有利于控制成本和便于对比实际财务状况与预算目标之间的差异。然而,这种方法也存在一些显著的缺点,如过于机械呆板、适应性差和可比性差。当实际业务量与预算业务量发生较大差异时,预算指标的实际数与预算数就会因业务量基础不同而失去可比性,不利于正确地控制、考核和评价企业预算的执行情况。

3. 固定预算法的适用范围

固定预算法通常适用于业务量水平较为稳定的企业或非营利组织,特别是在市场环境稳定且公司规模较小的情况下。

(二) 弹性预算法

1. 弹性预算法的概念

弹性预算法是固定预算法的对称,它的关键在于把所有的成本按其性态划分为变动成本与固定成本两大部分。在编制预算时,变动成本随业务量的变动而予以增减,固定成本则在相关的业务量范围内稳定不变。业务量,是指企业销售量、产量、作业量等与预算项目相关的弹性变量。分别按一系列可能达到的预计业务量水平编制的能适应企业在预算期内任何生产经营水平的预算称为弹性预算。由于这种预算是随着业务量的变动作机动调整,适用面广,具有弹性,故称为弹性预算或变动预算。

由于未来业务量的变动会影响到成本费用和利润各个方面,因此,弹性预算理论上讲适用于全面预算中与业务量有关的各种预算。但从实用角度看,主要用于编制制造费用、销售及管理费用等半变动成本(费用)的预算和利润预算。

制造费用与销售及管理费用的弹性预算,均可按下列弹性预算公式进行计算:

$$成本的弹性预算 = 固定成本预算数 + \sum(单位变动成本预算数 \times 预计业务量)$$

但两者略有区别,制造费用的弹性预算按照生产业务量(生产量、机器工作小时等)来编制;销售及管理费用的弹性预算按照销售业务量(销售量、销售收入)来编制。

成本的弹性预算编制出来以后,就可以编制利润的弹性预算。它是以预算的各种销售收入为出发点,按照成本的性态,扣减相应的成本,从而反映企业预算期内各种业务量水平上应该获得的利润指标。

2. 弹性预算法的优缺点

弹性预算法的优点在于:一方面能够适应不同经营活动情况的变化,扩大了预算的适用范围,更好地发挥预算的控制作用;另一方面能够对预算的实际执行情况进行评价与考核,使预算能真正为企业经营活动服务。

3. 弹性预算法的适用范围

弹性预算适用于企业各项预算的编制,特别是市场、产能等存在较大不确定性,且其预算项目与业务量之间存在明显的数量依存关系的预算项目。

二、增量预算法与零基预算法

根据编制预算时出发点的特征不同,可分为增量预算法与零基预算法两大类。

(一) 增量预算法

1. 增量预算法的概念

增量预算法又称调整预算法,是以历史期实际经济活动及其预算为基础,结合预算期经济活动及相关影响因素的变动情况,通过调整历史期经济活动项目及金额形成预算的预算编制方法。

2. 增量预算法假定前提

① 企业现有业务活动是合理的,不需要进行调整。

② 企业现有各项业务的开支水平是合理的,在预算期予以保持。
③ 以现有业务活动和各项活动的开支水平,确定预算期各项活动的预算数。

3. 增量预算法优缺点

这种预算方法比较简单,但它以过去的水平为基础,实际上就是承认过去是合理的,无须改进。因此,往往不加分析地保留或接受原有成本项目,或按主观臆断平均削减,或只增不减,这样容易造成预算的不足,或者是安于现状,造成预算不合理开支。

(二) 零基预算法

1. 零基预算法的概念

零基预算法,是相对于增量预算的一种预算编制方法。零基预算是指企业不以历史期经济活动及其预算为基础,以零为起点,从实际需要出发分析预算期经济活动的合理性,经综合平衡,形成预算的预算编制方法。

零基预算法适用于企业各项预算的编制,特别是不经常发生的预算项目或预算编制基础变化较大的预算项目。

2. 零基预算法编制的程序

零基预算法编制的程序是:
① 根据企业在预算期内的总体目标,对每一项业务说明其性质、目的,以零为基础,详细提出各项业务所需要的开支或费用。
② 按"成本-效益分析"方法比较分析每一项预算费用是否必要,能否避免,以及它所产生的效益,以便区别对待。
③ 对不可避免费用项目优先分配资金,对可延缓成本则根据可动用资金情况,按轻重缓急及每项项目所需经费的多少分成等级,逐项下达费用预算。

3. 零基预算法的优缺点

零基预算法的主要优点:一是以零为起点编制预算,不受历史期经济活动中的不合理因素影响,能够灵活应对内外环境的变化,预算编制更贴近预算期企业经济活动需要;二是有助于增加预算编制透明度,有利于进行预算控制。

零基预算法的主要缺点:一是预算编制工作量较大、成本较高;二是预算编制的准确性受企业管理水平和相关数据标准准确性影响较大。

三、定期预算法与滚动预算法

根据预算期的时间特征不同,可分为定期预算法与滚动预算法两大类。

(一) 定期预算法

1. 定期预算法的概念

定期预算法是以固定会计期间(如日历年度)作为预算期的一种编制预算的方法。

2. 定期预算法的优缺点

定期预算法的主要优点是:预算期间与会计期间相对应,便于将实际数与预算数进行对比,也有利于对预算执行情况进行分析和评价。

定期预算法的主要缺点是：一是不能使预算的编制常态化，不能使企业的管理人员始终有一个长期的计划和打算，从而导致一些短期行为的出现；二是不利于前后各个时期的预算衔接，不能适应连续不断的业务活动过程的预算管理。

3. 定期预算法的适用范围

定期预算法一般适用于企业内外部环境相对稳定的企业。

（二）滚动预算法

1. 滚动预算法的概念

滚动预算法，是指企业根据上一期预算执行情况和新的预测结果，按既定的预算编制周期和滚动频率，对原有的预算方案进行调整和补充，逐期滚动、持续推进的预算编制方法。

2. 滚动预算法的编制特点

预算编制周期，是指每次预算编制所涵盖的时间跨度。

滚动频率法，是指调整和补充预算的时间间隔，一般以月度、季度、年度等为滚动频率。

滚动预算法一般由中期滚动预算和短期滚动预算组成。中期滚动预算的预算编制周期通常为3年或5年，以年度作为预算滚动频率。短期滚动预算通常以1年为预算编制周期，以月度、季度作为预算滚动频率。如某企业2×23年月1月份和2月份滚动预算的编制方式如图3.4所示。

2×23年预算（一）											
1月	2月	3月	4月	5月	6月	7月	8月	9月	10月	11月	12月
××元	××元	××元	××元	××元	××元	××元	××元	××元	××元	××元	××元

预算调整和修订因素		
预算与实际差异分析	客观条件变化	经营方针调整

2×23年预算（二）											2×24年
2月	3月	4月	5月	6月	7月	8月	9月	10月	11月	12月	1月
××元	××元	××元	××元	××元	××元	××元	××元	××元	××元	××元	××元

图3.4 滚动预算的编制方式

3. 滚动预算法的优缺点

滚动预算法的主要优点是：通过持续滚动预算编制、逐期滚动管理，实现动态反映市场、建立跨期综合平衡，从而有效指导企业营运，强化预算的决策与控制职能。

滚动预算法的主要缺点是：一是预算滚动的频率越高，对预算沟通的要求越高，预算编制的工作量越大；二是过高的滚动频率容易增加管理层的不稳定感，导致预算执行者无所适从。

4. 滚动预算法的适用范围

滚动预算法适用于以下企业：

（1）具备丰富的预算管理经验和能力的管理基础比较好的企业。
（2）信息化程度较高的企业，信息技术能为滚动预算提供良好技术支持。
（3）生产经营活动与市场紧密接轨的企业，预算灵活度要求高。
（4）规模较大、时间较长的工程类项目预算或工程性企业。

任务实施

请结合所学任务知识，完成下列任务。
1. 预算的编制方法有哪些？
2. 你知道每种预算编制方法的适用范围吗？

任务三　掌握预算的编制

任务知识

一、经营预算的编制

经营预算是全面预算编制的起点，包括销售预算、生产预算、直接材料预算、采购预算、直接人工预算、制造费用预算、产品成本预算、存货预算、期间费用预算等内容。经营预算与利润预算密切相关，它一方面为利润预算的编制提供基本依据，另一方面要受利润预算的规范和制约。

在市场经济条件下，企业的生产经营活动一般是"以销定产"的，与此相适应，经营预算编制也往往是以销售预算的编制为起点。各项预算编制要根据企业的预算编制方针和预算目标，遵循科学的原则，按照一定的编制程序和方法进行。其中，在编制方法上，可根据不同的预算项目，分别采用固定预算、弹性预算、滚动预算、零基预算、增量预算等方法进行编制；在编制责任单位的划分上，应采用与企业组织结构相一致的划分方法，以便于预算的执行、考核和责任落实。经营预算的编制流程如图3.5所示。

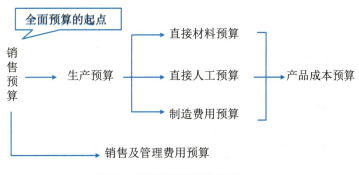

图3.5　经营预算的编制流程

下面分别介绍各项预算的编制。

(一) 销售预算

销售预算是整个预算的编制起点,其他预算的编制都以销售预算作为基础,根据预算期现销收入与回收赊销货款的可能情况反映现金收入,以便为编制现金收支预算提供信息。

销售收入＝销售单价×销售数量

当期销售现金流量＝本期销售收入×本期收现比例
　　　　　　　　＋以前某期收入×以前某期收入在本期收现比例

【案例3.1】 M公司正在编制2×23年的销售预算,预计各个季度的销售量分别为1 000件、1 500件、2 000件和2 000件,单位售价为28元。预计每季度的销售收入中,本季度收到现金60%,另外的40%现金要到下季度才能收到,年初的应收账款为6 200元。

要求:根据上述资料,编制销售预算并计算预计年末应收账款金额。

解析:

"预计每季度的销售收入中,本季度收到现金60%,另外的40%现金要到下季度才能收到,年初的应收账款为6 200元"表明:

(1) 年初应收账款以及一、二、三季度的销售收入在预算年度全部收到现金,四季度销售收入×60%在预算年度收到现金。

(2) 年末应收账款＝四季度销售收入×40%。

(3) 一季度销售现金收入＝一季度销售收入×60%＋年初应收账款。

(4) 二、三、四季度的每季度销售现金收入＝当季销售收入×60%＋上季销售收入×40%。

根据上述资料编制销售预算,如表3.1所示。

表3.1 销售预算

单位:元

项　目	第一季度	第二季度	第三季度	第四季度	全　年
预计销售量(件)	1 000	1 500	2 000	2 000	6 500
预计单价	28	28	28	28	28
预计销售收入	28 000	42 000	56 000	56 000	182 000
预计现金收入					
期初应收账款	6 200				6 200
第一季度销售收现	16 800	11 200			28 000
第二季度销售收现		25 200	16 800		42 000
第三季度销售收现			33 600	22 400	56 000
第四季度销售收现				33600	33600
现金收入合计	23 000	36 400	50 400	56 000	165 800

预计年末应收账款＝第四季度销售收入×当季未收款比例
　　　　　　　　＝56 000×40%＝22 400(元)

或者

预计年末应收账款＝期初应收账款＋全年预计销售收入(应收账款增加额)
－全年预计现金收入(应收账款减少额)
＝6 200＋182 000－165 800＝22 400(元)

(二) 生产预算

生产预算是根据销售预算编制的。通常,企业的生产和销售不能做到"同步量"。生产数量除了满足销售数量外,还需要设置一定的存货,以保证能在发生意外需求时按时供货,并可均衡生产,节省赶工的额外开支。

期初产成品存货＋生产量－销售量＝期末产成品存货

预计生产量＝预计销售量＋预计期末产成品存货－预计期初产成品存货

具体的计算公式如表3.2所示。

表3.2 生产预算编制公式汇总

预计销售量	来自销售预算
预计期末产成品存货	(1) 预算年末产成品存货根据长期销售趋势确定 (2) 预算年度内各期期末产成品存货＝下期预计销售量×一定百分比
预计期初产成品存货	(1) 预算年初产成品存货在编制预算时预计 (2) 预算年度内各期期初产成品存货＝上期期末产成品存货 　　　　　　　　　　　　　　　　　　　＝本期销售量×一定百分比

【案例3.2】 M公司预计,2×23年初产成品存货为100件,各季度末产成品存货为下季度销售量的10%,预计第四季度末产成品存货为160件。

要求:根据上述资料编制M公司2×23年度生产预算。

解析:

2×23年度生产预算如表3.3所示。

表3.3 M公司生产预算

单位:件

项　　目	第一季度	第二季度	第三季度	第四季度	全　年
预计销售量	1 000	1 500	2 000	2 000	6 500
加:预计期末产成品存货	150	200	200	160	160
合计	1 150	1 700	2 200	2 160	6 660
减:预计期初产成品存货	100	150	200	200	100
预计生产量	1 050	1 550	2 000	1 960	6 560

(三) 直接材料预算

在生产预算的基础上,我们可以编制直接材料预算,但同时还要考虑期初、期末原材料存货的水平。直接材料生产上的需要量同预计采购量之间的关系可按下列公式计算:

(1) 预计采购量＝生产需用量＋期末材料存量－期初材料存量

① 生产需用量＝预计生产量×单位产品材料用量。其中,"预计生产量"来自生产预算,"单位产品材料用量"来自标准成本资料或消耗定额资料。

② 年初和年末的材料存量根据当前情况和长期销售预测估计。

③ 预算年度内各期期末材料存量＝下期预计生产需用量×一定百分比。

④ 预算年度内各期期初材料存量＝上期期末存量＝本期生产需用量×一定百分比。

(2) 预计采购金额＝预计采购量×预计采购单价

(3) 预计现金支出＝采购当期付现＋支付前期应付账款

预计现金支出作为资金预算的数据来源。

需要注意的是,在编制直接材料预算时,通常还需要预测预算期末的材料存货余额和应付账款余额,作为预计资产负债表的数据来源。

【案例3.3】 M公司生产产品主要使用一种材料,单位产品材料用量为0.1千克,材料的计划单价为80元/千克。预计材料采购款有50%在本季度内付清,另外50%在下季度付清,年初的应付账款为2 350元。期末材料存量按下期生产需用量的20%确定,材料的年初存量为30千克,年末存量为40千克。

要求:依据上述及前述相关资料,编制M公司2×23年度直接材料预算并计算预计年末材料存货额及预计年末应付账款金额。

解析:

M公司2×23年度直接材料预算如表3.4所示。

表3.4　M公司直接材料预算

项　　目	第一季度	第二季度	第三季度	第四季度	全　　年
预计生产量(件)	1 050	1 550	2 000	1 960	6 560
单位产品材料用量(千克)	0.1	0.1	0.1	0.1	0.1
生产需用量	105	155	200	196	656
加:预计期末材料存货量	31	40	39.2	40	40
合计	136	195	239.2	236	696
减:预计期初材料存货量	30	31	40	39.2	30
预计材料采购量	106	164	199.2	196.8	666
材料计划单价(元/千克)	80	80	80	80	80
预计采购金额(元)	8 480	13 120	15 936	15 744	53 280
预计现金支出(元)					
期初应付账款	2 350				2 350
第一季度购料付现	4 240	4 240			8 480
第二季度购料付现		6 560	6 560		13 120
第三季度购料付现			7 968	7 968	15 936
第四季度购料付现				7 872	7 872
现金支出合计	6 590	10 800	14 528	15 840	47 758

$$预计年末材料存货额=预计年末材料存量\times材料计划单价$$
$$=40\times80=3\ 200(元)$$
$$预计年末应付账款=第四季度采购金额\times当季未付款比例$$
$$=15\ 744\times50\%=7\ 872(元)$$

或者

$$预计年末应付账款=期初应付账款+全年预计采购金额(应付账款增加额)$$
$$-全年预计现金支出(应付账款减少额)$$
$$=2\ 350+53\ 280-47\ 758=7\ 872(元)$$

（四）直接人工预算

直接人工预算也是以生产预算为基础编制的。其主要内容有预计生产量、单位产品工时、人工总工时、每小时人工成本和人工总成本。直接人工预算也能为编制现金预算提供资料。直接人工预算可按下列公式计算：

(1) 人工总工时＝预计产量×单位产品工时
(2) 人工总成本＝人工总工时×每小时人工成本

其中，"预计产量"来自生产预算，"单位产品工时""每小时人工成本"来自标准成本资料。

【案例3.4】 M公司的单位产品工时为0.2小时，每小时人工成本为30元。

要求：依据上述资料及前述相关资料编制M公司2×23年度直接人工预算。

解析：

M公司2×23年度直接人工预算如表3.5所示。

表3.5 M公司直接人工预算

项　　目	第一季度	第二季度	第三季度	第四季度	全　年
预计生产量(件)	1 050	1 550	2 000	1 960	6 560
单位产品工时(小时/件)	0.2	0.2	0.2	0.2	0.2
人工总工时(小时)	210	310	400	392	1 312
每小时人工成本(元/小时)	30	30	30	30	30
人工总成本(元)	6 300	9 300	12 000	11 760	39 360

（五）制造费用预算

制造费用预算指除了直接材料和直接人工预算以外的其他一切生产成本的预算。制造费用按其成本性态可分为变动制造费用和固定制造费用两部分。变动制造费用以生产预算为基础来编制，即根据预计生产量和预计的变动制造费用分配率来计算；固定制造费用是期间成本直接列入损益作为当期利润的一个扣减项目，与本期的生产量无关，一般可以按照零基预算的编制方法编制。

【案例3.5】 M公司2×23年度制造费用及相关数据如表3.6所示。

表 3.6　制造费用

预算单位:元

季　　度	一	二	三	四	全　年
变动制造费用:					
预计生产量(件)	1 050	1 550	2 000	1 960	6 560
间接材料(0.35元/件)	367.5	542.5	700	686	2 296
修理费(0.2元/件)	210	310	400	392	1 312
水电费(0.1元/件)	105	155	200	196	656
小计	682.5	1 007.5	1 300	1 274	4 264
固定制造费用:					
修理费	224	238	274	274	1 010
折旧	1 000	1 000	1 000	1 000	4 000
管理人员工资	1 190	1 310	1 100	1 100	4 700
保险费	155	171	190	270	786
小计	2 569	2 719	2 564	2 644	10 496
合计	3 251.5	3 726.5	3 864	3 918	14 760
减:折旧	1 000	1 000	1 000	1 000	4 000
现金支出的费用	2 251.5	2 726.5	2 864	2 918	10 760

为便于以后编制产品成本预算,需要计算小时费用率:

变动制造费用小时费用率＝4 264÷1 312＝3.25(元/小时)

固定制造费用小时费用率＝10 496÷1 312＝8(元/小时)

在制造费用预算中,除了折旧费以外都需支付现金。为了便于编制现金预算,需要预计现金支出,将制造费用预算额扣除折旧费后,调整为"现金支出的费用"。

(六) 产品生产成本预算

为了计算产品的销售成本,必须先确定产品的生产总成本和单位成本。产品产成本预算是生产预算、直接材料预算、直接人工预算、制造费用预算的汇总。其主要内容是产品的单位成本和总成本。单位产品成本的有关数据,来自前述三个预算。生产量、期末存货量来自生产预算。销售量来自销售预算。生产成本、存货成本和销货成本等数字,根据单位成本和有关数据计算得出。

【案例3.6】　综合前例相关数据,M公司2×23年度产品成本预算如表3.7所示。

表 3.7　产品成本预算

单位：元

项　目	单位成本			生产成本 （6 560件）	期末存货 （160件）	销货成本 （6 500件）
	单价 （元/千克或小时）	单耗 （千克或小时）	成本 （元）			
直接材料	80	0.1	8	52 480	1 280	52 000
直接人工	30	0.2	6	39 360	960	39 000
变动制造费用	3.25	0.2	0.65	4 264	104	4 225
固定制造费用	8	0.2	1.6	10 496	256	10 400
合计			16.25	106 600	2 600	105 625

（七）销售及管理费用预算

销售与管理费用预算列示预算期内预期发生的制造费用以外的其他费用。其编制一般以历史数据为基础，先剔除其中的不合理开支，并根据各费用项目与有关业务量变动的依存关系逐一确定。与制造费用预算的编制类似，其各费用项目也要按成本性态分为变动性销售与管理费用和固定性销售与管理费用两类。

变动性销售与管理费用：变动性销售与管理费用随销售量的变动而变动，通常包括销售佣金、运杂费和物料用品。

固定性销售与管理费用：固定性销售与管理费用在一定范围内不受销售量的影响，如租金、保险、折旧和基本工资等。

其编制方法与制造费用预算相同。

【案例3.7】 M公司2×23年的销售及管理费用预算如表3.8所示。

表 3.8　销售及管理费用预算

单位：元

项　目	金　额
销售费用：	
销售人员工资	4 000
广告费	5 500
包装、运输费	3 000
保管费	2 700
折旧	1 000
管理费用：	
管理人员薪金	4 000
福利费	800
保险费	600

续表

项　　目	金　　额
办公费	1 400
折旧	1 500
合计	24 500
减：折旧	2 500
每季度支付现金(22 000÷4)	5 500

二、专门决策预算的编制

专门决策预算是长期投资预算（资本支出预算），与项目投资决策相关，经常跨越多个年度。

专门决策预算编制依据是项目财务可行性分析资料、企业筹资决策资料。

专门决策预算反映项目资金投资支出与筹资计划，也是编制资金预算和预计资产负债表的依据。

【案例3.8】 M公司2×23年的专门决策预算如表3.9所示。

表3.9　专门决策预算表

单位：元

项　　目	第一季度	第二季度	第三季度	第四季度	全　年
投资支出预算	50 000	—	—	70 000	120 000
借入长期借款	30 000	—	—	70 000	100 000

三、财务预算的编制

财务预算是集中反映未来一定期间（预算年度）现金收支、经营成果和财务状况的预算，是企业经营预算的重要组成部分。财务预算的内容一般包括"现金预算""预计利润表"和"预计资产负债表"。其中，现金预算反映企业在预算期内，由于生产经营和投资活动所引起的现金收入、现金支出和现金余缺情况；预计利润表反映企业在预算期内的经营业绩，即销售收入、变动成本、固定成本和税后净收益等构成情况；预计资产负债表反映企业在预算期末的财务状况，即资金来源和资金占用以及它们各自的构成情况。

（一）现金预算

现金预算的编制，是以涉及现金收支的经营预算和专门决策预算为基础来反映各预算的收入款项和支出款项。其目的在于规划资金不足时如何筹措资金，资金多余时怎样运用资金，并且提供现金收支的控制限额，以便发挥现金管理的作用。

现金预算是企业对现金流动进行预计和管理的重要工具，它是用来反映未来某一期间的一切现金收入和支出，以及两者对抵后的现金余缺数的预算。

现金预算包括：现金收入、现金支出、现金多余或不足、资金的筹集和运用四个部分。具体内容如下：

（1）可供使用现金＝期初现金余额＋现金收入

其中，现金收入是指经营现金收入，主要来源为销货取得的现金收入——来自销售预算。

（2）现金支出

① 直接材料、直接人工、制造费用、销售及管理费用——来自经营预算。

② 购买设备——来自长期投资预算。

③ 所得税费用、股利分配——来自专门预算。

需要注意的是，在现金预算中，现金收入与现金支出均不包括与借款有关的现金流量。借款的本金现金流入、还本付息的现金流出，应反映在"现金筹措与运用"中。因为需要借入多少借款或可以偿还多少借款本息，取决于现金收入与支出水平。

（3）现金余缺＝可供使用现金－现金支出

（4）现金筹措与运用

$$现金余缺＋现金筹措－现金运用 \geqslant 目标现金余额$$

其中，现金筹措包括借款、出售短期有价证券等，现金运用包括偿还借款本息、购入短期有价证券等。

（5）期末现金余额＝现金余缺＋现金筹措－现金运用

现金预算的编制流程具体如图3.6所示。

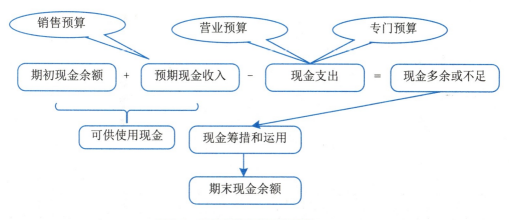

图3.6 现金预算的编制流程图

【案例3.9】 M公司理想的现金余额是3 000元，资金不足可取得短期借款，银行要求借款额必须是1 000元的整数倍；借款利息按季支付，假设新增借款发生在季度的期初，归还借款发生在季度的期末（如果需要归还借款，先归还短期借款，归还的数额为100元的整数倍）。公司上年末的长期借款余额为120 000元，上年末不存在短期借款。根据上述资料，以及M公司其他各项经营预算和专门决策预算资料，编制M公司2×23年度资金预算，如表3.10所示。

表 3.10 资金预算

单位:元

季度	一	二	三	四	全年
期初现金余额	8 000	3 858.5	3 032	3 012.5	8 000
加:现金收入	23 000	36 400	50 400	56 000	165 800
可供使用现金	31 000	40 258.5	53 432	59 012.5	173 800
减:现金支出					
直接材料	6 590	10 800	14 528	15 840	47 758
直接人工	6 300	9 300	12 000	11 760	39 360
制造费用	2 251.5	2 726.5	2 864	2 918	10 760
销售及管理费用	5 500	5 500	5 500	5 500	22 000
所得税费用	1 500	1 000	2 300	2 200	7 000
购买设备	50 000	0	0	70 000	120 000
股利	0	0	0	9 500	9 500
现金支出合计	72 141.5	29 326.5	37 192	117 718	256 378
现金余缺	−41 141.5	10 932	16 240	−58 705.5	−82 578
现金筹措与运用					
借入长期借款	30 000			70 000	100 000
取得短期借款	20 000				20 000
归还短期借款		2 900	8 300	1 400	12 600
短期借款利息（年利率10%）	500	500	427.5	220	1 647.5
长期借款利息（年利率12%）	4 500	4 500	4 500	6 600	20 100
期末现金余额	3 858.5	3 032	3 012.5	3 074.5	3 074.5

计算说明:

第一至第三季度每季度长期借款利息=(120 000+30 000)×12%/4=4 500(元)

第四季度长期借款利息=(120 000+30 000+70 000)×12%/4=6 600(元)

① 第一季度期末现金余额=现金余缺+借入长期借款+借入短期借款

—长期借款利息—短期借款利息

$= -41\,141.5 + 30\,000 + W - 4\,500 - W \times 10\%/4 \geqslant 3\,000$

解得:借入短期借款 $W \geqslant 19\,119.49$(元),按 1 000 元的整数倍取整为 20 000 元。

短期借款利息=20 000×10%/4

=500(元)

② 第二季度期末现金余额＝现金余缺－归还短期借款－长期借款利息
　　　　　　　－短期借款利息
　　　　　　＝10 932－W－4 500－500≥3 000

解得：归还短期借款 W≤2 932(元)，按100元的整数倍取整为2 900元。

③ 短期借款利息＝(20 000－2 900)×10%/4
　　　　　　＝427.50(元)

第三季度期末现金余额＝现金余缺－归还短期借款－长期借款利息－短期借款利息
　　　　　　＝16 240－W－4 500－427.5≥3 000

解得：归还短期借款 W≤8 312.50(元)，按100元的整数倍取整为8 300元。

④ 短期借款利息＝(20 000－2 900－8 300)×10%/4＝220(元)

第四季度期末现金余额＝现金余缺＋借入长期借款－归还短期借款－长期借款利息
　　　　　　－短期借款利息
　　　　　　＝－58 705.5＋70 000－W－6 600－220≥3 000

解得：归还短期借款 W≤1 474.50(元)，按100元的整数倍取整为1 400元。

(二) 预计利润表

预计利润表是在各项经营预算的基础上，根据权责发生制编制的利润表。它综合反映计划期内预计销售收入、销售成本和预计可实现的利润或可能发生的亏损，可以揭示企业预期的盈利情况，有助于管理人员及时调整经营策略。

所得税费用通常不是根据"利润总额×所得税税率"计算的，而是在利润规划时估计的，并已列入资金预算，以避免数据循环修改。

【案例3.10】 M公司2×23年度预计利润表如表3.11所示。

表3.11 预计利润表

单位：元

项　目	金　额
销售收入(销售预算)	182 000
销售成本(产品成本预算)	105 625
毛利	76 375
销售及管理费用(销售及管理费用预算)	24 500
利息(资金预算)	21 747.5
(短期借款利息＋长期借款利息)	(1 647.5＋20 100)
利润总额	30 127.5
所得税费用(估计)	7 000
净利润	23 127.5

(三) 预计资产负债表

预计资产负债表是以货币单位反映预算期末财务状况的总括性预算，是全面预算的终点。编制时，预计资产负债表是以期初资产负债表为基础，根据经营预算、专门决策预算、资金预算及预计利润表的有关数据加以调整编制的。

【案例3.11】 M公司2×23年末预计资产负债表如表3.11所示。

表3.11 预计资产负债表

单位:元

资产	年初余额	年末余额
流动资产		
货币资金	8 000	3 074.5
应收账款	6 200	22 400
存货	4 025	5 800
流动资产合计	18 225	31 274.5
非流动资产		
固定资产	40 000	33 500
在建工程	100 000	220 000
非流动资产合计	140 000	253 500
资产总计	158 225	284 774.5
负债和股东权益	年初余额	年末余额
流动负债		
短期借款	0	7 400
应付账款	2 350	7 872
流动负债合计	2 350	15 272
非流动负债		
长期借款	120 000	220 000
非流动负债合计	120 000	220 000
负债合计	122 350	235 272
股东权益		
股本	20 000	20 000
资本公积	5 000	5 000
盈余公积	7 500	9 812.75
未分配利润	3 375	14 689.75
股东权益合计	35 875	49 502.5
负债和股东权益合计	158 225	284 774.5

计算说明:

年末盈余公积＝年初盈余公积＋本年净利润×10%
　　　　　＝7 500＋23 127.5×10%
　　　　　＝9 812.75(元)

年末未分配利润＝年初未分配利润＋本年净利润－本年提取的盈余公积－本年股利
　　　　　　＝3 375＋23 127.5－2 312.75－9 500
　　　　　　＝14 689.75(元)

根据前述项目情境,结合所学任务知识,完成下列任务:

某公司根据集团"十四五"规划战略目标要求编制明年的预算草案,给其A子公司下达了5 000万元利润目标,A子公司在今年的利润基础上结合自身的资源和明年的情况预测最高可完成4 000万元利润。请问应如何较准确地确定明年的利润目标?

一、单项选择题

1. 某公司为扩大经营规模,准备购置和建造一条新生产线,该公司为购置和建造新生产线所编制的预算属于(　　)。
   A. 业务预算　　　　　　　　　　B. 专门决策预算
   C. 资金预算　　　　　　　　　　D. 经营预算

2. 下列关于财务预算的表述中,错误的是(　　)。
   A. 可以用数量和金额形式综合反映业务预算与专门决策预算的结果
   B. 属于全面预算体系中的总预算
   C. 是全面预算体系的最后环节
   D. 通常属于短期预算

3. 在各种预算编制方法中,增量预算法与零基预算法的区别在于(　　)。
   A. 是否以历史期实际经济活动及其预算为基础
   B. 预算的内容不同
   C. 业务量基础的数量特征不同
   D. 预算期的时间特征不同

4. 运用零基预算法编制预算的程序是(　　)。
   A. 制定业务计划、明确预算编制标准、编制预算草案、审定预算方案
   B. 制定业务计划、编制预算草案、明确预算编制标准、审定预算方案
   C. 明确预算编制标准、制定业务计划、编制预算草案、审定预算方案
   D. 明确预算编制标准、编制预算草案、审定预算方案、制定业务计划

5. 预算编制方法按其业务量基础的数量特征不同,可以分为(　　)。
   A. 定期预算法与滚动预算法　　　　B. 增量预算法与零基预算法
   C. 固定预算法与弹性预算法　　　　D. 增量预算法与定期预算法

6. 以预算期内最可能实现的某一业务量水平为固定基础来编制预算的方法称为(　　)。
   A. 零基预算法　　　　　　　　　　B. 定期预算法
   C. 固定预算法　　　　　　　　　　D. 增量预算法

7. 相对于固定预算法,下列有关弹性预算法的表述中,错误的是(　　)。
   A. 考虑了预算期可能的不同业务量水平
   B. 需要确定适当的业务量范围

C. 预算编制工作量较大
D. 市场及其变动趋势预测的准确性对预算合理性的影响较小

8. 下列各种预算编制方法中,可以使管理人员对未来始终保持整12个月时间的考虑和规划的是( )。
   A. 弹性预算法   B. 零基预算法
   C. 固定预算法   D. 滚动预算法

9. 在全面预算体系中,作为整个企业预算编制起点的是( )。
   A. 资金预算   B. 生产预算
   C. 销售预算   D. 预计资产负债表

10. M公司2×23年度预计期初应收账款余额为400万元,1~4季度预计销售收入分别为1 000万元、1 500万元、1 800万元和1 200万元,每季度的销售收入中,本季度收到现金70%,下季度收到现金30%。则预计M公司2×23年度现金收入额是( )万元。
   A. 5 140   B. 5 060
   C. 5 540   D. 5 100

11. 某公司预计2×22年各季度的销售量分别为100件、120件、110件、130件,预计每季度末产成品存货为下一季度销售量的10%。则该公司第三季度预计生产量为( )件。
   A. 102   B. 119
   C. 108   D. 112

12. 下列关于生产预算的表述中,错误的是( )。
   A. 生产预算是一种经营预算
   B. 生产预算不涉及价值量指标
   C. 生产预算以销售预算为基础编制
   D. 生产预算是固定制造费用预算的编制依据

13. 甲公司正在编制直接材料预算,预计单位产成品材料消耗量10千克;第二季度期初、期末材料存货分别为500千克和550千克;第二季度、第三季度产成品销量分别为200件和250件;期末产成品存货按下季度销量10%安排。预计第二季度材料采购量是( )千克。
   A. 2 000   B. 2 050
   C. 2 100   D. 2 600

14. 某公司预计2×23年1~4季度预计材料采购额分别为200万元、280万元、300万元和350万元,每季度材料采购额中,当季付现60%,下季付现30%,再下季付现10%,则2×23年第四季度预计材料采购现金支出和预计年末应付账款余额分别为( )。
   A. 328万元与170万元   B. 300万元与170万元
   C. 328万元与140万元   D. 300万元与140万元

15. 下列各项预算中,通常可以直接参加资金预算的汇总,而不需要另外预计现金支出的是( )。
   A. 直接材料预算   B. 销售及管理费用预算
   C. 直接人工预算   D. 制造费用预算

16. 财务预算的正确编制顺序为( )。

A. 预计利润表、资金预算、预计资产负债表
B. 资金预算、预计资产负债表、预计利润表
C. 资金预算、预计利润表、预计资产负债表
D. 预计资产负债表、预计利润表、资金预算

17. 下列各项预算中,不直接涉及现金收支的是( )。
A. 销售预算   B. 产品成本预算
C. 直接材料预算   D. 专门决策预算

二、多项选择题

1. 下列各项预算中,属于经营预算的有( )。
A. 销售预算   B. 预计资产负债表
C. 产品成本预算   D. 资本支出预算

2. 下列各项中,属于预算特征的有( )。
A. 数量化   B. 表格化
C. 可伸缩性   D. 可执行性

3. 采用增量预算法编制预算,需要遵循的基本假定包括( )。
A. 现有的业务活动无须调整
B. 现有的各项开支水平在预算期予以保持
C. 需要对预算内容作出必要的调整
D. 以现有业务活动及其开支水平为基础确定预算数

4. 与增量预算法相比,下列关于零基预算法的表述中,正确的有( )。
A. 能够更灵活地应对企业内外部环境的变化
B. 更适用于预算编制基础变化较大的预算项目
C. 预算编制的准确性受企业管理水平和相关数据标准准确性影响较小
D. 有助于降低预算编制的工作量

5. 相对于弹性预算法,固定预算法的缺点有( )。
A. 适应性差   B. 可比性差
C. 不易理解   D. 预算编制工作量较大

6. 相对于定期预算法,滚动预算法的特点有( )。
A. 有利于动态反映市场   B. 有利于建立跨期综合平衡
C. 有利于减少预算编制的工作量   D. 有利于增加管理层的稳定感

7. 下列各项预算中,直接以销售预算作为编制依据的有( )。
A. 生产预算   B. 直接材料预算
C. 销售费用预算   D. 资金预算

8. 下列各项预算中,以生产预算作为编制基础的有( )。
A. 直接人工预算   B. 产品成本预算
C. 预计利润表   D. 预计资产负债表

9. 企业在编制直接材料预算时,需要考虑的项目包括( )。
A. 生产量   B. 期末材料存量

C. 生产成本　　　　　　　　　　　D. 期初材料存量

10. 某公司分季度编制直接材料预算,下列各项中,影响各季度材料采购现金支出的有(　　)。

A. 供应商提供的信用条件　　　　　B. 预计材料库存量
C. 预计期初应付账款　　　　　　　D. 预计生产量

11. 下列各项预算中,可以从标准成本资料中获取有关数据的有(　　)。

A. 生产预算　　　　　　　　　　　B. 直接材料预算
C. 直接人工预算　　　　　　　　　D. 销售及管理费用预算

12. 下列各项预算中,属于产品成本预算编制基础的有(　　)。

A. 销售预算　　　　　　　　　　　B. 直接材料预算
C. 直接人工预算　　　　　　　　　D. 制造费用预算

13. 编制直接人工预算时,影响直接人工总成本的因素有(　　)。

A. 预计每小时人工成本　　　　　　B. 预计单位产品直接人工工时
C. 预计车间管理人员工资　　　　　D. 预计生产量

14. 企业编制预算时,下列各项中,属于资金预算编制的依据有(　　)。

A. 销售预算　　　　　　　　　　　B. 预计利润表
C. 预计资产负债表　　　　　　　　D. 制造费用预算

15. 在确定资金预算中的"现金余缺"时,现金支出的内容包括(　　)。

A. 购买设备支出　　　　　　　　　B. 所得税费用
C. 利息费用　　　　　　　　　　　D. 现金股利

16. 下列关于全面预算中的预计利润表编制的说法中,正确的有(　　)。

A. "销售收入"项目的数据来自销售预算
B. "利息"项目的数据来自资金预算
C. "销售及管理费用"项目的数据来自销售及管理费用预算
D. "所得税费用"项目的数据,通常是根据利润表预算中的"利润"项目金额和本企业适用的法定所得税税率计算出来的

17. 下列各项预算中,直接为资产负债表预算提供数据来源的有(　　)。

A. 预计利润表　　　　　　　　　　B. 资金预算
C. 专门决策预算　　　　　　　　　D. 直接人工预算

三、判断题

1. 一般来说,经营预算和财务预算大多是短期预算,专门决策预算往往是长期预算。(　　)

2. 在全面预算体系中,企业应当先编制财务预算,在此基础上编制经营预算和专门决策预算。(　　)

3. 企业财务管理部门负责企业预算的编制、执行、分析和考核工作,并对预算执行结果承担直接责任。(　　)

4. 在预算管理工作组织中,预算管理委员会负责审批公司预算管理制度、政策,审议年度预算草案或预算调整草案并报董事会等机构审批。(　　)

5. 采用增量预算法编制成本费用预算,可能导致无效费用开支合理化,造成预算的浪费。（　　）

6. 从理论上说,弹性预算法主要适用于与业务量有关的成本费用预算的编制。（　　）

7. 采用弹性预算法编制成本费用预算时,业务量计量单位的选择非常关键,自动化生产车间适合选用机器工时作为业务量的计量单位。（　　）

8. 滚动预算具体分为中期滚动预算和短期滚动预算,中期滚动预算一般以季度作为预算滚动频率,短期滚动预算一般以月度作为预算滚动频率。（　　）

9. 专门决策预算主要反映项目投资与筹资计划,是编制资金预算和预计资产负债表的依据之一。（　　）

10. 在编制预计资产负债表时,对表中的年初项目和年末项目均需根据各种日常经营预算和专门决策预算的预计数据分析填列。（　　）

技能训练

1. 丙公司2×23年末的长期借款余额为12 000万元,短期借款余额为零。该公司的最佳现金持有量为500万元,如果资金不足,可向银行借款。假设:银行要求借款的金额是100万元的整数倍,而偿还本金的金额是10万元的整数倍;新增借款发生在季度期初,偿还借款本金发生在季度期末,先偿还短期借款;借款利息按季度平均计提,并在季度期末支付。

丙公司编制了2×24年分季度的资金预算,部分信息如表3.12所示。

表3.12　丙公司2×24年资金预算的部分信息

单位:万元

资金信息	季　　度			
	一	二	三	四
现金余缺	−7 500	2 545	*	−450
长期借款	6 000	0	5 000	0
短期借款	2 600	0	0	E
偿还短期借款	0	C	1150	0
偿还短期借款利息（年利率8%）	52	*	D	*
偿还长期借款利息（年利率12%）	A	*	*	690
期末现金余额	B	*	*	*

注:表中"*"表示省略的数据。

要求:确定上表中英文字母代表的数值(不需要列示计算过程)。

2. 丁公司在2×23年第四季度按照定期预算法编制2×24年度的预算,部分资料如下:

资料一:2×24年1～4月的预计销售额分别为600万元、1 000万元、650万元和750万元。

资料二:公司的目标现金余额为50万元,经测算,2×24年3月末预计"现金余缺"为30

万元,公司计划采用短期借款的方式解决资金短缺问题。

资料三:预计2×24年1~3月净利润为90万元,没有进行股利分配。

资料四:假设公司每月销售额于当月收回20%,下月收回70%,其余10%将于第三个月收回;公司当月原材料采购金额相当于次月全月销售额的60%,购货款于次月一次付清;公司第1、2月份短期借款没有变化。

资料五:公司2×24年3月31日的预计资产负债表(简表)如表3.13所示。

表3.13　丁公司2×24年3月31日的预计资产负债表(简表)

单位:万元

资　产	年初余额	月末余额	负债与股东权益	年初余额	月末余额
现金	50	A	短期借款	612	C
应收账款	530	B	应付账款	360	D
存货	545	*	长期负债	450	*
固定资产净额	1 836	*	股东权益	1 539	E
资产总计	2 961	*	负债与股东权益总计	2 961	*

注:表内的"*"为省略的数值。

要求:确定表格中字母所代表的数值(不需要列示计算过程)。

3.甲公司生产A产品,有关产品成本和预算的信息如下:

资料一:A产品成本由直接材料、直接人工、制造费用三部分构成,其中制造费用属于混合成本。2×23年第一至第四季度A产品的产量与制造费用数据如表3.14所示。

表3.14　2×23年第一至第四季度产品质量与制造费用

项　目	第一季度	第二季度	第三季度	第四季度
产量(件)	5 000	4 500	5 500	4 750
制造费用(元)	50 500	48 000	54 000	48 900

资料二:根据甲公司2×24年预算,2×24年第一季度A产品预计生产量为5 160件。

资料三:2×24年第一至第四季度A产品的生产预算如表3.15所示,每季度末A产品的产成品存货量按下一季度销售量的10%确定。

表3.15　2×24年第一至第四季度A产品的生产预算

单位:件

项　目	第一季度	第二季度	第三季度	第四季度	合计
预计销售量	5 200	4 800	6 000	5 000	*
预计期末产成品存货	480	A	D	*	*
预计期初产成品存货	520	B	E	*	*
预计生产量	5 160	C	F	*	*

注:表内的"*"为省略的数值。

资料四:2×24年A产品预算单价为200元,各季度销售收入有70%在本季度收回现金,30%在下一季度收回现金。

要求:

(1) 根据资料一,按照高低点法对制造费用进行分解,计算2×23年制造费用中单位变动制造费用和固定制造费用总额。

(2) 根据要求(1)的计算结果和资料二,计算2×24年第一季度A产品的预计制造费用总额。

(3) 根据资料三,分别计算表格中A、B、C、D、E、F所代表的数值。

(4) 根据资料三和资料四,计算:

① 2×24年第二季度的销售收入预算总额。

② 2×24年第二季度的相关现金收入预算总额。

延伸阅读

项目三延伸阅读

项目四 财务预测

项目情境

珠宝首饰消费不但满足保值需求,更是人民追求时尚、彰显个性和身份地位的需要。随着我国经济持续快速增长和人均收入水平不断提高,目前我国已经成为世界第二大钻石加工基地、世界最大的珠宝首饰消费市场和第一大黄金消费国。国家统计局统计,新冠疫情后,中国珠宝首饰市场迎来爆发性增长,2×23年上半年金银珠宝类商品零售额达1 689亿元,同比增长17.5%,年均复合增长率为8.0%,远高于社会消费品零售总额的增速。

亦心珠宝股份有限公司是国内一家从事珠宝首饰设计、推广和连锁经营的珠宝品牌运营商,公司采取轻资产、整合运行型经营策略,专注于品牌运营、渠道管理、供应链整合,实现了快速发展。亦心珠宝2×23年销售收入为125 000 000元,销售净利率为10%,股利支付率为80%。财务部门预测,公司未来几年销售收入增长率将稳定在20%,假设公司经营性资产、经营性负债占销售收入的百分比不变,维持上年的销售净利率和股利支付率,企业要实现销售收入增长,必须向外部筹集相同比例的资金。但财务管理人员认为,企业的留存收益是可供企业支配的资金,另外还要考虑资金项目与销售业务量变动之间的弹性关系,因此企业实际外部筹资的金额要通过一定的财务方法进行预测。财务管理人员准确预测公司的资金需用量,熟悉各种筹资方式,是企业合理筹资的重要前提。

任务导入

根据上述情境,财务人员还提出了如下问题,请思考并尝试回答。
1. 公司财务预测的意义是什么?
2. 常用的财务预测方法有哪些?
3. 财务预测的程序是怎样的?
4. 公司资金需要量的依据是什么?
5. 如何预测该公司的资金需用量?

学习目标

本项目主要介绍财务预测管理工作的基本认识问题,通过对本项目的学习,应达到如下目标要求：

1. 知识目标：了解财务预测的含义；理解财务预测的目标和意义；熟悉财务预测的步骤；掌握财务预测的常用专业方法；了解常用的财务预测方法的优缺点。

2. 技能目标：能运用技术收集、整理和分析相关财务数据；能使用常用的财务预测方法进行合理的财务预测；能将财务预测结果应用于企业决策；能正确评价常用的财务预测方法的局限性。

3. 素养目标：遵守财务预测中的国家法律法规；能在团队环境中协作，共同完成财务预测任务；能够探索和尝试新的财务预测方法，以提高预测的准确性和效率；能清晰、有效地向企业管理人员解释财务预测的结果；提升自身的职业道德和专业素养，维护企业的合法权益。

4. 思政目标：增强法治意识，坚守底线思维，据实、公正、透明开展财务预测，科学、高效服务企业决策，兼顾国家、企业和社会各方利益。

知识导图

本项目的知识导图如图4.1所示。

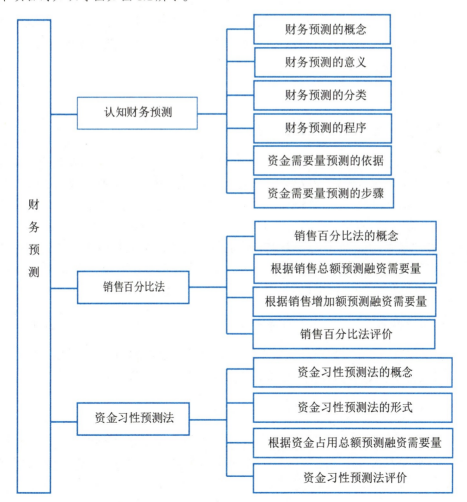

图3.1　知识导图

项目四　财务预测

任务一　认知财务预测

任务知识

一、财务预测的概念

预测是进行科学决策的前提,它是根据所研究现象的过去信息,结合该现象的一些影响因素,运用科学的方法,预测现象将来的发展趋势,是人们认识世界的重要途径。财务预测是通过分析企业财务活动的历史数据,考虑现实的环境要求,运用数理统计方法,结合主观判断,对企业未来的财务活动和财务成果做出科学预计和测算的过程。

财务预测是财务管理的基本环节之一,是企业进行财务决策和编制财务计划的科学依据。与传统财务管理相比,现代财务管理要求由过去的事后反映和监督为主,转向事前预测和决策为主,因此,只有正确地进行财务预测和决策,才能事前估计各种有利与不利因素,趋利避害,克服财务工作的盲目性,增强预见性,为提高企业经济效益提供前提条件。

二、财务预测的意义

(一) 财务预测是融资计划的前提

企业要对外提供产品和服务,就必须有一定的资产。销售增加时,就要相应增加流动资产,甚至还需增加固定资产。为取得扩大销售所需增加的资产,企业要筹措资金。这些资金,一部分来自保留盈余,另一部分通过外部融资取得。通常,销售增长率较高时保留盈余不能满足资金需要,即使获利良好的企业也需外部融资。对外融资,需要寻找提供资金的人,向他们做出还本付息的承诺或展现营利前景,并使之相信其投资是安全的并且可以获利,这个过程往往需要较长时间。因此,企业需要预先知道自己的财务需求,提前安排融资计划,否则就可能发生资金周转问题。

(二) 财务预测有助于改善投资决策

根据销售前景估计出的融资不一定总能满足,因此,就需要根据可能筹措到的资金来安排销售的增长以及有关的投资项目,使投资决策建立在可行的基础上。

(三) 财务预测有助于提高企业的应变能力

财务预测与其他预测一样都不可能很准确。从表面上看,不准确的预算只能导致不准确的计划,从而使预测和计划失去意义;其实并非如此,预测给人们展现了未来的各种可能的前景,促使人们制定出相应的应急计划。预测和计划是超前思考的过程,其结果并非仅仅

是一个资金需要量数字,还包括对未来各种可能前景的认识和思考。预测可以提高企业对不确定事件的反应能力,从而减少不利事件出现带来的损失,增加利用有利机会带来的收益。

三、财务预测的分类

(一)按预测内容分类

按预测内容,财务预测可分为筹资预测、投资预测、成本预测、收入预测和利润预测。

1. 筹资预测

筹资预测,也称资金需要量预测,是企业在预算期内需要新借入的长短期借款、经批准发行的债券以及对原有借款、债券还本付息的预算,主要依据企业有关资金需求决策资料、发行债券审批文件、期初借款余额及利率等编制。

2. 投资预测

投资预测是对投资的效益进行定性、定量的分析和测算,从而做出科学的判断。投资预测不仅要测算项目的经济效益还要测算其社会效益,还要做到短期效益与长远效益、局部效益与整体效益相结合。

3. 成本预测

成本预测是指运用一定的科学方法,对未来成本水平及其变化趋势做出科学的估计。通过成本预测,掌握未来的成本水平及其变动趋势,有助于减少决策的盲目性,使经营管理者易于选择最优方案,做出正确决策。

4. 收入预测

收入预测是企业根据过去的销售情况,结合对市场未来需求的调查,对预测期产品销售收入所进行的预计和测算,用以指导企业经营决策和产销活动。收入预测包括销售收入、现金收入、投资收入等预测。通过销售预测可以加强计划性,减少盲目性,取得较好的经济效益。

5. 利润预测

利润预测是对公司未来某一时期可实现的利润的预计和测算。在计算机科学中,利润预测是指利用公司的有关数据来建立相应的数学模型,用计算机程序来实现对未来某一时期可实现的利润的预计和测算。它是按影响公司利润变动的各种因素,预测公司将来所能达到的利润水平,或按实现目标利润的要求,预测需要达到的销售量或销售额。

(二)按预测方法分类

按财务预测方法,可分为定性预测和定量预测两类。

1. 定性预测

定性预测是通过判断事物所具有的各种因素、属性进行预测的方法,它是建立在经验判断、逻辑思维和逻辑推理基础之上的,主要特点是利用直观的材料、依靠个人的经验开展综合分析,对事物未来状况进行预测。经常采用的定性预测方法有专家会议法、德尔菲法、访问、现场观察、座谈等方法。定性预测法主要适用于企业缺乏准确完整的历史数据或不能解释资金需要量与有关因素的关系,缺乏客观依据,容易受预测人员主观判断的影响,预测的准确性较差等情形。

2. 定量预测

定量预测是通过分析事物各项因素、属性的数量关系建立数学模型来进行预测的方法。它的主要特点是根据历史数据找出其内在规律、运用连贯性原则和类推性原则,通过数学运算对事物未来状况进行数量预测。应用比较广泛的定量预测方法有销售百分比法、回归分析法等。各种财务预测方法并不是相互孤立的,往往需要综合运用。

本章主要介绍销售百分比法和回归分析法。

另外,财务预测按预测时期可分为长期预测和短期预测;按预测值多寡分为单项预测和多项预测。

四、财务预测的程序

(一) 明确预测对象和目标

财务预测首先要明确预测对象和目标,然后才能根据预测的目标、内容和要求确定预测的范围和时间。

(二) 制定预测计划

预测计划包括预测工作的组织领导、人事安排、工作进度、经费预算等。

(三) 收集整理资料

资料收集是预测的基础。企业应根据预测的对象和目的,明确收集资料的内容、方式和途径,然后进行收集。对收集到的资料要检查其可靠性、完整性和典型性,分析其可用程度及偶然事件的影响,做到去伪存真、去粗取精,并根据需要对资料进行归类和汇总。

(四) 确定预测方法

财务预测工作必须通过一定的科学方法才能完成。企业应根据预测的目的及取得信息资料的特点,选择适当的预测方法。使用定量方法时,应建立数理统计模型;使用定性方法时,要按照一定的逻辑思维制定预测的提纲。

(五) 实际预测

运用所选择的科学预测方法进行财务预测,并得出初步的预测结果。预测结果可用文字、表格或图等形式表示。

(六) 评价与修正预测结果

预测毕竟是对未来财务活动的设想和推断,难免会出现预测误差。因而,对于预测结果,要经过经济分析评价之后,才能予以采用。分析评价的重点是影响未来发展的内外因素的新变化。若误差较大,就应进行修正或重新预测,以确定最佳预测值。

五、资金需要量预测的依据

筹资管理是企业财务管理的重要内容,企业合理筹集资金的前提是科学地预测资金需要量,即对企业未来组织生产经营活动的资金需要量进行估计、分析和判断,以保证企业生产经营活动和投资活动对资金的需求,同时避免筹资过量造成资金闲置,使企业资金的筹集量与需求量基本达到平衡,尽量做到资金低耗高效运行,促进企业财务管理目标的实现。

影响企业筹资数量的条件和因素有很多,归纳起来,主要有:

(一)法律方面的限定

1. 注册资本限额的规定

如《公司法》规定,股份有限公司注册资本的最低限额为人民币500万元,公司在考虑筹资数量时首先必须满足注册资本最低限额的要求。

2. 企业负债限额的规定

如《公司法》规定,公司累计债券总额不超过公司净资产额的40%,这是为了保证公司的偿债能力,进而保障债权人的利益。

(二)经营和投资的规模

一般而言,企业经营和投资规模越大,所需资本越多;反之,所需资本越少。

(三)其他因素

利息率的高低、对外投资规模的大小、企业资信等级的优劣等都会对筹资数量产生一定的影响。

六、资金需要量的预测步骤

资金需要量预测主要是预测企业未来的融资需求。为了保证预测的质量,提高预测工作效率,财务预测必须有计划、有步骤地进行,其基本步骤如下:

(一)销售预测

资金需要量预测的起点是销售预测。一般情况下,财务预测把销售数据视为已知数,作为财务预测的起点。销售预测本身不是财务管理的职能,但它是财务预测的基础,销售预测完成后才能开始财务预测。

销售预测对财务预测的质量有重大影响。如果销售的实际状况超出预测很多,企业没有准备足够的资金添置设备或储备存货,则无法满足顾客需要,这不仅会失去盈利机会,并且会丧失原有的市场份额。相反,销售预测过高,筹集大量资金购买设备并储备存货,则会造成设备闲置和存货积压,使资产周转率下降,导致净收益率降低,股价下跌。

销售预测可以根据历史的销售数据和一定的预测模型来进行,在此不作阐述。

(二) 估计需要的资产

通常，资产是销售量的函数，根据历史数据可以分析出该函数关系。根据预计销售额和资产销售函数，可以预测所需资产的总量。某些流动负债也是销售的函数，因此，对一些随销售增长而自然增长的流动负债也应进行预测，这种增长可以减少企业外部融资的金额。

(三) 估计收入、费用和保留盈余

估计收入和费用是销售的函数，可以根据销售数据估计收入和费用，并确定净收益。净收益和股利支付率共同决定保留盈余所能提供的资金数额。

(四) 估计所需融资

根据预计资产总量，减去已有的资金来源、负债的自发增长和内部提供的资金便可得出外部融资的需求。

根据前述项目情境，结合所学任务知识，完成下列任务：
1. 回答"任务导入"中的第一个问题至第四个问题。
2. 运用现代信息技术，与同学共同探讨还有哪些更精准的财务预测方法。

任务二 熟悉销售百分比法步骤，掌握销售百分比法应用

一、销售百分比法的概念

销售百分比法是根据资产负债表和利润表中有关项目与营业收入之间的依存关系预测资金需求量的一种方法，即假设相关资产、负债与营业收入存在稳定的百分比关系，然后根据预计营业收入和相应的百分比预计相关资产、负债，最后确定融资需求。

例如，某企业每年为销售1 000元货物，需要有200元存货，存货与营业收入的比例是20%(200÷1 000)，若营业收入增至2 000元，则该公司需要400元(2 000×20%)存货。

销售百分比法具体的计算方法有两种：一是根据销售总额预计资产、负债和所有者权益，再确定融资需求；二是根据销售增加额预计资产、负债和所有者权益增加额，然后确定融资需求。无论哪种方法，其结果应该是一致的。

二、根据销售总额预测融资需要量

(一) 根据销售总额预测融资需要量的具体步骤

1. 分析基期资产负债表各项目与销售额之间的依存关系

资产负债表项目与销售总额保持不变比例关系的项目,我们称为敏感项目,包括敏感资产项目和敏感负债项目。敏感资产项目一般包括货币资金、应收票据、应收账款、存货等项目;敏感负债项目一般包括应付票据、应付账款、应交税费等项目。相反,资产负债表项目与销售总额不存在特定比例关系的项目,我们称为非敏感项目,如固定资产、长期股权投资、短期借款、非流动负债和股本(实收资本)、资本公积等项目,则不随销售的增长而增加。盈余公积和未分配利润项目,可以作为计划期追加资金的内部来源,无须对外筹集,因而可视为不随销售增长而增加。

2. 计算基期资产负债表各项目占销售额的百分比

敏感项目占销售额百分比＝基期期末余额÷基期销售额×100％,非敏感项目不需要计算。

3. 预测计划期销售额

企业资金需求是随着生产经营规模的扩大而增长的,对资金需求量影响程度最大的就是计划期的预计销售量。因此,科学而准确的销售量预测是进行资金需求量预测的主要依据。销售量的预测既取决于产品的生产量,又取决于产品的市场需求量。对市场需求量的预测可通过综合分析市场容量和市场占有率两个因素来预测。

4. 计算计划期资金需要量

根据基期资产负债表各项目占销售额的百分比和预测计划期销售额,计算计划期资金需要量。

计划期资金需要量＝非敏感项目资金需要量＋敏感项目资金需要量
　　　　　　　　＝非敏感项目资金需要量＋计划期销售额×敏感项目占销售额百分比

5. 计算外部融资需求量

外部融资额＝预计的计划期总资产－预计的计划期总负债－预计的计划期股东权益

(二) 根据销售总额确定融资需求应用

【案例4.1】 亦心珠宝股份有限公司2×23年销售额为12 500 000元,2×23年销售净利率为10％,股利支付率为80％,如表4.1所示。预计2×24年销售额增长20％,假设公司销售净利率、股利支付率与上一年保持一致。

要求:运用销售百分比法确定2×24年筹资数量。

表4.1 资产负债表

编制单位:亦心珠宝　　　　2×23年12月31日　　　　单位:元

资产	期末余额	负债及所有者权益	期末余额
货币资金	8 100 000	短期借款	4 400 000

项目四　财务预测

续表

资产	期末余额	负债及所有者权益	期末余额
交易性金融资产	250 000	应付票据	1 100 000
应收票据	1 000 000	应付账款	6 500 000
应收账款	5 000 000	应付职工薪酬	450 000
其他应收款	50 000	应交税费	4 500 000
存货	25 000 000	其他应付款	2 300 000
流动资产合计	39 400 000	流动负债合计	19 250 000
长期股权投资	3 000 000	长期借款	10 500 000
投资性房地产	2 000 000	非流动负债合计	10 500 000
固定资产	20 000 000	负债合计	29 750 000
在建工程	5 000 000	实收资本	51 500 000
无形资产	9 000 000	资本公积	280 000
开发支出	6 000 000	盈余公积	2 600 000
合同资产	—	未分配利润	270 000
非流动资产合计	45 000 000	所有者权益合计	54 650 000
资产合计	84 400 000	负债及所有者权益合计	84 400 000

解析：

（1）分析基期资产负债表各项目与销售总额之间的依存关系

由于公司尚有足够的剩余生产能力，所以固定资产等非流动资产项目不随销售额变化，属非敏感项目。短期借款、长期借款、应付利息、实收资本、资本公积等项目也均属非敏感项目，留存收益虽与销售额变动有关，但它还受销售净利率影响，需单独分析计算。由此，确定货币资金、应收账款、应收票据、存货、应付票据、应付账款、应付职工薪酬、应交税费等项目为敏感资产或负债项目，其他为非敏感项目。

（2）计算基期资产负债表各项目占销售额的百分比

亦心珠宝2×23年基期销售额为125 000 000元，敏感项目占销售额百分比＝基期期末余额÷基期销售额×100%，非敏感项目用N表示，如表4.2所示。

表4.2　亦心珠宝基期资产负债表各项目占销售额的百分比

资产	基期期末余额（元）	占销售额百分比	负债及所有者权益	基期期末余额（元）	占销售额百分比
货币资金	8 100 000	6.48%	短期借款	4 400 000	N
交易性金融资产	250 000	N	应付票据	1 100 000	0.88%
应收票据	1 000 000	0.8%	应付账款	6 500 000	5.2%

续表

资　产	基期期末余额(元)	占销售额百分比	负债及所有者权益	基期期末余额(元)	占销售额百分比
应收账款	5 000 000	4%	应付职工薪酬	450 000	0.36%
其他应收款	50 000	N	应交税费	4 500 000	3.6%
存货	25 000 000	20%	其他应付款	2 300 000	N
流动资产合计	39 400 000	31.28%	流动负债合计	19 250 000	10.04%
长期股权投资	3 000 000	N	长期借款	10 500 000	N
投资性房地产	2 000 000	N	非流动负债合计	10 500 000	N
固定资产	20 000 000	N	负债合计	29 750 000	10.04%
在建工程	5 000 000	N	实收资本	51 500 000	N
无形资产	9 000 000	N	资本公积	280 000	N
开发支出	6 000 000	N	盈余公积	2 600 000	N
合同资产	—	N	未分配利润	270 000	N
非流动资产合计	45 000 000	N	所有者权益合计	54 650 000	N
资产合计	84 400 000	31.28%	负债及所有者权益合计	84 400 000	10.04%

(3) 预测计划期销售额

预测计划期(2×24年)销售额:125 000 000×(1+20%)=150 000 000(元)

(4) 计算计划期销售额预计资金需要量

① 非敏感项目,用 N 表示,如表4.2所示。

② 敏感项目。

根据基期资产负债表各项目占销售额的百分比和预测计划期销售额计算计划期的资金需要量。

计划期某项目资金需要量＝计划期销售额×敏感项目占销售额百分比

例如,应付票据项目2×24年资金需要量＝150 000 000×0.88%＝1 320 000(元),如表4.3所示。

留存收益(盈余公积和未分配利润)是公司内部融资来源,是公司盈利扣除支付股东股利后的剩余。其计算方法为

留存收益增加＝预计销售额×销售净利率×(1−股利支付率)

2×24年留存收益增加＝150 000 000×10%×(1−80%)＝3 000 000(元)

表4.3 亦心珠宝计划期资产负债表预测表

资　产	基期期末余额(元)	占销售额百分比	计划期期末预计数(元)	负债及所有者权益	基期期末余额(元)	占销售额百分比	计划期期末预计数(元)
货币资金	8 100 000	6.48%	9 720 000	短期借款	4 400 000	N	4 400 000
交易性金融资产	250 000	N	250 000	应付票据	1 100 000	0.88%	1 320 000
应收票据	1 000 000	0.8%	1 200 000	应付账款	6 500 000	5.2%	7 800 000
应收账款	5 000 000	4%	6 000 000	应付职工薪酬	450 000	0.36%	540 000
其他应收款	50 000	N	50 000	应交税费	4 500 000	3.6%	5 400 000
存货	25 000 000	20%	30 000 000	其他应付款	2 300 000	N	2 300 000
流动资产合计	39 400 000	31.28%	47 220 000	流动负债合计	19 250 000	10.04%	21 760 000
长期股权投资	3 000 000	N	3 000 000	长期借款	10 500 000	N	10 500 000
投资性房地产	2 000 000	N	2 000 000	非流动负债合计	10 500 000	N	10 500 000
固定资产	20 000 000	N	20 000 000	负债合计	29 750 000	10.04%	32 260 000
在建工程	5 000 000	N	5 000 000	实收资本	51 500 000	N	51 500 000
无形资产	9 000 000	N	9 000 000	资本公积	280 000	N	280 000
开发支出	6 000 000	N	6 000 000	盈余公积	2 600 000	N	5 870 000
合同资产	—	N	—	未分配利润	270 000	N	
非流动资产合计	45 000 000	N	45 000 000	所有者权益合计	54 650 000	N	57 650 000
资产合计	84 400 000	31.28%	92 220 000	负债及所有者权益合计	84 400 000	10.04%	89 910 000

(5) 计算外部融资需求量

外部融资额＝预计总资产－预计总负债－预计股东权益

2×24年需外部融资额＝92 220 000－89 910 000＝2 310 000(元)

三、根据销售增加额预测融资需要量

(一) 根据销售增加额预测融资需要量的具体步骤

① 分析基期资产负债表各项目与销售额之间的依存关系。

② 计算基期资产负债表各项目占销售额的百分比。

以上步骤与根据销售总额预测融资需要量步骤相同。

③ 计算计划期增加额。根据基期资产负债表各项目占销售额的百分比、基期销售额和增长率，计算计划期敏感资产增加额、敏感负债增加额和留存收益增加额。

敏感资产增加额＝基期销售额×预计销售增长率×敏感资产销售百分比

敏感负债增加额＝基期销售额×预计销售增长率×敏感负债销售百分比

留存收益增加额＝基期销售额×(1＋预计销售增长率)×销售净利率×(1－股利支付率)
　　　　　　　＝计划期销售额×销售净利率×留存利润率

④ 计算外部融资需求量。

外部融资额＝预计的敏感资产增加额－预计的敏感负债增加额－预计的留存收益增加额

（二）根据销售增加额确定融资需求应用

根据【案例4.1】资料，亦心珠宝股份有限公司确定2×24年筹资数量解析步骤如下：

① 分析基期资产负债表各项目与销售额之间的依存关系。

② 计算基期资产负债表各项目占销售额的百分比。

基期资产负债表各项目占销售额的百分比如表4.2所示。

③ 计算计划期增加额：

敏感资产增加额＝基期销售额×预计销售增长率×资产销售百分比
　　　　　　　＝125 000 000×20%×31.28%
　　　　　　　＝7 820 000(元)

敏感负债增加额＝基期销售额×预计销售收入增长率×负债销售百分比
　　　　　　　＝125 000 000×20%×10.04%
　　　　　　　＝2 510 000(元)

留存收益增加额＝基期销售额×(1＋预计销售收入增长率)×销售净利率
　　　　　　　　×(1－股利支付率)
　　　　　　　＝125 000 000×(1＋20%)×10%×(1－80%)
　　　　　　　＝3 000 000(元)

④ 计算外部融资需求量：

外部融资额＝预计的资产增加额－预计的敏感负债增加额－预计的留存收益增加额
　　　　　＝7 820 000－2 510 000－3 000 000
　　　　　＝2 310 000(元)

四、销售百分比法评价

销售百分比法主要优点是能为财务管理提供短期预计的财务报表，以适应外部筹资的需要，且易于使用。但销售百分比法是一种比较简单、粗略的预测方法。首先，该方法假设各项经营资产和经营负债与营业收入保持稳定的百分比，可能与事实不符。其次，该方法假设预计营业净利率可以涵盖借款利息的增加，也未必合理。因此，在有关因素发生变动的情况下，必须相应地调整原有的销售百分比。

📚 **任务实施**

根据前述项目情境,结合所学任务知识,完成下列任务:
1. 回答"任务导入"中的第五个问题。
2. 谈谈销售百分比法优缺点及适用要求。

任务三　理解资金习性,掌握资金习性预测法

🎬 **任务知识**

一、资金习性预测法的概念

资金习性预测法是指根据资金习性预测未来资金需要量的一种方法。资金习性是指资金的变动同产销量变动之间的依存关系。例如,假设存货与营业收入之间存在线性关系,则其直线方程可表示为"存货=a+b×营业收入"。

按照资金同产销量之间的依存关系,可以把资金区分为不变资金、变动资金和半变动资金。不变资金是指在一定的产销量范围内,不受产销量变化的影响,保持固定不变的那部分资金,包括为维持营业而占用的最低数额的现金、原材料的保险储备、必要的成品储备以及厂房、机器设备等固定资产占用的资金。变动资金是指随产销量的变动而同比例变动的那部分资金,包括直接构成产品实体的原材料、外购件等占用的资金,以及最低储备以外的现金、存货、应收账款等。半变动资金指随产销量变动而变动,但不呈正比例变动的资金。如一些辅助材料上占有的资金,维护生产设备所需要使用的润滑油、砂轮等,改善工作地点环境的各种用具,如日光灯、扫帚等。一般情况下,半变动资金可以分解为不变资金和变动资金,最终将资金总额分成不变资金和变动资金。

二、资金习性预测法的形式

资金习性预测法有两种形式:一种是根据资金占用总额同产销量的关系来预测资金需要量;另一种是采用先分项后汇总的方式预测资金需要量。

三、根据资金占用总额预测融资需要量

(一)资金占用总额预测融资需要量内涵

根据历史上企业资金占用总额与产销量之间的关系,我们把资金分为不变和变动两部分,然后结合预计的销售量来预测资金需要量。例如,回归分析法是先基于资金需要量与营

业业务量(如销售数量、销售收入)之间存在线性关系的假定,运用最小平方方法原理建立数学模型,然后根据历史有关资料,用回归直线方程确定参数预测资金需要量的方法。

(二) 根据资金占用总额预测融资需要量具体步骤

1. 假定资金需要量与产销业务量存在线性关系构建预测模型

设产销业务量为自变量X,资金需要量为因变量Y,其预测模型为:

$$Y=a+bX$$

式中,a为不变资金总额;b为单位业务量所需要的可变资金额。

2. 预测模型中a和b的数值

用回归直线法代入历史数据预测a和b数值,可得如下方程组:

$$\sum y = na + b\sum x \tag{4.1}$$

$$\sum xy = a\sum x + b\sum x^2 \tag{4.2}$$

求解方程组可得:

$$b = \frac{n\sum xy - \sum x \sum y}{n\sum x^2 - \left(\sum x\right)^2} \tag{4.3}$$

$$a = \frac{\sum x^2 \sum y - \sum x \sum xy}{n\sum x^2 - \left(\sum x\right)^2} \tag{4.4}$$

3. 确定资金需要量预测模型,将产销业务量X代入预测模型,求出资金需要量Y

$$Y=a+bX$$

(三) 根据资金占用总额预测融资需要量应用

【案例4.2】 某公司2×21—2×25年的产销梳理和资金需要量如表4.4所示。假定2×26年预计产销数量为10.8万件。

要求:预测2×26年资金需要量。

表4.4 某公司产销量与资金需要量的历史资料表

年　　度	产销量(X)(件)	资金需要量(Y)(元)
2×21	6.0	500
2×22	5.5	475
2×23	5.0	450
2×24	6.5	520
2×25	7.0	550

(1) 假定资金需要量与产销业务量存在线性关系构建预测模型

设产销业务量为自变量X,资金需要量为因变量Y,其预测模型为:

$$Y=a+bX$$

(2) 预测模型中a和b的数值

计算整理有关数据。根据表4.4的资料,计算整理出表4.5的数据。

表4.5

年度	产销量(X)(件)	资金需要量(Y)(元)	XY	X^2
2×21	6.0	500	3 000	36
2×22	5.5	475	2 612.5	30.25
2×23	5.0	450	2 250	25
2×24	6.5	520	3 380	42.25
2×25	7.0	550	3 850	49
$n=5$	$\sum X=30$	$\sum Y=2\,495$	$\sum XY=15\,092.5$	$\sum X^2=182.5$

代入式4.3和式4.4,求得$a=205$,$b=49$。

(3) 求资金需要量Y

确定资金需要量预测模型$Y=205+49X$,将2×26年预计产销数量10.8万件代入预测模型,得

$$Y=205+49\times10.8=734.2(万元)$$

(四) 回归分析法需要注意的问题

① 资金需要量与营业业务量之间的线性关系应符合历史实际情况,预计未来这种关系将保持下去。

② 确定a和b两个参数的数值,应利用预测年度前连续若干年的历史资料,一般要有3年以上的资料,才能取得比较可靠的参数。

③ 应当考虑价格等因素的变动情况。在预期原材料、设备的价格和人工成本发生变动时,应相应调整有关预测参数,以取得比较准确的预测结果。

四、资金习性预测法评价

资金习性预测资金需要量的优点主要有简单易行、可操作性强、适用性广泛、灵活性高和计算结果相对准确。其缺点是如果企业一定时期内的资金占用历史数据不精准,很容易导致资金需要量预测结果出现较大偏差。

任务实施

根据前述项目情境,结合所学任务知识,完成下列任务:
1. 对比资金习性预测法和销售百分比预测法的异同点。
2. 谈谈资金习性预测法中回归分析法的优缺点,并思考如何改进。

一、单项选择题

1. 以下各项中不属于按财务预测内容划分的是( )。
   A. 筹资预测　　　　　　　　B. 微观预测
   C. 投资预测　　　　　　　　D. 成本预测

2. 企业融资计划的前提是( )。
   A. 财务计划　　　　　　　　B. 财务预测
   C. 股利政策　　　　　　　　D. 投资计划

3. 采用销售百分率法预测资金需要量时,下列项目中不属于敏感资产项目的是( )。
   A. 货币资金　　　　　　　　B. 固定资产
   C. 应收账款　　　　　　　　D. 应交税费

4. 采用销售百分比法预测资金需要量时,下列各项中,属于非敏感性项目的是( )。
   A. 货币资金　　　　　　　　B. 存货
   C. 长期借款　　　　　　　　D. 应付账款

5. 采用销售百分比法预测资金需要量时,下列负债项目中,通常会随销售额变动而呈正比例变动的是( )。
   A. 应付账款　　　　　　　　B. 长期借款
   C. 短期借款　　　　　　　　D. 其他应付款

6. 在财务管理中,将资金划分为变动资金、不变资金和半变动资金,并据以预测企业未来资金需要量的方法称为( )。
   A. 定额预测法　　　　　　　B. 资金习性预测法
   C. 成本习性预测法　　　　　D. 比率预测法

7. 使用回归分析法预测资金需要量的理论依据是( )。
   A. 假设资金需要量与销售收入存在线性关系
   B. 假设资金需要量与投资额存在线性关系
   C. 假设资金需要量与筹资方式存在线性关系
   D. 假设长短期资金存在线性关系

8. 某公司2×23年预计营业收入为50 000万元,预计销售净利率为10%,股利支付率为40%。据此可以测算出该公司2×23年内部资金来源的金额为( )。
   A. 2 000万元　　　　　　　B. 3 000万元
   C. 5 000万元　　　　　　　D. 8 000万元

9. 某公司敏感性资产和敏感性负债占销售额的比重分别为50%和10%,并保持稳定不变。2×24年销售额为1 000万元,预计2×25年销售额增长20%,销售净利率为10%,股利支付率为70%。不考虑其他因素,则根据销售百分比法,2×25年的外部融资需要量为( )。
   A. 80万元　　　　　　　　　B. 64万元
   C. 44万元　　　　　　　　　D. 74万元

10. 某公司2×23年度资金平均占用额为4 500万元,其中不合理部分占15%,预计2×24

年销售增长率为20%,资金周转速度不变,采用因素分析法预测的2×24年度资金需要量为( )万元。

A. 4 590   B. 4 500
C. 5 400   D. 3 825

二、多项选择题

1. 财务预测的意义主要表现在( )。
   A. 有助于提高企业的应变能力   B. 是融资计划的前提
   C. 是财务管理的核心   D. 有助于改善投资决策

2. 以下属于财务预测的程序的有( )。
   A. 制定预测计划   B. 收集整理资料
   C. 确定预测方法   D. 实际预测

3. 以下属于财务预测的依据的是( )。
   A. 注册资本限额的规定   B. 企业负债限额的规定
   C. 经营和投资的规模   D. 企业资信等级

4. 财务预测分类正确的有( )。
   A. 按预测对象分为投资预测和筹资预测
   B. 按预测时期可分为长期预测和短期预测
   C. 按预测值多寡分为单项预测和多项预测
   D. 按财务预测方法分为定性预测和定量预测

5. 采用销售百分率法预测资金需要量时,下列项目中属于敏感资产项目的有( )。
   A. 存货   B. 无形资产
   C. 应收账款   D. 应交税费

6. 采用销售百分率法预测资金需要量时,下列项目中属于非敏感负债项目的有( )。
   A. 开发支出   B. 短期借款
   C. 长期借款   D. 应交税费

7. 下列关于资金需要量预测的说法中,正确的有( )。
   A. 财务预测包括筹资决策、资金需要量预测、成本费用预测、收入预测等
   B. 资金需要量预测是企业制定投资计划的基础
   C. 企业需要预先知道自身的财务需求,确定资金的需要量,以免影响资金周转
   D. 资金需要量预测有助于改善企业的投资决策

8. 运用线性回归法确定 a 和 b 时,必须注意的有( )。
   A. 资金需要量与业务量之间线性关系的假定应符合实际情况
   B. 应利用连续若干年的历史资料,一般要有3年以上的资料
   C. 应考虑价格等因素的变动情况
   D. 应采用高低点法来计算项目中不变资金和变动资金数额

9. 采用销售百分比法编制预期资产负债表时,哪些资产负债项目与销售额的关系较为密切,随销售额的增减而变动?( )。
   A. 货币资金   B. 短期借款

C. 应交税费 D. 实收资本

10. 资金需要量预测的方法主要有( )。

A. 销售百分比法 B. 因素分析预测法

C. 线性回归分析法 D. 高低点预测法

三、判断题

1. 采用销售百分比法预测资金需求量的前提条件是公司所有资产及负债与销售额保持稳定百分比关系。( )
2. 财务预测仅指估计企业未来的融资需求。( )
3. 企业按照销售百分比法预测出来的资金需要量,是企业在未来一定时期资金需要量的增量。( )
4. 财务预测的起点是生产预测。( )
5. 财务预测的方法主要有定性预测和定量预测两类。( )
6. 筹集资金是企业财务活动的起点和终点。( )
7. 资金习性预测法不属于财务预测方法。( )
8. 资金习性预测结果比销售百分比法预测结果更加准确。( )
9. 资金习性法是通过分析企业的资金习性来预测资金需要量。( )
10. 企业按照资金习性将资金分为不变资金和变动资金。( )

技能训练

1. 某公司2×22年销售额10 000万元,销售净利率为10%,留存利润率40%。2×23年销售额预计增长20%,假设公司有足够的生产能力,无须追加固定资产投资。表4.5为其资产负债表。

表4.5 资产负债表(简表)

2×22年12月31日　　　　　　　　　　　　　　　单位:万元

资　产	期末数	占销售收入百分比	负债及所有者权益	期末数	占销售收入百分比
货币资金	500	5%	短期借款	2 500	N
应收账款	1 500	15%	应付账款	1 000	10%
存货	3 000	30%	应交税费	500	5%
固定资产	3 000	N	长期借款	1 000	N
			实收资本	2 000	N
			留存收益	1 000	
资产总计	8 000	50%	负债及所有者权益总计	8 000	15%

要求:

(1) 采用销售百分比法,计算该公司2×23年需要增加的资产、负债和留存收益。

(2) 采用销售百分比法,计算该公司2×23年外部融资额。

2. 某公司2×20—2×24年的产销数量和资金需要量如表4.6所示。假设该公司资金需要量与产品销量之间存在线性关系,2×25年预计公司产销数量为82 000件。

表4.6　产销数量和资金需要量最近5年数据

年度	产销量(X)(万件)	资本需要量(Y)(万元)
2×20	1.8	280
2×21	4.5	480
2×22	7.7	610
2×23	9.2	730
2×24	6.8	600

要求:采用回归分析法,预测该公司2×25年资金需要量。

项目四延伸阅读

项目五　筹资活动管理

项目情境

长江公司是一家产品销售季节性很强、信用为AA级的公司,每到销售旺季产品销量大幅度增加,出现了供不应求的局面,销售形势大好的同时也让长江公司面临着资金严重不足的问题。2×23年春季公司大量组织生产,急需增加流动资金300万元,同时需新增设备700万元,而公司目前尚无多余资金。为此,公司管理层与财务人员展开了一次讨论,寻找解决办法以解燃眉之急。

资料1:经过一番集思广益,形成了三种备选筹资方案。

方案一:A公司和B公司分别愿意投资现金400万元和300万元,成为公司的新股东。同时向工商银行取得期限为3个月的短期借款300万元,年利率为8%,银行要求保留20%的补偿性余额。

方案二:将面额为350万元的未到期(不带息)商业汇票提前3个月进行贴现。贴现率为9%。新增设备通过融资租赁方式解决,经调研,某租赁公司可以租赁该项设备,设备市场价格为700万元,租期10年,要求每年末付款,租赁公司要求的报酬率为20%。

方案三:工商银行向企业增加长期借款700万元,年利率为12%,同时A公司愿意以"2/10、1/30,n/60"的信用条件,向长江公司销售300万元的新型配件生产所需原材料。

资料2:如果长江公司用上述方案筹集来所需资金后,开始大量生产和销售。预计本年公司的营业收入达到6 000万元,公司全部产品的平均变动成本率为60%,公司全年的全部固定成本为600万元(不含财务费用)。业务量、成本及筹资方式的变动均会影响到公司的财务风险、经营风险和总风险,必须进行确切的分析。

资料3:长江公司原有资金2 000万元,其中长期债务800万元,年利息率10%,资本金总额1 200万元。增加筹资700万元长期资金可以按照以上方案中由新的股东投资,或向银行借款,但不同方案必然会影响到企业的资本结构及资本成本。如果企业适用的所得税率为25%,长江公司面临着如何选择长期资本的筹资方式问题。

任务导入

上述资料中长江公司遇到的问题都是实际筹资管理决策中最常见的问题,根据上述情境,假设您为财务部门相关负责人,请思考并尝试回答下面四个问题。

1. 如何根据企业的具体情况选择合理的筹资方式?
2. 筹资风险与财务杠杆效应是什么样的?
3. 各种资金成本怎样进行计量和分析?
4. 如何进行最佳资金结构的决策。

学习目标

本项目主要介绍财务管理中的筹资管理知识,通过对本项目的学习,应实现如下目标:

1. 知识目标:了解筹资的基本概念和原则,掌握筹资的渠道和方式,熟悉杠杆原理和风险收益之间的关系,掌握各种资金成本的计算方法和资金结构的决策方法。

2. 技能目标:了解不同筹资方式利弊并进行筹资决策,掌握运用杠杆系数确定杠杆效应,掌握运用资本成本的计算方法确定各类筹资方案的资本成本,熟悉如何使用最佳资本结构的方法为筹资方案作出决策。

3. 素养目标:具备价值管理的意识,增强风险管理的意识。

4. 思政目标:遵守法律法规和市场规则,量入为出,统筹风险和收益,树立良好的诚信意识,更好地服务于企业健康、稳定发展。

知识导图

本项目的知识导图如图5.1所示。

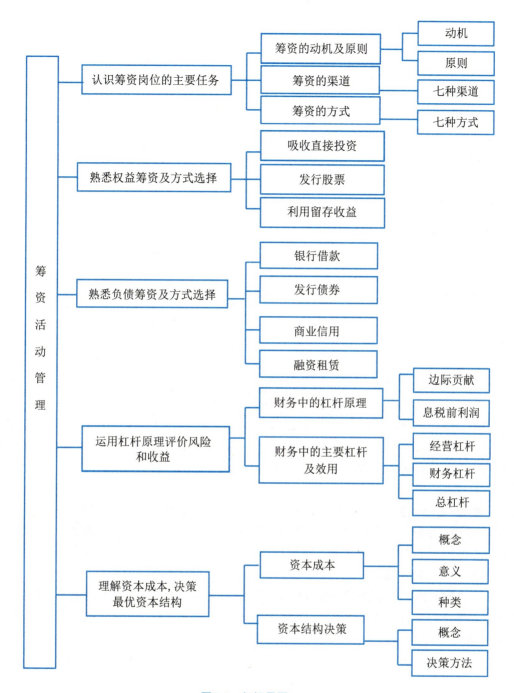

图5.1 知识导图

任务一　认识筹资岗位的主要任务

任务知识

一、筹资的动机及原则

(一) 筹资的概念

企业筹资是指企业作为筹资主体根据其生产经营、对外投资和调整资本结构等需要,通过筹资渠道和金融市场,运用筹资方式,经济有效地筹措和集中资本的活动。企业筹资活动是企业的一项基本财务活动,企业筹资管理是企业财务管理的一项主要内容。

(二) 筹资的动机

1. 扩张性筹资动机

扩张性筹资动机是企业因扩大生产经营规模或追加对外投资的需要而产生的追加筹资的动机。企业创建,开展日常生产经营活动,购置设备、材料等生产要素,不能没有一定数量的生产经营资金;扩大生产规模,开发新产品,提高技术水平,更需要追加投资。扩张性筹资动机所产生的直接结果,是企业资产总额和筹资总额的增加。

2. 调整性筹资动机

调整性筹资动机是企业因调整现有资本结构的需要而产生的筹资动机。一个企业在不同时期由于筹资方式的不同结合会形成不尽相同的资本结构。随着相关情况的变化,现有的资本结构可能不再合理,需要相应地予以调整,使之趋于合理。

3. 混合性筹资动机

企业同时既为扩张规模又为调整资本结构而产生的筹资动机,可称为混合性筹资动机。在这种混合性筹资动机的驱使下,企业通过筹资,既扩大了资产和资本的规模,又调整了资本机构。

(三) 筹资的原则

企业筹资是一项重要而复杂的工作,为了有效地筹集企业所需资金,必须遵循以下基本原则。

1. 规模适当原则

企业要认真分析研判生产、经营状况,采用一定的方法,预测资金的需要数量,合理确定筹资规模:既能避免因资金不足而影响生产经营的正常进行,又能防止资金过多,造成资金的闲置、浪费,增加资金成本。

2. 筹措及时原则

企业在筹集资金时必须熟知资金时间价值的原理和计算方法,以便根据资金需求的具体情况,合理安排资金的筹集时间,适时获取所需资金。这样,既能防止资金取得时间滞后而错过其最佳投资时机,又能避免过早筹集资金,而使资金在企业闲置而增加资金成本,减少收益。

3. 来源合理原则

资金的来源渠道和资金市场为企业提供了资金的源泉和筹资场所,它反映资金的分布状况和供求关系,决定着筹资的难易程度。不同来源的资金,对企业的收益和成本有不同影响,因此,企业应认真研究资金来源渠道和资金市场,合理选择资金来源。

4. 方式经济原则

企业筹集资金必然要付出一定的代价,不同筹资方式条件下的资金成本有高有低。为此,就需要对各种筹资方式进行分析对比选择经济、可行的筹资方式以确定合理的资金结构,以便降低成本、减少风险。

二、筹资渠道

企业的筹资渠道是指企业筹集资本来源的方向与通道,体现资金的来源与流量,它说明了"资金从哪里来"。

(一)国家财政资金

国家对企业的直接投资是国有企业最主要的资金来源渠道,特别是国有独资企业,其资本全部由国家投资形成。现有国有企业的资金来源中,其资本部分大多是由国家财政以直接拨款形式形成的。

(二)银行信贷资金

银行对企业的各种贷款,是我国目前各类企业最为重要的资金来源。我国银行分为商业银行和政策性银行两种。商业银行可以为各类企业提供商业性贷款;政策性银行主要为特定企业提供一定的政策性贷款。

(三)非银行金融机构资金

非银行金融机构是指除了银行以外的各种金融机构及金融中介机构。在我国,非银行金融机构主要指信托投资公司、保险公司、租赁公司、证券公司、企业集团所属的财务公司等。他们所提供的各种金融服务,既包括信贷资金投放,也包括物资的融通,还包括为企业承销证券等金融服务。

(四)其他企业资金

企业在生产经营过程中,往往形成部分暂时闲置资金,并为一定的目的而进行相互投资;另外,企业间的购销业务可以通过商业信用方式来完成,从而形成企业间的债权债务关系,形成债务人对债权人的短期信用占用。

（五）居民个人资金

企业职工和居民个人的结余资金，作为"游离"于银行和非银行金融机构等之外的个人资金，可用于对企业进行投资，形成民间资金本来源渠道，从而为企业所用。

（六）企业自留资金

它是指企业内部形成的资金，也称为企业内部资金，主要包括提取公积金和未分配利润等，它们无须通过一定的方式去筹集，而直接由企业内部自动生成或转移。

（七）外商资金

外商资金是指外国投资者及我国港澳台投资者投入的资金，是我国外商投资企业资金的主要来源。

三、筹资方式

企业筹资方式是指企业筹集资本所采取的具体形式和工具，企业筹资管理的主要内容是如何针对客观存在的筹资渠道，选择合理的筹资方式，有效地进行筹资组合，降低筹资成本，提高企业的经济效益。目前，我国企业筹资方式主要有以下几种：吸收直接投资、发行股票、利用留存收益、向银行借款、利用商业信用、发行公司债券和融资租赁等。其中前三种为权益资金筹集，后四种为负债资金筹集。

任务实施

根据前述项目情境，结合所学任务知识，完成下列任务：
1. 企业筹资的动机和原则有哪些？
2. 企业筹资的渠道和方式有哪些？

任务二　熟悉权益筹资及方式选择

任务知识

企业的权益资金是企业所有者为创办和发展企业而投入的资本，是企业股权资本最基本的部分。企业权益资金一般采用吸收直接投资、发行股票或利用留存收益方式进行筹集。

一、吸收直接投资

吸收直接投资是指非股份制企业以协议等形式按照"共同投资、共同经营、共担风险、共享利润"的原则直接吸收国家、法人、个人和外商等直接投入资金,形成企业资本金的一种筹资方式。

(一)吸收直接投资的种类

企业采用吸收直接投资方式筹集的资金一般可分为以下四类:

1. 吸收国家投资

吸收国家投资是国有企业筹集自有资金的主要方式。国家投资是指有权代表国家投资的政府部门或者机构以国有资产投入企业,由此形成国家资本金。吸收国家投资一般具有以下特点:产权归属于国家,资金数额较大,只有国有企业才能采用,资金的运用和处置受国家约束较大。

2. 法人投资

法人投资是指法人单位以其依法可以支配的资产投入企业,由此形成法人资本金,目前主要指法人单位在进行横向经济联合时所产生的联营、合资等投资。吸收法人投资一般具有如下特点:投资发生在法人单位之间,投资以参与企业利润分配为目的,投资方式灵活多样。

3. 个人投资

个人投资是指社会个人或本企业内部职工以个人合法财产投入企业,由此形成个人资本金。吸收个人投资一般具有以下特点:参加投资的人员较多,每人投资的数额相对较少,以参与企业利润分配为目的。

4. 吸收外商投资

吸收外商投资是指外国投资者以及我国香港、澳门、台湾地区投资者投入的资金,由此形成外商资本金。吸收外商投资一般具有以下特点:一般只有中外合资、合作或外商独资经营企业才能采用;可以筹集外汇资金;出资方式比较灵活。

(二)吸收直接投资的出资方式

1. 吸收货币资金投资

货币资金是投资中最重要的出资方式,有较大的灵活性和流动性,可以用于购买固定资产、原材料生产性物资,满足企业支付各种费用和企业的资金周转等需求。

2. 吸收非货币性投资

非货币性投资具有很强的特定限制,有着固定的用途。主要有两类:一是实物资产出资,投资者以房屋、机器设备等固定资产和材料、产品等流动资产投资;二是无形资产出资,投资者以专有技术、商标权、专利权、非专利技术等工业产权和土地使用权以及特定债权作价投资。

(三) 吸收直接投资的程序

1. 确定筹资数量

吸收投资一般是指企业在开办时或是在经营过程中发现自有资金不足的时候采用吸收投资的方式筹集资金，扩大生产经营规模。在吸收投资之前，企业必须确定所需资金的数量，以利于正确筹集所需资金。合资或合营企业的增资由出资各方协商决定，国有企业增资须由国家授权投资的机构或国家授权的部门决定。

2. 寻找投资单位

企业在吸收投资之前，需要做一些必要的宣传工作，以便使出资单位了解企业的经营状况和财务情况，有目的地进行投资。

3. 协商投资事项

寻找到投资单位后，双方便可进行具体的协商，以便合理确定投资的数量和出资方式。在协商过程中，企业应尽量让投资者以使用上比较灵活的现金方式投资，如果投资者的确拥有比较先进且适合企业需要的固定资产、无形资产等，也可以采用实物、工业产权和土地使用权等方式进行投资。

4. 签署投资协议

企业与投资者确定好投资意向和具体条件后，便可签订投资协议。因为投资的报酬、风险的承担都是以由此确定的出资额为依据，双方应按公平合理的原则协商实物投资、工业产权投资、土地使用权投资的作价问题；如果争议比较大，可聘请有关资产评估的机构来评定。当出资数额、资产作价确定后，便可签署投资的协议和合同，以明确双方的权利和责任。国有企业由国家授权投资的机构签发创建或增资拨款的协议，合资企业由合资各方共同签署合资或增资协议。

5. 按期取得资金

根据出资协议中规定的出资期限和出资方式，企业应该按计划或规定取得资金。国家以现金投资的，通常有拨款计划，以确定拨款期限、每期数额及划款方式，企业可按计划取得现金；出资各方以实物资产或无形资产投资的，应结合具体情况，采用适当的方法，进行合理估价，办理资产转移手续，取得资产。

(四) 吸收直接投资的优缺点

1. 吸收直接投资的优点

(1) 有利于增强企业信誉

吸收直接投资所筹集的资金属于企业的自有资金，与借入资金相比较，能增强企业的信誉和负债能力，对扩大企业经营规模、壮大企业实力具有重要作用。

(2) 有利于企业尽快形成生产能力

吸收直接投资不仅可以筹取现金，而且能够直接获得所需的先进设备和先进技术，有利于企业尽快形成生产经营能力。

(3) 有利于降低财务风险

吸收直接投资可以根据企业的经营状况向投资者支付报酬，企业经营状况好就向投资者多支付一些报酬，企业经营状况不好就向投资者少支付一些报酬或不支付报酬，比较灵活,财务风险比较小。

2. 吸收直接投资的缺点

(1) 资金成本较高

因为向投资者支付的报酬是根据其出资的数额和企业经营状况的好坏来确定的,所以采用吸收直接投资方式筹集资金所需负担的资金成本较高,特别是企业经营状况较好、盈利较多时更是如此。

(2) 不利于产权流动

吸收直接投资由于没有证券作为媒介,产权关系有时不清晰,也不便于进行产权交易。

(3) 企业控制权容易分散

采用吸收直接投资方式筹集资金,投资者一般都要求获得与投资数量相适应的经营管理权,如果外部投资者的投资较多,则投资者会有相当大的管理权,甚至会对企业实行完全控制。

二、发行股票

股票是股份公司为筹集自有资本而发行的有价证券,是股东按其所持股份享有权利和承担义务的书面凭证,它代表对公司的所有权。股票发行是指符合条件的发行人按照法定的程序,向投资人出售股份、募集资金的过程。

(一) 股票的特点

1. 永久性

公司发行股票所筹集的资金属于公司的长期自有资金,没有期限,无须归还。换言之,股东在购买股票之后,一般情况下不能要求发行企业退还股金。

2. 流通性

股票作为一种有价证券,在资本市场上可以自由转让、买卖和流通,也可以继承、赠送或作为抵押。股票特别是上市公司发行的股票具有很强的变现能力,流动性很强。

3. 风险性

由于股票的永久性,股东成了企业风险的主要承担者,风险的表现形式有股票价格的波动性、红利的不确定性、破产清算时股东处于剩余财产分配的最后顺序等。

4. 参与性

股东作为股份公司的所有者,拥有参与企业管理的权利,包括重大决策权、经营者选择权、财务监控权、公司经营的建议和质询权等。此外,股东还有承担有限责任、遵守公司章程等义务。

(二) 股票的分类

1. 按股东权利划分

按股东权利不同,可分为普通股和优先股。

(1) 普通股

普通股是股份公司资本构成中最普通、最基本的股份,是股份制企业资本金的基础部分。普通股的基本特点是其投资利益(股息和分红)不是在购买时约定的,而是事后根据股票发行公司的经营实绩来确定。

普通股的特点可概括为如下四点:

一是持有普通股的股东有权获得股利,但必须是在公司支付了债息和优先股的股息之后才能分得。普通股的股利是不固定的,一般视公司净利润的多少而定。

二是当公司因破产或结业而进行清算时,普通股东有权分得公司剩余资产,但普通股东分资产时必须排在公司的债权人、优先股股东之后,资产多时多分,少时少分,没有则只能作罢。由此可见,普通股东与公司的命运更加息息相关,荣辱与共。

三是普通股股东一般都拥有发言权和表决权,即有权就公司重大问题进行发言和投票表决。普通股股东的表决权大小与其持有股份多少呈正相关。任何普通股东都有资格参加公司的股东大会,也可以委托代理人来行使其投票权。

四是普通股股东一般具有优先认股权,即当公司增发新普通股时,现有股东有权优先(可能还以低价)购买新发行的股票,以保持其对企业所有权的原百分比不变,从而维持其在公司中的权益。

(2) 优先股

优先股是"普通股"的对称,是股份公司发行的在分配红利和剩余财产时比普通股具有优先权的股份。优先股也是一种没有期限的股权凭证,优先股股东一般也不能在中途向公司要求退股(少数可赎回的优先股例外)。

优先股股东的优先权主要表现在两个方面:

一是股息领取优先权。股份公司分派股息的顺序是优先股在前,普通股在后。股份公司不论其盈利多少,只要股东大会决定分派股息,优先股就可按照事先确定的股息率领取股息,即使普遍减少或没有股息,优先股亦应照常分派股息。

二是剩余资产分配优先权。股份公司在解散、破产清算时,优先股具有公司剩余资产的分配优先权,不过,优先股的优先分配权排在债权人之后,而在普通股之前。

2. 按投资主体划分

按投资主体,我国上市公司的股份可以分为国有股、法人股和社会公众股。

国有股是指有权代表国家投资的部门或机构以国有资产向公司投资形成的股份,包括以公司现有国有资产折算成的股份。法人股是指企业法人或具有法人资格的事业单位和社会团体以其依法可经营的资产向公司非上市流通股权部分投资所形成的股份。根据法人股认购的对象,可将法人股进一步分为境内发起法人股、外资法人股和募集法人股三个部分。社会公众股是指我国境内个人和机构,以其合法财产向公司可上市流通股权部分投资所形成的股份。

3. 按票面姓名划分

按票面是否记有股东姓名,股票可分为记名股和无记名股。

记名股是指在发行时,票面上记载有股东的姓名,并记载于公司的股东名册的股票。记名股票的特点就是除持有者和其正式的委托代理人或合法继承人、受赠人外,任何人都不能行使其股权,不能任意转让。无记名股是指在发行时,在股票上不记载股东的姓名。其持有者可自行转让股票,任何人一旦持有便享有股东的权利,无须再通过其他方式、途径证明有自己的股东资格。

4. 按是否标明面额划分

按股票是否标明面额,股票分为面值股和无面值股。

面值股是指在股票票面上记载一定金额、带有指定票面价值的股票,以便于确定每一股份在该股份公司中所占的比例。无面值股也称比例股票或无面额股票。股票发行时无票面价值记载,仅表明每股占资本总额的比例。其价值随公司财产的增减而增减。

另外,我国上市公司的股票还有 A 股、B 股、H 股、N 股、S 股等的区分。这一区分主要依据股票的上市地点和所面对的投资者而定。

(三) 股票发行的条件

1. 新设发行

新设立的股份有限公司申请公开发行股票,应当符合下列条件:生产经营符合国家产业政策;发行普通股限于一种,同股同权,同股同利;在募集方式下,发起人认购的股份不少于公司发行股份总额的 35%;发起人在近 3 年内没有重大违法行为;证监会规定的其他条件。

2. 增资发行

股份有限公司增资申请发行股票,必须具备下列条件:前一次发行的股份已募足,并间隔 1 年以上;公司在最近 3 年内连续盈利,并可向股东支付股利;公司在最近 3 年内财务会计文件无虚假记载;公司预期利润率可达同期银行存款利率。

3. 改组发行

国有企业改组设立股份有限公司申请公开发行股票,除了具备新设发行的条件外,还应当符合下列条件:发行前一年末,净资产在总资产中所占比例不低于 30%,无形资产在净资产中所占比例不高于 20%,但证监会另有规定的除外;近 3 年连续盈利;必须采取募集方式;国家拥有的股份在公司拟发行股本总额中所占的比例由国务院或国务院授权的部门确定。

(四) 股票发行的程序

股票的发行有严格的法律规定程序(简称法定程序),任何未经法定程序发行的股票都不发生效力。公开发行股票的基本程序如下:公司做出股票发行决议;公司做好股票发行的准备工作,编写必备的文件资料和获取有关的证明材料;提出发行股票的申请;有关机构进行审核;签署承销协议;公布招股说明书;按规定程序招股;认股人交纳股款;向认股人交割股票。

(五) 股票发行的价格

我国公司法规定,公司发行股票不准折价发行,即不得以低于股票面额的价格发行。发行人或主承销商事先都要协商一个发行底价或者发行价格区间,其估计方法主要有以下几种。

1. 市盈率定价法

它是根据盈利预测计算出发行人的每股收益,乘以发行市盈率来决定发行价格的方法。

2. 净资产倍率法

它是通过资产评估和相关会计手段确定发行公司拟募股资产的每股净资产,根据证券市场的状况将每股净资产乘以一定的倍率,以此确定股票发行价格的方法。

3. 现金流量折现法

它是通过预测公司未来的盈利能力,据此计算出公司净现金流量,并按一定的折现率折算,从而确定股票发行价格的方法。

(六) 股票上市

股票上市是指股份有限公司公开发行的股票经批准在证券交易所进行挂牌交易。经批准在交易所上市交易的股票称为上市股票;股票获准上市的股份有限公司简称为上市公司。我国公司法规定,股东转让其股份,即股票流通必须在依法设立的证券交易场所进行。

公司公开发行的股票进入证券交易所交易必须受严格的条件限制。股份有限公司申请股票上市的条件如下:股票经国务院证券监督管理部门批准已公开发行;公司股本总额不少于人民币 3 000 万元;公开发行的股份达到公司股份总数的 25% 以上;公司股本总额超过人民币 4 亿元的,公开发行股份的比例为 10% 以上;公司在最近 3 年无重大违法行为,财务会计报告无虚假记载。

证券交易所可以规定前款规定的上市条件,并报国务院证券监督管理机构批准。具备上述条件的股份有限公司经申请,由国务院或国务院授权的证券管理部门批准其股票方可上市。股票上市公司必须公告其上市报告,并将申请文件存放在指定的地点供公众查阅。股票上市公司还必须定期公布其财务状况和经营情况,每年定期公布财务会计报告。

(七) 发行股票筹资的优缺点

1. 发行普通股票筹资的优点

没有固定股利负担;没有固定到期日,不用偿还;筹资风险小;能增加公司的信誉;筹资限制较少。

2. 发行普通股票筹资的缺点

资金成本较高,因为股票股利要从净利润中支付,而债务资金的利息可在税前扣除,并且普通股的发行费用也比较高;容易分散控制权;新股东分享公司未发行新股前积累的盈余会降低普通股的每股净收益,从而可能引起股价的下跌。

三、利用留存收益

利用留存收益筹资是指企业将留存收益转化为投资的过程,将企业生产经营所实现的净收益留在企业,而不作为股利分配给股东,其实质为原股东对企业追加投资。

(一) 留存收益的筹资途径

1. 提取盈余公积金

盈余公积金是指有指定用途的留存净利润。盈余公积金是从当期企业净利润中提取的积累资金,其提取基数是本年度的净利润。盈余公积金主要用于企业未来的经营发展,经投资者审议后也可以用于转增股本(实收资本)和弥补以前年度经营亏损,但不得用于以后年度的对外利润分配。

2. 未分配利润

未分配利润是指未限定用途的留存净利润。未分配利润有两层含义:第一,这部分净利润本年没有分配给公司的股东投资者;第二,这部分净利润未指定用途,可以用于企业未来的经营发展、转增资本(实收资本),弥补以前年度的经营亏损及以后年度的利润分配。

(二)利用留存收益筹资的优点

1. 资金成本较普通股低

利用留存收益筹资,不同于负债筹资,不必支付定期的利息,也不同于股票筹资,没有股利费用,因而相对于普通股成本较低。

2. 保持企业举债能力

留存收益实质上属于股东权益的一部分,先利用这部分资金筹资,减少了企业对外部资金的需求,当企业遇到盈利水平很高的项目时,再向外部筹资,而不会因企业的债务已达到较高的水平而难以筹到资金。

3. 企业的控制权不受影响

增加发行股票,原股东的控制权分散,发行债券会增加负债,债权人可能对企业施加限制性条件。而采用留存收益筹资则不会存在此类问题。

(三)利用留存收益筹资的缺点

1. 筹资数额有限

企业必须经过一定时期的积累才可能拥有一定数量的留存收益,从而使企业难以在短期内获得扩大再生产所需资金。

2. 与股利政策的权衡

如果留存收益过高,现金股利过少,则可能影响企业的形象,并给今后进一步的筹资增加困难。利用留存收益筹资需要考虑公司的股利政策,不能随意变动。

任务实施

根据前述项目情境,结合所学任务知识,完成下列任务:
1. 吸收直接筹资的优缺点有哪些?
2. 发行股票筹资的优缺点有哪些?
3. 留存收益筹资的优缺点有哪些?

任务三　熟悉负债筹资及方式选择

按照所筹资金可使用时间的长短,负债筹资可分为长期负债筹资和短期负债筹资两类。负债筹资的方式主要有银行借款、发行债券、融资租赁、商业信用等。

一、银行借款

银行借款是由企业根据借款合同从银行或非银行金融机构借入所需资金的一种筹资方式。

(一) 银行借款的种类

1. 按期限长短划分

按借款期限长短可将银行借款分为短期、中期、长期借款。

短期借款是指借款期限在1年以内(含1年)的借款;中期借款是指借款期限在1年以上、5年以下(含5年)的借款;长期借款是指借款期限在5年以上的借款。

2. 按担保条件划分

按借款担保条件可将银行借款分为信用借款、担保借款和票据贴现。

信用借款是指以借款人的信用为依据,无须财产抵押而获得的借款;担保借款是指需以一定的财产作为抵押或以保证人做担保而获得的借款;票据贴现是指以未到期的商业票据向银行贴付一定的利息而取得的借款。

3. 按贷款机构划分

按提供贷款的机构可将银行借款分为政策性银行借款、商业银行借款、其他金融机构借款。

政策性银行借款是指执行国家政策性借款业务的银行提供的借款,通常为长期借款;商业银行借款包括短期借款和长期借款;其他金融机构借款对企业的借款一般较商业银行贷款的期限更长,相应的,利率也较高,对借款企业的信用要求和担保选择也比较严格。企业还可以从信托投资公司取得实物或货币形式的信托投资借款,从财务公司取得各种中长期借款等。

4. 按用途划分

按银行借款的用途可将银行借款分为基本建设借款、专项借款和流动资金借款等。

(二) 银行借款的信用条件

1. 信贷额度

信贷额度即贷款限额,是借款人与银行在协议中规定的允许借款人借款的最高限额。如果企业超过限额继续向银行借款,银行将停止办理;如果企业信誉恶化,即使银行曾经同意按信贷限额提供贷款,企业也可能得不到借款,且银行不会承担法律责任。

2. 周转信贷协定

周转信贷协定是银行从法律上承诺向企业提供不超过某一最高限额的贷款协定。在协定的有效期内,只要企业借款总额未超过最高限额,银行必须满足企业任何时候提出的借款要求。企业享用周转信贷协定通常要从贷款限额的未使用部分付给银行一笔承诺费。

3. 补偿性余额

补偿性余额是银行要求借款人在银行中保持按贷款限额或实际借用额的一定百分比(通常为10%~20%)计算的最低存款余额。其目的在于降低银行贷款风险。但对借款企业来说,补偿性余额提高了借款的实际利率,加重了企业的利息负担。

4. 借款抵押

银行向财务风险较大、信誉不好的企业发放贷款时,往往需要这些企业有抵押品担保,以减少自己蒙受损失的风险。借款的抵押品通常是借款企业的应收账款、存货、股票、债券以及房屋等。抵押借款的利息率通常高于非抵押借款,这是因为银行主要向信誉好的客户提供非抵押贷款,而将抵押贷款视为一种风险贷款,因而收取较高的利息;同时,银行因为对抵押贷款的管理更为困难,可能还要收取一定的抵押借款手续费。

(三) 银行借款筹资的程序

1. 企业提出借款申请

企业要向银行借入资金,必须向银行提出申请,填写包括借款金额、借款用途、偿还能力、还款方式的"借款申请书",并提供有关资料。

2. 银行审查借款申请

对企业的借款申请,银行要从企业的信用等级、基本财务情况、投资项目的经济效益、偿债能力等多方面作必要的审查,以决定是否提供借款。

3. 双方签订借款合同

借款合同是规定借款单位和银行双方的权利、义务和经济责任的法律文件。借款合同包括基本条款、保证条款、违约条款及其他附属条款等内容。

4. 企业取得贷款

双方签订借款合同后,银行可在核定的贷款指标范围内,根据用款计划和实际需要,一次或分次将借款转入企业的借款核算账户。

5. 企业还本付息

企业应按借款合同规定按时足额归还借款本息,如因故不能按期归还,应在借款到期之前的3~5天内提出展期申请,由贷款银行审定是否给予展期。

(四) 银行借款利息的支付方式

1. 利随本清法

利随本清法又称收款法,是在借款到期时向银行支付利息的方法。采用这种方法,借款的名义利率等于其实际利率。

2. 贴现法

贴现法是银行向企业发放贷款时,先从本金中扣除利息部分,而到期时借款企业再偿还全部本金的一种计息方法。贴现法的实际贷款利率公式为:

$$贴现贷款实际利率 = 利息/(贷款金额-利息) \times 100\%$$
$$= 名义利率/(1-名义利率) \times 100\%$$

(五) 银行借款筹资的优缺点

1. 银行借款筹资的优点

(1) 能产生财务杠杆作用

当企业资金利润率高于借款利息,借款筹资能给所有者带来更大的利益。

(2) 资金成本较低

一般借款利息低于股息及债券利息,并可税前扣除,也无须支付大量的发行费用。

(3) 企业控制权不受影响

不会影响企业所有者对企业的控制权。

(4) 弹性好

企业和银行直接接触或协商确定借款时间、数量和利息。在借款期间企业情况发生了变化,也可和银行进行协商,修改借款的数量和条件。借款到期后,如有正当理由也可延期归还。

(5) 筹资所需时间较短

发行各种证券筹资所需时间一般较长,而向银行借款所需时间较短,可以迅速筹集到资金。

2. 银行借款筹资的缺点

(1) 风险较高

通常有固定的利息负担和固定的偿付期限,在经营状况欠佳的情况下可能不能到期偿还,甚至会导致企业破产。

(2) 限制条款较多

企业与银行签订的借款合同中,一般都有一些限制性的条款,如不得擅自改变借款用途、定期报送企业报表等限制性条款,会限制和影响企业的经营活动。

(3) 筹资数额有限

银行一般不会出借巨额的款项,因此不如股票、债券那样可以一次筹集到大笔资金。

二、发行公司债券

公司债券又称企业债券,是债务人依照法定程序发行,承诺按约定的利率和日期支付利息,并在特定日期偿还本金的书面有价证券。

(一) 债券的特征

债券与股票都属于有价证券,但两者存在很大区别。

① 债券是债务凭证,是对债权的证明;股票是所有权凭证,是对所有权的证明。

② 债券的收益表现为利息。利息的多少一般与发行公司的经营状况无关,是固定的;股票的收益是股息,股息的多少由公司的盈利水平决定,一般是不固定的。

③ 债券的风险较小,因为其利息收入基本是稳定的;股票的风险则较大。

④ 债券是有期限的,到期必须还本付息;股票除非公司破产清算,一般不退还股本。

⑤ 债券属于公司的债务,它在公司剩余财产分配中优先于股票。

(二) 债券的种类

在我国,股份有限公司、国有独资公司和两个以上的国有公司或者两个以上的国有投资主体投资设立的有限责任公司,具有发行债券的资格。

1. 按是否记名划分

按债券的票面上是否记名,可以将债券分成记名债券和无记名债券。

(1) 记名债券

记名债券指在券面上注明债权人姓名或名称,同时在发行公司的债权人名册上进行登记的债券。转让记名债券时,除要交付债券外,还要在债券上背书和在公司债权人名册上更换债权人姓名或名称。投资者需凭印鉴领取本息。这种债券的优点是比较安全,缺点是转让时手续复杂。

(2) 无记名债券

无记名债券指债券票面未注明债权人姓名或名称,也不用在债权人名册上登记债权人姓名或名称的债券。无记名债券在转让同时随即生效,无须背书,因而比较方便。

2. 按有无抵押划分

按有无抵押担保,可将债券分为信用债券、抵押债券和担保债券。

(1) 信用债券

信用债券包括无担保债券和附属信用债券。无担保债券是仅凭债券发行者的信用发行的、没有抵押品作抵押或担保人作担保的债券;附属信用债券是对债券发行者的普通资产和收益拥有次级要求权的信用债券。

(2) 抵押债券

抵押债券指以一定抵押品作抵押而发行的债券。当企业没有足够的资金偿还债券时,债权人可将抵押品拍卖以获取资金。抵押债券按抵押物品的不同,又可分为不动产抵押债券、设备抵押债券和证券抵押债券。

(3) 担保债券

担保债券指由一定保证人作担保而发行的债券。当企业没有足够的资金偿还债券时,债权人可要求保证人偿还。

(三) 债券发行的条件

公开发行企业债券,应当符合《证券法》《公司法》的相关规定,并经中国证监会核准。发行企业债券,应当符合下列条件:股份有限公司的净资产不低于人民币3 000万元,有限责任公司的净资产不低于人民币6 000万元;累计债券余额不超过公司净资产额的40%;最近3年平均可分配利润足以支付公司债券1年的利息;公司的生产经营符合法律、行政法规和公司章程的规定,募集的资金投向符合国家产业政策;债券的利率不超过国务院限定的利率水平;国务院规定的其他条件。

(四) 债券发行的程序

依照我国《公司法》《证券法》的相关规定,公司发行公司债券应按下列程序进行:

1. 作出决议或决定

股份有限公司、有限责任公司发行公司债券,要由董事会制定发行公司债券的方案,提交股东大会或者股东会审议作出决议。国有独资公司发行公司债券,由国家授权投资的机构或者国家授权的部门作出决定。

2. 提出申请

公司应当向国务院证券管理部门提出发行公司债券的申请,并提交相关文件。

3. 经主管部门核准

国务院证券管理部门对公司提交的发行公司债券的申请进行审查,对符合公司法规定的,予以核准;对不符合规定的不予核准。

4. 与证券商签订承销协议

公司应与承销债券的券商签订具体的协议约定双方的权利及义务。

5. 公告公司债券募集方法

发行公司债券的申请得到核准后,应当公告公司债券募集办法。

6. 认购公司债券

社会公众认购公司债券的行为称为应募,应募的方式可以是先填写应募书,而后履行按期缴清价款的义务,也可以是当场以现金支付购买。

(五) 债券发行的要素

公司债券一般必须包括面值、期限、票面利率和付息方式四个基本要素。

1. 债券的面值

简称面值,是债券发行时发行人对债券持有人在债券到期后应偿还的本金数额,也是企业向债券持有人按期支付利息的计算依据。

2. 债券的期限

债券的期限指企业债券上载明的偿还债券本金的时间段,即债券发行日至到期日之间的时间间隔。在到期日,债券的发行人偿还所有本息,债券代表的债权债务关系终止。

3. 债券的票面利率

债券的票面利率指债券利息与债券面值的比率,是发行人承诺以后一定时期支付给债券持有人报酬的计算标准,债券持有人获得的利息就等于债券面值乘以票面利率。

4. 债券的付息方式

债券的付息方式指企业发行债券后的利息支付的时间。它可以是到期一次支付,或每年、半年或者3个月支付一次。在考虑货币时间价值和通货膨胀因素的情况下,付息期对债券投资者的实际收益有很大影响。

债券除了具备上述基本要素之外,还应包括发行单位的名称和地址、发行日期和编号、发行单位印记及法人代表的签章、审批机关批准发行的文号和日期、是否记名、记名债券的挂失办法和受理机构、是否可转让以及发行者认为应说明的其他事项。

(六)债券发行的价格

债券的发行价格是指债券原始投资者购入债券时应支付的市场价格。当债券票面利率等于市场利率时,债券发行价格等于面值;当债券票面利率低于市场利率时,企业仍以面值发行就不能吸引投资者,故一般要折价发行;当债券票面利率高于市场利率时,企业仍以面值发行就会增加发行成本,故一般要溢价发行。

从资金时间价值来考虑,债券的发行价格由债券到期还本面额的现值和债券各期利息的现值两部分组成。计算公式如下:

$$债券发行价格 = 到期本金(面值)的现值 + \sum 各期利息的现值$$

式中,利息=债券票面金额×票面利率。

计算现值时,应以市场利率为折现率。不同计息还款方式下,债券价格的确定如下:

① 按期支付利息,到期一次还本,且不考虑发行费用的债券发行价格的计算公式为:

$$债券发行价格 = 票面金额 \times (P/F, i, n) + 债券面值 \times 票面利率 \times (P/A, i, n)$$

② 到期一次还本付息、不计复利的债券发行价格的计算公式为:

$$债券发行价格 = 票面金额 \times (1 + 票面利率 \times n) \times (P/F, i, n)$$

式中,n为债券期限,i为市场利率。

【案例5.1】 长江公司发行债券筹资,面值1 000元,期限5年,发行时市场利率为10%,每年末付息,到期还本。

要求:分别按照8%、10%、12%的利率计算债券的发行价格。

解析:

(1) 若票面利率为8%:

$$发行价格 = 1\,000 \times (P/F, 10\%, 5) + 1\,000 \times 8\% \times (P/A, 10\%, 5)$$
$$= 1\,000 \times 0.620\,9 + 80 \times 3.790\,8 = 924.16(元)$$

(2) 若票面利率为10%:

$$发行价格 = 1\,000 \times (P/F, 10\%, 5) + 1\,000 \times 10\% \times (P/A, 10\%, 5)$$
$$= 1\,000 \times 0.620\,9 + 100 \times 3.790\,8 = 1\,000(元)$$

(3) 若票面利率为12%:

$$发行价格 = 1\,000 \times (P/F, 10\%, 5) + 1\,000 \times 12\% \times (P/A, 10\%, 5)$$
$$= 1\,000 \times 0.620\,9 + 120 \times 3.790\,8 = 1\,075.80(元)$$

由计算可知,当票面利率低于市场利率时,债券应以低于面值的价格发行,即折价发行;当票面利率高于市场利率时,债券应以高于面值的价格发行,即溢价发行;如果票面利率等于市场利率,则债券可以等价发行。

【案例5.2】 若上例中,改成单利计算、到期一次还本付息,其余条件不变。

要求:分别按照8%、10%、12%的利率计算债券的发行价格。

解析:

(1) 若票面利率为8%:

发行价格=1 000×(1+5×8%)×(P/F,10%,5)=1 400×0.620 9=869.26(元)

(2) 若票面利率为10%:

发行价格=1 000×(1+5×10%)×(P/F,10%,5)=1 500×0.620 9=931.35(元)

(3) 若票面利率为12%:

发行价格=1 000×(1+5×12%)×(P/F,10%,5)=1 600×0.620 9=993.44(元)

由上面计算可见,由于市场利率是复利年利率,所以当债券以单利计算、到期一次还本付息时,即使票面利率和市场利率相等,也不会以面值发行。

(六) 发行债券筹资的优缺点

1. 发行债券筹资的优点

(1) 资金成本较低

与股票的股利相比,债券的利息允许在所得税前支付,具有避税效应,公司可享受税收上的利益,故公司实际负担的债券成本一般低于股票成本。

(2) 可利用财务杠杆

无论发行公司的盈利多少,债券持有人一般只收取固定的利息,若公司用资后收益丰厚,增加的收益大于支付的债息额,则会增加股东财富和公司价值。

(3) 保障股东控股权

债券持有人一般无权参与发行公司的管理决策,因此发行债券一般不会分散公司控制权。

(4) 便于调整资本结构

如果公司发行可转换债券,公司可以根据资本结构状况,随时确定将债权转换为股权。

2. 发行债券筹资的缺点

(1) 财务风险较高

债券通常有固定的到期日,需要定期还本付息,财务上始终有压力。在公司不景气时,还本付息将成为公司严重的财务负担,甚至有可能导致公司破产。

(2) 限制条件较多

发行债券的限制条件较长期借款、融资租赁的限制条件多且严格,债券持有人为保障债券的安全,往往要在债券合同中签订保护条款,从而限制了公司对债券融资的使用,甚至会影响公司以后的筹资能力。

(3) 筹资数量有限

债券筹资的数量是有限的,因为它筹集的是债务资金,当负债比率超过一定数值时,会因为资金结构变差而导致资金成本的提高。

三、商业信用

商业信用是指商品交易中的延期付款或延期交货所形成的借贷关系,是企业之间的一种直接信用关系,又称商业信用融资,是一种形式多样、适用范围很广的短期资金。

(一) 商业信用的种类

1. 应付账款

应付账款是指企业购买货物未付款而形成的对供货方的欠账,是一种典型的商业信用形式。一旦买方资金紧张,就会造成长期拖欠。所以卖方要掌握买方的财务信誉等情况,以保证资金的回收。

应付账款的成本。应付账款根据付款期、现金折扣等信用条件可以分为免费信用、有代价信用和展期信用。免费信用是指买方在规定的折扣期内享受折扣而获得的信用;有代价信用是指买方放弃折扣付出代价而获得的信用;展期信用是买方超过规定的信用期推迟付款时进而强制获得的信用。

在规范的商业信用行为中,债权人(供货商)为了控制应付账款期限和额度,往往向债务人(购货商)提出信用政策,包括信用期限以及给买方的购货折扣与折扣期。

【案例5.3】 长江公司拟以"2/10、n/30"为信用条件购进一批原材料,总价款100万元。表示客户若在10天内付款,可享受2%的货款折扣;若10天后付款,则不享受购货折扣优惠,应付账款的商业信用期限最长不超过30天。

要求:计算该公司的商业信用成本。

解析:

如果该企业现在准备在10天内付款,则可以享受2%的现金折扣,折扣额为2万元(100×2%),免费信用额度为98万元(=100-2)。

如果该企业准备放弃现金折扣,在10天后(不超过30天)付款,则该企业将取得有代价信用额度100万元,这种代价就是企业放弃现金折扣的机会成本。其计算公式为:

信用成本=[现金折扣率/(1-现金折扣率)]×[360/(信用期-折扣期)]×100%

该企业的信用成本= 2/(100-2)×360/(30-10)=36.73%

表明该企业筹资成本不超过36.73%,就应当在第10天付款。因为一般来说,企业向银行取得信用额度借款的年利率都会比放弃现金折扣的成本低,所以放弃现金折扣而进行商业信用筹资是一种代价较高的筹资方式。

如果企业在放弃现金折扣的同时,推迟付款的时间越长,其成本就越小。因为从公式表明,放弃现金折扣的成本与折扣的百分比大小、折扣的长短同方向变化,与信用期的长短反方向变化。如果企业延期至60天付款:

该企业的信用成本=2/(100-2)×360/(60-10)=14.7%

从计算结果可以看出,这时的信用成本明显低于信用期间以内的成本,而且延期付款的天数较多,计算的信用成本越低,但是企业并不能盲目拖延付款期限,因为由于超过信用期付款,还会产生企业信用不良的机会成本,即企业信用地位、信用等级下降的损失。

下面用一实例说明企业利用现金折扣的决策。

【案例5.4】 长江公司拟采购一批零件，供应商报价如下：
① 立即付款，价格为9 630元；② 30天内付款，价格为9 750元；③ 31至60天内付款，价格为9 870元；④ 61至90天内付款，价格为10 000元。假设银行短期贷款利率为15%，每年按360天计算。

要求：计算放弃现金折扣的资金成本率（机会成本），并确定对长江公司最有利的付款日期和价格。

解析：
(1) 立即付款：
折扣率＝(10 000－9 630)÷10 000＝3.7%
放弃折扣成本＝3.7%÷(1－3.7%)×360÷(90－0)＝15.37%
(2) 30天付款：
折扣率＝(10 000－9 750)÷10 000＝2.5%
放弃折扣成本＝2.5%÷(1－2.5%)×360÷(90－30)＝15.38%
(3) 60天付款：
折扣率＝(10 000－9 870)÷10 000＝1.3%
放弃折扣成本＝1.3%÷(1－1.3%)×360÷(90－60)＝15.81%
(4) 最有利的是第60天付款9 870元。

2. 应付票据

商业票据是指由金融公司或某些企业签发，无条件约定自己或要求他人支付一定金额可流通转让的有价证券，持有人具有一定权利的凭证，如汇票、本票、支票等。

应付票据的利率一般比银行的利率低，且不用保持相应的补偿余额和支付协议费用，它的筹资成本低于银行的借款成本，但是应付票据到期必须归还，否则要支付罚金，因此风险较大。

3. 预收账款

预收账款是指销货企业按照合同或协议约定，在交付货物之前向购货企业预先收取部分或全部货物价款的信用形式，相当于销货企业向购货企业先借一笔款项，然后再用货物抵偿。仅限于市场紧缺商品、买方急需或必需商品以及生产周期较长且投入较大的建筑业、重型制造业等。

（二）商业信用筹资的优缺点

1. 商业信用筹资的优点

(1) 筹资快捷便利

利用商业信用筹集资金非常方便，因为商业信用与商品买卖同时进行，属于一种自然性融资，不用做非常正规的安排，也无须另外办理正式筹资手续。

(2) 筹资成本低

如果没有现金折扣，或者企业不放弃现金折扣，以及使用不带息应付票据和采用预收货款，则企业采用商业信用筹资没有实际成本。

(3) 限制条件少

与其他筹资方式相比，商业信用筹资限制条件较少，选择余地较大，条件比较优越。

2. 商业信用筹资的缺点

(1) 期限较短

采用商业信用筹集资金,期限一般都很短,如果企业要取得现金折扣,期限则更短。

(2) 筹资数额较小

采用商业信用筹资一般只能筹集小额资金,而不能筹集大量的资金。

(3) 有时成本较高

如果企业放弃现金折扣,必须付出非常高的资金成本。

四、融资租赁

融资租赁也称为财务租赁或资本租赁,是指承租人需要添置设备时,承租人不是采用购买的方式,而是委托租赁公司根据承租人的要求选择代为购入所需的资产,然后承租人以租赁的方式从租赁公司租入该项资产,从而达到融通资金的目的。

(一) 融资租赁的特点

与经营性租赁相比,融资租赁具有以下特点:

① 由出租人(租赁公司)通过融资提供资金,购进承租人所需的生产设备并租赁给承租人使用。该生产设备往往是由承租人直接从设备制造商或销售商那里选定的。

② 合同期限较长,一般设备3~5年,大型设备10年以上。租赁合同期包括不可解约的固定期限及合同中规定的续租或展期等。

③ 承租人按合同规定,分期向出租人缴纳租金,并承担合同期内设备的维修、保养和保险义务。

④ 租赁期满时,根据租赁合同条款规定处理设备。一般有三种处理方法:一是到期后将设备退还给租赁公司;二是另订立合同,继续租赁;三是承租人留购,即以很少的"名义货价"或"商定价格"把设备买下来。

(二) 融资租赁的形式

融资租赁包括售后租回、直接租赁和杠杆租赁三种形式。

1. 售后租回

售后租回指企业根据协议,将某资产卖给出租人(租赁公司),再将其租回使用。采用这种租赁形式,出售资产的企业可得到相当于售价的一笔资金,同时仍然可以使用资产。当然,在此期间,该企业要支付租金,并失去了财产所有权。

2. 直接租赁

直接租赁指承租人直接向出租人(制造厂商、租赁公司)租入所需要的资产,并付出租金。

3. 杠杆租赁

此种租赁方式涉及承租人、出租人和资金出借者三方当事人。从承租人的角度来看,这种租赁与其他租赁形式并无区别,同样是按合同的规定,在基本租赁期内定期支付定额租金,取得资产的使用权。但对出租人却不同,出租人只出购买资产所需的部分资金,作为自己的投资；另外以该资产作为担保向资金出借者借入其余资金。因此，它既是出租人又是借款人，同时拥有对资产的所有权，既收取租金又要偿付债务。如果出租人不能按期偿还借款，那么资产的所有权就要转归资金出借者。

（三）融资租赁的基本程序

融资租赁的基本程序包括：选择租赁公司、提出委托申请、签订购货协议、签订租赁合同、交货验收、定期交付租金、合同期满处理设备。

（四）融资租赁租金的计算

融资租赁租金包括设备价款和租息两部分。设备价款是指租赁公司取得资产所支付的代价，包括购买价格、运杂费、途中保险费等，它是租金的重要组成部分。租息又可分为租赁公司的融资成本和租赁手续费。融资成本是租赁公司为承租企业购置设备融资而计的利息。租赁手续费包括租赁公司承办租赁业务的营业费用和应获取的收益。租赁手续费的高低由租赁公司与承租企业协商确定，一般以租赁资产价款的一定百分比收取。

在我国租赁业务中，一般采用等额支付方式，即采用年金法。

(1) 后付租金的计算

根据年资本回收额的计算公式，可得出后付租金方式下每年末支付租金数额的计算公式：

$$A = P/(P/A, i, n)$$

(2) 先付租金的计算

根据即付年金的现值公式，可得出先付等额租金的计算公式：

$$A = P/[(P/A, i, n-1) + 1]$$

【案例5.5】 长江公司为扩大经营规模融资租入一台机床，该机床的市价为233万元，租期10年，租金包括设备价款、融资成本和租赁手续费。租赁公司要求的报酬率为15%。

要求：采用等额年金法，分别计算每年初支付租金和每年末支付租金价格。

解析：

(1) 如果采用等额年金法，每年初支付，则每期租金为：

$$A = 233 \div [(P/A, 15\%, 9) + 1] = 233 \div (4.7716 + 1) = 40.37(万元)$$

(2) 如果采用等额年金法，每年末支付，则每期租金为：

$$A = 233 \div (P/A, 15\%, 10) = 233 \div 5.0188 = 46.43(万元)$$

（五）融资租赁筹资的优缺点

1. 融资租赁筹资的优点

(1) 迅速获得所需资产

融资租赁一般要比筹措现金后再购置设备来得更快，可使企业尽快形成生产经营能力。

(2) 融资筹资限制较少

企业运用股票、债券、长期借款等筹资方式，都受到相当多的资格条件的限制，相比之下，融资筹资的限制条件较少。

(3) 免遭设备陈旧过时的风险

随着科学技术的不断进步,设备陈旧过时的风险很高,而多数租赁协议规定由出租人承担,承租企业可免于承担这种风险。

(4) 降低不能偿付的风险

全部租金通常在整个租期内分期支付,可适当降低不能偿付的风险。

(5) 承租企业能享受税收收益

租金费用可在所得税前扣除,具有抵免所得税的效用,承租企业能享受税收利益。

2. 融资租赁筹资的缺点

(1) 成本较高

租金总额通常要高于设备价值的30%;承租企业在财务困难时期,支付固定的租金也将成为企业一项沉重的财务负担。

(2) 机会损失

采用租赁筹资方式如不能享有设备残值,也可视为承租企业的一种机会损失。

根据前述项目情境,结合所学任务知识,完成下列任务:

1. 回答"任务实施"中的第一个问题。
2. 融资租赁的特点有哪些?
3. 从企业的角度看,权益筹资和负债筹资的优缺点有哪些?

任务四　运用杠杆原理评价风险和收益

一、财务中的杠杆原理

财务中的杠杆原理有三种类型,即经营杠杆、财务杠杆和总杠杆三种形式。杠杆作用既可以产生杠杆收益,也可能带来杠杆风险。理解杠杆的原理,有助于企业合理地规避风险,提高财务管理水平。

二、财务中的主要杠杆及效用

(一) 经营杠杆

经营杠杆是指由于固定性经营成本的存在,而使得企业的资产报酬(息税前利润)变动率大于业务量变动率的现象。经营杠杆反映了资产报酬的波动性,用以评价企业的经营风险。用息税前利润(EBIT)表示资产总报酬,则:

$$EBIT = S - V - F = (P - V_c)Q - F = M - F$$

式中,EBIT 为息税前利润,S 为销售额,V 为变动性经营成本,F 为固定性经营成本,Q 为产销业务量,P 为销售单价,V_c 为单位变动成本;M 为边际贡献。

由上式可以看出,影响 EBIT 的因素包括产品售价、产品需求、产品成本等因素。当产品成本中存在固定经营成本时,如果其他条件不变,产销业务量的增加虽然不会改变固定成本总额,但会降低单位产品分摊的固定成本,从而提高单位产品利润,使息税前利润的增长率大于产销业务量的增长率,进而产生经营杠杆效应。

1. 经营杠杆系数(DOL)

只要企业存在固定性经营成本,而引起息税前利润变动率大于销售变动率的现象,称为经营杠杆效应。但不同的产销业务量,其经营杠杆效应的大小程度是不一致的。测算经营杠杆效应程度,常用指标为经营杠杆系数(DOL),是息税前利润变动率与产销业务量变动率的比,计算公式为:

$$DOL = \frac{息税前利润变动率}{产销量变动率} = \frac{\Delta EBIT}{EBIT} / \frac{\Delta Q}{Q}$$

式中,DOL 为经营杠杆系数,$\Delta EBIT$ 为息税前利润变动额,EBIT 为息税前利润,ΔQ 为产销业务量变动值,Q 为产销业务量。

上式经整理,经营杠杆系数的计算也可以简化为:

$$DOL = \frac{基期边际贡献}{基期息税前利润} = \frac{M}{M - F} = \frac{EBIT + F}{EBIT}$$

【案例5.6】 长江公司产销某种服装,固定成本500万元,变动成本率70%。年产销额5 000万元时,变动成本3 500万元,固定成本500万元,息税前利润1 000万元;年产销额7 000万元时,变动成本为4 900万元,固定成本仍为500万元,息税前利润为1 600万元。

要求:计算公司的经营杠杆系数。

解析:

$$DOL = \frac{\Delta EBIT}{EBIT} / \frac{\Delta Q}{Q} = \frac{600}{1\,000} / \frac{2\,000}{5\,000} = 1.5$$

$$DOL = \frac{M}{M - F} = \frac{5\,000 \times 30\%}{1\,000} = 1.5$$

可以看出,该公司产销量增长了40%,息税前利润增长了60%,产生了1.5倍的经营杠杆效应。

2. 经营杠杆与经营风险的关系

经营风险是指企业由于生产经营上的原因而导致的资产报酬波动的风险。引起企业经营风险的主要原因是市场需求和生产成本等因素的不确定性,如:产品的需求越稳定,公司的经营风险越小;产品售价变动浮动越大的公司则面临着较高的经营风险;产品成本是否稳定;调整价格的能力;固定成本的比重。经营杠杆系数越高,表明资产报酬等利润波动程度越大,经营风险也就越大。根据经营杠杆系数的计算公式,有:

$$DOL = \frac{EBIT + F}{EBIT} = 1 + \frac{F}{EBIT}$$

上式表明,在企业不发生经营性亏损、息税前利润为正的前提下,经营杠杆系数最低为1,不会为负数;只要有固定性经营成本存在,经营杠杆系数总是大于1。

从上式可知,影响经营杠杆的因素包括:企业成本结构中的固定成本比重、息税前利润水平。其中,息税前利润水平又受产品销售数量、销售价格、成本水平(单位变动成本和固定成本总额)高低的影响。固定成本比重越高、成本水平越高、产品销售数量和销售价格水平越低,经营杠杆效应越大,反之亦然。

【案例5.7】 长江公司生产A产品,固定成本100万元,变动成本率60%。

要求:计算当销售额分别为1 000万元、500万元、250万元时,公司的经营杠杆系数。

解析:

$$\text{DOL}_{1\,000} = \frac{1\,000 - 1\,000 \times 60\%}{1\,000 - 1\,000 \times 60\% - 100} = 1.33$$

$$\text{DOL}_{500} = \frac{500 - 500 \times 60\%}{500 - 500 \times 60\% - 100} = 2$$

$$\text{DOL}_{250} = \frac{250 - 250 \times 60\%}{250 - 250 \times 60\% - 100} \to \infty$$

上例计算结果表明:在其他因素不变的情况下,销售额越小,经营杠杆系数越大,经营风险也就越大,反之亦然。如销售额为1 000万元时,DOL为1.33、销售额为500万元时,DOL为2,显然后者的不稳定性大于前者,经营风险也大于前者。在销售额处于盈亏临界点250万元时,经营杠杆系数趋于无穷大,此时企业销售额稍有减少便会导致更大的亏损。

(二) 财务杠杆

财务杠杆是指由于固定性资本成本的存在,而使得企业的普通股收益(或每股收益)变动率大于息税前利润变动率的现象,即财务杠杆效应。财务杠杆反映了股权资本报酬的波动性,用以评价企业的财务风险。用普通股收益或每股收益表示普通股权益资本报酬,则:

$$\text{EPS} = [(\text{EBIT} - I)(1 - T)]/N$$

式中,EPS为每股收益,I为债务资本利息,T为所得税税率,N为普通股股数。

由上式可以看出,影响普通股收益的因素包括资产报酬、资本成本、所得税税率等因素。当有固定利息费用等资本成本存在时,如果其他条件不变,息税前利润的增加虽然不改变固定利息费用总额,但会降低每一元息税前利润分摊的利息费用,从而提高每股收益,使得普通股收益的增长率大于息税前利润的增长率,进而产生财务杠杆效应。

1. 财务杠杆系数(DFL)

只要企业融资方式中存在固定性资本成本(如固定利息、固定融资租赁费),就存在财务杠杆效应。测算财务杠杆效应程度,常用指标为财务杠杆系数(DFL),是每股收益变动率与息税前利润变动率的倍数,计算公式为:

$$\text{DFL} = \frac{\text{每股收益变动率}}{\text{息税前利润变动率}} = \frac{\Delta \text{EPS}}{\text{EPS}} \bigg/ \frac{\Delta EBIT}{EBIT}$$

上式经整理,财务杠杆系数的计算也可以简化为:

$$\text{DFL} = \frac{\text{息税前利润总额}}{\text{息税前利润总额} - \text{利息}} = \frac{\text{EBIT}}{\text{EBIT} - I}$$

项目五 筹资活动管理

【**案例5.8**】 有A、B、C三个公司,资本总额均为1 000万元,所得税税率均为30%,每股面值均为1元。A公司资本全部由普通股组成;B公司债务资本300万元(利率为10%),普通股700万元;C公司债务资本500万元(利率为10.8%),普通股500万元。三个公司2×22年EBIT均为200万元,2×23年EBIT均为300万元,EBIT增长了50%。

要求:计算公司的普通股收益及财务杠杆。

解析:如表5.1所示。

表5.1 普通股收益及财务杠杆的计算

单位:万元

利润项目		A公司	B公司	C公司
普通股股数		1 000万股	700万股	500万股
利润总额	2×22年	200	170	146
	2×23年	300	270	246
	增长率	50%	58.82%	68.49%
净利润	2×22年	140	119	102.2
	2×23年	210	189	172.2
	增长率	50%	58.82%	68.49%
普通股收益	2×22年	140	119	102.2
	2×23年	210	189	172.2
	增长率	50%	58.82%	68.49%
每股收益	2×22年	0.14元	0.17元	0.20元
	2×23年	0.21元	0.27元	0.34元
	增长率	50%	58.82%	68.49%
财务杠杆系数		1.000	1.176	1.370

可见,资本成本固定型的资本所占比重越高,财务杠杆系数就越大。A公司由于不存在固定资本成本的资本,没有财务杠杆效应;B公司存在债务资本,其普通股收益增长幅度是息税前利润增长幅度的1.176倍;C公司存在债务资本,并且债务资本的比重比B公司高,其普通股收益增长幅度是息税前利润增长幅度的1.370倍。

2. 财务杠杆与财务风险的关系

财务风险是指企业由于筹资原因产生的资本成本负担而导致的普通股收益波动的风险。引起企业财务风险的主要原因是资产报酬的不利变化和资本成本的固定负担。由于财务杠杆的作用,当企业的息税前利润下降时,企业仍然需要支付固定的资本成本,导致普通股剩余收益以更快的速度下降。财务杠杆放大了资产报酬变化对普通股收益的影响,财务杠杆系数越高,表明普通股收益的波动程度越大,财务风险也就越大。只要有固定性资本成本存在,财务杠杆系数总是大于1。

影响财务杠杆的因素包括:企业资本结构中债务资本比重、普通股收益水平、所得税税率水平。其中,普通股收益水平又受息税前利润、固定资本成本(利息)高低的影响。债务成本比重越高、固定的资本成本支付额越高、息税前利润水平越低,财务杠杆效应越大,反之亦然。

【案例5.9】 在上例中,三个公司2×22年的财务杠杆系数分别为:A公司1.000,B公司1.176,C公司1.370。这意味着,如果EBIT下降时,A公司的EPS与之同步下降,而B公司和C公司的EPS会以更大的幅度下降。导致各公司EPS不为负数的EBIT最大降幅如表5.2所示:

要求:说明公司的财务杠杆系数和EPS、EBIT的变动关系。

解析: 相关变动关系如表5.2所示。

表5.2 财务杠杆系数和EPS、EBIT的变动关系

公司	DFL	EPS降低	EBIT降低
A	1.000	100%	100%
B	1.176	100%	85.03%
C	1.370	100%	72.99%

上述结果意味着,2×23年在2×22年的基础上,EBIT降低72.99%,C公司普通股收益会出现亏损;EBIT降低85.03%,B公司普通股收益会出现亏损;EBIT降低100%,A公司普通股收益会出现亏损。显然,C公司不能支付利息、不能满足普通股股利要求的财务风险远高于其他公司。

(三) 总杠杆

总杠杆效应,是指由于固定经营成本和固定资本成本的存在,导致普通股每股收益变动率大于产销业务量的变动率的现象。总杠杆效应是用来反映两者之间共同作用结果的,即权益资本报酬与产销业务量之间的变动关系。经营杠杆和财务杠杆共同作用,将导致产销业务量的变动引起普通股每股收益更大的变动。

1. 总杠杆系数

只要企业同时存在固定性经营成本和固定性资本成本,就存在总杠杆效应。产销量变动通过息税前利润的变动,使得每股收益发生更大的变动。用总杠杆系数(DTL)表示总杠杆效应程度,是经营杠杆系数和财务杠杆系数的乘积,是普通股每股收益变动率相当于产销量变动率的倍数,计算公式为:

$$DTL = \frac{普通股每股收益变动率}{产销量变动率} = \frac{\Delta EPS}{EPS} / \frac{\Delta Q}{Q}$$

上式经整理,总杠杆系数的计算也可以简化为:

$$DTL = DOL \times DFL$$

即:

$$DTL = \frac{M}{M - F - I}$$

【案例5.10】 长江公司资料如表5.3所示。

要求:分别计算其2×22年经营杠杆系数、财务杠杆系数和总杠杆系数。
解析:

表5.3 杠杆效应计算表

单位:万元

项 目	2×22年	2×23年	变动率
销售收入(售价10元)	1 000	1 200	+20%
边际贡献(单位4元)	400	480	+20%
固定成本	200	200	——
息税前利润(EBIT)	200	280	+40%
利息	50	50	——
利润总额	150	230	+53.33%
净利润(税率20%)	120	184	+53.33%
每股收益(200万股,元)	0.60	0.92	+53.33%
经营杠杆(DOL)			2.00
财务杠杆(DFL)			1.33
总杠杆(DTL)			2.67

2. 总杠杆与公司总风险的关系

公司总风险包括企业的经营风险和财务风险。总杠杆系数反映了经营杠杆和财务杠杆之间的关系,用以评价企业的整体风险水平。在总杠杆系数一定的情况下,经营杠杆系数与财务杠杆系数此消彼长。总杠杆效应的意义在于:第一,能够说明产销业务量变动对普通股收益的影响,据以预测未来的每股收益水平;第二,揭示了财务管理的风险管理策略,即要保持一定的风险状况水平,需要维持一定的总杠杆系数,经营杠杆和财务杠杆可以有不同的组合。

任务实施

根据前述项目情境,结合所学任务知识,完成下列任务。
1. 回答"任务导入"中的第二个问题。
2. 谈谈不同类型的企业在不同的成长周期如何有效运用不同类型的财务杠杆。

任务五　理解资本成本,决策最优资本结构

一、资本成本

(一)资本成本的概念

资本成本是指企业为筹集和使用资本而付出的代价,包括筹资费用和占用费用。

1. 资金筹集费

资金筹集费是指企业在资本筹措过程中为获得资本而付出的代价,如向银行支付的借款手续费,因发行股票、公司债券而支付的发行费等。筹资费用通常在资本筹集时一次性发生,在资本使用过程中不再发生,因此,被视为筹资数额的一项扣除。

2. 资金占用费

资金占用费是指企业在资本使用过程中因占用资本而付出的代价,如向银行等债权人支付的利息,向股东支付的股利等。占用费用是因为占用了他人资金而必须支付的,是资本成本的主要内容。

资本成本通用相对数表示,即支付的报酬与获得的资本之间的比率。即:

$$资本成本率 = \frac{年资金占用费}{筹资总额 - 筹资费用} = \frac{年资金占用费}{筹资总额 \times (1 - 筹资费用率)}$$

(二)资本成本的意义

1. 资本成本是企业筹资决策的重要依据

企业通过不同渠道和方式所筹措的资本,将会形成不同的资本结构,由此产生不同的财务风险和资本成本。所以,资本成本也就成了确定最佳资本结构的主要因素之一。随着筹资数量的增加,资本成本将随之变化。当筹资数量增加到增资的成本大于增资的收入时,企业便不能再追加资本。

2. 资本成本是评价和选择投资项目的重要标准

资本成本实际上是投资者应当取得的最低报酬水平。只有当投资项目的收益高于资本成本的情况下,才值得为之筹措资本;反之,就应该放弃该投资机会。

3. 资本成本是衡量企业资金效益的临界基准

如果一定时期的综合资本成本率高于总资产报酬率,就说明企业资本的运用效益差,经营业绩不佳;反之,则相反。

（三）资本成本的种类

1. 个别资本成本

个别资本成本是指使用各种长期资金的成本，又分为长期借款成本、债券成本、普通股成本和留存收益成本。

（1）长期借款成本

长期借款成本包括借款利息和筹资费用。借款利息计入税前成本费用，可以起到抵税的作用，企业实际上就少缴一部分所得税，实际负担的借款利息为：借款利息×(1－所得税税率)。企业向银行长期借款时候要发生一定的筹资费用，筹资费用的发生使企业实际取得的资金少于长期借款的总额。企业实际筹集的资金为：长期借款总额×(1－筹资费用率)。因此，一次还本、分期付息长期借款的成本为：

$$K_L = \frac{L \times R_L(1-T)}{L(1-F_L)} = \frac{R_L(1-T)}{1-F_L}$$

式中，K_L 为长期借款资本成本，T 为所得税率，L 为长期借款筹资额（借款本金），F_L 为长期借款筹资费用率，R_L 为长期借款利率。

【案例5.11】 长江公司取得5年期长期借款200万元，年利率为11%，每年付息一次，到期一次还本，筹资费用率为0.5%，企业所得税率为25%。

要求：计算该长期借款资本成本。

解析：

$$K_L = \frac{200 \times 11\% \times (1-25\%)}{200 \times (1-0.5\%)} = \frac{11\% \times (1-25\%)}{1-0.5\%} = 8.29\%$$

（2）债券成本的计算

发行债券的成本主要指债券利息和筹资费用。债券利息的处理与长期借款利息的处理相同，应以税后的债务成本为计算依据。按照一次还本、分期付息的方式，债券资本成本的计算公式为：

$$K_b = \frac{I_b(1-T)}{B(1-F_b)}$$

式中，K_b 为债券资本成本，I_b 为债券年利息，T 为所得税率，B 为债券筹资额，F_b 为债券筹资费用率。

【案例5.12】 长江公司发行面值为500万元的10年期债券，票面利率为12%，发行费用率为5%，发行价格为500万元，公司所得税率为25%。

要求：计算该债券的成本。

解析：

$$K_b = \frac{500 \times 12\% \times (1-25\%)}{500 \times (1-5\%)} = 9.47\%$$

需要注意的是，债券的筹资费用一般比较高，不可在计算资本成本时省略。若债券溢价或折价发行，为更精确地计算资本成本，应以实际发行价格作为债券筹资额。

【案例5.13】 假定上述长江公司发行面值为500万元的10年期债券，票面利率为12%，发行费用率为5%，发行价格为600万元，公司所得税率为25%。

要求:计算该债券成本。

解析:

$$K_b = \frac{500 \times 12\% \times (1-25\%)}{600 \times (1-5\%)} = 7.89\%$$

【**案例5.14**】 假定上述长江公司发行面值为500万元的10年期债券,票面利率为12%,发行费用率为5%,发行价格为400万元,公司所得税率为25%。

要求:计算该债券成本。

解析:

$$K_b = \frac{500 \times 12\% \times (1-25\%)}{400 \times (1-5\%)} = 11.84\%$$

(3) 优先股资本成本的计算

优先股的资金使用费是股息,通常是固定不变的,一般按年支付。公司利用优先股筹措资本需要支付发行费用。因此,优先股资本成本率的计算类似于普通股。其测算公式为:

$$K_p = \frac{D}{P}$$

式中,K_p为优先股资本成本率,D为优先股每年年股利额,P为优先股筹资净额,即发行价格扣除发行费用。

【**案例5.15**】 长江公司准备发行一批优先股,每股发行价格10元,发行费用为筹资总额的0.5%,预计每年股利为1.5元。

要求:计算该优先股资本成本。

解析:

$$K_p = \frac{1.5}{10 \times (1-5\%)} = 15.79$$

由上述计算我们可以看出:企业发行优先股筹集资金要支付筹资费用和固定股息,并且企业支付优先股股息不会减少上交国家的所得税额。

(4) 普通股资本成本的计算

普通股的成本就是普通股股东所要求的投资报酬。一般而言,普通股比优先股的风险更大,因而资本成本率更高。普通股一般没有固定的股利,而是随着公司的经营情况和财务状况而定。因此,普通股的成本需要进行估算。估算的方法通常有股利固定增长模型、资本资产定价模型、风险溢价法等。

下面以股利固定增长模型为例,说明普通股资本成本的计算。其计算公式为:

$$K_c = \frac{D_1}{P_0(1-F_c)} + G$$

式中,K_c为普通股资本成本率,D_1为普通股本年预计股利额,P_0为普通股票目前的市场价格,F_c为筹资费用率,G为每年股利的增长率。

【**案例5.16**】 长江公司拟按市价发行一批普通股,公司股票目前市价为每股56元,发行费用为筹资额的10%,公司上年度每股分派现金股利2元,预计以后每年股利增长8%。

要求:计算该普通股资本成本。

解析:

$$K_c = \frac{2 \times (1+12\%)}{56 \times (1-10\%)} + 12\% = 16.4\%$$

由上述计算我们可以看出,普通股资本成本是企业以普通股方式筹集资金支付筹资费用和股利,支付股利不会减少企业上交国家的所得税额。普通股的股利一般呈增长的趋势,计算其成本时应考虑这一因素。企业普通股股利率越高,它的股利和市价也越高。

(5) 留存收益资本成本的计算

留存收益来源于留用利润的资金,是企业每年从留利中按一定比例提取的一定金额的利润用于追加生产,这部分留用利润表面上无明确的成本,但应考虑机会成本。它的计算方法与普通股成本率的计算方法相同,但没有发行费用。

在普通股股利不断增长的情况下,留存收益成本的计算公式为:

$$K_e = \frac{D_1}{P_0} + G$$

式中,K_e 为留存收益资本成本率,D_1 为普通股本年预计股利额,P_0 为普通股票目前的市场价格,G 为每年股利的增长率。

【案例 5.17】 接上例,长江公司本年度决定用留存收益转增股本。

要求:计算该留存收益的资本成本。

解析:

$$K_e = \frac{2 \times (1+12\%)}{56} + 12\% = 16\%$$

如果普通股股利每年固定不变,留存收益的资本成本率计算如下:

$$K_e = \frac{D_1}{P_0}$$

【案例 5.18】 如果上例中长江公司普通股股利每年不变,则本年度用留存收益转增股本的成本。

要求:计算该留存收益资本成本。

解析:

$$K_e = \frac{2}{56} = 3.57\%$$

2. 综合资本成本

由于受多种因素的制约,企业不可能只使用某种单一的筹资方式,往往需要通过多种方式筹集所需资金。综合资本成本一般是以各种资本占全部资本的比重为权数,对个别资本成本进行加权平均确定的加权平均资本成本。

如果构成企业筹资的资金结构的因素有 m 个,其占资金结构的权数分别为 $W_1, W_2, W_3, \cdots, W_m$,而它们的个别成本分别为 $K_1, K_2, K_3, \cdots, K_m$,则该企业的综合资本成本率可用下列公式求出:

$$K_w = \sum_{j=1}^{m} K_j W_j$$

式中,K_w 为综合资本成本率,K_j 为第 j 种资本成本率,W_j 为第 j 种资本在总资本中所占比例,$\sum_{j=1}^{m} W_j = 1$

【案例 5.19】 长江公司账面反映的长期资金共 500 万元,其中长期借款 100 万元,应付长期债券 50 万元,普通股 250 万元,留存收益 100 万元;其成本分别为 6.7%、9.17%、11.26%、11%。

要求:计算该企业的综合平均资本成本。

解析:

$$6.7\% \times \frac{100}{500} + 9.17\% \times \frac{50}{500} + 11.26\% \times \frac{250}{500} + 11\% \times \frac{100}{500} = 10.09\%$$

3. 边际资本成本

边际资本成本是指资金每增加一个单位而增加的成本。企业无法以某一固定的资本成本来筹措无限的资金,当其筹集的资金超过一定限度时,原来的资本成本就会增加。资本成本在一定范围内不会改变,但是在某个资本成本条件下可以筹集到的资金总额即现有资本结构下的筹资突破点,一旦筹资超过突破点,即使维持现有的资本结构,其资本成本也会改变。边际资本成本就是按加权平均法计算的,是追加筹资时所使用的加权平均成本。

计算边际资本成本通常先要确定公司目标资本结构,再确定各种筹资方式的资本成本,最后计算筹资总额突破点。

根据目标资本结构和各种个别资本成本变化的突破点,计算筹资总额的突破点,其计算公式为:

$$BP_j = \frac{TF_j}{W_j}$$

式中,BP_j 为筹资总额的分界点,TF_j 为第 j 种个别资本成本的分界点,W_j 为目标资本结构中第 j 种资金比重。

【案例 5.20】 甲公司现有资金 1 000 万元,其中普通股为 100 万元,长期借款 200 万元,长期债券 700 万元。公司考虑扩大经营规模,拟筹集新的资金。经分析,目前的资本结构是最优的,筹集新的资金后仍维持目前的资本结构,即普通股为 10%,长期借款占 20%,长期债券为 70%。各种资本随着筹资额的增加变动情况如表 5.4 所示。

表 5.4 各种资本随着筹资额的增加变动情况表

资金种类	目标资本结构	新筹资额范围	资本成本
普通股	10%	5 万元以下	6%
		5 万元以上	7%
长期借款	20%	14 万元以下	8%
		14 万元以上	9%
长期债券	70%	21 万元以下	10%
		21 万元~63 万元	11%
		63 万元以上	12%

要求:计算新筹资总额突破点和边际资本成本。

解析:

(1) 先计算筹资总额突破点

表5.5 筹资总额突破点分析表

资金种类	目标资本结构	新筹资额范围	资本成本	新筹资总额突破点
普通股	10%	5万元以下	6%	50万元以下
		5万元以上	7%	50万元以上
长期借款	20%	14万元以下	8%	70万元以下
		14万元以上	9%	70万元以上
长期债券	70%	21万元以下	10%	30万元以下
		21万元~63万元	11%	30万元~90万元
		63万元以上	12%	90万元以上

（2）再计算各筹资总额范围的边际资本成本

根据表5.5的计算结果，存在有30万元、50万元、70万元和90万元四个筹资总额突破点及相应的边际资本成本，所以应有5个筹资总额范围及边际资本成本，计算结果如表5.6所示。

表5.6 边际资本成本计算表

序号	筹资总额范围	资金种类	资本结构	资本成本	边际资本成本	边际资本成本
1	30万元以下	普通股	10%	6%	0.6%	9.2%
		长期借款	20%	8%	1.6%	
		长期债券	70%	10%	7.0%	
2	30万元~50万元	普通股	10%	6%	0.6%	9.9%
		长期借款	20%	8%	1.6%	
		长期债券	70%	11%	7.7%	
3	50万元~70万元	普通股	10%	7%	0.7%	10%
		长期借款	20%	8%	1.6%	
		长期债券	70%	11%	7.7%	
4	70万元~90万元	普通股	10%	7%	0.7%	10.2%
		长期借款	20%	9%	1.8%	
		长期债券	70%	11%	7.7%	
5	90万元以上	普通股	10%	7%	0.7%	10.9%
		长期借款	20%	9%	1.8%	
		长期债券	70%	12%	8.4%	

二、资本结构决策

(一) 资本结构的概念

资本结构是指企业全部资本中,各种来源资本的构成及其比例关系。企业筹资方式不同的组合类型决定着资本结构及其变化,资本结构问题总的来说是债务资本在资本结构中安排多大比例。

(二) 最佳资本结构决策方法

最佳资本结构是指在一定时期内使企业加权平均资本成本最低、企业价值最大的资本结构。一般认为,在最优资本结构下,不仅能使企业资本成本最低,企业价值最大,而且能最大限度地调动利益相关者的积极性。评价标准主要有:第一,有利于最大限度地增加所有者的财富,使企业价值最大化;第二,在企业不同的资本结构评价中,其综合资本成本最低,能使加权平均资本成本最低;第三,能使资产保持适宜的流动,并使资本结构具有弹性。

1. 比较资金成本法

比较资金成本法,是指通过计算各方案加权平均的资金成本,并以加权平均资金成本最低的方案来确定最优资本结构的方法。

【案例5.21】 长江公司需筹集100万元长期资本,可以用贷款、发行债券、发行普通股三种方式筹集,有关资料如表5.7所示。

表5.7 长江公司资本成本与资本结构数据表

筹资方式	资本结构			个别资本成本率
	A方案	B方案	C方案	
贷款	40%	30%	20%	6%
债券	10%	15%	20%	8%
普通股	50%	55%	60%	9%
合计	100%	100%	100%	

要求:利用比较资本成本法在三种方案中选择一种最优的方案。

解析:

首先,分别计算三个方案的综合资本成本K。

A方案:$K = 40\% \times 6\% + 10\% \times 8\% + 50\% \times 9\% = 7.70\%$

B方案:$K = 30\% \times 6\% + 15\% \times 8\% + 55\% \times 9\% = 7.95\%$

C方案:$K = 20\% \times 6\% + 20\% \times 8\% + 60\% \times 9\% = 8.20\%$

其次,根据企业筹资评价的其他标准,考虑企业的其他因素,对各个方案进行修正之后,再选择其中成本最低的方案。本例中,我们假设其他因素对方案选择的影响甚小,则A方案的综合资本成本最低,该公司的资本结构为贷款40万元,发行债券10万元,发行普通股50万元。

2. 每股利润无差别点法

每股利润无差别点法,又称息税前利润-每股收益分析法(EBIT-EPS分析法),是指通过分析资金结构与每股利润之间的关系,计算各种筹资方案的每股利润的无差别点,进而确定合理的资金结构的方法。这种方法确定的最优资本结构亦即每股利润的资金结构。

其基本计算公式是:

$$\frac{(\overline{EBIT}-I_1)(1-T)}{N_1}=\frac{(\overline{EBIT}-I_2)(1-T)}{N_2}$$

式中,$\overline{EBIT}$为息税前利润平衡点,即每股收益无差别点;I_1、I_2为两种筹资方式下的债务利息;N_1、N_2为两种筹资方式下普通股股数;T为所得税税率。

【案例5.22】 如果长江公司目前资本结构为:总资本1 000万元,其中债务资本400万元(年利息40万元);普通股资本600万元(600万股,面值1元,市价5元)。企业由于有一个较好的新投资项目,需要追加筹资300万元,有两种筹资方案:

甲方案:向银行取得长期借款300万元,利息率16%。

乙方案:增发普通股100万股,每股发行价3元。

根据财务人员测算,追加筹资后销售额可望达到1 200万元,变动成本率60%,固定成本为200万元,所得税率为20%,不考虑筹资费用因素。

要求:利用每股利润无差别点分析法选择一种最优的方案。

解析:

(1) 计算每股收益无差别点

设:$EPS_{长期借款}=EPS_{增发股票}$

根据上述数据,代入无差别点公式:

$$\frac{(\overline{EBIT}-40)\times(1-20\%)}{600+100}=\frac{(\overline{EBIT}-40-48)\times(1-20\%)}{600}$$

解方程得:$\overline{EBIT}=376$(万元)

(2) 计算两个方案处于每股收益无差别点时的每股收益

则:

$$EPS_{长期借款}=\frac{(376-40)\times(1-20\%)}{600+100}=0.384$$

$$EPS_{增发股票}=\frac{(376-40-48)\times(1-20\%)}{600}=0.384$$

当$\overline{EBIT}$为376万元是两个筹资方案的每股收益无差别点,在此点上,两个方案的每股收益相等,均为0.384元。

两种筹资方案的比较如图5.2所示。

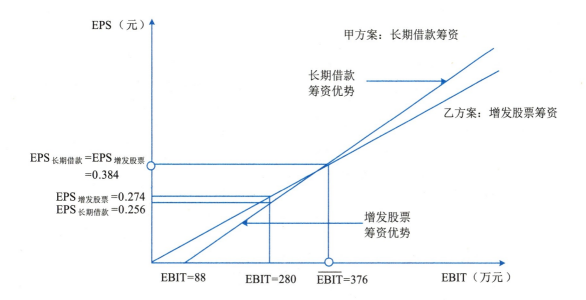

图 5.2　两种筹资方案的比较

(3) 追加投资后，EBIT=1 200−1 200×60%−200=280(万元)

由于企业预期追加筹资后销售额1 200万元，预期获利280万元，低于无差别点376万元，应当采用财务风险较小的乙方案，即增发普通股方案。

(4) 若追加筹资后销售额可望达到1 200万元，两种方案的每股收益分别为

$$EPS_{增发股票}=\frac{(280-40)\times(1-20\%)}{600+100}=0.274(元/股)$$

$$EPS_{长期借款}=\frac{(280-40-48)\times(1-20\%)}{600}=0.256(元/股)$$

根据前述项目情境，结合所学任务知识，完成下列任务。

1. 回答"任务导入"中的第三个问题。
2. 谈谈企业确定资本结构中如何考虑权益资金和债务资金的比重关系，如何优化企业的资本结构。

一、单项选择题

1. 下列属于负债筹资的特点是(　　)。
   A. 到期还本　　　　　　　　B. 财务风险小
   C. 具有永久性　　　　　　　D. 弹性小
2. 某公司的经营杠杆系数为1.8，财务杠杆系数为1.5，则该公司销售额每增长1倍，就会造成每股收益增加(　　)。

A. 1.2倍 B. 1.5倍
C. 0.3倍 D. 2.7倍

3. 某公司2×23年的销售额为5 000万元,变动成本1 800万元,固定经营成本1 400万元,利息费用50万元,没有优先股,预计2×24年销售增长率为20%,则2×24年的每股收益增长率为( )。

A. 32.5% B. 41.4% C. 39.2% D. 36.6%

4. 关于复合杠杆系数,下列说法正确的是( )。

A. 等于经营杠杆系数和财务杠杆系数之和
B. 该系数等于普通股每股收益变动率与息税前利润变动率之间的比率
C. 该系数反映产销量变动对普通股每股收益的影响
D. 复合杠杆系数越大,企业风险越小

5. 某公司固定经营成本为20万元,全部资本中公司债券占25%,则该企业( )。

A. 只存在经营杠杆 B. 只存在财务杠杆
C. 存在经营杠杆和财务杠杆 D. 经营杠杆和财务杠杆可以相互抵消

6. 如果公司一定期间内的固定生产成本和固定财务费用均不为零,则由上述因素共同作用而导致的杠杆效应属于( )。

A. 经营杠杆效应 B. 财务杠杆效应
C. 复合杠杆效应 D. 风险杠杆效应

7. 已知某公司目标资本结构中长期债务的比重为20%,债务资本的增加额在0~10 000元范围内,其利率维持5%不变。该企业与此相关的筹资总额分界点为( )元。

A. 5 000 B. 2 000 C. 50 000 D. 200 000

8. 下列各项中,运用普通股每股收益无差别点确定最佳资本结构时,需计算的指标是( )。

A. 息税前利润 B. 营业利润
C. 净利润 D. 利润总额

9. 比较资本成本法根据( )来确定资本结构。

A. 占比重大的个别资本成本的高低
B. 加权平均资本成本的高低
C. 各个别资本成本代数之和的高低
D. 负债资本各个别资本成本代数之和的高低

10. 根据风险收益对等观念,在一般情况下,各筹资方式资本成本由小到大依次为( )。

A. 银行借款、企业债券、普通股 B. 普通股、银行借款、企业债券
C. 企业债券、银行借款、普通股 D. 普通股、企业债券、银行借款

二、多项选择题

1. 债券的基本要素包括( )。

A. 债券面值 B. 债券票面利率
C. 债券期限 D. 债券价格

2. 融资租赁的常见形式有( )。

A. 直接租赁 B. 售后租赁

C. 杠杆租赁　　　　　　　　　　D. 经营租赁

3. 在我国,普通股的发行价格可以按照不同情况采取(　　)。
A. 面值发行　　　　　　　　　　B. 溢价发行
C. 折价发行　　　　　　　　　　D. 市价发行

4. 在事先确定企业资金规模的前提下,吸收一定比例的负债资金,可能产生的结果有(　　)。
A. 降低企业资金成本　　　　　　B. 降低企业财务风险
C. 加大企业财务风险　　　　　　D. 提高企业经营能力

5. 在长期个别资本成本中,具有抵税效应的筹资方式包括(　　)。
A. 普通股　　　　　　　　　　　B. 优先股
C. 银行借款　　　　　　　　　　D. 发行债券

6. 常用的资本结构决策方法有(　　)。
A. 比较综合资本成本法　　　　　B. 比较普通股每股利润法
C. 无差别点分析法　　　　　　　D. 综合杠杆系数法

7. 如果企业的资本来源全部为自有资本,且没有优先股存在,则企业财务杠杆系数(　　)。
A. 等于0　　　　　　　　　　　 B. 等于1
C. 大于1　　　　　　　　　　　 D. 小于1

8. 计算留存收益成本的方法包括(　　)。
A. 股利增长模型法(如果有股票筹资费用,则需要考虑)
B. 股利增长模型法(如果有股票筹资费用,不需要考虑)
C. 资本资产定价模型法
D. 风险溢价法

9. 影响企业综合平均资本成本的因素有(　　)。
A. 资本结构　　　　　　　　　　B. 个别资本成本高低
C. 筹资资本总额　　　　　　　　D. 筹资期限长短

10. 边际贡献可按如下公式计算(　　)。
A. 销售收入－变动成本
B. (销售单价－单位变动成本)×产销量
C. 单位边际贡献×产销量
D. 销售收入－变动成本－固定成本

三、判断题

1. 公司在筹资决策时应比较不同融资方式的成本和风险。　　　　　　　　(　　)
2. 当市场利率高于票面利率时,债券是溢价发行。　　　　　　　　　　　(　　)
3. 售后租回是一种涉及三方面关系人的租赁形式。　　　　　　　　　　　(　　)
4. 资金成本是投资方案的取舍率,也即最低收益率。　　　　　　　　　　(　　)
5. 筹资按照资金的来源渠道不同,分为权益筹资和负债筹资。　　　　　　(　　)
6. 资本成本包括筹资费用和用资费用两个部分,其中筹资费用是资本成本的主要内容。
(　　)

7. 当息税前利润小于每股收益无差别点利润时,采取负债融资对企业有利,这样可降低资金成本。( )

8. 当经营杠杆系数和财务杠杆系数都为1.5的时候,总杠杆系数为3。( )

9. 资本结构的变动不会引起资金总额的变动。( )

10. 在个别资本成本一定的情况下,企业综合资本成本的高低取决于资金总额。( )

技能训练

1. 某公司2×23年销售产品100万件,单价60元,单位变动成本40元。固定成本总额为1 000万元。公司负债500万元,年利息率为10%,同时每年须支付优先股股利12万元,所得税税率为25%。

要求:

(1) 计算2×23年边际贡献。

(2) 计算2×23年息税前利润总额。

(3) 计算该公司复合杠杆系数。

2. 某公司计划筹集资本100万元,所得税率为25%。有关资料如下:

(1) 向银行借款10万元,借款年利率7%,手续费2%。

(2) 按溢价发行债券,债券面值14万元,发行价格为15万元,票面利率9%,期限为5年,每年支付一次利息,其筹资费率为3%。

(3) 发行普通股65万元,每股发行价格10元,筹资费率为6%。预计第一年每股股利1.2元,以后每年按8%递增。

(4) 其余所需资本通过留成收益取得。

要求:

(1) 计算各筹资方式的成本;

(2) 计算加权平均资金成本。

3. 某公司原有资本700万元,其中债务资本200万元(每年负担利息24万元),普通股资本500万元(发行普通股10万股,每股面值50元)。由于扩大业务,需追加筹资300万元,假设没有筹资费用。其筹资方案有三个:

方案一:全部按面值发行普通股;增发6万股,每股发行价50元;

方案二:全部增加长期借款;借款利率仍为12%,利息36万元;

方案三:增发新股4万股,每股发行价47.5元;剩余部分用发行债券筹集,债券按10%溢价发行,票面利率为10%;公司的变动成本率为60%,固定成本为180万元,所得税税率为25%。

要求:使用每股收益无差别点法计算确定公司应当采用哪种筹资方式。

4. 某公司适用的所得税税率为25%。对于明年的预算有三种方案。

方案一:维持目前的经营和财务政策。预计销售50 000件,售价为200元/件,单位变动成本为120元,固定成本和费用为125万元。公司的资本结构为:500万元负债(利息率5%),普通股50万股。

方案二:更新设备并用负债筹资。预计更新设备需投资200万元,生产和销售量以及售价不会变化,但单位变动成本将降低至100元/件,固定成本将增加至120万元。借款筹资200万元,预计新增借款的利率为6%。

方案三:更新设备并用股权筹资。更新设备的情况与第二方案相同,不同的只是用发行新的普通股筹资。预计新股发行价为每股20元,需要发行10万股,以筹集200万元资金。

要求:
(1) 计算三个方案中的总杠杆系数。
(2) 根据上述结果分析:哪个方案的风险最大?
(3) 计算三个方案中,每股收益为零的销售量(万件)。
(4) 如果公司销售量下降至15 000件,第二个和第三个方案哪一个更好些?

5. 某公司拥有长期资金500万元,其中长期借款200万元,资金成本率为8%,普通股为300万元,资本成本率为13%。由于扩大经营规模的需要,拟筹集新的资金,经分析筹集新的资金后应维持现有的资金结构为最优,即长期借款占40%,普通股占60%,并测算出随着筹资的增加各种资本成本的变化。表5.8为随筹资款的增加各种成本的变化。表5.9为筹资突破点分析。

表5.8 随筹资款的增加各种成本的变化

资本种类	目标资本结构	新 筹 资 额	资本成本率
长期借款	40%	30万元以下	8%
		30万~80万元	9%
		80万元以上	10%
长期债券	60%	60万元以下	14%
		60万元以上	16%

表5.9 筹资突破点分析

序号	长期借款新筹资额	普通股新筹资额	新筹资额合计
1	30	45	75
2	40	60	100
3	80	120	200

要求:计算边际资本成本。

项目五延伸阅读

项目六　投　资　管　理

项目情境

年末,ABC公司管理部门召开了未来几年产销及证券投资会。会上,销售部门和财务部门负责人分别介绍了未来几年销售形势及经济走势,认为形势对公司发展非常有利,但为谨慎起见,与会部门负责人一致同意并决定采集相关数据,进行分析和决策。此任务被委派给财务部,由财务牵头,汇集生产和销售等部门成立工作组,并进行相应分工与协作。经过市场调查,收集到的相关数据资料如下:

资料一:销售方面,根据市场调查及测算,预计未来5年每年可以增加营业收入1 200万元,但为保证营业收入的增长,需投资2 100万元引进机器设备,建设期为1年,使用寿命为5年,预计净残值100万元,随着设备陈旧经营期第一年末维修费为5万元,以后每年递增1万元,另外经营期开始公司需垫支流动资产600万元,并于终结点一次收回,5年中每年付现成本为400万元(公司适用的所得税税率为25%)。

资料二:证券投资方面,根据证券市场相关信息,拟投资于以下三种证券:第一为甲公司发行的5年期债券1 000份,该债券每张面值100元,票面利率9%,每年付息一次,到期一次还本,债券购入时市场利率为10%,债券市场价格每份为90元;第二为乙公司发行的股票100份,公司要求达到10%的收益率,该公司今年的股利为2元/股,预计未来2年以20%的速度高速增长,而后以8%的速度转入正常增长,股票价格为每份115元;第三为某基金公司首次发行的开放式基金10 000份,收取的首次认购费率为基金资产净值的5%,购买时该基金资产账面价为5 000万元,市场价值为6 000万元,负债为2 000万元,基金总份数为20 000份,每份基金价格为2元。

根据以上数据资料,财务部门将对其进行专业、系统性的分析和总结,并将结果报请公司研究和审批。

任务导入

根据上述情境,假设您为财务部门相关负责人,请分析并回答如下问题。
1. 依据资料一,测算整个项目计算期(建设期和经营期)各年净现金流量。
2. 依据资料一,若已知各年净现金流量,分别计算相关的静态指标和动态指标体系,并运用这些指标评判项目投资的可行性。

3. 依据资料二,测算各种证券投资的内在价值,并判断各证券投资的可行性。

学习目标

本项目主要介绍项目投资各类相关指标及如何依据测算的指标体系进行合理的投资决策。通过对本项目的学习,应达到如下目标要求:

1. 知识目标:了解投资及项目投资概念和种类;理解现金流量的概念、分类和预测;熟悉项目投资决策的主要指标概念、计算和评价;了解证券的概念、种类;理解证券投资概念、种类及影响证券投资的因素;理解基金的概念、分类和基金投资的特点;熟悉债券、股票投资及基金投资决策主要指标计算及评价。

2. 技能目标:通过对现金流量的学习,掌握项目计算期和各阶段现金净流量的计算;通过对项目投资决策各指标体系的学习,掌握相关静态指标体系和动态指标体系的计算和评价,并能应用到项目投资决策;通过对债券、股票投资及基金投资决策主要指标的学习,提高资金时间价值和风险价值观念的应用能力,具备证券投资的分析和决策能力。

3. 素养目标:能客观、全面地对投资环境和相关数据进行采集、整理和评价;根据国家法规政策、企业客观实际和发展战略,将有限的资源适当集中或分配到内外投资项目上,降低风险,提高收益,提升资源的最优配置。

4. 思政目标:遵守法律法规和市场规则,服务于国家战略和区域发展,结合企业目标和实际,统筹风险和效益,优化投资方案,养成良好的投资理念和家国情怀,树立正确的财富观和价值观。

知识导图

本项目的知识导图如图6.1所示。

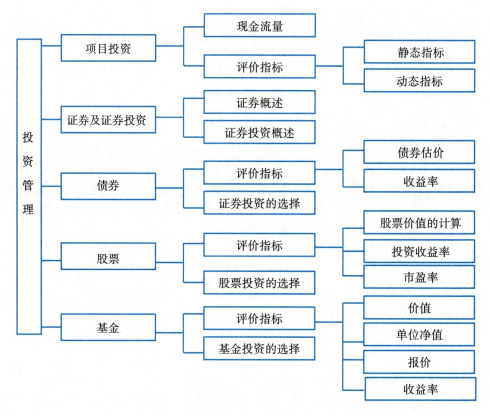

图6.1 知识导图

任务一 熟悉投资内涵,把握投资程序

一、投资的概念

企业为实现财务管理目标,就要不断提高价值并降低风险。为此,一方面通过更新和升级等维持再生产,另一方面通过新建和扩建等扩大再生产,同时为了提高收益、降低风险,还必须把资金投向多个行业领域,实现企业的多元化经营,而这些措施都要通过一系列的投资才能实现。

企业投资是指企业将资金投放于一定对象,以期在未来获取收益的一种财务活动。投资概念有广义和狭义之分,广义的投资包括企业内部的资金投放和使用以及对企业外部进行的资金投放;狭义的投资仅指企业对外投资。在市场经济条件下,企业能否把筹集到的资金投放到收益高、回收快、风险小的项目上去,对企业的生存和发展是十分重要的。

二、投资的意义

(一) 投资是企业生存与发展的基本前提

企业的生产经营,就是企业资产的运用和资产形态的转换过程。投资是一种资本性支出行为,通过投资支出,企业购建流动资产和长期资产,形成生产条件和生产能力。实际上,不论是新建一个企业,还是建造一条生产线,都属于一种投资行为。通过投资,确立企业的经营方向,配置企业的各类资产,并将它们有机地结合起来形成企业的综合生产经营能力。因此,投资决策的正确与否直接关系到企业的兴衰成败。

(二) 投资是获取利润的基本前提

企业投资的目的,是要通过预先垫付一定数量的货币或实物形态的资本,购建、配置、形成企业的各类资产,从事某类经营活动,获取未来的经济利益。企业通过投资形成了生产经营能力,才能开展具体的经营活动,获取经营利润。

(三) 投资是企业风险控制的重要手段

企业的经营面临着各种风险,不仅有来自市场竞争的风险、资金周转的风险,还有原材料涨价、成本费用提高等风险。投资是企业风险控制的重要手段,通过投资可以将资金投向企业生产经营的薄弱环节,使企业的生产经营能力配套、平衡、协调。通过投资可以实现多元化经营,将资金投放于相关程度较低的不同产品或不同行业,分散风险,降低资产的流动性风险、变现风险,增强资产的安全性。

三、投资的分类

为加强投资管理、分清投资性质和目的、提高投资效率和效益,需要按照不同的分类标准,对投资进行科学分类。

(一) 按投资的方向划分

按投资的方向不同,分为对内投资和对外投资。

1. 对内投资

对内投资是指把资金投放在企业内部,比如购置各种生产经营用资产和设备的项目性投资,其目的是保证企业生产经营活动的连续和规模的扩大。内部投资不仅数额大、投资面广,而且对企业的稳定与发展、未来盈利能力、长期偿债能力等都有着重大影响,是企业投资的主要内容。

2. 对外投资

对外投资是指企业在本身主要经营业务以外,以现金、实物、无形资产或以购买股票、债券等有价证券形式形成的投资,如证券投资。

(二)按投资方式划分

按投资方式不同,分为直接投资与间接投资。

1. 直接投资

直接投资是指企业将资金投放于生产经营性资产的投资,又称为项目投资。投资直接形成企业生产经营活动的能力,并为从事某种生产经营活动创造必要条件。它具有与生产经营紧密联系、投资回收期较长、变现速度慢、流动性差等特点。

2. 间接投资

间接投资又称为证券投资,是指以购买有价证券(如股票、债券)的方式将资金投放于金融资产的投资。投资并不直接形成生产经营活动的能力。随着我国金融市场的日益完善,企业的间接投资越来越广泛。它具有价值虚拟性、持有目的多元化、流动性强、风险性高和可分割等特点。

对内投资都是直接投资;对外投资主要是间接投资,也可能是直接投资。

(三)按投资回收期划分

按投资回收期不同,分为短期投资和长期投资。

1. 短期投资

短期投资是指企业能够并且也准备在一年内收回的投资,主要是指对货币资金、应收账款、存货、短期有价证券等流动资产方面的投资,投资金额和回收变现方面比较自由灵活。

2. 长期投资

长期投资是指一年以上才能收回的投资,主要是指对厂房、机器设备等固定资产的投资,也包括对无形资产和长期有价证券的投资。相对而言,长期投资回收期长、耗资多,因而变现能力差,长期投资的合理性,不仅影响到当期财务状况,而且对以后各期损益及经营状况都会产生重要影响。

(四)按产权关系划分

按产权关系不同,分为股权投资和债权投资。

1. 股权投资

股权投资是指以购买股票、合并、联营等方式向被投资企业进行的投资,形成被投资企业的资本金。投资企业是被投资企业的股东,拥有被投资企业股权。

2. 债权投资

债权投资是指以购买债券等方式向被投资企业进行的投资。投资企业是被投资企业的债权人,投资形成被投资企业的负债。

(五)按投资影响划分

按投资影响程度,分为战术性投资和战略性投资。

1. 战术性投资

战术性投资是指不涉及企业整个前途的投资,主要是为了充分利用闲置资金,增加企业收益。其特点是投入资金量较少,变现能力强,风险相对比较小。

2. 战略性投资

战略性投资是指对企业长远利益和全局利益有重大影响的投资。战略性投资可能出于控制或影响被投资企业目的或为实现多元化经营。其特点是所需资金一般较多,回收时间长,风险也比较大。

四、投资的程序

企业投资的程序主要包括以下步骤:

(一)选择投资领域和投资对象

这需要根据企业的资源储备、发展战略和投资环境等情况来确定。

(二)评价投资方案的可行性

分析和评价某个投资方案的经济可行性、技术可行性和财务可行性。

(三)投资方案的比较与选择

在可行性评价的基础上,对可供选择的多个投资方案进行比较和选择。

(四)投资方案的实施

对选定的即投资方案进行具体实施。

(五)投资方案的再评价

在实施的投资方案过程中,时刻关注原投资决策是否合理、正确,根据情况变化及时做出最新评价和调整。

任务实施

根据前述项目情境,结合所学任务知识,完成下列任务:
1. 本项目"项目情境"中的投资会议拟定的投资程序是否符合相关要求?
2. 谈谈企业投资的意义和相关程序。

任务二 理解项目投资现金流量,掌握项目投资决策

一、项目投资概述

(一)项目投资的概念

项目投资是指将资金投向企业内部,用于机器、设备和厂房等的购建与更新改造等生产性资产的投资。项目投资是企业开展正常生产经营活动的必要前提,也是提高产品质量和降低产品成本不可缺少的条件,更是增强市场竞争力和效益的重要手段,对企业的生存和发展具有重要意义。

(二)项目投资的类型

1. 按项目间的相互关系划分

按项目间的相互关系,分为独立投资、互斥投资和互补投资。

独立投资也称为非相关投资,是指投资项目是否被采纳,不受其他投资项目的显著影响,不会因其他项目的采纳与否而使收入与成本增减的投资。如在资金等资源充足的情况下,购置一辆运输汽车和建造一栋办公楼之间没有什么关系,也互不影响,这两个项目就是独立的,即风险收益是独立的。互斥投资也称互不相容投资,是指两个或两个以上相互排斥、彼此可以相互替代的投资,若一个投资项目被采纳,则其他投资项目则必须被放弃。如企业拟购置一辆运输汽车,有燃油汽车和电动汽车两种方案可供选择,但只能选择其一,这两个方案即为互斥的,互斥投资的风险收益虽然是独立的,但还取决于投资项目的正确选择。互补投资是指相互关联、相互配套的投资。如港口和码头、油田和油管都属于互补投资。互补投资的风险收益则与其配套项目间能否有效补充相关联。

2. 按扩大再生产的方式划分

按扩大再生产的方式,分为新建项目投资和更新改造项目投资。

新建项目投资是指以新增生产能力为目的的外延式扩大再生产投资,按其涉及内容又可分为单纯固定资产投资项目和完整工业投资项目。单纯固定资产投资项目是指只涉及固定资产投资而不涉及无形资产投资、其他长期资产投资和流动资产投资的项目,完整工业投资项目是指不仅包括固定资产投资,而且涉及流动资产投资,甚至包括无形资产等其他长期资产投资的项目。更新改造项目投资是指以恢复或改善生产能力为目的的内涵式扩大再生产投资,包括以恢复固定资产生产效率为目的的更新项目和以改善企业经营条件为目的的改造项目。

（三）项目计算期

项目计算期(n)是指投资项目从投资建设开始到最终清理结束的全部时间,包括建设期(s)和生产经营期(p)两部分,通常以年为单位,用n表示,如图6.2所示。建设期是从项目资金正式投入开始到建成并最终形成生产能力为止的时间间隔,建设期第一年初为建设起点,建设期最后一年末为投产日。经营期是从项目投产日到终结点的时间间隔,即生产、销售并获利的时间。项目计算期最后一年末称为终结点,一般假定项目最终报废或清理均发生在终结点(更新改造除外)。

图6.2 项目计算期

如图6.2所示,项目计算期、建设期、生产经营期之间存在以下关系:

$$n=s+p$$

（四）项目投资的资金构成

1. 原始总投资

原始投资即初始总投资,是指投资项目所需资金的总和,即企业为使项目完全达到设计生产能力、开展正常经营而一次或分次投入的全部资金,包括建设投资和流动资金投资两项内容。建设投资是指在建设期内按一定生产经营规模和建设内容进行的固定资产、无形资产和其他资产投资。流动资金投资是指项目投产前后一次或分次投放于流动资产项目的投资,又称垫支流动资金或营运资金投资。

2. 投资总额

投资总额是指投资项目最终占用资金的总和,等于原始投资与建设期资本化利息之和。该指标可以反映投资项目的总体规模。其中建设期资本化利息是指建设期发生的与购建项目所需的固定资产、无形资产等长期资产有关的借款利息。

项目投资计算公式为:

$$投资总额=原始总投资+建设期资本化利息$$

其中:

$$原始总投资=建设投资+流动资金投资$$

$$建设投资=固定资产投资+无形资产投资+其他资产投资$$

【案例6.1】 长江公司拟购建一项固定资产,需要在建设起点一次投入固定资产200万元,在建设期末投入专利权20万元。建设期为1年,建设期资本化利息10万元,全部计入固定资产原值。预计使用寿命10年,流动资产投资为30万元。

要求:根据上述资料计算该项目的项目计算期和项目总投资等有关指标。

解析:

（1）项目计算期$=1+10=11$(年)。

（2）固定资产投资$=200$(万元)。

(3) 建设投资＝200＋20＝220(万元)。
(4) 原始投资＝220＋30＝250(万元)。
(5) 项目总投资＝250＋10＝260(万元)。

二、项目投资现金流量

(一) 现金流量的概念

所谓现金流量(cash flow,CF),是指投资项目在计算期内因资金循环而引起的现金流入量、现金流出量和净流量。这里的"现金"是广义的,包括现金及现金等价物,比如现金、银行存款等各种货币资金,以及投资所需要的材料、设备、厂房和土地使用权等非货币资产变现价值。

在进行项目投资决策时,现金流量是计算项目投资决策评价指标的主要根据和关键的价值信息之一,因此首要环节就是估计投资项目的现金流量。现金流量以收付实现制为基础,不受存货计价、折旧摊销的影响,且排除了应收、应付等因素,考虑了货币时间价值,并排除了风险因素,所以在进行项目投资决策时,现金流量是首要且核心指标。

(二) 现金流量

1. 现金流入量

现金流入量(cash inflow,CI)是指现金流入的增加额或现金支出节约额,主要包括以下几方面。

(1) 营业收入

营业收入是指项目投产后每年实现的全部营业收入,即对项目经营期内有关产品的各年预计单价和预测销量进行估算,它是经营期主要的现金流入项目。

(2) 固定资产余值

固定资产余值是指投资项目的固定资产在终结报废清理时的残值收入,或在更新时原有固定资产的变价收入。

(3) 垫支的流动资金回收额

回收流动资金是指投资项目在终结点收回原来投放的流动资金额。

(4) 其他现金流入量

其他现金流入量是指以上三项以外的现金流入量。

2. 现金流出量

现金流出量(cash outflow,CO)是指现金流出的增加额,主要包括以下几方面。

(1) 建设投资(更新改造投资)

建设投资主要有固定资产投资(包括固定资产的购置成本或建造成本、运输成本和安装成本等)、无形资产投资和其他投资(包括与项目投资有关的职工培训费、谈判费、注册费等)。值得注意的是,建设期资本化利息计入固定资产原值,但不作为现金流出。

(2) 垫支的流动资金

垫支的流动资金是指投资项目建成投产后为开展正常经营活动而投放的现金、存货和应收账款等营运资金。

(3) 付现的经营成本

付现的经营成本是指在经营期内为满足正常生产经营而需用现金支付的成本。它是经营期内最主要的现金流出量,等于当年的总成本、费用扣除不需要动用货币资金的固定资产折旧额和无形资产摊销额等费用后的差额。

(4) 所得税额

所得税额是指增加的应纳所得税额。

(5) 其他现金流出量

其他现金流出量是指以上四项以外的现金流出量。

3. 现金净流量

现金净流量(net cash flow,NCF)是指在项目计算期内每年现金流入量与同年现金流出量的差额。

$$某年现金净流量＝该年现金流入量－该年现金流出量$$

(三) 现金流量假设

为了便于确定具体的现金流量,简化计算过程,假设如下。

1. 全投资假设

全投资假设是指在确定项目的现金流量时,只考虑全部投资,不论是自有资金还是借入资金都将其视为自有资金,借款利息只在计算固定资产原值和总投资时才考虑。

2. 建设期投入全部资金假设

建设期投入全部资金假设是指项目的原始投资不论是一次投入还是分次投入,均假设它们是在建设期内投入的。

3. 经营期与折旧年限一致的假设

经营期与折旧年限一致的假设是指投资项目的主要固定资产的折旧年限与其经营期相同。

4. 时点指标假设

时点指标假设是指现金流量的具体内容所涉及的价值指标,不论是时点指标还是时期指标,均假设按照年初或年末的时点处理。其中,建设投资在建设期内有关年度的年初发生;垫支的流动资金在建设期的最后一年末即经营期的第一年初发生;经营期内各年的营业收入、付现成本、折旧或摊销和所得税等项目的确认均在年末发生;项目最终报废或清理(中途出售项目除外)、回收流动资金均发生在经营期最后一年末。

(四) 现金流量预测

1. 初始现金净流量

初始现金净流量是指项目开始建设投资时每年发生的现金净流量,一般包括固定资产投资、无形资产投资、垫支流动资金等,一般只有流出,所以建设期的现金净流量总为负值。计算公式为:

$$建设期某年现金净流量＝－该年投资额$$

2. 经营期现金净流量

经营期现金净流量是指投资项目投入使用后,在其寿命周期内,由于生产经营所带来的现金流入和现金流出的数量。这里的现金流入主要是指营业现金流入和该年的回收额,而现金支出主要是指营业现金支出和缴纳的税金。计算公式为:

某年现金净流量＝该年营业收入－该年付现成本－所得税
　　　　　　＝净利润＋折旧(摊销)

3. 终结点现金净流量

终结点现金净流量是指投资项目完结时所发生的现金流量,主要包括固定资产的残值收入或变价收入、原垫支在各种流动资产上的流动资金回收等。计算公式为:

现金净流量＝终结点经营期现金净流量＋回收额(固定资产残值收入＋回收垫
　　　　　　支流动资金等)

【案例6.2】 长江公司有一项目投资总额为1 400万元,其中固定资产投资1 100万元,建设期为2年,在建设起点分两年平均投入。无形资产投资100万元,在建设起点投入。流动资金投资200万元,在投产开始垫付。该项目经营期为10年,固定资产按直线法计提折旧,期满有100万元净残值;无形资产在投产开始分5年平均摊销;流动资金在项目终结时可一次全部收回,另外,预计项目投产后,前5年每年可获得500万元的营业收入,并发生350万元的总成本;后5年每年可获得550万元的营业收入,发生350万付现成本(即不含折旧),假设不考虑所得税等其他因素。

要求:根据上述资料计算该项目各阶段现金流量。

解析:

(1) 建设期各年现金净流量

$$NCF_0 = -(1\,100 \div 2) - 100 = -650(万元)$$
$$NCF_1 = -(1\,100 \div 2) = -550(万元)$$
$$NCF_2 = -200 = -200(万元)$$

(2) 经营期各年现金净流量

固定资产各年折旧额＝(1 100－100)÷10＝100(万元)
无形资产各年摊销额＝100÷5＝20(万元)
$$NCF_{3\sim7} = 500 - (350 - 100 - 20) = 270(万元)$$
$$NCF_{8\sim11} = 550 - 350 + 100 = 300(万元)$$

(3) 终结点这一年现金净流量

$$NCF_{12} = 550 - 350 + 100 + 200 = 500(万元)$$

三、项目投资决策评价指标

(一) 静态指标

静态指标又称为非贴现指标,它是一种不考虑资金时间价值因素的指标,主要包括投资收益率和静态投资回收期等。

1. 投资收益率

投资收益率(profit ratio of investment,PRI)又称投资报酬率,是指投资项目生产经营期正常年度的年平均利润占原始投资总额的百分比。

投资收益率的评价项目投资的决策标准是：高于必要的投资收益率的方案才为可行方案；若同时存在数个可接受的投资方案，投资项目的投资收益率越高，方案越好。

投资收益率的计算公式为：

$$PRI = \frac{年平均利润}{原始投资额} \times 100\%$$

【案例6.3】 长江公司有A、B两个投资方案，投资总额均为100万元，全部用于购置新的设备，折旧均采用直线法，使用期均为5年，期末无残值，其他有关资料如表6.1所示。

表6.1 A、B两个投资方案的各年利润额

年 次	A方案利润（万元）	B方案利润（万元）
1	10	7
2	10	9
3	10	11
4	10	13
5	10	15
合计	50	55

要求：分别计算两个方案的投资收益率，并做出投资选择。

解析：

(1) A方案投资收益率 $= \dfrac{50 \div 5}{100} \times 100\% = 10\%$

(2) B方案投资收益率 $= \dfrac{55 \div 5}{100} \times 100\% = 11\%$

若必要的投资收益率为8%，两个方案都可行；若为互斥方案，因为B方案的投资收益率比A方案的投资收益率高出1%，所以应选择B方案。

采用投资收益率指标评价项目投资的优点是计算过程比较简单，便于理解，能够说明投资方案的年收益水平；其缺点在于一是没有考虑资金时间价值，二是无法直接利用现金净流量信息。

2. 投资回收期

投资回收期(payback period, PP)是指收回全部投资总额所需要的时间，即经营期现金净流量抵偿全部原始投资所需要的时间，它有"不包括建设期的投资回收期(PP′)"和"包括建设期的投资回收期(PP=PP′+S)"。

投资回收期一般以年为单位，是一个反指标，利用投资回收期指标的大小进行项目投资决策的标准是：要将方案的投资回收期与期望的投资回收期相比较，如果方案的投资回收期小于期望的投资回收期，则应接受投资方案，如果方案的投资回收期大于期望投资回收期，则应拒绝接受投资方案；若同时存在数个可接受的投资方案，则应选择投资回收期最短的方案，因为回收期越短，方案就越有利。

利用投资回收期评价投资方案，关键是计算投资回收期，它的计算可分为两种情况。

(1) 项目投产后，若营业期每年现金净流量相等，即 $NCF_1 = NCF_2 = \cdots = NCF_n$，计算公式为：

$$投资回收期 = \frac{投资总额}{年现金净流量}$$

即

$$PP = \frac{C}{NCF}$$

（2）项目投产后，若营业期每年现金净流量不等，则需计算逐年累计的现金净流量，然后用插入法计算投资回收期。计算公式为：

$$PP = (累计现金净流量第一次出现正值的年份 - 1) + \frac{|该年初尚未回收的投资|}{该年现金净流量}$$

【案例6.4】 长江公司有A、B两个投资方案，投资总额均为100万元，全部用于购置新的设备，使用期均为5年，营业期各年现金净流量如表6.2所示。

表6.2　A、B两方案营业期各年的现金净流量

年　次	现金净流量（万元）	
	A方案	B方案
0	−100	−100
1	40	32
2	40	36
3	40	40
4	40	44
5	40	48

要求：计算两个方案的静态投资回收期，并做出投资选择。

解析：

（1）由于A方案营业期各年的现金净流量相等，则投资回收期为：

A方案的投资回收期＝100÷40＝2.5（年）

如果期望的投资回收期为4年，则A方案可以接受。

（2）B方案营业期各年的现金净流量不相等，则需要计算逐年累计的现金净流量，然后用插入法计算出投资回收期，计算如表6.3所示。

表6.3　B方案投资回收期计算表

年　次	初始投资（万元）	各年现金净流量（万元）	累计现金净流量（万元）
0	−100		−100
1		32	−68
2		36	−32
3		40	8
4		44	52
5		48	100

根据表6.2,B方案的投资回收期应在2~3年,计算如下:

$$\text{B方案的投资回收期} = (3-1) + \frac{|-32|}{40} = 2.8(\text{年})$$

B方案的投资回收期也小于期望投资回收期4年,则B方案是可行的。

当A、B两个投资方案为互斥方案时,则应选择投资回收期短的A方案。

利用投资回收期评价和决策项目投资,易于计算,易于理解,能粗略反映一个投资项目的资金流动性;但它没有考虑回收期后的现金流量,也没有考虑资金的时间价值,不同时点的现金流量价值不同,不可简单相加,因此不能正确反映投资方式不同对项目的影响,容易造成急功近利。

(二)动态指标

由于静态指标(非贴现指标)未考虑资金时间价值,极易造成决策失误,因此在项目投资决策时,广泛运用动态指标。动态指标又称为贴现指标,它是一种考虑资金时间价值的指标,并考虑了项目周期内全部现金流量数据,因此,要比静态评价指标更全面、更科学。动态指标主要包括净现值、现值指数、内含报酬等。

1. 净现值

净现值(net present value, NPV)是指投资项目投产后,按设定的折现率,预期未来每年现金净流量的现值减去初始投资现值后的余额。

净现值方法是考虑资金时间价值评价投资项目的方法,也是现代财务管理评价投资项目最重要的基本指标之一。其计算公式为:

$$\text{NPV} = \sum_{t=0}^{n} \frac{\text{NCF}_t}{(1+i)^t} = \sum_{t=0}^{n} \text{NCF}_t \cdot (P/F, i, t)$$

式中,NPV为净现值,NCF_t为第t年的净现金流量,i为基准折现率(可以选用市场利率、期望报酬率或平均资本成本率等)。

若投资项目经营期每年现金净流量相等,且投资额于建设期起点(第一年初)一次性投入并于第一年末开始产生等额的现金净流量,即$\text{NCF}_1 = \text{NCF}_2 = \cdots = \text{NCF}_n$时,则

$$\text{NPV} = \text{NCF} \times (P/A, i, n) - C$$

式中,C为初始投资额。

在运用净现值评价项目投资方法时,对于单个项目投资决策,若NPV≥0,则接受该投资方案;若NPV<0,则应拒绝该投资方案,在决策多个可接受的方案时,净现值越大方案越优。

【案例6.5】 在"案例6.4"中,若基准折现率为10%。

要求:利用净现值法对A、B方案进行投资选择。

解析:

(1) A方案的净现值为:

$$\begin{aligned}\text{NPV}_A &= \text{NCF} \times (P/A, i, n) - 100 \\ &= 40 \times (P/A, 10\%, 5) - 100 \\ &= 40 \times 3.791 - 100 = 51.64(\text{万元})\end{aligned}$$

(2) B方案的净现值为:

$$\mathrm{NPV_B} = \sum_{t=0}^{n} \frac{\mathrm{NCF}_t}{(1+i)^t} - C$$
$$= [32 \times (P/F, 10\%, 1) + 36 \times (P/F, 10\%, 2) + 40 \times (P/F, 10\%, 3)$$
$$+ 44 \times (P/F, 10\%, 4) + 48 \times (P/F, 10\%, 5)] - 100$$
$$= (32 \times 0.909 + 36 \times 0.826 + 40 \times 0.751 + 44 \times 0.683 + 24 \times 0.621) - 100$$
$$= 48.72(万元)$$

通过以上计算可以看出，A、B两个方案的净现值均大于零，故都是可行的，但A方案的净现值51.64万元大于B方案的净现值48.72万元，因而应选择A方案。

净现值是一个贴现的绝对正指标，其优点在于评价项目投资时考虑了资金时间价值、整个项目计算期的现金净流量贴现率风险，能够更科学地反映各种投资方案的净收益，因而是一个较好的评价指标。但该指标缺点也很明显，其一是不能从动态角度直接反映投资项目可能达到的真实报酬率；其二是当投资额或项目计算期不同时，难以判断优劣；其三是各期现金流量和贴现率确定比较困难，且受主观因素影响很大。

2. 现值指数

现值指数(present value index,PVI)又称获利指数，是指按设定的折现率投资项目预期未来每年现金净流量的现值与初始投资现值的比率。

现值指数(PVI)也是常用的非贴现评价指标之一，计算公式为：

$$\mathrm{PVI} = \frac{\sum_{t=s+1}^{n} \frac{\mathrm{NCF}_t}{(1+i)^t}}{\sum_{t=0}^{s} \frac{\mathrm{NCF}_t}{(1+i)^t}}$$

如果初始投资(C)在项目开始时一次投入，公式也可表示为：

$$\mathrm{PVI} = \frac{\sum_{t=1}^{n} \frac{\mathrm{NCF}_t}{(1+i)^t}}{C}$$

式中，NCF_t为第t年的净现金流量，i为基准折现率，C为初始投资总额，s为建设期。

在运用现值指数评价项目投资方法时，对于单个方案，若PVI≥1，可以采纳，否则拒绝；对于多个可接受的方案决策时，净现值越大方案越优。

【案例6.6】 在"案例6.4"中，若基准折现率为10%。

要求：计算A、B方案的获利指数并做出投资选择。

解析：

(1) A方案获利指数为：

$$\mathrm{PI_A} = \frac{\mathrm{NCF} \times (P/A, i, n)}{C} = \frac{40 \times (P/A, 10\%, 5)}{100} = \frac{40 \times 3.791}{100} \approx 1.52$$

(2) B方案获利指数为：

$$\mathrm{PI_B} = \frac{\sum_{t=0}^{n} \frac{\mathrm{NCF}_t}{(1+i)^t}}{C} = [32 \times (P/F, 10\%, 1) + 36 \times (P/F, 10\%, 2) + 40 \times (P/F, 10\%, 3)$$
$$+ 44 \times (P/F, 10\%, 4) + 48 \times (P/F, 10\%, 5)] \div 100$$
$$= 148.72 \div 100 \approx 1.49$$

通过以上计算可以看出,A、B两方案的获利指数均大于1,投资方案可行;A方案的获利指数大于B方案,A方案更优。

现值指数也是一个贴现的绝对正指标,优点是该指标考虑了资金时间价值,能够能从动态角度直接反映投入和产出的关系,有利于在初始投资额不同的投资项目方案之间对比;其缺点是无法直接反映项目的真实报酬率,贴现率确定比较困难,且受主观因素影响很大。

3. 内含报酬率

内含报酬率(internal rate of return,IRR)又称为内部收益率,是指当投资项目在项目计算期内预期未来每年现金净流量的现值与初始投资现值相等时的贴现率,也就是使得项目投资净现值为0时的贴现率。即计算出来的内含报酬率要满足下列等式:

$$\sum_{t=0}^{n}\frac{NCF_t}{(1+IRR)^t}=0$$

式中,IRR为内部收益率。

根据上述公式在运用内部收益率法进行决策时,单个项目选择与否,需与设置的基准贴现率(折现率i)比较,若IRR≥i,则方案可行,若IRR<i,则方案不可行;面对多个可接受的方案在进行决策时,应选择内部收益率高的方案。

由于实际计算的复杂性,仅按满足上述等式的关系直接推导内部收益率是很难做到的。一般来说分为两种情况。

① 如果建设期为零,经营期各年的现金净流量相等,则计算步骤如下:

第一步,计算年金现值系数:

$$年金现值系数(P/A,IRR,n)=\frac{初始投资额}{经营期年现金净流量}$$

第二步,查年金现值系数表,在相同的期数内,找出与上述年金现值系数相等的贴现率;若找不出,则找出与上述年金现值系数最为相邻的两个贴现率,用最为相邻的两个贴现率和已知的年金现值系数,采用插值法即可计算出内含报酬率。

【案例6.7】 长江公司有一项投资,建设起点一次投入254 580元,当年投产,经营期15年,每年的净现金流量均是50 000元,资金成本率为10%。

要求:计算该项目的内部收益率。

解析:

$$年金现值系数(P/A,i,n)=\frac{254\ 580}{50\ 000}=5.091\ 6$$

查年金现值系数表可知:$(P/A,18\%,15)=5.091\ 6$,对应的内含报酬率IRR=18%,内部收益率18%大于资金成本率10%,该方案是可行的。

若建设起点一次性投资额为250 000元,则

$$年金现值系数(P/A,i,n)=\frac{250\ 000}{50\ 000}=5.0$$

此时查年金现值系数表,找不出对应的利率,使得年金现值系数$(P/A,i,15)=5.0$,那么只能且必须找出与上述年金现值系数最为相邻的两个贴现率,即当折现率为18%时,对应的年金现值系数为5.092,折现率$i=19\%$,时,年金现值系数为4.876,再利用插值法计算如下:

利率 i		年金现值系数		
18%	$x\%$	5.092	-0.092	
IRR	1%	5.0		-0.216
19%		4.876		

所以,IRR$=18\%+\dfrac{-0.092}{-0.216}=18.43\%$。

同样,内部收益率 18.43% 大于资金成本率去 10%,该方案也是可行的。

② 如果每年的现金净流量不等(建设期不为零,分次投资或经营期各年现金净流量不相等),则需要采用逐次测试法计算。其计算步骤如下:

第一步,先估计一个贴现率,用它来计算净现值。如果净现值等于零,该贴现率即为内含报酬率;如果净现值为正数,说明方案的实际内部收益率大于预计的贴现率,应提高贴现率并进一步测试;如果净现值为负数,说明方案本身的报酬率小于估计的贴现率,应降低贴现率再进行测算。如此反复测试,寻找出使净现值由正到负或由负到正且接近于零的两个贴现率。

第二步,根据上述相邻的两个贴现率用插值法求出该方案的内部收益率。

【案例6.8】 长江公司有一个投资方案,投资额为 30 万元,投产后可使用 5 年,未来 6 年的现金净流量分别为 8 万元、8 万元、9 万元、9 万元、10 和 11 万元。

要求:计算该投资项目的内部收益率。

解析:

第一步,先估计 IRR=20%,查复利现值系数表,计算 NPV:

$$\begin{aligned}\text{NPV}&=8\times(P/F,20\%,1)+8\times(P/F,20\%,2)+9\times(P/F,20\%,3)\\&\quad+9\times(P/F,20\%,4)+10\times(P/F,20\%,5)+11\times(P/F,20\%,5)-30\\&=-0.526\ 5(\text{万元})\end{aligned}$$

NPV<0,表示 IRR 估计大了,应下调。

第二步,再估计 IRR=16%,计算 NPV。

$$\begin{aligned}\text{NPV}&=8\times(P/F,16\%,1)+8\times(P/F,16\%,2)+9\times(P/F,16\%,3)\\&\quad+9\times(P/F,16\%,4)+10\times(P/F,16\%,5)+11\times(P/F,16\%,5)-30\\&=2.855\ 8(\text{万元})\end{aligned}$$

NPV>0,且值较大,表示 IRR 估计有些小了,为了结果更为准确,理应稍微提高测试的利率,假设估计 IRR=18%。

第三步,再根据再次估计的 IRR=18%,计算 NPV。

$$\begin{aligned}\text{NPV}&=8\times(P/F,18\%,1)+8\times(P/F,18\%,2)+9\times(P/F,18\%,3)\\&\quad+9\times(P/F,18\%,4)+10\times(P/F,18\%,5)+11\times(P/F,18\%,5)-30\\&=1.090\ 6(\text{万元})\end{aligned}$$

根据上述反复测试情况来看,则投资方案的内含报酬率介于 18% 与 20%,最后用插值法计算如下:

```
         利率i              净现值
    18%  ⎫        1.090 6  ⎫
         ⎬ x%  2%    0     ⎬ -1.090 6 ⎫
    IRR  ⎭       -0.526 5  ⎭          ⎬ -1.617 1
    20%                               ⎭
```

于是，IRR＝18％＋$\frac{-1.090\ 6}{-1.617\ 1}$×2％＝19.35％。

内部收益率既考虑了资金时间价值，又能从动态角度反映投资项目的真实报酬率，且不受设定的贴现率高低影响，比较客观。但这种方法的计算过程较为复杂，特别是每年现金净流量不等的投资项目，一般需要经过多次测试才能计算得出。

根据前述项目情境，结合所学任务知识，完成下列任务：
1. 完成"任务导入"中的第一个、第二个任务。
2. 谈谈项目投资各静态指标和各动态指标决策标准、优缺点及相互关系。

任务三　熟悉证券投资种类，掌握证券投资决策

一、证券及证券投资概述

（一）证券概述

1. 证券的概念

证券是指具有一定票面金额，用以证明或设定权利所做成的书面信用凭证，它表明证券持有人或第三者有权取得该证券所拥有的特定权益，如财产所有权或债权，包括股票、债券、基金及其衍生工具。

2. 证券的分类

（1）按证券体现的权益关系划分

按证券体现的权益关系不同，可分为所有权证券、信托投资证券和债权证券。

所有权证券是一种既不定期支付利息，也无固定偿还日期的证券，它代表着投资者在被投资企业所占权益的份额，股票是典型的所有权证券。信托投资证券是由公众投资者共同筹集、委托专门的证券投资机构投资于各种证券，以获取收益的股份或收益凭证，如投资基金。债权证券是一种必须定期支付利息，并按期偿还本金的证券，各种债券如国库券、企业债券、金融债券都是债权证券。一般来说，所有权证券的投资风险最大，信托投资证券的风

险次之,债权证券风险最小。

(2) 按证券的收益状况是否稳定划分

按证券的收益状况是否稳定,可以分为固定收益证券和变动收益证券。

固定收益证券是指证券票面上规定了固定收益率,投资者可定期获得稳定收益的证券,如优先股股票、债券等。变动收益证券是指证券票面无固定收益率,其收益情况随企业经营状况而变动的证券,如普通股股票。一般而言,变动收益证券风险大,但投资报酬也相对较高;固定收益证券风险低,则投资报酬也相对较低。

(3) 按证券发行主体划分

按证券发行主体不同可分为政府证券、金融证券和公司证券。

政府证券是指中央或地方政府为筹集资金而发行的证券,如国库券等。金融证券是指银行或其他金融机构为筹集资金而发行的证券。公司证券又称企业证券,是一般工商等企业为筹集资金而发行的证券。政府证券与金融证券的主要优点是风险小、流动性强;而公司证券的风险与收益相对要高些,尤其是公司股票的风险与收益一般要高于政府证券与金融证券。

(二) 证券投资概述

1. 证券投资的概念

证券投资是指投资者将资金投资于股票、债券、基金及衍生证券等资产,从而获取收益的一种投资行为。企业在发展阶段为了保持资产的保值增值、变现流动性、分散风险甚至控制某个企业的需要,往往会把充裕的资金或相关资产投放于证券市场,这就形成了证券投资,证券投资是企业投资的重要组成部分。

2. 证券投资的种类

(1) 按证券投资风险划分

按证券投资风险的大小可以分为无风险、低风险和高风险证券投资。

无风险证券一般是指短期国库券,因为其期限短,违约风险小,所以一般认为是无风险的;低风险证券一般是指金融证券和企业财务状况较好、前景较乐观的企业证券;高风险证券一般是指财务状况不佳或未来发展趋势不明朗的企业证券或投机性的股票。

(2) 按证券持有期限划分

按证券持有期限长短分为长期证券投资和短期证券投资。

持有期在一年以上的为长期证券投资,持有期在一年以下的为短期证券投资。如购买股票、债券,若转让或收回的期限超过一年,则属于长期证券投资,否则就属于短期证券投资。短期证券投入的资金少,风险较小,易于变现,一般归于流动资产管理;长期证券投资一般投入金额较大、回收期长、风险大,应作为非流动资产管理。

(3) 按投资的对象划分

按投资的对象不同可以分为股票投资、债券投资、基金投资和证券组合投资。

股票投资是指投资者将资金投向股票,通过股票的买卖和收取股利以获得收益的投资行为。企业将资金投向于其他企业发行的股票,承担的风险较大,但收益通常也会较高。

债券投资是指投资者购买债券以取得资金收益的一种投资活动。例如,企业购买国库券、企业债券和短期筹资权等。与股票投资相比,债券投资能获得稳定收益,投资风险较低,相应的收益也较低。

基金投资是指投资者通过购买投资基金股份或受益凭证来获取收益的投资方式。这种方式可使投资者享受专家服务,有利于分散风险,获得较大的投资收益。

证券组合投资是指企业将资金投资于多种证券,例如,企业既投资了企业债券,又投资了公司股票,还投资了基金。组合投资可以有效地分散投资风险,增加收益,是较为常用的投资方式。

二、债券投资

(一) 债券概述

1. 债券的概念

债券是为筹措资金而向债券投资者出具的、承诺按一定利率定期支付利息,并到期偿还本金的债权债务凭证。债券的发行人是债务人,投资于债券的人是债权人。

公司债券是由企业或公司发行的有价证券,是企业或公司为筹措资金而公开负担的一种债务契约,表明借款后,有义务偿还其所借金额的一种期票。发行债券是现代企业主要筹资方式之一。

2. 债券的基本要素

(1) 债券的面值

债券的面值是指设定的票面金额,代表发行人借入并承诺在未来某一特定日期偿付给债券持有人的金额,即债券到期值。

(2) 债券的期限

债券到期日是指偿还债券本金的日期。债券从发行之日起至到期日之间的时间间隔称为债券的期限。在债券期限内,企业必须定期或到期一次性支付所计的利息,到期时,必须偿还本金,当然也可以按规定分批偿还或提前一次偿还。

(3) 债券的票面利率

债券的票面利率是指债券发行者预计一年内向投资者支付的利息占票面金额的比例。债券面值乘以票面利率等于每年的债券利息。此外,也有的债券票面利率为零,债券持有期间不计利息,到期只按面值偿还即可。

(4) 债券的价格

债券价格是债券发行时使用的价格,即投资者购买债券时所支付的价格。从理论上看,债券的面值就是其价格,但由于受资金供求关系、市场利率等因素的变化,债券的价格往往偏离面值,使得债券按平价、溢价和折价三种情况发行。

(二) 债券投资决策评价指标

1. 债券的估价

债券估价要求计算债券的价值。债券的价值又称债券的内在价值,是发行人按照合同规定从现在至债券到期日所获得的现金流入量(利息和本金)的现值。在债券投资决策时,当债券的价值大于购买价格时,才值得购买。下面根据具体债券类型分别介绍。

项目六 投资管理

(1) 债券估价的基本模型

典型债券是指票面固定利率,每年计算并支付利息(单利),到期一次归还本金的债券。这种情况下债券价值计算的基本模型是:

$$V=\sum_{t=1}^{n}\frac{M\times j}{(1+k)^{t}}+\frac{M}{(1+k)^{n}}=M\times i\times(P/A,k,n)+M\times(P/F,k,n)$$

式中,M 为债券面值,i 为债券票面利率,k 为市场利率或投资者要求的必要收益率,n 为债券期限,V 为债券价值。

【案例6.9】 长江公司欲购入每张面值100元、票面利率10%、每年付息一次、到期一次还本的甲公司发行的5年期债券,债券购入时市场利率为12%,债券市场价格每张为90元。

要求:确定长江公司是否可以进行此项投资。

解析:

$$V=100\times10\%\times(P/A,12\%,5)+100\times(P/F,12\%,5)$$
$$=10\times3.6048+100\times0.5674$$
$$=92.79(元)$$

通过上述计算,表明其价值大于价格,可以投资购买。

(2) 到期一次还本付息、单利计息的债券估价模型

$$V=\frac{M\times i\times n+M}{(1+k)^{n}}=(M\times i\times n+M)\times(P/F,k,n)$$

【案例6.10】 长江公司拟购买乙公司发行的利随本清的企业债券,该债券每张面值100元、期限5年、票面利率10%、单利计息,假设当前市场利率为8%。

要求:计算乙公司债券的发行价格为多少时才适宜购买?

解析:

$$V=\frac{100\times10\%\times5+100}{(1+8\%)^{5}}=(50+100)\times(P/F,8\%,5)=102.09(元)$$

通过上述计算,债券的价格不高于102.09元时,才适宜购买。

(3) 零票面利率(零息)债券估价模型

零息债券又称贴息债券,是指以折现的方式发行的,只有面值,没有票面利率,到期按面值偿还的债券。这些债券的价值模型为:

$$V=\frac{M_{n}}{(1+k)^{n}}=M\times(P/F,k,n)$$

【案例6.11】 长江公司欲购买某公司发行的债券,每张面值为1 000元,期限5年,以折现方式发行,期内不计利息,到期按面值偿还。假设市场利率为6%。

要求:计算其价格为多少时,长江公司才可以购买?

解析:

$$P=1\,000\times(P/F,6\%,5)=1\,000\times0.7473=747.3(元)$$

只有当该债券的价格低于747.3元时,公司才可以购买。

2. 债券收益率

债券的收益主要包括两个方面的内容:一是债券的利息收入,这是在企业债券发行时就决定的。二是资本损益,指债券卖出价与买入价(偿还额)之间的差额。债券的收益水平通

常用收益率来衡量。由于债券的买卖价受市场利率和供求关系等因素的影响,资本损益很难在投资前作准确预测。债券的收益率是指以特定的价格购买债券并持有至到期日所能获得的收益率。债券投资收益率高于投资人要求的必要报酬率,则可以投资购进;否则,就应该放弃此项投资。

(1) 票面收益率

票面收益率又称名义收益率,是印制在票面上的固定利率,通常是指债券的年利息收入与债券面值的比率。

(2) 本期收益率

本期收益率又称直接收益率或当前收益率,指债券的年利息收入与买入债券的实际价格之间的比率。计算公式为:

$$本期收益率 = \frac{债券年利息}{债券买入价格} \times 100\%$$

本期收益率只能反映购买债券的实际成本所带来的收益情况,但不能反映债券的资本损益情况。

(3) 持有期间收益率

债券持有期间的收益率是指债券持有人从购入债券至尚未到期前售出债券的收益率。它能综合反映债券持有期间的利息收入情况和资本损益水平。债券持有期或债券到期清偿之间的期间通常以"年"为单位表示(持有期的实际天数除以360)。根据债券持有期限的长短和计息方式不同,债券收益率的计算公式也不相同。

如果持有时间不超过一年,直接按债券持有期间的收益除以买入价计算持有期的收益率。

$$持有期间的收益率 = \frac{债券持有期间利息收入 + (卖出价 - 买入价)}{债券买入价} \times 100\%$$

其中,

$$持有期间年均收益率 = \frac{持有期间收益率}{持有年限}$$

$$持有年限 = \frac{实际持有天数}{360}$$

【案例6.12】 长江公司于2×23年1月1日以960元的价格购买面值为1 000元的债券,年票面利率为10%,每半年计算并付息一次,期限5年,当年7月1日收到半年利息500元,9月30日以990元的价格卖出。

要求:计算该债券持有期间的收益率和持有期间年均收益率。

解析:

持有期间收益率 $= \dfrac{1000 \times 10\%/2 + (990 - 960)}{960} \times 100\% = 5.52\%$

持有期间年均收益率 $= 5.52\% \times 12/9 = 7.36\%$

如果持有期间超过一年,每年付息一次,到期一次还本的债券收益率的计算公式为:

$$V = I \times (P/A, k, n) + F \times (P/F, k, n)$$

式中,V 为债券的购买价,I 为每年获取的固定利息,F 为债券到期收回的本金或中途出售收回的现金，k 为债券投资的收益率，n 为投资期限。

【案例6.13】 长江公司于2×23年7月1日以924.28元购买一张面值1 000元、票面利率8%、每年4月1日支付一次利息、2×28年7月1日到期的5年期债券。

要求：计算长江公司购买的债券投资收益率。

解析：

$$924.28 = 1\,000 \times 8\% \times (P/A, i, 5) + 1\,000 \times (P/F, i, 5)$$

对于这种情形，只能采用逐步测试法求得：

(1) 先按9%折现：

$$1\,000 \times 8\% \times (P/A, 9\%, 5) + 1\,000 \times (P/F, 9\%, 5)$$
$$= 80 \times 3.890 + 1\,000 \times 0.650$$
$$= 961.2(元)$$

(2) 由于961.2＞924.28，所以收益率应大于9%，此时再将收益率提高到10%折现：

$$1\,000 \times 8\% \times (P/A, 10\%, 5) + 1\,000 \times (P/F, 10\%, 5)$$
$$= 80 \times 3.791 + 1\,000 \times 0.621$$
$$= 924.28(元)$$

由于计算结果正好等于购买价格，因此公司债券的收益率为10%，可见，如果买价和面值不等时，则收益率和票面利率不同。

(三) 债券投资的选择

证券市场上发行和流通的债券品种非常多，发行单位效益和信誉不同，质量也就良莠不齐，因此投资者在考虑影响证券投资决策的主要因素同时，还要比较债券投资与其他证券投资的优缺点，再重点研究单个债券及其组合的价值和风险，从而做出正确的投资选择。

1. 比较债券投资的优缺点，从而做出合理选择

(1) 债券投资优点

① 本金安全性高。与股票投资相比，债券投资的风险较小，企业的债权一般有到期日，债券持有者到期可以收回本金，当企业破产时，债券持有者有优先求偿权。

② 投资收益稳定。债券一般都有固定不变利息，发行人有按时支付利息的法定义务，不像股利，是否支付及多少都不固定。

③ 市场流动性较强。我国发行的债券一般都可以在市场上流通，出售较为迅速，交易比较方便。

(2) 债券投资的缺点

① 购买力风险较大。因为债券的面值及票面利率在发行时已经确定，若持有期间内通货膨胀率比较高，则本金及利息的购买力将不同程度地受到损失，在通货膨胀率比较高时，投资者虽然名义上有收益，但实际上可能遭受损失。

② 无经营管理权。债券投资者只是定期获得利息和到期收回本金，无权参与债券发行单位的经营管理，更谈不上对生产经营决策施加影响或控制。

2. 测算好决策的评价指标并进行比较

一般来说，在同样信用等级和同样投资期限的情况下，价值或收益率越高越具有投资价值。

3. 关注债券发行单位资信情况的调查与评价，计算并充分考虑各种风险

投资者在购买债券前应关注由专门的证券评估机构对债券发行单位的资信情况所开展的调查、评价。债券的资信级别是一个最综合和客观的评价指标，直接反映了该发行单位的经济实力、支付能力、盈利能力和偿债能力及在一贯的经营活动中履行信用的程度。资信级别高的单位发行的债券，其投资风险小，如国债；反之，投资风险较大，如企业债券。

对于风险，一方面应根据前述风险价值理论定量计算其债权投资风险，另一方面还要从定性角度考虑债券违约风险、市场利率变动风险、流动性风险、通货膨胀风险、汇率风险和期限性风险等。在债券价值等其他条件都相同的情况下，选择风险小的债券进行投资。

三、股票投资

（一）股票概述

1. 股票的概念

股票是股份公司为筹集主权资金而依法发行的有价证券，是用以证明投资者的股东身份、股东权益及其义务，并据以获得股利的一种可以转让的凭证。

2. 股票的价格

股票本身仅是一种凭证，没有价值。但是因为它能给持有者带来预期收益，所以有价格，可以买卖。股票交易价格具有事先的不确定性和市场性等特点，可能等于或大于其面值，称为平价或溢价发行。

3. 股利

股利是企业税后利润分配给股东的一部分，是企业对股东的回报，它是股东所有权在分配上的体现。

4. 股票的价值

投资于股票预期获得未来现金流量的现值，即为股票的价值或内在价值、理论价值。股份公司的净利润是决定股票价值的基础。股票给股东带来的未来收益一般是以股利的形式出现的，因此也可以说股利决定了股票的价值。

（二）股票投资决策评价指标

1. 股票价值的计算

投资于股票预期获得的未来现金流量的现值，即为股票的价值或内在价值、理论价格。股票是一种权利凭证，它之所以有价值，是因为它能给持有者带来未来的收益，这种未来的收益包括各期获得的股利、转让股票获得的价差收益、股份公司的清算收益等。价格小于内在价值的股票，是值得投资者投资购买的。股份公司的净利润是决定股票价值的基础。股票给持有者带来的未来的收益一般是以股利形式出现的，因此可以通过股利计算确定股票价值。

（1）股票价值计算的基本模型

如果股东购入股票，持有一段时间后并转让，股东收益来自于股利和到时转让的价格。其发生的现金流入的现值就是股票的价值：

$$V=\frac{D_1}{(1+k)^1}+\frac{D_2}{(1+k)^2}+\cdots+\frac{D_n}{(1+k)}+\frac{F}{(1+k)^n}=\sum_{t=1}^{n}\frac{D_t}{(1+k)^t}+\frac{F}{(1+k)^n}$$

式中,V为股票内在价值,D_n为n年的股利,k为投资者要求的必要收益率,n为年份,F为预计股票到期出售的价格。

【案例6.14】 长江公司打算购入某种股票,准备持有3年,预期的必要收益率为12%,持有期终了时每股市价预计为36元,预计该股票3年后得的股利分别为4元、4.5元和5元。

要求:对该股票进行估价,并根据股票的现实价格做出投资决策。

解析:

$V = 4\times(P/F,12\%,1)+4.5\times(P/F,12\%,2)+5\times(P/F,12\%,3)+36\times(P/F,12\%,3)$
$= 4\times0.892\,9+4.5\times0.797\,2+5\times0.711\,8+36\times0.711\,8$
$= 36.34(元)$

当股票的市价等于或低于36.34元时,其收益率等于或超过12%,可以投资;高于36.34元时,不适宜购买该支股票。

(2) 股利零增长、长期持有的股票价值计算模型

如果股票发行公司未来发放给股东股利是不变的,即预期股利增长为零,其支付过程是一个永续年金,则股票价值为:

$$V=\frac{D}{k}$$

(3) 股利固定增长、长期持有的股票价值计算模型

如果投资者长期持有某种股票,股票发行公司采取固定增长股利政策,则各年股利是一组无限等比数列。其股票价值计算模型一般为:

$$V=\sum_{t=1}^{\infty}\frac{D_0(1+g)^t}{(1+k)^t}$$

当g为常数时,并且$k>g$时,上式可简化为:

$$V=\frac{D_0(1+g)}{k-g}=\frac{D_1}{k-g}$$

式中,V为股票内在价值,D_0为上年已经发放的股利,k为收益率,g为今后每年股利预计增长率。

【案例6.15】 长江公司拟购买某公司发行的股利固定增长,必要收益率为10%,预计股利年增长率为8%,今年的股利为2元/股。

要求:计算该股票价格为多少元时长江公司才可以投资。

解析:

$$V=\frac{2\times(1+8\%)}{10\%-8\%}=108(元)$$

当股价等于或低于108元时,长江公司才可以购买此股票。

(4) 股利非固定增长股票的价值计算模型

在实际生活中,公司的股利并不是固定不变的。有些公司在一段时间里股利高速增长,而在另一段时间里又转为正常固定增长或固定不变,在这种情况下,就要分段计算加总,才能确定股票的价值,则股票价值为:

$$V = 高速增长阶段现值 + 固定增长阶段现值 + 固定不变阶段现值$$

【案例6.16】 长江公司准备购买东方电子的股票,要求达到10%的收益率,该公司今年的股利为0.8元/股,预计东方电子未来3年以15%的速度高速增长,而后以8%的速度转入正常增长。

要求:计算该股票价格为多少元时公司才可以投资。

解析:

(1) 首先,计算非正常增长期的股利现值,如表6.4所示。

表6.4 非正常增长期的股利现值

年 份	股 利	现值系数	现 值
1	0.8×(1+15%)=0.92	0.909 1	0.836 4
2	0.836 4×(1+15%)=0.961 9	0.826 4	0.794 9
3	0.794 9×(1+15%)=0.914 1	0.751 3	0.686 8
合计			2.318 1

(2) 计算正常成长期股利在第三年末的现值:

$$V_3 = \frac{0.914\,1 \times (1+8\%)}{10\% - 8\%} = 49.361\,4(元)$$

(3) 计算该股票的价值:

$$V = 2.318\,1 + 49.361\,4 \times 0.751\,3 = 39.40(元)$$

当股价等于或低于39.40元时,长江公司才可以购买此股票。

2. 股票投资收益率的计算

股票的投资收益率是指在股票投资未来现金流入量总现值等于目前购买价格时的贴现率。这里所说的未来现金流入量包括股利收入和出售股票时的价格。股票的内部收益率高于投资者要求的最低报酬率,投资者才愿意购买股票。

(1) 短期股票投资收益率

如果购入股票在一年内出售,其投资收益主要包括股票资本利得和股利两部分,不考虑货币时间价值,其收益率计算公式如下:

$$K = \frac{F - P + D}{P} \times 100\%$$

式中,K为股票短期收益率,F为股票出售价格,P为股票购买价格,D为股利。

(2) 股利零增长、长期持有的股票收益率

根据固定成长股票股价模型

$$V = \frac{D_1}{K}$$

进行整理得:

$$K = \frac{D_1}{K}$$

(3) 股利固定增长、长期持有的股票收益率

根据固定股利增长模型:

$$V=\frac{D_0(1+g)}{K-g}=\frac{D_1}{K-g}$$

进行整理可得：

$$K=\frac{D_1}{V}+g$$

（4）一般情况下长期持有的股票投资收益率

根据股票基本模型可以得到：

$$P=\frac{D_1}{(1+K)^1}+\frac{D_2}{(1+K)^2}+\cdots+\frac{D_n}{(1+K)^n}+\frac{F}{(1+K)^n}=\sum_{t=1}^{n}\frac{D_t}{(1+K)^t}+\frac{F}{(1+K)^n}$$

式中，P 为股票购买价格，其余同前。

根据上述公式和已知条件，采取逐步测试并结合插值法计算出上式中的 k 即为收益率。

【案例6.17】 长江公司于2×20年5月1日投资510万元，购买某种股票100万股。在2×21年、2×22年和2×23年的4月30日分得每股现金股利分别为0.5元、0.6元和0.8元，并于2×23年5月15日以每股6元的价格将股票全部出售。公司要求的必要报酬率为16%。

要求：计算该项投资的收益率并判断该投资是否可行。

解析：

设该项投资的收益率为 K，根据题意，列如下等式：

$510=100\times0.5\times(P/F,K,1)+100\times0.6\times(P/F,K,2)+100\times(6+0.8)\times(P/F,K,3)$

采用逐步测试法和内插法进行计算，逐步测试的结果如表6.5所示。

表6.5 逐步测试的结果

时间	股利及出售股票的现金流量(万元)	测试20%		测试18%		测试16%	
		系数	数值(万元)	系数	数值(万元)	系数	数值(万元)
2×21年	50	0.833 3	41.67	0.847 5	42.38	0.862 1	43.11
2×22年	60	0.694 4	41.66	0.718 2	43.09	0.743 2	44.59
2×23年	680	0.578 7	393.52	0.608 6	413.85	0.640 7	435.68
合计	——	——	476.85		499.32		523.38

然后用插值法计算如下：

$$K=16\%+\frac{523.38-510}{523.38-499.32}\times（18\%-16\%）=17.11\%$$

由于该股票投资收益率大于公司要求的必要报酬率，所以该股票可以购买。

3. 市盈率计算分析

前面讲述的股票价值的计算方法，在理论上比较健全，计算的结果使用也很方便，但是未来的股利可能会复杂多变，投资者很难做到精准地预测。还有一种较为粗略衡量股票价值的方法，就是市盈率计算分析。所谓市盈率就是股票市价和每股盈利的比率，即表示投资人愿意用盈利的多少倍来购买这种股票，是市场对该股票的评价，一般认为，股票的市盈率比较高，表明投资者对该公司的未来充满信心，但是，当受到不正常因素的干扰时，市盈率也会很高;若股票的市盈率比较低,表明投资者对公司的未来缺乏信心,不愿意购买此类公司的股票,此类股票的风险较大,过高或过低的市盈率都不是好兆头,通常认为,市盈率在5~20比较正常,但并不绝对,各行业的正常值有区别。

$$市盈率(倍)=\frac{每股市价}{每股盈利}$$

股票价格＝该股票市盈率×该股票每股盈利

股票价值＝行业平均市盈率×该股票每股盈利

根据证券机构或刊物提供的同类过去若干年的平均市盈率,乘以当前的每股盈利,可以得出股票的平均价值。用它和当前市价比较,可以看出价格是否合理。

【案例6.18】 长江公司拟刚买的某公司股票每股盈利3元、市盈率8倍,而市场上行业平均市盈率9倍。

要求:分析长江公司购买该股票的价格是否合理。

解析:

$$股票价格＝3×8＝24(元)$$
$$股票价值＝3×9＝27(元)$$

通过计算说明市场对该股票的评价略低,股价基本属于正常,有一定的吸引力。

(三) 股票投资的选择

股票投资是一种高风险、高收益的投资,由于涉及的因素很多,投资决策的难度很大,因此作为理性的投资者,在考虑影响证券投资决策的主要因素同时,还要考虑股票投资与其他投资相比的优缺点,尤其是债券投资,再重点研究单支股票及其组合的价值和风险指标,从而做出正确的投资选择。

1. 比较股票投资的优缺点,从而做出合理选择

(1) 股票投资优点

① 投资收益较高。发行公司经营状况好、盈利水平高时,投资者既可以获得高额股利,也可因股票升值获取较高的资本利得。

② 购买力风险低。由于普通股的股利不固定,在通货膨胀率较高时,由于物价普遍上涨,股份有限公司盈利增加,股利的支付也随之增加。因此,与固定收益的债券相比,普通股能有效地降低购买力风险。

③ 拥有经营控制权。普通股的投资者是被投资企业的股东,有权监督和控制被投资企业的生产经营情况。

(2) 股票投资的缺点

① 求偿权居后。普通股对企业剩余资产和盈利的求偿权居于最后。企业清算时,股东原来的投资可能部分甚至完全得不到补偿。

② 价格不稳定。普通股的价格受多种因素影响,很不稳定。如政治因素、经济因素、投资人的心理因素、企业的盈利状况、风险情况等都会影响股票的价格,这样会使股票具有较高的风险。

③ 收入不稳定。普通股股利的多少,取决于企业的经营状况及市场行情,如果经济形势不景气,公司经营状况不佳,股利很少,股价也会下跌,给投资者带来损失,其收益的风险

远远大于固定收益的债券。

2. 测算好决策的评价指标并进行比较

一般来说,在市场收益和风险较为均衡的情况下,价值或收益率越高,越具有投资价值。

四、基金投资

(一) 基金及基金投资概述

1. 基金的概念

基金是指通过发售基金份额,将众多投资者的资金集中起来,形成独立财产,由基金托管人托管、基金管理人管理,并以投资组合的方式进行证券投资,形成一种利益共享、风险共担的集合投资方式。

2. 基金当事人

(1) 基金投资者

基金投资者即基金份额持有人,是基金的出资人、基金资产的所有者和基金投资的受益人。

(2) 基金管理人

基金管理人是基金产品的募集者和基金的管理者,其主要职责就是按照基金合同的约定,负责资产的投资运作,在风险控制的基础上为基金投资者争取最大的投资收益。

(3) 基金托管人

为了保证基金资产的安全,《证券投资基金法》规定,基金资产必须由独立于基金管理人的基金托管人保管,从而使得基金托管人成为基金的当事人之一,在我国,基金托管人只能由依法设立并取得基金托管资格的商业银行担任。

3. 基金种类

(1) 按照其运作方式划分

按照运作方式的不同,分为封闭式基金和开放式基金。

① 封闭式基金是指经核准的基金份额总额在基金合同期限内固定不变,基金份额可以在依法设立的证券交易场所交易,但基金份额持有人不得申请赎回的一种基金。

② 开放式基金是指基金份额总额不固定,基金份额可以在基金合同约定的时间和场所申购或者赎回的一种基金。

(2) 按组织形态划分

按组织形态的不同,可以分为契约型基金和公司型基金。

① 契约型基金,又称为单位信托基金,是指受益人(投资者)、管理人,托管人三者作为基金的当事人,由管理人与托管人通过签订信托契约形式发行受益凭证而设立的一种基金。

② 公司型基金,是指按照公司法以公司形态组成的,通过发行股份募集资金,投资者通过购买公司的股份成为公司的股东,凭其持有的基金份额依法享有投资收益。

(3) 按投资的对象划分

按投资的对象不同,可以分为股票基金、债券基金、货币基金等。

① 股票基金,是指投资于股票的投资基金,其风险程度较个人投资于股票要小得多,具

有较强的变现性和流动性。

② 债券基金是指投资于政府债券、企业债券等各类债券品种的投资基金。债券基金通常情况下定期派息，其风险和收益水平通常比股票基金低。

③ 货币基金是指由货币存款构成投资组合，以协助投资者参与外汇市场投资，赚取较高投资利息的投资基金。其投资工具包括银行短期存款、政府债券、企业债券等，此类基金的投资风险小，投资成本低，安全性和流动性较高。

4. 基金投资的概念

基金投资是一种间接的证券投资方式，是指投资者购买基金公司发行的基金而形成的证券投资。

5. 基金投资的特点

(1) 集合理财，专业管理

基金将众多投资者的资金集中起来，委托基金管理人进行共同投资，表现出一种集合理财的特点。通过汇集众多投资者的资金，积少成多，有利于发挥资金的规模优势，降低投资成本，基金由基金管理人进行投资管理和运作。基金管理人一般拥有大量的专业投资研究人员和强大的信息网络，能够更好地对证券市场进行全方位的动态跟踪与分析。将资金交给基金管理人管理，中小投资者也能享受到专业化的投资管理服务。

(2) 组合投资，分散风险

为降低投资风险，《证券投资基金法》规定，基金必须以组合投资的方式进行基金的投资运作，从而使"组合投资，分散风险"成为基金的一大特色。"组合投资，分散风险"的科学性已为现代投资所证明。中小投资者由于资金量小，一般无法通过购买不同的股票分散投资风险。基金通常会购买几十种甚至上百种股票，投资者购买基金就相当于用很少的资金购买了一揽子股票，某些股票下跌造成的损失可以用其他股票上涨的盈利来弥补，因此，可以充分享受到组合投资、分散风险的好处。

(3) 利益共享，风险共担

基金投资者是基金的所有者，基金投资人共担风险，共享收益。基金投资收益在扣除由基金承担的费用后的盈余全部归属基金投资者所有，并依据各投资者所持有的基金份额比例进行分配。而为基金服务的基金托管人、基金管理人只能按规定收取一定的托管费、管理费，并不参与基金受益的分配。

(4) 严格监管，信息透明

为切实保护投资者的利益，增强投资者对基金投资的信心，中国证监会对基金业实行比较严格的监管，对各种有损投资者利益的行为进行严厉打击，并要求基金进行较为充分的信息披露。

(5) 独立托管，保障安全

基金管理人负责基金的投资操作，本身并不经手基金财产的保管，基金财产的保管由独立于基金管理人的基金托管人负责，这种相互制约、相互监督的制衡机制为投资者的利益提供必要的保护。

（二）基金投资决策评价指标

1. 基金的价值

基金的价值取决于基金净资产的现在价值即现有的市场价值。由于投资基金本身是一种间接性的证券投资，不断变换投资组合对象，再加上资本利得是投资基金收益的主要来源，变幻莫测的证券价格变动，使得对投资基金的未来收益的预计变得不太现实。由于未来的不可预测性，投资者应该把握现在的市场价值。

2. 基金单位净值

基金单位净值，也称为单位净资产价值或单位资产净值，基金的价值取决于基金净资产的现在价值，因此基金单位净值是评价的指标，也是开放型基金申购价格、赎回价格以及封闭型基金上市交易价格确定的重要依据。

基金单位净值是在某一时点每一基金单位（基金股份）所具有的市场价值。其计算公式为：

$$基金单位净值 = \frac{基金净资产价值总额}{基金单位总份额}$$

其中，

$$基金净资产价值总额 = 基金资产总额 - 基金负债总额$$

注意，基金总资产的价值并不是指资产总额的账面价值，而是指资产总额的市场价值。

3. 基金报价

无论是在二级市场上交易的封闭型基金报价，还是在柜台前交易的开放型基金价格，从理论上说，基金报价都由基金的价值决定，是以基金单位净值为基础的，基金单位净值越高，基金的交易价格相对也较高，通常有两种报价形式：认购价（卖出价）和赎回价（买入价）。

$$基金认购价 = 基金单位净值 + 首次认购费$$
$$基金赎回价 = 基金单位净值 - 基金赎回费$$

其中，首次认购费是支付给基金经理公司的发行佣金；在赎回价中扣抵基金赎回费，是为了防止投资者的赎回，从而保持基金资产的相对稳定性。

所以合理的基金报价不得虚高，要尽可能地接近基金的价值，才适宜投资购买。

4. 基金的收益率

基金收益率是用以反映基金增值的情况的指标。它通过基金净资产的价值变化来衡量。基金净资产的价值是以市价变化来衡量的，基金资产的市场价值增加，意味着基金的投资收益增加，基金投资者的权益也随之增加。

$$基金收益率 = \frac{年末持有份数 \times 基金单位净值年末数 - 年初持有份数 - 基金单位净值年初数}{年初持有份数 \times 基金单位净值年初数}$$

【案例6.19】 长江公司2×21年初以每份2元的价格购买某基金公司首次发行的开放式基金，收取的首次认购费率为基金资产净值的5%，不再收取赎回费，预计其收益率为110%，该基金的相关资料如表6.6所示。

表6.6 基金相关资料

项 目	年 初	年 末
基金资产账面价值	2 000万元	3 500万元
负债账面价值	400万元	500万元
基金资产市场价值	2 500万元	5 000万元
基金单位	1 000万单位	1 500万单位

要求:判断长江公司的购买的基金价格是否合理,如果年末赎回,赎回价为多少较为合理,本年度持有该基金是否达到了预期收益率。

解析:

(1) 基金年初认购价值计算如下:

年初基金净资产价值总额=基金资产市场价值-负债总额=2500-400=2 100(万元)

年初基金单位净值=2 100/1 000=2.1(元)

年初基金认购价值=基金单位净值+首次认购费=2.1+2.1×5%=2.21(元)

长江公司购买价为2元低于该基金的认购价值,价格较为合理。

(2) 年末基金赎回价计算如下:

年末基金净资产价值总额=5 000-500=4 500(万元)

年末基金单位净值=4 500/1 500=3(元)

年末基金赎回价=3(元)

根据计算年末如果要赎回基金,则赎回价为每份3元左右较为合理。

(3) 2×21年长江公司持有该基金收益率:

$$基金收益率 = \frac{1\,500 \times 3 - 1\,000 \times 2.1}{1\,000 \times 2.1} = 114.29\%$$

通过计算,2×21年持有该基金实际收益率114.29%大于预期的110%,达到并超过了预期。

(三) 基金投资的选择

在投资基金进行决策时除了对内在价值、报价和收益率的讨论外,还要考虑基金投资的优缺点:

1. 基金投资优点

第一,投资基金的管理人都是投资方面的专家,他们在投资前均进行多种研究,这能够降低风险,提高收益,所以投资基金具有专家理财优势。

第二,我国的投资基金量一般拥有资金几十亿元以上,西方大型投资基金一般拥有百亿美元以上资金,这种资金优势可以进行充分的投资组合,能够降低风险,提高收益,所以投资基金具有资金规模上的优势。

2. 基金投资缺点

第一,投资基金在组合过程中,虽然能够降低风险,但同时,也丧失了直接投资获得巨大收益的机会,无法获得很高的投资收益。

第二,在证券市场大盘整体走低的情况下,进行基金投资也可能会使投资人有较多的损失,承担较大风险。

 任务实施

根据前述项目情境,结合所学任务知识,完成下列任务:
1. 完成"任务导入"中的第三个任务。
2. 简述债券投资、股票投资和基金投资各自的优缺点。

 知识检测

一、单项选择题

1. 下列投资活动中,属于间接投资的是(　　)。
   A. 建设新的生产线　　　　　　B. 开办新的子公司
   C. 吸收合并其他企业　　　　　D. 购买公司债券
2. 按照现金流量估算的时点指标假设,发生在建设期末和经营期初的现金流量是(　　)。
   A. 固定资产投资　　　　　　　B. 无形资产投资
   C. 流动资产投资　　　　　　　D. 付现成本
3. 下列属于非付现成本的有(　　)。
   A. 工资支出　　　　　　　　　B. 垫支的流动资金
   C. 支付的材料款　　　　　　　D. 计提的固定资产折旧
4. 如果投资方案的内含报酬率(　　)其资金成本,则该方案可行。
   A. 大于　　　　　　　　　　　B. 不大于
   C. 小于　　　　　　　　　　　D. 不等于
5. 与现值指数相比,净现值作为投资项目评价指标的缺点是(　　)。
   A. 不能对寿命期相等的互斥投资方案做比较
   B. 未考虑项目投资风险
   C. 不便于对原始投资额现值不同的独立投资方案做比较
   D. 未考虑货币时间价值
6. 已知某投资项目按12%的折现率计算的净现值大于0,按14%的折现率计算的净现值小于0,则该项目的内含报酬率肯定(　　)。
   A. 大于12%,小于14%　　　　　B. 大于12%
   C. 等于13%　　　　　　　　　D. 小于14%
7. 采用静态回收期法进行项目评价时,下列表述错误的是(　　)。
   A. 若每年现金净流量相等,则静态回收期等于原始投资额除以每年现金净流量
   B. 静态回收期法没有考虑资金时间价值
   C. 若每年现金净流量不相等,则无法计算静态回收期
   D. 静态回收期法没有考虑回收期后的现金流量

8. 某公司股票的当前市场价格为10元/股,今年发放的现金股利为0.2元/股,预计未来每年股利增长率为5%,则该股票的内部收益率为( )。
   A. 7%　　　　　　　　　　　B. 5%
   C. 7.1%　　　　　　　　　　D. 2%

9. 某公司当期每股股利为3.30元,预计未来每年以3%的速度增长,假设投资者的必要收益率为8%,则该公司每股股票的价值为( )元。
   A. 41.25　　　　　　　　　　B. 67.98
   C. 66.00　　　　　　　　　　D. 110.00

10. 某公司每年分配股利均为6元,最低收益率为12%,则该股票内在价值为( )元。
    A. 40　　　　　　　　　　　B. 45
    C. 50　　　　　　　　　　　D. 55

二、多项选择题

1. 下列关于净现值的说法中,正确的有( )。
   A. 净现值法能灵活地考虑投资风险
   B. 当净现值大于0时,项目可行
   C. 净现值为负数,说明投资方案的实际收益率为负数
   D. 其他条件相同时,净现值越大,方案越好

2. 在项目投资决策中,下列关于现值指数法的表述正确的是( )。
   A. 现值指数可以反映投资效率
   B. 现值指数法适用于对原始投资额现值不同的独立投资方案进行比较和评价
   C. 现值指数小于1,则方案可行
   D. 现值指数考虑了货币时间价值

3. 下列各项中,会影响投资项目内含收益率计算结果的有( )。
   A. 必要投资收益率　　　　　　B. 原始投资额
   C. 项目的使用年限　　　　　　D. 项目建设期的长短

4. 下列投资项目财务评价指标中,考虑了项目寿命期内全部现金流量的有( )。
   A. 内含收益率　　　　　　　　B. 净现值
   C. 投资利润率　　　　　　　　D. 静态投资回收期

5. 如果某项目投资方案的内含收益率大于必要收益率,则( )。
   A. 静态回收期大于项目寿命期的一半　　B. 现值指数大于1
   C. 净现值大于0　　　　　　　　　　　D. 静态回收期小于项目寿命期的一半

6. 下列投资项目评价指标中,考虑了货币时间价值的有( )。
   A. 现值指数　　　　　　　　　B. 内含收益率
   C. 静态回收期　　　　　　　　D. 净现值

7. 在其他因素不变的情况下,下列财务评价指标中,指标数值越大表明项目可行性越强的有( )。
   A. 净现值　　　　　　　　　　B. 现值指数
   C. 内含收益率　　　　　　　　D. 动态回收期

8. 与股票投资相比,债券投资的主要缺点有(   )。
A. 购买力风险大   B. 流动性风险大
C. 没有经营管理权   D. 投资收益不稳定

9. 股票投资的缺点有(   )。
A. 求偿权居后   B. 购买力风险高
C. 价格不稳定   D. 收入不稳定

10. 以下关于投资基金特点的说法中,正确的有(   )。
A. 集合理财,实现专业化投资
B. 通过资产组合投资,以分散投资风险
C. 基金操作权力与资金管理权力相互隔离
D. 基金的投资者、管理者和托管人收益共享,风险共担

三、判断题

1. 投资决策中现金流量所指的"现金"不仅仅专指各种货币资金。   （   ）
2. 在项目投资中,固定资产建设的资本化利息应该计入现金净流量中。   （   ）
3. 项目终结点净现金流量等于终结点那一年的经营净现金流量。   （   ）
4. 在独立投资方案决策中,只要方案的现值指数大于0,方案就具有财务可行性。
                                                                          （   ）
5. 如果投资项目A的动态回收期小于投资项目B,那么项目A的收益高于项目B。
                                                                          （   ）
6. 股票投资一般不拥有被投资单位的经营管理权。   （   ）
7. 一般情况下,债券市场价格会随着市场利率的上升而下降,随着市场利率的
下降而上升。   （   ）
8. 股利零增长,长期持有的股票价值计算模型相当于永续年金。   （   ）
9. 开放式基金一般有固定期限,投资者可以随时向基金管理人赎回。   （   ）
10. 在计算基金净资产中,基金资产总额采用的是市场价值而不是账面价值。   （   ）

技能训练

1. A公司有甲、乙两个投资方案,投资总额均为10万元,全部用于购置新设备,折旧采用直线法,使用期均为5年,无残值,其他有关资料如表6.7所示。

表6.7 投资方案

项目计算期	甲方案		乙方案	
	利润(元)	现金净流量(NCF)(元)	利润(元)	现金净流量(NCF)(元)
0		(100 000)		(100 000)
1	15 000	35 000	10 000	30 000
2	15 000	35 000	14 000	34 000
3	15 000	35 000	18 000	38 000

续表

项目计算期	甲方案		乙方案	
	利润(元)	现金净流量(NCF)(元)	利润(元)	现金净流量(NCF)(元)
4	15 000	35 000	22 000	42 000
5	15 000	35 000	26 000	46 000
合计	75 000	175 000	90 000	90 000

要求:计算甲、乙两方案的投资利润率并进行决策。

2. 根据上题资料,计算甲、乙两方案的静态回收期并进行决策。

3. B公司拟建一项固定资产,投资55万元,按直线法计提折旧,使用寿命10年,期末净残值5万元,该项工程建设期为1年,投资额分别于年初投入30万元,年末投入25万元。预计项目投产后每年可增加营业收入15万元,总成本10万元,假定贴现率为10%。

要求:计算该投资项目的净现值。

4. C公司购入设备一台,价值为30 000元,按直线法计提折旧,使用寿命6年,期末无残值。预计投产后每年可获得利润4 000元,假定贴现率为12%。

要求:计算该项目的净现值、现值指数和内含报酬率并进行相应的投资决策。

5. 甲公司发行的债券每份面值为1 000元,期限为10年,票面利率为10%。同期市场利率为12%,乙公司拟进行投资,假定投资要求的必要报酬率同市场利率。

要求:试计算该债券发行价格为多少时,可以进行投资。

6. 甲公司于2×21年10月1日以1 100元的价格买进一张面值为1 000元的债券,其票面利率为9%,每年9月30日计算并支付一次利息,并于8年后的9月30日到期,该公司拟持有此债券至到期日。

要求:试计算该债券持有期间收益率。

7. 假定某投资者准备购买B公司的股票,打算长期持有,要求达到12%的收益率。B公司今年每股股利为0.6元,预计未来3年股利以15%的速度高速增长,而后以9%的速度正常增长。

要求:试计算B公司股票的市场价值。

8. W公司2×21年初以每份3.3元的价格购买ABC基金公司首次发行的开放式基金,收取的首次认购费率为基金资产净值的5%,赎回费率为赎回时基金净值的6%,预计其收益率为40%,该基金的相关资料如表6.8所示。

表6.8 基金相关资料

项目	年初	年末
基金资产账面价值	3 000万元	4 000万元
负债账面价值	500万元	1 000万元
基金资产市场价值	4 000万元	6 000万元
基金单位	1 000万单位	1 500万单位

要求:判断W公司的购买的基金价格是否合理,如果年末赎回,赎回价为多少较为合

理,本年度持有该基金是否达到了预期的收益率。

延伸阅读

项目六延伸阅读

项目七 营运资金管理

大发公司上市后,完成了一系列的内外投资,企业规模快速扩张。管理层认识到,企业要提高经济效益,实现利润的同步增长,必须强化内部管理,扩大生产经营规模,增加销售量,同时也必须提高现有资金的使用效率,以降低成本。财务经理对公司现有的资金运营情况进行了分析,得到如下资料:

1. 现金持有量的方案具体如表 7.1 所示。

表 7.1 不同的现金持有量备选方案

项 目	甲	乙	丙	丁
平均现金持有量(万元)	50	100	150	200
机会成本率	10%	10%	10%	10%
短缺成本(万元)	8.5	4.5	1.5	0

公司月度现金需要量为 100 万元,现金支出比较均衡,现金与有价证券的转换成本为每次 50 元,有价证券的年利率为 12%。

2. 公司过去为扩大销售,一直采用比较宽松的信用政策,导致客户拖欠的款项数额越来越大,时间越来越长,严重影响了资金的周转循环,公司不得不依靠长期负债及短期负债筹集资金。最近,主要贷款人不同意进一步扩大债务,所以公司管理层正在考虑是否可以改变现有信用政策,公司现有信用政策如下:公司的销售条件为"2/10,n/90",约半数的顾客享受折扣,但有许多未享受折扣的顾客延期付款,平均收账期约为 60 天。2×21 年的坏账损失为 500 万元,信贷部门的成本(分析及收账费用)为 50 万元。经过测算,如果改变信用条件为"2/10,n/30",那么很可能引起下列变化:销售额由现在的 1 亿元降为 9 000 万元;坏账损失减少为 90 万元;信贷部门成本减少至 40 万元;享受折扣的顾客由 50% 增加到 70%(假定未享受折扣的顾客也能在信用期内付款);由于销售规模下降,公司存货资金占用将减少 1 000 万元,公司销售规模变动成本率为 60%;资金成本率为 22%。

3. 该公司每年需耗用甲材料 10 000 千克,每千克的标准价为 16 元,销售企业规定,客户每批购买量不足 1 000 千克的,按标准价计算;每批购买量 1 000 千克以上、不足 2 500 千克的,价格优惠 2%;每批购买量在 3 000 千克以上的,价格优惠 3%。假定该材料的单位储存成本为8元,平均每次订货成本为600元。公司一直是根据经验决定采购甲材料的数量,一般都是按标准价格购进1 000千克以下。

任务导入

根据上述情境,请回答下列问题:
1. 大发公司最佳的现金持有量应该是多少?
2. 大发公司是否应该改变其信用政策?
3. 甲材料采购多少最经济?

学习目标

本项目主要学习企业财务管理中的营运资金管理,目的为提高营运资金使用效益。通过本项目的学习,应实现如下目标:

1. 知识目标:了解营运资金的概念及特征;掌握最佳现金持有量的确定;掌握应收账款的成本和信用政策的制定,能够运用所给资料确定最优信用政策;掌握存货的成本和最优存货经济批量的确定方法,理解存货管理的ABC分类法。

2. 技能目标:能够运用存货模式确定最佳现金持有量;能够利用所学知识进行应收账款管理的财务决策;熟练掌握存货最优经济批量的确定方法。

3. 素养目标:培养学生的细节管理意识和全局意识;培养学生养成良好的工作规范和制度意识;培养学生具有会计道德和会计法治意识。

4. 思政目标:依法依规经营和管理,培养以诚信求生存、以管理求效益和以质量求发展的经营管理理念。

知识导图

本项目的知识导图如图7.1所示。

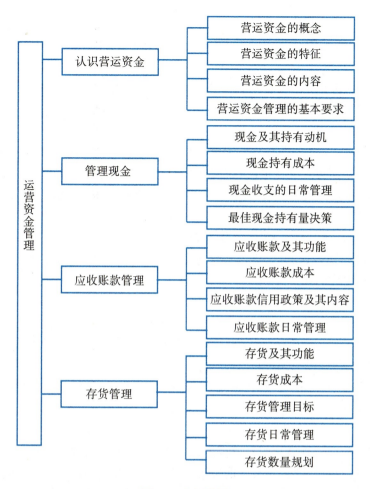

图7.1 知识导图

任务一 认识营运资金

一、营运资金的概念

营运资金有广义和狭义之分,广义的营运资金是指一个企业流动资产的总和。但在企业的流动资产中,来源于流动负债的部分面临短期债权人的压力,无法在企业里较长期间里使用,只有扣除了流动负债后的剩余流动资产才能在一个宽裕的期间里为企业所用,这部分资产即狭义的营运资金。本章中的营运资金指的是狭义的营运资金。

二、营运资金的特征

营运资金的特征也是通过流动资产和流动负债体现出来的,因此研究营运资金的特征,即研究流动资产和流动负债的特征。

(一) 流动资产的特征

流动资产是指可以在一年或超过一年的一个营业周期内变现或耗用的资产,包括货币资金、短期投资、应收及预付款项、存货等。与固定资产投资相比,流动资产具有以下特点:

1. 补偿性

投资于流动资产的资金一般在一年或超过一年的一个营业周期内即可收回,它的耗费能较快地从产品的销售收入中得到补偿,即流动资产的实物耗费和价值补偿是在一个生产经营周期内同时完成的。

2. 并存性

流动资产在循环周转过程中,各种不同形态的流动资产在空间上同时并存。因此,合理地配置流动资产各项目的比例,是保证流动资产得以顺利周转的必要条件。

3. 流动性

流动资产在企业资金循环周转过程中,经过供产销三个阶段,其占用形态也不断变化,这种变化循环往复、川流不息。

4. 继起性

流动资产的价值表现就是流动资金。流动资金的占用形态在时间上表现为依次继起、相继转化。从货币资金开始,依次转化为储备资金、生产资金、成品资金和结算资金,最后又回到货币资金。

(二) 流动负债的特征

流动负债相对于长期负债融资有如下特点:

1. 速度快

短期借款往往比申请长期借款更容易、更便捷,通常较短时间内就可获得。

2. 弹性大

短期借款的债权人往往很少在契约中规定限制性条款,使企业有更大的行动自由。

3. 成本低

在通常情况下,短期负债筹资所发生的利息支出都低于长期负债筹资的利息支出,甚至某些自然性融资是没有利息负担的。

4. 风险大

当债务到期时,企业不得不在短期内筹措大量资金还债,这极易导致企业财务状况恶化,甚至破产。另一方面,短期债务的利率往往随着市场利率变化而变化,忽高忽低。

三、营运资金的内容

营运资金的概念包括流动资产和流动负债,是企业日常财务管理的重要内容,本项目重点介绍流动资产的管理。

流动资产是指可以在一年或者超过一年的一个营业周期内变现或者耗用的资产,它主要包括现金、短期投资、应收及预付款项和存货等。

(一) 现金

现金是指生产过程中暂时停留在货币形态的资金,包括库存现金、银行存款、其他货币资金。现金是流动资产中流动性最强的资产,可以立即用于商品的购买、各种费用的支付以及各种债务的偿还。企业拥有大量的现金可以降低企业风险,增强企业资产流动性和及时偿还债务的能力。

(二) 有价证券投资

这里所说的有价证券投资是指企业持有的各种随时可能变现的有价证券以及不超过一年的其他金融资产。

(三) 应收及预付款项

应收及预付款项是指企业在生产经营过程中形成的应收未收或者预先支付的款项,主要包括应收账款、应收票据、预付账款、其他应收款。

(四) 存货

存货是指企业在生产经营过程中为耗用或者销售而储备的各种物资,主要包括库存商品、在产品、自制半成品、原材料、包装物、低值易耗品、委托加工物资等。持有充足的存货不仅有利于生产过程的顺利进行,节约采购费用与生产时间,而且能够迅速满足客户的各种订货需求,为企业的生产和销售提供较大的机动性,避免因存货不足带来的机会损失。

四、营运资金管理的基本要求

(一) 合理确定并控制营运资金的需要数量

企业营运资金的需要数量与企业生产经营活动有直接关系,当企业产销两旺时,流动资产会不断增加,流动负债也会相应增加;而当企业产销量不断减少时,流动资产和流动负债也会相应减少。因此,企业财务人员应认真分析生产经营状况,采用一定的方法预测营运资金的需要数量,以便合理使用营运资金。

(二) 合理确定营运资金的来源构成

企业选择正确的筹资渠道和方式,用最小的代价获得最大的经济利益并与日后的偿债能力相配合。

(三) 加速营运资金周转,增强资金的利用效果

营运资金周转是指企业的营运资金从现金投入生产经营开始,到最终转化为现金的过程。在其他因素不变的情况下,应加速营运资金的周转,以增强资金的利用效果,降低资金的需要量。

任务实施

根据前述项目情境,结合所学任务知识,完成下列任务:
1. 在工业制造业里,哪些属于企业的营运资产?
2. 上题中所列举的这些营运资产各有什么特点?

任务二 强化现金管理,把控最佳现金持有量

任务知识

现金是企业流动性最强的资产,包括企业的库存现金、各类银行存款、银行本票、汇票等。现金管理是营运资金管理的重要内容。通过现金管理,要使现金收支不但在数量上,而且在时间上互相衔接,对于保证企业经营活动的现金需要、降低企业闲置的现金数量、提高资金收益率具有重要意义。可见,现金管理的过程就是在现金的流动性和收益性之间进行权衡决策的过程。

一、现金持有动机

企业持有现金的动机如下:

(一) 交易动机

交易动机即企业在正常生产经营秩序下应当保持一定的现金支付能力。企业经常得到收入,也经常发生支出,两者不可能完全同步同量。收入多于支出,形成现金留存;收入小于支出,需要借入现金。因此,企业必须维持适当的现金余额,才能使业务活动正常地进行下去。一般来说,企业为满足交易动机所持有的现金余额主要取决于企业销售水平,如果企业销售扩大,销售额增加,所需现金余额也会增加。

(二) 预防动机

预防动机指企业为应付紧急情况而需要保持的现金支付能力。通常情况下,企业无法

准确预测未来现金的流入量和流出量,因此企业在正常业务活动现金需要量的基础上,应当考虑追加一定数量的现金余额以应对未来现金流入和流出的随机波动。一般而言,企业出于预防动机而持有的现金余额主要取决于企业愿意承担风险的程度、临时举债能力的强弱和对现金流量预测的可靠程度。

(三) 投机动机

投机动机指企业持有一定量的现金,当面临不寻常的购买机会时用于支付。比如遇到有廉价原材料或者资产供应机会时,可以有足够的现金用于购入;再如当认为机会合适时,有足够的现金购入股票等。投资机会只是企业确定现金余额时所需要考虑的次要因素之一,其持有量的大小往往取决于金融市场的投资机会和企业对待风险的态度。

二、现金持有成本

(一) 管理成本

企业保留现金,对现金进行管理,会发生一定的管理费用,比如管理人员的工资及必需的安全保管费用等,这部分费用称为现金的管理成本。现金管理成本在一定范围内与现金持有量的多少关系不大,具有固定成本的性质,是决策的无关成本。

(二) 机会成本

现金的机会成本是企业保留一定量的现金而丧失的再投资收益。再投资收益是企业不能同时用该现金进行有价证券投资产生的机会成本,这种成本在数量上等同于资金成本,与企业持有现金量呈正比例关系,属于决策的相关成本。

(三) 短缺成本

现金的短缺成本是指因现金持有量不足而且无法通过有价证券变现加以补充而给企业造成的损失。现金短缺的损失有直接损失和间接损失,其与现金持有量呈反方向变化。

三、现金管理

(一) 现金管理目标

一般而言,流动性强的资产,其收益性较低。现金持有量过多,会降低企业收益;但现金持有量过少,又可能出现现金短缺。因此,企业现金管理的目标,就是综合考虑资产的流动性和收益性,以获得最大收益。

(二) 现金日常管理

企业在确定了最佳现金持有量后,还应采取措施加强现金的日常管理,保证现金的安全、完整,最大限度地发挥现金的效用。现金日常管理的基本内容主要有以下方面:

1. 现金回收管理

现金回收管理的目的是尽快收回现金，加快现金的周转，为此，企业应根据成本效益原则选用适当的方法加速账款的收回。

一般来说，企业账款的收回需要经过四个时点，即客户开出付款票据、企业收到票据、票据交存银行和企业收到现金。因此，企业账款的收回时间一般包括票据邮寄的时间、票据在企业停留的时间以及票据结算的时间。前两个阶段所需时间长短一般与客户、企业、银行之间的距离相关，与企业收款的效率也有关系。

2. 现金支出管理

现金支出时，企业应根据风险和收益权衡原则选用适当的方法延期支付账款。延期支付账款的方法一般有以下几种：

（1）合理利用"浮游量"

所谓现金浮游量是指企业账户上的现金余额与银行账户上所显示的存款余额之间的差额。有时，企业银行存款日记账账户上的余额会小于银行账户余额很多，存在未达账项，如果企业能正确预测出浮游量并加以利用，可以节约大量现金。

（2）推迟支付应付账款

企业可以考虑在不影响信用的情况下，尽可能推迟应付款的支付期。

（3）采用汇票付款

汇票不是"见票即付"的付款方式，在受票人将汇票送达银行后，银行要将汇票送交付款人承兑，并由付款人将一笔相对于汇票金额的资金存入银行，银行才会付款给受票人，这样就会合法地延期付款。

3. 闲置现金的管理

企业生产经营过程中通常会取得大量现金，这些现金在用于投资或者其他业务之前，往往会闲置一段时间。这些现金可用于短期证券投资以获取利息收入或者资本利得，如果管理得当，可以为企业增加收益。

四、最佳现金持有量决策

企业为了进行正常的生产经营活动必须控制好现金的持有规模，即确定最佳现金持有量，主要方法有成本分析模式和存货模式。

（一）成本分析模式

成本分析模式是指通过分析持有现金的相关成本，寻找总成本最低的现金持有量。在此种模式下，一般考虑现金持有的机会成本、管理成本和短缺成本。

在确定最佳现金持有量时，上述三项成本之和最小的现金持有量即为最佳现金持有量。如果把上述三项成本放在一个坐标上，如图7.2所示，能明显地表现出来现金持有的总成本。

机会成本线向右上方倾斜，短缺成本线向右下方倾斜，管理成本线为平行于横轴的平行线，总成本线为一条抛物线，该抛物线最低点即机会成本和短缺成本相交点，此处机会成本等于短缺成本。在机会成本和短缺成本相等的点的现金持有量即为总成本最低的现金持有量，即最佳现金持有量。

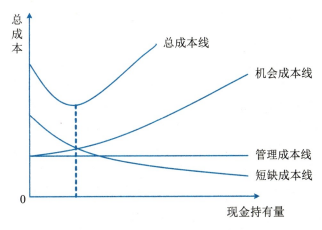

图7.2 现金持有成本构成

在运用成本分析模式确定最佳现金持有量时,应分别计算出不同方案下的机会成本、管理成本和短缺成本,从中选出总成本之和最低的现金持有量即为最佳持有量。

成本分析模式下的最佳现金持有量也可以通过编制现金持有量成本分析表来确定。

【案例7.1】 长龙公司有四种现金持有方案,他们各自的机会成本、管理成本和短缺成本如表7.2所示。

表7.2 长龙公司现金持有方案

单位:万元

项 目	方 案			
	甲	乙	丙	丁
现金持有量	150	160	170	180
机会成本	5	6	7	8
管理成本	2	2	2	2
短缺成本	3	1	0.5	0
总成本	9	8	8.5	9

由表7.2中数据可知,甲、乙、丙、丁四种方案的总成本中,乙方案持有现金160万元时的总成本为8万元,最为合理。因此,乙方案为该公司的最佳现金持有量。

(二)存货模式

最佳现金持有量确定的存货模式又称鲍曼模型,是将存货经济订货批量模型用于确定目标现金持有量的一种方法,其着眼点也是使现金相关成本之和最低。

企业可以通过现金和有价证券的转换方式来解决现金的余缺问题。其假设前提如下:
① 企业所需要的现金能够通过证券变现取得,且不确定性很小。
② 企业预算期内现金总需要量可以预测。
③ 现金的支出过程比较稳定、波动性很小,当现金不足时总能通过变现证券弥补。

④ 证券的利率或者报酬率以及固定性交易费用可以获悉。

企业通过有价证券和现金的转换方式,减少了现金短缺的概率,但会增加转换成本。转换成本是企业用现金购入有价证券以及转让有价证券换回现金时所付出的各种交易费用。在现金和有价证券互相转换过程中,可能发生手续费、委托买卖的佣金以及证券的过户费等,这些费用中有些和转换的业务量有关,比如手续费、佣金等,属于决策的相关成本,有些费用和转换的业务量没有直接的线性关系,比如证券过户费,属于固定性的转换成本。

在存货模式下,假定现金每次的转换成本是固定的,在企业一定时期现金使用量确定的前提下,每次以有价证券换回现金的金额越大,企业平时持有的现金量便越高,转换的次数便越少,现金的总转换成本便越低。反之,每次转换回的现金金额越低,企业平时持有的现金越低,转换交易成本便会越高。可见,现金的转换成本与平时现金持有量时呈反比例变化,与现金的短缺成本性质相同。此时,在现金成本构成图(图7.3)中,可以将现金的转换成本与短缺成本合并为同一条曲线,不再考虑相对固定不变的管理成本。现金的机会成本和转换成本是两条随着现金持有量呈不同方向发展的曲线,两条曲线交叉点相应的现金持有量即总成本量最低的现金持有量,它可以运用现金的存货模式求出。

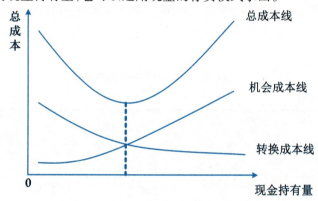

图7.3　存货模式的现金成本构成

如图7.4所示,假设以 C 代表各循环期期初的现金持有量,则 $C/2$ 表示循环期内的现金平均持有量。假定持有现金的机会成本率为 K,一定时期内持有现金的总机会成本为:

$$机会成本 = (C/2) \times K$$

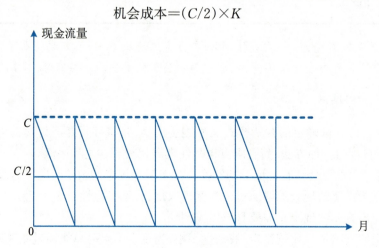

图7.4　某段时间内现金持有量变化图

假定一定期间内的现金需求量为T,每次出售有价证券获取现金的转换成本为F,则一定时期内出售有价证券的总转换成本为:

$$转换成本=(T/C)\times F$$

当合理地确定出C,使上述的相关成本之和最低,此时的C即为最佳现金持有量。由图7.3可知,在机会成本线和转换成本线的交点,即机会成本和转换成本相等的点,总成本曲线处于最低点,此时总成本最低。

假定最佳现金持有量为$C*$,由图7.3可知,$C*$为机会成本线和转换成本线交叉点所对应的现金持有量,此时$C*$应当满足:

$$机会成本=转换成本$$

即:

$$(C*/2)\times K=(T/C*)\times F$$

整理后,可得:

$$C*^2=(2T\times F)/K$$

等式两边开平方,得:

$$C*=\sqrt{(2TF)/K}$$

【案例7.2】 假设长龙公司的现金使用量是均衡的,每月的现金净流出量为300 000元,若该企业现在开始时持有现金900 000元,那么这些现金够企业支用3个月,在第3个月结束时现金持有量降为0,其三个月内的平均现金持有量则为450 000元。从第4个月开始时,企业需要将900 000元的有价证券转换为现金以备支用,等第6个月结束时,现金持有量再次降为0,这3个月平均现金持有量仍为450 000元,如此循环。

要求:计算长龙公司最佳现金持有量。

解析:

公司全年现金需要量$T=300\,000\times 12=3\,600\,000$元,假设$K=10\%$,$F=1000$元,利用上述公式可计算出公司最佳现金持有量为:

$$C*=\sqrt{(2\times 3\,600\,000\times 1\,000)/10\%}=268\,328.16(元)$$

为了验证这一结果的正确性,不妨尝试将略大于或小于268 328.16元的几种现金持有量代入公式,计算持有总成本。计算后,长龙公司持有现金的总成本必然升高。

现金持有量存货模式是一种简单、直观的确定现金最佳持有量的方法,但这种方法也有缺点,主要是假定现金的流出量稳定不变,实际上这种情况很难满足。

任务实施

根据前述项目情境,结合所学任务知识,完成下列任务:
计算出"项目情境"中大发公司的最佳现金持有量。

任务三　发挥应收账款功能，加强应收账款管理

任务知识

企业应收账款是企业对外赊销商品、材料、供应劳务等而应向购货或者接受劳务的单位收取的款项，应收账款管理内容包括应收销售款、应收票据、其他应收款等。

一、应收账款功能

应收账款的功能是指它在企业生产经营过程中所发挥的作用，主要有以下两方面。

（一）扩大销售

在激烈的市场经济条件下，完全依赖现销方式往往是不现实的，所以，很多企业在产品销售的同时，向买方提供了可以在一定期限内无偿使用的资金，其数额等于商品的售价，这对于买方来说具有巨大的吸引力。因此，赊销作为一种促销手段，对于企业销售产品、开拓市场具有重要意义。

（二）减少存货

赊销既然能够促进销售，在实现销售的同时，也能够加快产品销售收入转化的速度，从而降低存货中的产成品数额积压的影响。这有利于企业缩短库存时间，降低产成品存货的管理费用、仓储费用和保险费用等各方面的支出。

二、应收账款成本

应收账款的成本主要包括机会成本、管理成本和坏账成本。

（一）机会成本

应收账款的机会成本是指由于资金投放于应收账款而丧失的其他收入。如投资于有价证券便会有利息收入。应收账款的机会成本大小通常与应收账款金额、资金成本或有价证券利息率有关。

$$应收账款的机会成本 = 维持赊销业务所需资金 \times 资金成本率$$

其中，资金成本率一般可按有价证券利息率计算；维持赊销业务所需资金数量的计算公式如下：

$$\text{维持赊销业务所需资金} = \text{应收账款平均余额} \times \frac{\text{变动成本}}{\text{销售收入}}$$

$$= \text{应收账款平均余额} \times \text{变动成本率}$$

$$\text{应收账款平均余额} = \text{应收账款平均日占用额} \times \text{应收账款平均收账天数}$$

(二) 管理成本

应收账款的管理成本是指企业对应收账款进行管理而耗费的各种开支,主要包括对客户信用状况的调查、应收账款账簿的记录费用、收账费用及其他费用。在应收账款一定数额范围内,管理成本一般为固定成本。

(三) 坏账成本

坏账成本是指应收账款无法收回而给企业带来的损失,应收账款的坏账成本一般与应收账款数额成正比,即应收账款越多,可能发生的坏账成本越多。反之则会减少坏账成本。其还与应收账款的拖欠时间有关,时间越长,坏账风险越大。因此,企业应加强对应收账款的管理力度,如合理提取坏账准备,编制账龄分析表等。

三、应收账款信用政策及其内容

信用政策即应收账款的管理政策,是指企业为对应收账款投资进行规划与控制而确立的基本原则与行为规范,包括信用标准、信用条件和收账政策。

(一) 确立信用标准

信用标准是企业决定授予客户信用所要求的最低标准,也是企业对于可接受风险提供的一个基本判别标准:信用标准较严,可使企业遭受坏账损失的可能减小,但会不利于扩大销售;反之,如果信用标准较宽,虽然有利于刺激销售增长,但有可能使坏账损失增加,得不偿失。可见,信用标准的合理性,对企业的收益与风险有很大影响,企业需要一个明确的尺度作为判断的依据。

企业确定信用标准时,应考虑三个基本因素:同业竞争对手情况、企业承担违约风险能力、客户资信程度。通常采用"5C"评估法、信用评分法等方法。

1. "5C"评估法

客户资信程度主要考察品质(character)、能力(capacity)、资本(capital)、抵押(collateral)和经济状况(condition)五个方面。

(1) 品质

品质是一种对企业声誉的度量,指客户的信用,主要包括其偿债意愿和偿债历史,即客户主动履行偿债义务的可能性。这是衡量客户是否信守契约的主要标准,是决定是否赊销的首要条件。

(2) 能力

能力是指客户的偿债能力。其主要是企业的还款能力,包括企业的盈利能力、盈利产生的现金流对债务的偿还,或客户的流动资产数量和质量及与流动负债的比例关系。

(3) 资本

资本是指客户的财务实力和财务状况,主要衡量企业的自有资本和债务的关系,即财务杠杆,高杠杆意味着比低杠杆有更高的破产概率。它表明客户可能偿还债务的背景。

(4) 抵押

抵押主要是指在授信中所采取的担保、抵押等措施。如果这些措施得力,偿债的风险就会减少,损失就会减少;抵押品则是指客户拒付款项或无力支付款项时能被用作抵押的资产。

(5) 经济状况

经济状况是指可能影响客户付款能力的经济环境。

客户信用调查可采用直接调查法或间接调查法进行。直接调查法是指调查人员直接与被调查单位接触,通过当面采访、询问、观察、记录等方式获取信用资料的一种方法。该方法能保证搜集的资料真实、准确。但如果被调查单位不合作,也很难得到可靠资料。间接调查法是以被调查单位以及其他单位保存的有关记录、核算资料、会计报表等为基础,通过加工整理获得被调查单位信用资料的一种方法。

2. 信用评分法

信用评分法的基本思想是,财务指标反映了企业的信用状况,通过对企业主要财务指标的分析和模拟,可以预测企业破产的可能性,从而预测企业的信用风险。信用评分法是指先对一系列财务比率和信用情况指标进行评分,然后进行加权平均,得出客户综合的信用分数,并以此进行信用评估的一种方法。其基本计算公式为:

$$Y=\sum_{i=1}^{n}a_i x_i$$

式中,Y 为某企业信用综合评分,a_i 表示第 i 种财务比率和信用品质的平均数,x_i 表示第 i 种财务比率或信用品质的评分值。

现以某企业数据为例,编制客户信用评分表(表7.3)并进行评价。

表7.3 客户信用评分表

项 目	财务比率或信用品质	分数(x_i)(0~100)	预计权数(a_i)	加权平均数($a_i x_i$)
流动比率	1.8	90	0.2	18
资产负债率	55%	95	0.1	9.5
净资产收益率	25%	90	0.1	9
信用评估等级	AAA	90	0.25	22.5
付款历史	较好	75	0.25	18.75
企业未来预计	较好	75	0.05	3.75
其他因素	较好	75	0.05	3.75
合 计			1	85.25

从表7.3中可知,综合得分85.25,属良好级。通常情况下,分数在85分以上为良好级,分数在60~85分为一般级,分数在60以下为较差级。

这种方法比较简单易行,也较好理解,但也有不足,指标选择很难做到科学和全覆盖;再有各指标权数的确定也缺乏科学依据。

（二）规定信用条件

信用条件是指接受客户赊账时所提出的付款条件，主要包括信用期限、折扣期限及现金折扣政策。

1. 信用期限

信用期限是指企业允许客户从购货到支付货款的时间间隔，或者说是企业给予顾客的付款期间。信用期过短，不足以吸引顾客，在竞争中会使销售额下降；信用期限过长会引起机会成本、管理成本和坏账成本的增加。因此，是否放宽信用期，企业要慎重研究，确定出恰当的信用期限。

2. 现金折扣

现金折扣是为鼓励客户尽早付款而在顾客提前付款时所给予的价格优惠。它包括折扣期限和现金折扣率两个因素。例如，(2/10,1/20,n/30)意思是：给予客户30天的信用期限，客户若能在开票后的10日内付款，便可以得到2%的现金折扣；超过10日而能在20日内付款时，也可以得到1%的现金折扣；否则，只能全额支付账面款项。其中，30天为信用期限，10天和20天为折扣期限，2%和1%为现金折扣率。

3. 分析信用条件变化对企业的影响

在企业日常生产经营过程中，随着企业生产经营环境的变化，需要对信用政策进行修改或调整，并对改变条件的各种备选方案进行认真的评价。

因为一般情况下现金折扣是与信用期间结合采用的，所以确定折扣程度的方法和过程与信用期间的确定一致。只不过把提供延期付款时间和折扣综合起来，看各方案的延期与折扣能取得多大的收益增加，再计算各方案带来的成本变化，最终确定最佳方案。

其计算确定步骤如下：

第一步，计算信用成本前收益与信用成本：

信用成本前收益＝年赊销额－现金折扣－变动成本

信用成本＝应收账款机会成本＋收账费用＋坏账损失

第二步，计算扣除信用成本后收益：

信用成本后收益＝信用成本前收益－信用成本

第三步，确定最佳方案。

如果改变信用期的信用成本后收益大于改变前的，则改变信用期限。多种方案比较，应该选择信用成本后收益最大的方案为最优方案。

【案例7.3】 假设长龙公司生产的一种商品全部采用信用方式销售。其他相关资料如下：

（1）目前的信用标准是对预计坏账率在1%以内的客户给予赊销优惠。信用条件为(2/30,n/60)，估计客户中有35%的客户在30天内付款，有65%的客户在60天内付款。

（2）全年赊销收入净额为18 000万元，收账费用为20万元。

（3）如果企业改变信用标准，对预计坏账率在2%以内的客户也提供赊销优惠，信用条件同时变成(3/20,1/40,n/70)，估计有25%的客户在20天内付款，20%的客户在30天内付款。此时，可使销售收入增加10%，收账费用增加到28万元。

(4)假设公司固定成本总额不变,变动成本率为70%,资金成本率10%。

要求:根据上述资料,分析说明企业改变信用条件是否有利。

解析:

(1)计算客户信用标准评价指标,如表7.4所示。

表7.4 企业信用标准评价表

指 标	A(n/60)	B(n/70)
年赊销额(万元)	18 000	18 000×(1+10%)=19 800
应收账款平均收账天数	30×35%+60×65%=49.5	20×25%+40×20%+70×55%=51.5
应收账款平均余额(万元)	18 000÷360×49.5=2 475	19 800÷360×51.5=28 32.5
维持赊销业务所需资金(万元)	2 475×70%=1 732.5	2 832.5×70%=1 982.75
坏账损失率	1%	2%
坏账损失(万元)	18 000×1%=180	19 800×2%=396
收账费用(万元)	20	28

(2)根据上述资料,计算信用成本及收益指标,如表7.5所示。

表7.5 企业信用成本及收益指标

单位:万元

指 标	A(n/60)	B(n/70)
年赊销额	18 000	19 800
变动成本	18 000×70%=12 600	19 800×70%=13 860
信用成本前收益	5 400	5 940
信用成本		
应收账款机会成本	1 732.5×10%=173.25	1 982.75×10%=198.275
坏账损失	180	396
收账费用	20	28
小 计	373.25	622.275
信用成本后收益	5 026.75	5 317.725

根据上表资料可知,在这两个方案中,B方案获利较多,比A方案增加收益290.975万元,因此,改变信用条件是有利的。

(三)采用合理的收账政策

收账政策是指信用条件被违反时,拖欠甚至拒付账款时,企业所采取的收账策略,主要包括收账程序、收账方式等。在制定收账政策时要权衡增加收账费用与减少应收账款成本和坏账损失之间的得失。

首先,监督应收账款的回收。应收账款形成以后,企业必须做好账龄分析,密切注意应收账款的回收进度和出现的变化,实施对应收账款回收情况的监督。一般认为,账龄越大,应收账款收回的可能性就越小,应计提的坏账准备也就越多。对不同拖欠时间的欠款,企业应采取不同的收账方法,制定出经济、可行的收账政策;对可能发生的坏账损失,则应提前做好准备,充分估计这一因素对损益的影响。

企业在决定是否向客户提供赊销优惠时,必须考虑以下几个问题。

① 客户是否会拖欠货款,程度如何。

② 怎样最大限度地防止客户拖欠账款。

③ 一旦账款不能按时收回而出现拖欠情况时,应采取什么样的对策。

企业必须对应收账款加强管理,对拖欠的货款及时催收。但催收账款必须花费一定的费用,如通信费、差旅费和法律诉讼费等,如果企业对应收账款管理良好,催收得力,应收账款回收速度快,坏账损失会减少,但收账费用会增加。如果收账政策过严,也会使销售收入下降,因此企业在制定收账政策时要权衡利弊得失,掌握好宽严界限。为了加强对应收账款的管理并制定不同的收账政策。企业应对应收账款的账龄进行分析。一般要编制账龄分析表,如表7.6所示。

表7.6 账龄分析表(截至2×21年12月31日)

付款日期	金额(万元)	比重	备 注
0~10天	120	60%	折扣期内
11~30天	40	20%	信用期内
31~45天	20	10%	已经超期
47~90天	4	2%	严重超期
90天以上	16	8%	危险
合计	200	100%	

通过账龄分析表,可以得出有多少客户能在折扣期内付款;有多少客户能在信用期内付款;有多少应收账款已经超期,程度如何;有多少账款可能成为坏账、呆账,因而可以采取不同的措施组织催收。

其次,催收应收账款。对应收账款的催收是一项比较重要的工作,也是策略性较强的工作,企业必须认真对待,合理确定收账程序和讨债方法。

1. 制定明确且程序化的收账措施

对过期较短的客户,不过多地打扰,以免将来失去这一市场;对过期稍长的客户,可以措辞婉转地发函(信函或电函)催款;对过期较长的客户,频繁地以信件催款,并加以电话催询;对过期很长的客户,定期向客户寄发账单,在催款时措辞严厉,必要时提请有关部门仲裁甚至提起法律诉讼,或委托收账企业收款。

2. 采用有效的催讨方法

顾客拖欠货款的原因较多,但大致可以分为无力支付和故意拖欠两类。企业在催讨时要区分不同情况,采取不同的方法。

无力支付是指顾客因经营管理不善,财务出现困难,没有资金清偿到期债务。如果顾客只是暂时遇到困难,经过努力可以改善经营和财务状况,企业应帮助顾客渡过难关,如放宽期限、减免利息、减少本金等,待企业经营状况好转时,以便收回更多的账款。如果顾客遇到严重困难,已经达到破产界限,无法恢复活力,则应及时向法院起诉,以期在其破产清算时得到应有的赔偿。

故意拖欠是指顾客虽有能力付款,但为了自身利益,想方设法拒不付款。遇到这种情况则必须确定合理的催收办法,尽快收回货款。常见的方法有讲道理、恻隐术法、疲劳战法、激将法、软硬兼施法、诉讼法等。

3. 量化地权衡收账方案的效果

一般而言,收账费用越大,收账措施越有力,可回收的应收账款也越大,坏账损失就越小。但是一味地追求催讨手段与力度,很难使收账政策的效果达到最优,有时甚至可能破坏同客户的关系而影响企业的持续发展。

判断收账方案优劣的着眼点在于怎么使应收账款的总成本最小化,在权衡收账费用和所减少坏账损失的大小的前提下,可以通过比较各收账方案成本的大小,选择最优方案。

四、应收账款日常管理

应收账款管理体系分为三个部分,包括事前控制、事中管理和事后管理。

(一)应收账款事前控制

应收账款事前控制主要是防止盲目赊销,应根据企业的信用标准、信用条件、收账政策、信用额度、赊销的审批制度等来评价客户的信用情况,并决定是否对其进行赊销。

(二)应收账款事中管理

应收账款事中控制主要是对应收账款的风险采取相应的防范措施,如管理好相关单据,建立严格的坏账管理制度等。同时,还要加强应收账款日常管理。

1. 对客户进行追踪分析

企业要做好基础记录,掌握客户信息,密切监控客户已到期债务的增减动态,经常与客户对账并确认债权,了解客户是否能及时付款。检查信用期限是否到期,有利于企业随时采取相应措施防范回款风险。在当今社会。会计信息化的应用越来越广泛,企业可以利用有关应收账款的软件来对账,既省时间又省人力。

2. 对应收账款的账龄进行分析

应收账款的账龄分析可通过编制账龄分析表进行,将应收账款按时间分类,一般30天为一个阶段,具体分为几个阶段,依企业的具体情况。一般来说,应收账款的拖欠时间越长,收回的难度就越大,成为坏账的可能性也就越大。应分析应收账款周转率和平均收账期,检查客户是否突破信用额度,考察应收账款被拒付的百分比,及时修正信用标准。

对应收账款做账龄分析的目的就是密切关注回款时间和相关情况,及时制定相应的处理方案。

3. 对应收账款收现保证率分析

因为企业当期的现金支付需要量与当期的应收账款收现额之间存在非对称性的矛盾,并且表现为预付性与滞后性的差异特征(如企业必须支付与赊销收入有关的增值税和所得税),这样,企业就需要对应收账款的收现水平制定一个控制标准,这就是应收账款的收现保证率。

应收账款收现保证率是为了适应企业现金收支匹配关系的需要,确定出的有效收现的

账款应占全部应收账款的百分比,是两者应当保持的最低比例。其计算公式为:

$$应收账款收现保证率 = \frac{当期必要现金支付总额 - 当期其他稳定可靠的现金流入总额}{当期应收账款总计金额}$$

式中,当期其他稳定可靠的现金流入总额是指除应收账款以外的途径可以取得的各种稳定可靠的现金流入数额,包括可随时取得的银行贷款、短期有价证券变现净额等。

应收账款收现保证率是企业所需现金收支匹配的最低水平。应收账款收现保证率反映的是企业除了其他稳定的收入外,需要用应收账款收现来弥补的最低保证程度。其实对于企业来说,应收账款的坏账损失固然很重要,但当期企业需要的现金支付量是否能被当期收现的应收账款所弥补更为重要,特别是企业需要纳税和到期需偿付债务。若企业发现实际的收现率低于应收账款收现保证率时,就要采取相应措施,确保企业的现金需求得到满足。

(三)应收账款事后管理

企业可以从以下几个方面进行管理控制。
① 当信用期限到期时,先应收集和检查客户的相关资料,然后派专人催讨。
② 严格执行收款政策。
③ 可利用应收账款融资。作为债权的应收账款,企业可将其作为担保物,与信用机构或代理商签订合同,将其出售或抵借,取得现金保障生产运营。
④ 债务重组解决应收账款。

当客户实在无法偿还货款时,企业可以利用债务重组的方法解决。债务重组的方式有很多种:修改信用条件,如延长信用期限并且加收利息等;客户可以用固定资产、存货甚至短期投资等非现金资产来偿还债务;也可以用略低于债务原值的现金来偿还。这些方法看上去赊销企业有些吃亏,但总比一点也收不回来强,在企业急需资金的时候还是能解决问题的。

总之,在激烈的市场竞争环境中,企业面临前所未有的挑战和机遇。虽然,以赊销带动销售不失为企业在竞争中求生存的良方,但是,企业的决策者也应该意识到加强应收账款管理的重要性,在发挥应收账款强化竞争、增强销售功能效应的同时,尽可能地降低坏账损失与应收账款管理成本,最大限度地提高应收账款的管理水平。

任务实施

根据前述项目情境,结合所学任务知识,分析"项目情境"中的大发公司是否应该采用新的信用政策?

任务四 保护存货安全完整,提高存货运营效益

 任务知识

存货是指企业在正常生产经营过程中持有以备出售的产成品或商品、处在生产过程中的在产品、在生产过程或提供劳务过程中耗用的材料和物料等。

一、存货功能

企业置留存货的原因是为了保证生产或销售的经营需要,企业持有存货主要包括以下功能。

(一) 维持均衡生产、防止停工待料

实际上,企业很少能做到随时购入生产或销售所需的各种物资,即使是市场供应量充足的物资也如此。这不仅因为市场不时会出现某种材料的断档,还因为企业距供货点较远而需要必要的途中运输及可能出现运输障碍。一旦生产或销售所需物资短缺,生产经营将被迫停顿,造成损失。为了避免或减少停工待料、停业待货等事故,企业需要储存存货。

(二) 适应市场变化、降低进货成本

原材料采购零星进行,其价格往往较高;而成批购买常有一定的价格优惠,企业可以确定合理的采购批量,从而降低材料的采购成本。

二、存货成本

过多的存货要占用较多的资金,并且会增加包括仓储费、保险费、维护费、管理人员工资在内的各项开支。存货占用资金是有成本的,占用过多会使利息支出增加并导致利润的损失;各项开支的增加更直接使成本上升。进行存货管理,就要尽力在存货成本与存货效益间作出权衡,达到两者的最佳结合。因此,首先必须了解存货的成本。

在企业的存货决策中,需要考虑以下几项成本:进货成本、储存成本和缺货成本。

(一) 进货成本

进货成本主要由存货的进价和进货费用构成:其中,进价又称购置成本,是指存货本身的价值,等于采购单价与采购数量的乘积。在一定时期进货总量既定的条件下,无论企业采购次数如何变动,存货的进价通常是保持相对稳定的(假设物价不变且无采购数量折扣),因而属于决策无关成本。进货费用又称订货成本,是指企业为组织进货而开支的费用,如办公

费、差旅费、邮资、电报电话费等支出。进货费用有一部分与订货次数有关,如差旅费、邮资等,这类变动性进货费用属于决策的相关成本;另一部分与订货次数无关,如常设采购机构的基本开支等,这类固定性进货费用则属于决策的无关成本。

其计算公式为:

$$进货次数 = \frac{存货年需要量(D)}{每次进货量(Q)}$$

进货成本 = 进价 + 进货费用
　　　　 = 购置成本 + 订货成本
　　　　 = 购置成本 + 订货固定成本 + 订货变动成本

即

$$TC_a = DU + F_1 + \frac{D}{Q}K$$

式中,TC_a 为进货成本,D 为存货年需要量,U 为采购单价,F_1 为订货固定成本,K 为订货变动成本;Q 为每次进货量。

(二) 储存成本

储存成本是指企业为持有存货而发生的费用,主要包括:仓储费用、保险费用、报废设备损失、年度检查费用、变质损失、一般仓库发生的所有费用、存货占用资金所应计的利息及由于投资于存货而不投资于其他盈利方面所形成的机会成本。

储存成本按与存货数量多少有无关系分为固定储存成本和变动储存成本。与存货数量无关的成本,如仓库的折旧、仓库职工的固定工资等为固定储存成本,属于决策的无关成本;与存货数量有关的成本,如存货资金的应计利息、存货的毁损和变质损失、存货的保险费用等为变动储存成本,这类成本属于决策的相关成本。变动性储存成本通常为平均存货量 $\frac{Q}{2}$ 与单位存货的变动储存成本的乘积。即:

储存成本 = 固定储存成本 + 变动储存成本

$$TC_c = F_2 + \frac{Q}{2}K_c$$

式中,TC_c 为储存成本,K_c 为变动储存成本;F_2 为固定储存成本。

(三) 缺货成本

缺货成本是指因存货不足而给企业造成的停产损失、延误发货的信誉损失及丧失销售机会的损失等,包括停工待料而发生的损失、商品存货不足而失去的创利额及丧失销售机会的损失及估计的企业信誉损失等。

如果能够以替代材料解决库存材料供应中断之急,缺货成本表现为替代材料紧急采购的额外开支。缺货成本能否作为决策的相关成本,应视企业是否允许出现存货短缺的不同情形而定。若允许缺货,则缺货成本与存货数量反向相关,即属于决策相关成本;反之,若企业不允许发生缺货情形,此时缺货成本为零,无须加以考虑。缺货成本通常用 TC_s 表示。

储备存货的总成本应为上述三项成本之和:

$$TC = TC_a + TC_c + TC_s$$
$$= DU + F_1 + \frac{D}{Q}K + F_2 + \frac{Q}{2}K_c + TC_s$$

三、存货管理目标

企业出于对价格的考虑，零购物资的价格往往较高，而整批购买在价格上有优惠。但是，过多的存货要占用较多资金，还会增加包括仓储费、保险费、维护费、管理人员工资在内的各项开支。

因此，一个企业若要保持较高的盈利能力，应当十分重视存货的管理。存货管理就是对企业的存货进行管理，主要包括存货的信息管理和在此基础上的决策分析，最后进行有效控制，达到存货管理的最终目的，即提高经济效益。在不同的存货管理水平下，企业的资金占用水平差别是很大的。通过实施正确的存货管理方法，来降低企业的平均资金占用水平，提高存货的流转速度和总资产周转率，方能最终提高企业的经济效益。因此，尽力在各种成本与存货效益之间做出权衡，达到两者的最佳结合，也就是存货管理的目标。

四、存货日常管理

企业应加强存货的日常管理，保护存货的安全完整，防范企业风险，降低存货的资金占用和运营成本，提高存货的运营效益，主要应采取以下措施。

（一）ABC分类管理法

存货的品种类型繁多，其价值也相差甚远。不同的存货对企业财务目标的实现具有不同的作用。有的存货尽管品种数量很少，但金额巨大，如果管理不善，将给企业造成极大的损失；相反，有的存货虽然品种数量繁多，但金额微小，即使管理当中出现一些问题，也不至于对企业产生较大的影响。因此，无论是从能力角度还是从经济角度，企业均不可能也没有必要对所有存货不分巨细地严加管理。意大利经济学家巴雷特于19世纪首创的ABC分类管理法正是针对这一问题而提出来的重点管理方法。

ABC分类法是根据事物在技术、经济方面的主要特征，进行分类排列，从而实现区别对待、区别管理的一种方法。ABC分类法是按照一定的标准，将企业的存货划分为A、B、C三类，分别实行分品种重点管理、分类别一般控制和按总额灵活掌握的存货管理方法。

ABC分类管理法的主要运用步骤如下：

1. 确定存货分类的标准

存货分类的标准具体包括金额标准和品种数量标准。

金额标准是最基本的，品种数量标准仅作为参考。A类存货的特点是金额巨大，但品种数量较少；B类存货金额一般，品种数量相对较多；C类存货品种数量繁多，但价值金额却很小。不同企业的分类标准没有严格的额度限制，但一般控制的金额比重为A:B:C=0.7:0.2:0.1，而品种数量比重大致为A:B:C=0.1:0.2:0.7。

2. 根据分类标准进行具体划分

根据上述标准对A、B、C三类存货进行具体划分,如图7.5所示。

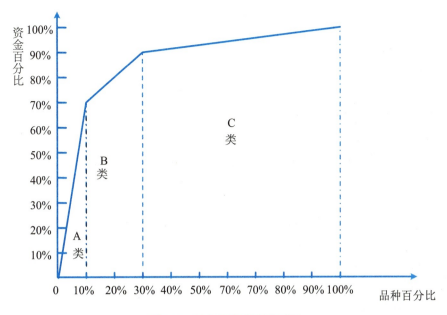

图7.5 ABC分类管理法图示

3. 执行具体管理措施

在对存货进行ABC分类的基础上,企业应分清主次,采取相应的对策进行有效的管理和控制。具体包括以下办法。

(1) A类存货

要采用定量订货控制法加以重点管理。事先计算确定每种存货订货的经济批量,测算固定的再订货点,当存货储备达到再订货点时,按经济批量进行采购。严把存货进货关,保证存货质量,加强存货仓储管理,经常对库存存货的数量、质量进行检查,并及时登记存货的收、发、存数量,以便及时掌握库存存货的数量动态和质量状况。同时做到以销定购,以销定产,既保证生产、销售的需要,又防止积压浪费,防范企业风险产生。

(2) B类存货

一般按类来确定存货的订货数量和储备定额,原则上要事先计算确定各类存货订货的经济批量和订货时间,把好存货验收质量关,定期登记存货的收、发、存数量,按固定的再订货点和库存最低点,组织订货或生产,保证生产、销售的需要,防止积压和浪费。

(3) C类存货

由于品种数量繁多而资金占用较少,可以采取定期订货控制方法加以管理。可适当减少全年订货次数,适当增加每次的订货数量,灵活地把好质量关,定期登记存货的收、发、存数量,保证生产、销售的需要,防止积压浪费。

企业的存货可以分为两类:一类是可以量化的;另一类是不能量化的,通常只可凭经验判断。对于能够量化的,分类就要容易得多,而且更为科学。

(二) 健全存货内部控制制度防范企业风险

建立健全企业存货内部控制制度,应包括以下几个方面的内容。

1. 严格执行财务制度规定,使账、物、卡三相符

存货管理要严格执行财务制度规定,对货到发票未到的存货,月末应及时办理暂估入账手续,使账、物、卡三相符。

2. 建立存货的岗位责任制

明确与存货业务相关的采购部门、财务部门、仓储部门、生产部门、质量检验部门、销售部门、运输部门等部门的相关岗位和与存货业务相关的存货的取得、验收与入库,仓储与保管,领用、发出与处置等环节的相关岗位的职责、权限,确保办理存货业务的不相容岗位相互分离、制约和监督,不得由同一个部门或个人办理存货的全过程业务,防止产生风险。

3. 计提存货跌价准备金,防范企业风险

在市场经济条件下,市场竞争日益加剧,供求关系不断变化,企业风险增大,企业要定期检查存货的账面价值,合理地预计存货可能发生的损失。如果在资产负债表日,存货发生减值,应按存货可变现净值低于成本的差额,确认存货减值损失,计提存货跌价准备金,防止风险发生对企业正常运营的影响,保证企业生产经营活动的正常进行。

4. 建立健全存货的收、发、保管制度

在存货的取得、验收与入库环节的控制制度方面,要明确各种不同方式取得存货的特殊规定要求,严格进行存货付款控制,严格执行存货验收制度,严把存货质量关,设置存货实物明细账,按国家统一会计制度的规定进行存货的会计核算。

(三) 落实存货归口分级管理

存货的归口分级管理,是加强存货日常管理的一种重要方法:这种方法主要是指在财务部门对存货资金实行统一管理的情况下,由资金的使用部门将存货资金计划分解到单位或个人,层层落实、实行分级管理。

1. 统一管理

为了实现资金使用的综合平衡、加速资金周转,企业必须加强对存货资金的集中、统一管理,促进供、产、销互相协调。财务部门在经理的领导下对存货资金实行统一管理,主要有以下几个方面的工作:根据国家财务制度和企业具体情况制定企业资金管理的各种制度;认真测算各种资金占用数,汇总编制存货资金计划;将有关指标进行分解,落实到有关单位和个人;对各单位资金运用情况进行检查和分析,统一考核资金的使用情况。

2. 归口管理

根据使用资金和管理资金相结合、物资管理与资金管理相结合的原则,每项资金由哪个部门使用,就归哪个部门管理。各项资金归口管理的分工一般如下:

① 原材料、包装物、燃料等资金归供应部门管理。

② 在产品、自制半成品归生产部门管理。

③ 产成品资金归销售部门管理。

④ 工具用具占用资金归工具部门管理。

⑤ 修理用备件占用资金归设备动力部门管理。

3. 分级管理

各归口的管理部门要根据情况对资金计划指标进行分解,分配给所属单位或个人,层层落实、实行分级管理。具体分解过程如下:

① 原材料资金计划指标可分配给供应计划、材料采购、仓库保管、整理准备各业务组管理。

② 在产品资金计划指标可分配给各车间、半成品库管理。

③ 成品资金计划指标可分配给销售、仓库保管、成品发运各业务组管理。

(四) 加强存货采购管理,合理运作采购资金,控制采购成本

1. 明确存货业务的授权批准方式、程序和相关控制措施

规定审批人的权限、责任。审批人不得越权审批。明确经办人员的职责范围和工作要求,严禁未经授权人员办理存货业务。

制定存货业务流程,明确存货的取得、验收与入库,仓储与保管,领用、发出与处置等程序。

环节的控制要求,设置相应的记录或凭证,同时建立对各环节凭证资料的保管制度。

2. 提高业务素质,制定科学合理的存货采购计划

业务人员要有较高的业务素质,对生产工艺流程及设备运行情况要有充分的了解,掌握设备维修、备件消耗情况及生产耗用材料情况,进而制定科学合理的存货采购计划。

3. 规范采购行为,增加采购的透明度

本着节约的原则,采购员要对供货单位的品质、价格、财务信誉动态监控;收集各种信息,同类产品货比多家,以求价格最低、质量最优;同时对大宗原材料、大型备品备件实行招标采购,杜绝暗箱操作,杜绝采购黑洞。这样既确保了生产的正常进行,又有效地控制了采购成本、加速了资金周转、提高了资金的使用效率。

(五) 充分利用ERP等先进的管理模式,实现存货资金信息化管理

要想使存货管理达到现代化企业管理的要求,就要使企业尽快采用先进的管理模式,如ERP系统。利用ERP使人、财、物、产、供、销全方位科学高效集中管理,最大限度地堵塞漏洞、降低库存,使存货管理更上一个新台阶。

五、存货数量规划

(一) 经济订货批量的基本模型

经济订货批量是一定时期内储存成本和订货成本总和最低的采购批量。确定经济采购批量便可以找出最适宜的进货时间和进货周期。

采用经济订货批量基本模型确定经济订货批量时,应当满足以下基本假设。

① 存货市场供应充足,企业需要存货时便可取得存货。

② 存货集中到货且不允许缺货,即没有缺货成本。

③ 一定时期的存货需求量稳定,并可预测。

④ 存货单价已知,且不考虑现金折扣。
⑤ 每次变动订货成本和一定时期内单位存货变动储存成本不变。
⑥ 存货均衡耗用。

存货总成本的公式可以简化为:

$$TC = DU + F_1 + \frac{D}{Q}K + F_2 + \frac{Q}{2}K_c$$

当 F_1、F_2、K、D、U、K_c 为常量时,TC 的大小取决于 Q。

令

$$TC' = \frac{K_c}{2} - \frac{KD}{Q^2} = 0$$

解出

$$Q^* = \sqrt{\frac{2KD}{K_c}}$$

Q^* 即为最佳订货批量。

另外,最佳订货次数 $N^* = \dfrac{D}{Q^*} = \sqrt{\dfrac{DK_c}{2K}}$

与订货批量有关的存货总成本 $TC(Q^*) = \dfrac{KD}{\sqrt{\dfrac{2KD}{K_c}}} = \sqrt{2KDK_c}$

最佳订货周期 $t^* = \dfrac{360}{N} = \dfrac{360}{\sqrt{\dfrac{DK_c}{2K}}}$

经济订货量占用资金 $I^* = \dfrac{Q^*}{2}U$

我们可以通过图7.6来描述经济订货批量的基本模型。

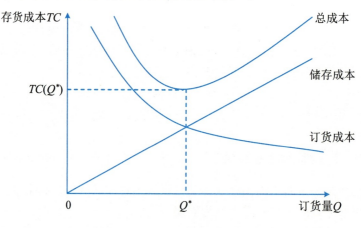

图7.6 经济订货批量基本模型

订货成本随订货批量的增加而减少,而储存成本随着订货批量的增加而增加,当储存成本和订货成本相等时,总成本最低。

【案例7.4】 假设长龙公司每年耗用某种原材料360 000千克,该材料单位成本为150元/千克,每件单位储存成本为2元,平均每次订货成本为1 600元。

要求:
(1) 计算经济订货批量及批次。
(2) 存货相关总成本。
(3) 最佳订货周期。
(4) 经济订货量占用资金。

解析:

(1) 经济订货批量及批次

$$经济订货批量 Q^* = \sqrt{\frac{2KD}{K_c}} = \sqrt{\frac{2 \times 1\,600 \times 360\,000}{2}} = 24\,000(千克)$$

$$经济订货批次 N^* = \sqrt{\frac{DK_c}{2K}} = \sqrt{\frac{360\,000 \times 2}{2 \times 1\,600}} = 15(次)$$

(2) 存货相关总成本

$$TC(Q^*) = \sqrt{2KDK_c} = \sqrt{2 \times 1\,600 \times 360\,000 \times 2} = 480\,000(元)$$

(3) 最佳订货周期

$$t^* = \frac{360}{N} = \frac{360}{\sqrt{\frac{DK_c}{2K}}} = 24(天)$$

(4) 经济订货量占用资金

$$I^* = \frac{Q^*}{2} U = \frac{24\,000}{2} \times 150 = 1\,800\,000(元)$$

(二) 数量折扣下的经济批量模型

1. 数量折扣对经济批量的影响

为了鼓励客户购买更多的商品,销售企业通常会对购买数量较大的客户给予一定的价格优惠,即数量折扣,也称商业折扣。对进货企业来说,购买的数量会影响到商品的购买价格,此时,企业的存货进货成本与购买数量相关。因此,在经济批量确定时除了要考虑订货成本(进货费用)和储存成本之外,还应考虑存货的进价成本(购置成本)。即在经济进货批量基本模型其他各种假设条件均具备的前提下,存在数量折扣时的存货相关总成本计算公式为:

$$存货相关总成本=存货进价+相关进货费用+相关储存成本$$

2. 实行数量折扣的经济批量的确定步骤

第一步,按照基本经济进货批量模式确定经济进货批量。
第二步,计算按经济进货批量进货时的存货相关总成本。
第三步,计算按给予数量折扣的不同批量进货时的存货相关总成本。
第四步,比较不同批量进货时的存货相关总成本。此时最佳进货批量,就是使存货相关总成本最低的进货批量。

【案例7.5】 长龙公司每年需耗用A材料8 000千克,每千克的标准价为20元,销售企业规定,客户每批购买量不足1 000千克的,按标准价计算;每批购买量1 000千克以上、不足2 000千克的,价格优惠2%;每批购买量在2 000千克以上的,价格优惠3%。假定该材料的单位储存成本为10元,平均每次订货成本为400元。

要求:计算该公司采购A材料的经济批量。

解析:

(1) 按经济批量的基本模型计算进货批量,即:

$$Q^* = \sqrt{\frac{2 \times 8\,000 \times 400}{10}} = 800(千克)$$

(2) 计算每次进货800千克时的存货相关总成本,即:

$$8\,000 \times 20 + \frac{8\,000}{800} \times 400 + \frac{800}{2} \times 10 = 168\,000(元)$$

(3) 计算每次进货1 000千克时的存货相关总成本,即:

$$8\,000 \times 20 \times (1-2\%) + \frac{8\,000}{1\,000} \times 400 + \frac{1\,000}{2} \times 10 = 165\,000(元)$$

(4) 计算每次进货2 000千克时的存货相关总成本,即:

$$8\,000 \times 20 \times (1-3\%) + \frac{8\,000}{800} \times 400 + \frac{1\,000}{2} \times 10 = 166\,800(元)$$

通过比较可以得知:每次进货1 000千克时的存货相关总成本最低,所以长龙公司采购A材料的经济批量为1 000千克。在存在数量折扣的前提下,订货批量越大,储存成本越高,而订货成本相应减少,结果可能会导致总成本的增加,但企业所享受的折扣导致采购单价的降低,从而节约采购成本。因此,数量折扣条件下能否改变经济订货批量而按折扣数量订货,取决于总成本的增加额和节约的采购成本的比较,若后者大于前者,则可行,反之则不可行。

任务实施

根据前述项目情境,结合所学任务知识,完成下面任务:

1. 运用存货经济订货批量基本模型,在不考虑数量折扣的情况下,确定"项目情境"中大发公司存货的经济订货批量。

2. 运用存货经济订货批量基本模型,在考虑数量折扣的情况下,确定"项目情境"中大发公司存货的经济订货批量。

知识检测

一、单项选择题

1. 下列各项中,不属于应收账款成本构成要素的是(   )。
   A. 机会成本   B. 管理成本
   C. 坏账成本   D. 短缺成本

2. 采用ABC法对存货进行控制时,应当重点控制的是(   )。

A. 数量较多的存货　　　　　　　　B. 占用资金较多的存货
C. 品种较多的存货　　　　　　　　D. 库存时间较长的存货

3. 持有过量现金可能导致的后果是(　　)。
A. 财务风险加大　　　　　　　　　B. 收益水平下降
C. 偿债能力下降　　　　　　　　　D. 资产流动性下降

4. 营运资金又称营运资本,通常指(　　)的净额。
A. 资产减去负债　　　　　　　　　B. 流动资产
C. 流动资产减去流动负债后　　　　D. 现金

5. 下列选项中,(　　)同货币资金持有量呈正比例关系。
A. 转换成本　　　　　　　　　　　B. 机会成本
C. 短缺成本　　　　　　　　　　　D. 管理成本

6. 企业要购买原材料,并不是都是收到原材料的当天就马上付款,通常会有一定的延迟,这一延迟的时间段是(　　)。
A. 应收账款周转期　　　　　　　　B. 存货周转期
C. 应付账款周转期　　　　　　　　D. 现金周转期

7. 企业拟将信用期由目前的30天放宽为60天,预计赊销额由1 000万元变为1 200万元,变动成本率为60%,等风险投资的最低报酬率为10%,则放宽信用期后应收账款占用资金应计利息增加(　　)万元(一年按360天计算)。
A. 17　　　　　　　　　　　　　　B. 5
C. 7　　　　　　　　　　　　　　D. 12

8. 某企业年销售收入为720万元,信用条件为"1/10,n/30"时,预计有20%的选择享受现金折扣优惠,其余客户在信用期付款,变动成本率为70%,资金成本率为10%,则下列选项不正确的是(　　)。
A. 平均收账天数为26天
B. 应收账款占用资金应计利息5.2万元
C. 应收账款占用资金为36.4万元
D. 应收账款占用资金应计利息为3.64万元

9. 假设恒通公司2×23年3月底应收账款为360万元,信用条件为在30天按全额付清货款,过去三个月的销售收入分别为270万元、280万元、260万元,则平均逾期(　　)天(一个月按30天计算)。
A. 40　　　　　　　　　　　　　　B. 10
C. 44　　　　　　　　　　　　　　D. 30

10. 某企业每年耗用某种原材料3 600千克,该材料的单位成本为20元,单位材料年持有成本为1元,一次订货成本50元,则该企业的经济订货批量为(　　)千克,最小存货成本为(　　)元。
A. 300,3 000　　　　　　　　　　B. 600,600
C. 600,30　　　　　　　　　　　　D. 600,6 000

二、多项选择题

1. 下列关于营运资金的特点,说法正确的有(   )。
   A. 营运资金的来源具有灵活多样性
   B. 营运资金的数量具有波动性
   C. 营运资金的周转具有短期性
   D. 营运资金的实物形态具有变动性和易变现性

2. 营运资金的管理是企业财务管理工作的一项重要内容,营运资金的管理原则包括(   )。
   A. 保证合理的资金需求　　　　　B. 提高资金使用效率
   C. 节约资金使用成本　　　　　　D. 保持足够的短期偿债能力

3. 下列各项中,属于存货"缺货成本"的有(   )。
   A. 停工损失　　　　　　　　　　B. 产成品缺货造成的拖欠发货损失
   C. 丧失销售机会的损失　　　　　D. 存货的机会成本

4. 下列关于存货管理的ABC分析法描述正确的是(   )。
   A. A类存货金额巨大,但品种数量较少　B. C类存货金额巨大,但品种数量较少
   C. 对A类存货应重点控制　　　　　　D. 对C类存货应重点控制

5. 某企业的最低现金持有量为10 000元,最高控制线为25 000元,如果公司现有现金20 000元,根据米勒-奥尔现金管理模型,下列说法正确的有(   )。
   A. 现金回归线为17 500元　　　　B. 应该投资有价证券
   C. 不应该投资有价证券　　　　　D. 现金回归线为15 000元

6. 企业如果延长信用期限,可能导致的结果有(   )。
   A. 扩大当期销售　　　　　　　　B. 延长平均收账期
   C. 增加坏账损失　　　　　　　　D. 增加收账费用

7. 在应收账款管理中,应收账款的成本包括(   )。
   A. 应收账款机会成本　　　　　　B. 应收账款管理成本
   C. 应收账款坏账成本　　　　　　D. 应收账款信用成本

8. 某企业的信用条件为"5/10,2/20,n/30",则以下选项正确的有(   )。
   A. 5/10表示10天内付款,可以享受5%的价格优惠
   B. 2/20表示在20天内付款,可以享受2%的价格优惠
   C. n/30表示的是最后的付款期限是30天,此时付款无优惠
   D. 如果该企业有一项100万元的货款需要收回,客户在15天付款,则该客户只需要支付98万元货款

9. 5C标准包括(   )。
   A. 信用品质　　　　　　　　　　B. 偿债能力
   C. 资本　　　　　　　　　　　　D. 抵押品

10. 经济批量模型的假设包括(   )。
    A. 存货单价不变　　　　　　　　B. 不允许缺货
    C. 存货消耗均匀　　　　　　　　D. 订货瞬间到达

三、判断题

1. 因为应收账款的收账花费与坏账损失一般呈反比关系，所以制定收账政策时就要在收账费用与所减少的坏账损失之间做出权衡。（　　）

2. 订货提前期对经济订货量不产生影响，因而存在或不存在订货提前期下的订货批量、订货次数、订货间隔期都是一样的。（　　）

3. 存货管理的经济批量，即达到最低的订货成本的订货批量。（　　）

4. 商业信用筹资的最大优越性在于容易取得。对于多数企业来说，商业信用是一种持续性的信用形式，且无须办理复杂的筹资手续。（　　）

5. 企业为满足交易性需要所持有的现金余额主要取决于企业销售水平。（　　）

6. 企业的最佳现金持有量通常等于满足各种动机所需的现金余额之和。（　　）

7. 如果企业放宽信用标准，对坏账损失率较高的客户给予赊销，则会增加销售量，减少企业的坏账损失和应收账款的机会成本。（　　）

8. 信用标准是指公司决定授予客户信用所要求的最低标准，如果客户达不到该项信用标准，就不能享受公司按商业信用赋予的各种优惠，或只能享受较低的信用优惠。（　　）

9. 企业花费的收账费用越多，坏账损失就会越少，并且平均收账期也会越短。（　　）

10. 一般来讲，当某种存货数量比重达到70%左右时，可将其划分为A类存货，进行重点管理和控制。（　　）

技能训练

1. 已知：某公司现金收支平稳，预计全年（按360天计算）现金需要量为250 000元，现金与有价证券的转换成本为每次500元，有价证券年利率为10%。

要求：

（1）计算最佳现金持有量。

（2）计算最佳现金持有量下的全年现金管理总成本、全年现金转换成本和全年现金持有机会成本。

（3）计算最佳现金持有量下的全年有价证券交易次数和有价证券交易间隔期。

2. 某公司计划年度销售收入7 200万元，全部采用商业信用方式销售，客户在10天内付款折扣2%，超过10天但在20天内付款折扣1%，超过20天但在30天内付款，按全价付款。预计客户在10天内付款的比率为50%，20天内付款的比率为30%，超过20天但在30天内付款的比率为20%。同期有价证券年利率为10%。

要求：

（1）计算企业收款平均间隔天数。

（2）计算每日销售额。

（3）计算应收账款余额。

（4）计算应收账款机会成本。

3. 某公司年耗用乙材料72 000千克，单位采购成本为200元，储存成本为4元，平均每次进货费用为40元，假设该材料不存在缺货情况。

要求：

(1) 计算乙材料的经济进货批量。

(2) 计算经济进货批量下的相关总成本。

(3) 计算经济进货批量下的平均占用资金。

(4) 计算年度最佳进货批次。

 延伸阅读

项目七延伸阅读

项目八 成本管理

项目情境

电力作为统筹推进国家经济发展和民生保障的重要基础,在当今社会中的作用愈加重要。国家实施与推行一系列电力改革措施,明确要求将与输配电不相干、不合理的成本进行核减;同时,市场竞争越来越激烈,电力企业的利润空间不断遭受挤压。

A电力公司是一家国家电网有限公司所属的送变电企业,在国家电网有限公司的严格治理以及电网建设行业同质化残酷竞争的双重压力下,供电公司的利润从原来的"价差"转移到了"准许成本+合理的收益"上,因此加强成本约束、严格成本控制,成为供电公司扩大利润空间的重点工作。为此,公司的管理层展开了激烈的讨论,摒弃了传统的单一成本管理方法下的低成本竞争模式,采取复合运用作业成本法、标准成本法和责任成本法的成本管理模式,构建战略层、经营管理层和项目管理层的多层多维的成本管理和控制体系,以实现最大程度发挥三种成本管理方法的优势,相互弥补局限性,从而达到项目成本最优的管控效果。

任务导入

根据上述情境,请思考并回答下列问题。

1. 公司为何要进行成本管理?开展有效的成本管理工作,会给A电力公司带来哪些改变?
2. 成本性态是什么?公司如何开展本量利分析?
3. 公司为何要摒弃传统的单一成本管理方法下的低成本竞争模式?这种传统模式落后在哪里?
4. 作业成本法、标准成本法和责任成本法分别是什么?为何需要构建多层多维的成本管理和控制体系,以弥补三种成本法的局限性,综合发挥出最大化优势?

学习目标

本项目主要解决初学者对成本管理工作的基本认识问题,通过对本项目的学习,应达到如下目标要求:

1. 知识目标:了解成本管理的基本概念;理解成本性态的概念和本量利分析法;熟悉标准成本、作业成本和责任成本的内容体系。

2.技能目标:理解成本管理的目标与原则,能合理地开展成本管理工作;熟悉成本性态构成,能运用盈亏平衡点分析法实施财务评价;掌握标准成本法的成本计算和差异分析;熟练运用作业成本法和责任成本法计算分析与评价企业成本管理水平。

3.素养目标:遵循国家相关法律法规和职业道德,树立正确的人生观、社会观、价值观和企业发展观;充分理解成本管理是企业管理的重要组成部分,是在激烈的竞争中赢得利润的关键要素;能够运用科学的成本管理理论制定出合理的成本管理办法,并且可以有效地跟踪评价与分析考核。

4.思政目标:树立绿色、低碳的发展理念,量入为出,降本增效,勤俭节约,确保品质,推动经济社会可持续发展。

 知识导图

本项目的知识导图如图8.1所示。

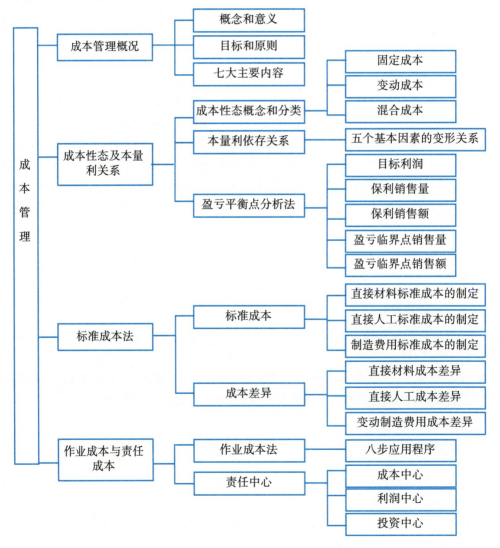

图8.1 知识导图

任务一　了解成本管理

一、成本管理的概念和意义

(一)成本管理的概念

成本是商品经济的价值范畴,是商品价值的组成部分。企业为生产商品或提供劳务等需耗费资源,这些资源的货币表现及其对象化称为成本。成本管理是指企业在生产经营过程中实施成本预测、成本决策、成本计划、成本控制、成本核算、成本分析和成本考核等一系列科学管理行为的总称。

(二)成本管理的意义

成本管理的意义非常显著,一方面可以控制企业生产经营中产生的各项成本,为制定价格以及其他经营决策提供依据;另一方面,可以实现合理的生产耗费与有效的价值补偿的统一,增强生产要素营运效果,获取更多的盈利和生存机会。同时,也将促进社会资源优化配置及经济可持续发展。

二、成本管理的目标和原则

(一)成本管理的目标

成本管理的总体目标服务于企业整体经营的规划和目标。其可以为企业经营决策层提供成本范畴的相关信息,方便企业开展经营战略部署;并通过成本计算、成本控制等具体的目标举措,提高企业成本效益比,降低成本,获得竞争优势。

(二)成本管理的原则

成本管理的原则体现在四个方面:

1. 融合性原则

融合性原则即以企业业务模式为基础,将成本管理融入全维度。

2. 适应性原则

适应性原则即与企业的发展战略和生产经营特点相吻合。

3. 成本效益原则

成本效益原则即成本管理的成本要兼顾收益与支出的平衡。

4. 重要性原则

重要性原则即管理的重点需集中在对成本具有重大影响的项目上。

三、成本管理的主要内容

按照企业管理遵从事前、事中和事后的程序，成本管理可以具体划分为成本预测、成本决策、成本计划、成本控制、成本核算、成本分析和成本考核等七项主要内容。

（一）成本预测

成本预测是进行成本管理的开端，是指运用一定的科学方法，在现有情况和历史资料的基础上，对未来成本水平及其变化趋势做出科学的估计。通过成本预测，掌握未来的成本水平及其变动趋势，系统分析可能出现的有利与不利情况，运筹帷幄，使经营管理者易于选择最优方案，减少决策的盲目性。

（二）成本决策

成本决策建立在成本预测的基础上，是指围绕经营目标开展价值分析，提出降低成本的各种可行性方案，再运用科学的定性和定量方法对各方案进行分析、比较、筛选和择优，最终确定目标成本的过程。

（三）成本计划

成本计划是企业生产经营总预算的一部分，是指通过一定的程序与方法，针对决策目标和现有水平，以货币形式计量计划期产品的生产耗费和各种产品成本水平，是对成本进行筹划和管理的活动。成本计划一般会提交采取的主要措施的书面方案，包括按照生产要素和按照生产费用的经济用途等所确定的具体耗费。

（四）成本控制

成本控制是指企业根据预先确定的成本制度和管理控制目标，运用系统工程的原理对企业在生产经营过程中发生的各种耗费进行计算、调节和监督的过程，对各种可能影响成本的因素进行管控，发现薄弱环节，挖掘内部潜力，主动预防风险。成本控制也是一个寻找一切可能降低成本途径的过程，属于全面控制，包括事前成本控制、事中成本控制和事后成本控制三个环节。

（五）成本核算

成本核算是指按照国家统一的会计制度规定和企业管理需要，以会计核算为基础，以货币为计算单位，将生产经营中的各种耗费按照成本核算对象进行归集、分配和结转，获取相应的总成本和单位成本，为企业经营决策提供科学依据。

（六）成本分析

成本分析是成本管理工作的重要环节，是指利用成本核算及其他有关资料，通过分析成本高低和内部构成的变化情况,系统研究影响因素和变动原因,并采取有效措施控制成本所开展的一系列分析管理活动。开展成本分析,有利于正确评价成本计划的执行结果,掌握和运用成本变动的规律,实现降低成本的目标,有助于进行成本控制,正确评价成本计划完成情况,还可为制定成本计划、做出经营决策提供重要依据,寻求进一步降低成本的途径和方法,提高成本管理工作的水平。

(七) 成本考核

成本考核是指定期考核和评价成本计划的各项指标的完成情况和成本目标的实现情况,全面评价成本管理工作的成绩,并根据责任中心结果的优劣,进行相应奖励和惩罚,从而激励和约束员工及其团体的成本管理行为,严肃财经纪律和管理制度,提高企业成本管理水平。

在上述七项活动中,成本预测、成本计划与成本决策是成本实际发生之前的准备工作,企业内外环境变化共同决定了这三者的变动;成本分析贯穿于成本管理的全过程;成本控制、成本核算、成本分析和成本考核通过成本信息的流动互相联系并不断变化。

根据前述项目情境,请结合所学任务知识,完成下列任务:
1. 回答"任务导入"中的第一个问题。
2. 系统地说一下企业应当如何开展成本管理。

任务二 熟悉成本性态,掌握本量利分析

一、成本性态的概念

成本性态也称成本习性,是指成本总额与业务量(或产销量或作业量)之间在数量方面客观存在的依存关系。成本性态分析是指在明确各种成本性态的基础上,按照一定的程序和方法最终将全部成本划分为固定成本和变动成本两大类,并建立相应成本函数模型的过程,可以利用直线方程 $Y=a+bX$ 去模拟,Y 代表成本总额,X 代表业务量,a 代表固定成本,b 代表单位变动成本,bX 代表变动成本总额。

二、成本性态的分类

成本按成本性态可分为固定成本、变动成本和混合成本三大类。如图8.2所示。

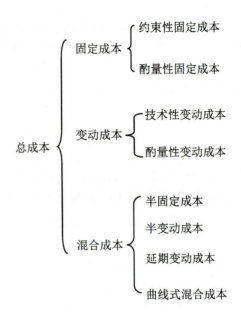

图8.2 成本性态的分类

（一）固定成本

固定成本是指在一定时期和一定业务量范围内,其成本总额不随业务量的增减变动而变动的那部分成本,如广告费、保险费、房屋租金、折旧费和管理人员工资等。

1. 固定成本的特征

① 在一定时期和一定业务量(用X表示)范围内,固定成本总额(用a表示)保持固定不变,不随着产量的变动而变动。当然,固定成本总额的"固定性"是有条件的,即在"一定时期和一定业务量范围内",这个范围称为固定成本的相关范围。时期不同,客观情况也不同,固定成本就需要做出调整;同样,当业务量超过一定的范围,固定成本也需要做出相应的调整。例如当生产量超过现有的生产能力时,就需要添置新的厂房设备,折旧与管理成本都会相应增加,最终造成固定成本总额的增加。如图8.3所示。

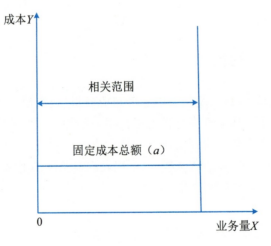

图8.3 固定成本总额

② 在一定时期和一定业务量(用 X 表示)范围内,单位固定成本(用 a/X 表示)与业务量呈反比例变动关系,即业务量越大,单位产品所负担的固定成本就越小;反之,则越大。如图8.4所示。

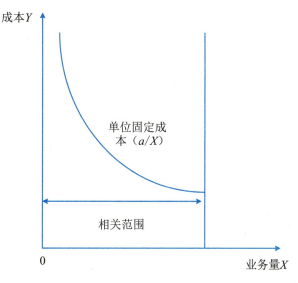

图8.4 单位固定成本

【案例8.1】 长江公司租用一台设备进行生产加工,每月租金为6 000元,这台设备的最大生产能力为每月生产800件,当该企业每月的产量不超过800件时,每月租金总成本不随着产量的变动而变动,固定为6 000元。

要求:计算当该企业每月的产量分别为200件、400件和600件时,其单位固定成本分别是多少?

解析:

(1) 产量为200件时,单位固定成本＝6 000÷200＝30(元)。

(2) 产量为400件时,单位固定成本＝6 000÷400＝15(元)。

(3) 产量为600件时,单位固定成本＝6 000÷600＝10(元)。

根据计算结果得知,单位固定成本将随产量的增加而成比例下降,分别为30元、15元和10元。

2. 固定成本的分类

按照固定成本是否受管理层短期决策行为的影响,又可以将固定成本进一步划分为约束性固定成本和酌量性固定成本。

(1) 约束性固定成本

约束性固定成本是形成和维持企业最起码的生产经营能力的成本,也是企业经营业务必须负担的最低成本,又称为经营能力成本,该成本不受管理层短期决策行为影响。例如按照非工作量法计提的固定资产折旧费、保险费和管理人员工资等。约束性固定成本具有很大的约束性,降低该成本意味着必须缩减企业的生产经营能力,降低企业的盈利能力,影响企业实现长远的目标,因此除非要改变经营方向否则不会涉及降低该部分成本总额。对于约束性固定成本,应当充分合理地挖掘生产经营的最大能力,提高产品的产量,相对降低其单位成本。

（2）酌量性固定成本

酌量性固定成本是指伴随着管理层短期决策的改变而变化,可以在不同时期改变其数额的那部分固定成本,又称可调整固定成本,主要包括研究开发费用、广告宣传费用、业务招待费用、职工培训费用和经营性租赁费用等。酌量性固定成本的预算期一般较短,通常为一年,高层领导往往根据企业经营方针而做出总额的判断,认真预算,精打细算,厉行节约,即在保证生产经营既定质量的前提下尽量减少其支出总额。

约束性固定成本和酌量性固定成本的区分有助于在生产管理中寻找到降低成本的正确途径。通常,降低固定成本总额指的就是降低酌量性固定成本总额。

（二）变动成本

变动成本是指在一定时期和一定业务量范围内,其成本总额伴随着业务量的增减变动而呈正比例变动的成本,如直接材料、直接人工等。

1. 变动成本的特征

① 在一定时期和一定业务量范围内,变动成本总额(用 bX 表示)随着业务量的变动而呈正比例变动。如图8.5所示。

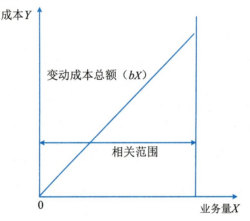

图8.5　变动成本总额

② 在一定时期和一定业务量范围内,单位变动成本(用 b 表示)不随着业务量的变动而变动,保持固定状态。如图8.6所示。

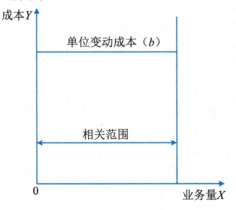

图8.6　单位变动成本

【案例8.2】 长江公司生产加工甲产品,每件甲产品的直接材料费为200元。

要求:计算当产量为1 000件、2 000件和5 000件时,直接材料费的总成本分别为多少?

解析:

(1)产量为1 000件时,直接材料费的总成本=1 000×200=200 000(元)

(2)产量为2 000件时,直接材料费的总成本=2 000×200=400 000(元)

(3)产量为5 000件时,直接材料费的总成本=5 000×200=1 000 000(元)

根据计算结果得知,直接材料费的总成本分别为200 000元、400 000元和10 00 000元,与产量呈正比例变动,而单位变动成本始终保持200元不变。

2. 变动成本的分类

按照具体发生原因的不同,又可以进一步将变动成本划分为技术性变动成本和酌量性变动成本。

(1) 技术性变动成本

技术性变动成本是指由技术因素决定的,消耗量受客观因素制约的那部分变动成本。例如,汽修的发动机等部件,在外购价格一定的条件下,其成本就属于受设计技术影响,且与汽车行驶里程呈正比例关系的技术性变动成本。技术性变动成本与工艺技术紧密相关,可以通过技术革新和技术革命、改进设计和改革技术,提高材料综合利用率和劳动生产率,从而降低单耗、避免浪费。

(2) 酌量性变动成本

酌量性变动成本是指由企业管理部门决策影响的那部分变动成本。例如,原材料的采购价格,在保证质量的前提下,企业可以通过货比三家,在不同地区或不同供货单位采购,其采购价格是有差别的,这种成本消耗就属于酌量性变动成本。酌量性变动成本相对于技术性变动成本来说,管理部门的主观影响程度要高,可以通过合理制定政策、降低材料采购成本、优化劳动组合、严格控制制造费用开支、改善成本与效益关系等措施来实现。

区分技术性变动成本和酌量性变动成本,有助于在生产管理中寻找到降低成本的正确途径。

(三)混合成本

混合成本是指成本中既含有固定成本特性,又含有变动成本特性的成本,即成本总额随着业务量的增减变动而变动又不呈正比例关系的那部分成本。其特点是:区别于单纯的固定成本和变动成本,成本特征中既具有固定成本的某些特征,又具有变动成本的某些特征,其成本随着业务量的变动而变动,但又不呈正比例关系。按其特征可以进一步将混合成本分为半固定成本、半变动成本、延期变动成本和曲线式混合成本等。

1. 半固定成本

半固定成本又称阶梯式混合成本,在一定业务量范围内其成本不随业务量的变动而变动,类似固定成本,当业务量突破这一范围,成本就会跳跃上升,并在新的业务量变动范围内固定不变,直到出现另一个新的跳跃为止,比如企业化验员、保养工、质检员、运货员等人员的工资等。

2. 半变动成本

半变动成本又称标准式混合成本,是一种同时包含固定成本和变动成本因素的混合成本，这类成本的固定部分是不受业务量影响的基数成本，变动部分则是在基数成本的基础上随业务量的增长而呈正比例增长的成本，比如企业的电话费、水费、电费、煤气费、机器设备维修保养费等就属于这类成本。

3. 延期变动成本

延期变动成本又称低坡式混合成本，是指在一定产量范围内总额保持稳定，超过特定产量则开始随产量比例增长的成本，例如，在正常产量情况下向员工支付固定月工资，当产量超过正常水平后则需支付加班费，这种人工成本就属于延期变动成本。

4. 曲线式混合成本

曲线式混合成本通常有一个不变的初始量，随后成本随业务量变动但并不存在线性关系，在坐标图上表现为一条抛物线。

三、本量利分析

（一）本量利分析的含义

本量利中的"本"指的是成本，"量"指的是业务量，"利"指的是利润。所谓本量利分析，是指在成本性态分析的基础上，根据成本、业务量和利润之间的线性关系，对成本指标进行分析和预测的一种方法。运用本量利分析，可以进行企业的目标利润规划，编制全面预算表，分析企业的经营风险，提供风险化解的方法和手段，进行相关决策。

（二）本量利之间的依存关系

在对成本进行性态分析的基础上，本量利之间的联系可用以下基本关系式来表述：

销售收入－成本＝利润

在该公式中，"销售收入"是由销售单价乘以销售数量组成的，"成本"是由变动成本总额和固定成本总额共同组成的。因而上述公式就可改变为：

销售单价×销售数量－（单位变动成本×销售数量＋固定成本总额）＝利润

上述关系式包括了五个基本因素：销售单价、销售数量、单位变动成本、固定成本总额和利润。本量利分析的基本原理就是在假设其中三个因素为常量的基础上，将另外两个因素作为自变量和因变量，然后利用上述关系式进行数学换算，求得所需要的分析指标。具体公式如下：

利润＝销售数量×销售单价－销售数量×单位变动成本－固定成本
　　＝销售数量×（销售单价－单位变动成本）－固定成本
　　＝销售收入－变动成本－固定成本
　　＝边际贡献－固定成本
　　＝销售数量×单位边际贡献－固定成本
　　＝销售收入×边际贡献率－固定成本

其中，

（1）边际贡献总额＝销售收入－变动成本
　　　　　　　　＝单位边际贡献×销售数量

$$=销售收入×边际贡献率$$

单位边际贡献＝单价－单位变动成本

$$=边际贡献总额/销售数量$$

边际贡献率＝(边际贡献总额/销售收入)×100%

$$=(单位边际贡献/单价)×100\%$$

(2) 变动成本率＝(变动成本/销售收入)×100%

$$=(单位变动成本/单价)×100\%$$

(3) 边际贡献率＋变动成本率＝1

【案例8.3】 长江公司2×23年生产销售乙产品,定价20元,单位变动成本16元,固定成本30 000元,去年已销售20 000件。

要求:计算边际贡献总额、单位边际贡献、边际贡献率和变动成本率。

解析：

(1) 边际贡献总额＝(20－16)×20 000＝80 000(元)。

(2) 单位边际贡献＝20－16＝4(元)。

(3) 边际贡献率＝4/20＝20%。

(4) 变动成本率＝1－20%＝80%。

四、运用盈亏平衡点分析法实施财务评价

(一) 盈亏临界点的概念

盈亏临界点,又称保本点或盈亏平衡点,是指企业处于不盈不亏、不赔不赚或利润为零时的业务量。

盈亏临界点的业务量的表现形式通常有两种:一种是以实物量表示,叫作盈亏临界点的销售量;另一种是以价值量表示,叫作盈亏临界点的销售额。当销售量(额)低于盈亏临界点时,企业就会发生亏损;反之,当销售量(额)高于盈亏临界点时,企业则会获得利润。盈亏临界点分析是假定在利润为零、不盈不亏的条件下的对成本、销售量和利润三者之间关系所进行的盈亏平衡分析,是本量利分析的一项重要内容。

企业的经营目标是为了获得利润。保利点是指企业在销售单价、单位变动成本和固定成本总额不变的情况下,为实现目标利润而必须达到的销售量(额)。保利点分析是本量利分析的一项重要内容,预测目标利润是盈亏临界点分析的延伸和拓展。

本量利的基本公式为:

目标利润＝销售数量×销售单价－销售数量×单位变动成本－固定成本

$$=销售数量×(销售单价－单位变动成本)－固定成本$$

$$保利销售量=\frac{固定成本+目标利润}{单价-单位变动成本}$$

$$=\frac{固定成本+目标利润}{单位边际贡献}$$

保利销售额＝保利销售量×单价

$$=\frac{\text{固定成本}+\text{目标利润}}{\text{单位边际贡献}}\times\text{单价}$$

$$=\frac{\text{固定成本}+\text{目标利润}}{\text{边际贡献率}}$$

【案例8.4】 长江公司2×23年生产和销售的丙产品的单价为50元,单位变动成本为30元,固定成本为50 000元,该企业预计的目标利润为20 000元。

要求:计算2×23年长江公司的保利销售量与保利销售额。

解析:

(1) 单位产品边际贡献=50-30=20(元)。

(2) 边际贡献率=(20÷50)×100%=40%。

(3) 保利销售量=$\dfrac{20\,000+50\,000}{20}$=3 500(件)。

(4) 保利销售额=3 500×50=175 000(元)。

【案例8.5】 长江公司2×23年生产销售的丁产品,固定成本总额为100 000元,单位售价为400元/件,单位变动成本为200元/件,预计生产销售该产品6 000件。

要求:计算2×23年长江公司的目标利润。

解析:

目标利润=6 000×400-6 000×200-100 000=1 100 000(元)

假设企业的目标利润为零,即不亏不盈(保本状态),对本量利分析的基本公式进行推导,先让基本公式中的利润等于零,再对基本公式进行推导,得出盈亏临界点的业务量计算公式:

$$\text{盈亏临界点销售量}=\frac{\text{固定成本}}{\text{销售单价}-\text{单位变动成本}}$$

盈亏临界点销售额=盈亏临界点销售量×销售单价

因为,销售单价-单位变动成本=单位边际贡献,所以

$$\text{盈亏临界点销售量}=\frac{\text{固定成本}}{\text{单位边际贡献}}$$

因此

$$\text{盈亏临界点销售额}=\frac{\text{固定成本}}{\text{单位边际贡献}}\times\text{销售单价}$$

又因为

$$\text{边际贡献率}=\frac{\text{单位边际贡献}}{\text{销售单价}}$$

$$\text{变动成本率}=\frac{\text{单位变动成本}}{\text{销售单价}}$$

边际贡献率+变动成本率=1

所以,上述公式进一步表示为

$$\text{盈亏临界点销售额}=\frac{\text{固定成本}}{\text{边际贡献率}}$$

$$=\frac{固定成本}{1-变动成本率}$$

【案例8.6】 根据上例中长江公司生产销售的丁产品。

要求:计算2×23年长江公司的盈亏临界点的销售量和销售额

解析:

$$盈亏临界点销售量=\frac{10\,000}{400-200}=500(件)$$

$$盈亏临界点销售额=500×400=\frac{10\,000}{50\%}=200\,000(元)$$

(二)盈亏平衡图

盈亏临界点分析也可以用盈亏平衡图表示,绘制盈亏平衡图,如图8.7所示:

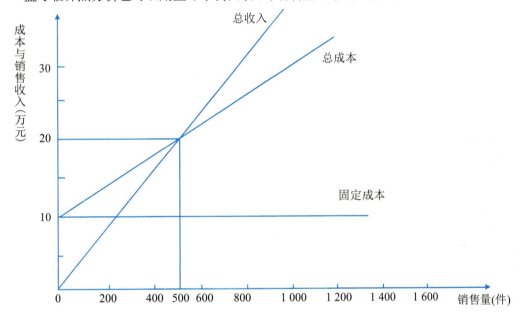

图8.7 盈亏平衡图

① 当盈亏平衡点不变时,企业销售数量越大,实现的利润越多(亏损越少);销售数量越小,实现的利润越少(亏损越多)。

② 当销售数量不变时,企业盈亏平衡点越低,实现的利润越多(亏损越少);盈亏平衡点越高,实现的利润越少(亏损越多)。

③ 当销售量、单位变动成本、固定成本总额不变时,产品单位售价越高,即销售收入的斜率越大,则盈亏平衡点越低,能实现的利润越多(亏损越少);反之,盈亏平衡点越高。

④ 当销售量、单价、固定成本总额不变时,单位变动成本越低,即总成本的斜率越小,则盈亏平衡点越低,能实现的利润越多或亏损越少;反之,盈亏平衡点越高。

⑤ 当销售量、单价、单位变动成本不变时,固定成本总额越低,则盈亏临界点越低,能实现的利润越多或亏损越少;反之,盈亏平衡点越高。

任务实施

根据前述项目情境,结合所学任务知识,完成下列任务:
1. 回答"任务导入"中的第二个问题。
2. 运用本量利知识,分析企业如何保证目标利润不小于零。

任务三　运用标准成本法,分析成本与差异

任务知识

一、标准成本法概述

(一) 标准成本法的概念

标准成本,是对产品成本的理性预期,根据生产技术和经营管理水平,一般会有理想标准成本和正常标准成本两种,前者指在最优生产条件下利用现有设备与规模所能实现的最低成本;后者在正常生产条件下,包括了不可避免的损失、故障和偏差所带来的生产要素消耗,是企业经过努力可以达到的水平。可见,理想标准成本一般小于正常标准成本,而正常标准成本更加接近客观现实,产生激励性效果,在实践中得到广泛应用。

标准成本法,是企业按照预先制定的标准成本,通过核算和分析标准成本与实际成本之间的成本差异,揭示成本差异动因、加强成本控制、评价经济业绩的一种成本控制制度。其优点表现在可以及时反馈成本项目差异,合理考核员工业绩,科学编制预算,更好地开展企业经营管理;缺点表现为成本的标准相对既定,缺乏灵活性,可靠性受影响,同时也增加了维护成本。

二、标准成本的制定

产品标准成本通常由直接材料标准成本、直接人工标准成本和制造费用标准成本构成。
　　产品标准成本＝直接材料标准成本＋直接人工标准成本＋制造费用标准成本
具体每一部分成本项目的标准成本又由用量标准(包括单位产品消耗量、单位产品人工小时等)和价格标准(包括原材料单价、小时工资率、小时制造费用分配率等)构成。

(一) 直接材料标准成本的制定

直接材料标准成本,是指直接用于产品生产的材料标准成本,包括标准单价和标准用量两方面。直接材料的标准单价一般表现为计划单价,计划单价以合同价格为基础,兼顾一些市场合理的变动因素来制定;直接材料的标准用量一般主要由生产部门拟定。具体计算公

式为：

$$直接材料标准成本 = \sum(单位产品的材料标准用量 \times 材料的标准单价)$$

【案例8.7】 2×23年金照日用品公司生产置物架需要耗用甲、乙、丙三种直接材料,其直接材料的标准成本计算如表8.1所示。

要求:计算置物架的直接材料标准成本。

解析:

表8.1 置物架直接材料标准成本

塑料置物架直接材料项目	标准单价① (元/千克)	标准用量② (千克/件)	标准成本 ③=①×②(元/件)
甲材料	200	0.4	80
乙材料	300	0.5	150
丙材料	150	0.3	45
单位产品直接材料标准成本∑③	275(元/件)		

(二) 直接人工标准成本的制定

直接人工标准成本,是指直接用于产品生产的人工标准成本,由标准工时和标准工资率两部分构成。直接人工的标准工时,一般主要由生产部门拟定；直接人工的标准工资率一般由人事部门根据国家工资制度和企业薪酬规定等综合制定。其计算公式为：

$$直接人工标准成本 = 单位产品的标准工时 \times 小时标准工资率$$

$$小时标准工资率 = 标准工资总额 \div 标准总工时$$

【案例8.8】 金照日用品公司生产置物架采用标准成本法,其标准总工时为1 200小时,标准总工资为48 000元,单位产品工时用量标准为2小时/件。

要求:计算其直接人工的标准成本。

解析:

$$小时标准工资率 = 48\,000 \div 1\,200 = 40(元/小时)$$

$$直接人工标准成本 = 2 \times 40 = 80(元)$$

(三) 制造费用标准成本的制定

制造费用的用量标准,与直接人工用量标准相同,称为工时用量标准；制造费用价格标准也就是制造费用的分配率标准,即为每标准工时下的制造费用。其计算公式为：

$$制造费用标准成本 = 工时用量标准 \times 标准制造费用分配率$$

$$标准制造费用分配率 = 标准制造费用总额 \div 标准总工时$$

按照制造费用项目的不同性态区分,随着产量的变动而变动的称为变动制造费用项目；而相对固定,不随产量波动的称为固定制造费用项目。所以,制定制造费用的标准,也应分别制定变动制造费用和固定制造费用的标准成本。具体计算公式如下：

$$变动制造费用项目标准成本 = 变动制造费用项目的标准用量 \times 变动制造费用项目的标准价格$$

固定制造费用标准分配率＝固定制造费用标准总成本÷预算总工时

固定制造费用标准成本＝单位产品工时标准×固定制造费用标准分配率

【案例8.9】 金照日用品公司生产置物架采用标准成本法,其标准变动制造费用总额为4 800元,标准固定制造费用总额为12 000元。

要求:计算置物架的制造费用标准成本。

解析:

(1) 标准变动制造费用分配率＝4 800÷1 200＝4(元/小时)。

(2) 变动制造费用标准成本＝2×4＝8(元/件)。

(3) 标准固定制造费用分配率＝12 000÷1 200＝10(元/小时)。

(4) 固定制造费用标准成本＝2×10＝20(元)。

(5) 单位产品制造费用标准成本＝20＋8＝28(元)。

三、成本差异的计算及分析

成本差异,是指产品实际成本与标准成本的差额。实际成本大于标准成本的差额称为超支差异;实际成本低于标准成本的差额称为节约差异。超支差异和节约差异都应该定期确定差异数额及性质,找出原因,落实责任,寻求更好的解决办法与管理思路。可以将成本差异整理成计算公式:

总差异＝实际产量下实际成本－实际产量下标准成本
　　　＝实际用量×实际价格－实际产量下标准用量×标准价格
　　　＝(实际用量－实际产量下标准用量)×标准价格
　　　　＋实际用量×(实际价格－标准价格)
　　　＝用量差异＋价格差异

(一) 直接材料成本差异的计算分析

直接材料成本差异,是指直接材料实际成本与标准成本之间的差额,该项差异可分解为直接材料数量差异和直接材料价格差异。有关计算公式如下:

直接材料成本差异＝实际成本－标准成本
　　　　　　　　＝实际用量×实际单价－实际产量下标准用量×标准单价
　　　　　　　　＝直接材料数量差异＋直接材料价格差异
　　　　　　　　＝(实际用量－实际产量下标准用量)×标准单价
　　　　　　　　　＋实际用量×(实际单价－标准单价)

直接材料的耗用量差异形成的原因是多方面的,责任也要通过具体分析才能确定;材料价格差异,与采购部门的关系更为密切,所以其责任应主要由采购部门承担。

【案例8.10】 金照日用品公司生产置物架中用到甲材料,它的标准单价为200元/千克,标准用量为0.4千克/件,假设金照公司1月份需要生产置物架4 000件,需要领用甲材料2 000千克,其实际价格为180元/千克。

要求:计算直接材料成本差异。

解析:

(1) 直接材料成本差异＝2 000×180－4 000×0.4×200＝40 000(元)，表现为超支。
(2) 直接材料数量差异＝(2 000－4 000×0.4)×200＝80 000(元)，表现为超支。
(3) 直接材料价格差异＝2 000×(180－200)＝－40 000(元)，表现为节约。

可见，置物架产品本月耗用甲材料共计发生40 000元超支差异。其中生产部门耗用材料超过标准400千克，导致超支80 000元，应该查明具体原因，降低消耗；同时，从材料价格来看，由于甲材料单价降低了20元，共计产生了40 000元的节约差异，抵消了一部分由于材料超标耗用而形成的成本超支。这样可以清楚地查明差异原因，总结经验与教训。

(二) 直接人工成本差异的计算分析

直接人工成本差异，是指直接人工实际成本与标准成本之间的差额，该差异可分解为工资率差异和人工效率差异。有关计算公式如下：

直接人工成本差异＝实际成本－标准成本
　　　　　　　　＝实际工时×实际工资率－实际产量下标准工时×标准工资率
　　　　　　　　＝(实际工时－实际产量下标准工时)×标准工资率
　　　　　　　　　＋实际工时×(实际工资率－标准工资率)
　　　　　　　　＝直接人工效率差异＋直接人工工资率差异

直接人工效率差异是用量差异，其形成原因也是多方面的，主要责任还是在生产部门；工资率差异是价格差异，其形成原因比较复杂，一般地，劳动人事部门应承担责任。

【案例8.11】 金照日用品公司生产置物架，其单位产品工时用量标准为2小时/件，产品标准工资率为40元/小时，工资标准为80元/件，假定企业1月份生产置物架4 000件，用工7 000小时，实际应付直接人工工资308 000元。

要求：计算直接人工差异。

解析：

(1) 直接人工成本差异＝308 000－4 000×80＝－12 000(元)，表现为节约。
(2) 直接人工效率差异＝(7 000－4 000×2)×40＝－40 000(元)，表现为节约。
(4) 直接人工工资率差异＝7 000×(308 000÷7 000－40)＝28 000(元)，表现为超支。

可见，置物架产品的直接人工成本共计节约了12 000元。其中，人工效率差异节约40 000元，但工资率差异超支了28 000元。调查其原因，置物架市场种类繁多，竞争激烈，公司为了提高市场销量，引进了一些绘画设计人才，将仿古绘画描绘在置物架上，因此小时工资率提高了4元(308 000÷7 000－40)。产品变得古色古香，同时摒弃了不需要的功能，设计精致且更精简，工时的耗用由标准的8 000小时(4 000×2)缩短为7 000小时，节约出来工时1 000小时，从而导致了最终的成本节约。

(三) 变动制造费用成本差异的计算分析

变动制造费用差异，是指变动制造费用项目的实际成本与变动制造费用项目的标准成本之间的差额，可分解为变动制造费用项目的数量差异和价格差异。变动制造费用项目的数量差异，是指变动制造费用项目的实际消耗量脱离标准用量的差异；变动制造费用项目的价格差异，是指变动制造费用项目的实际价格脱离标准价格的差异。其计算公式如下：

项目八　成本管理

变动制造费用成本差异＝总变动制造费用－标准变动制造费用

＝实际工时×实际变动制造费用分配率

－实际产量下标准工时×标准变动制造费用分配率

＝变动制造费用效率差异＋变动制造费用耗费差异

＝(实际工时－实际产量下标准工时)×变动制造费用标准分配率

＋实际工时×(变动制造费用实际分配率－变动制造费用标准分配率)

其中,效率差异是用量差异,耗费差异属于价格差异。变动制造费用效率差异的形成原因基本与直接人工效率差异的形成原因相同。

【案例8.12】 金照日用品公司生产置物架共4 000件,用工7 000小时,标准变动制造费用分配率4元/小时,单位产品工时用量标准为2小时/件。假设实际1月份发生变动制造费用31 500元。

要求:计算变动制造费用成本差异。

解析:

(1) 变动制造费用项目成本差异＝31 500－4 000×2×4＝－500(元),表现为节约。

(2) 变动制造费用效率差异＝(7 000－4 000×2)×4＝－4 000,表现为节约。

(3) 变动制造费用耗费差异＝7 000×(31 500÷7 000－4)＝3 500(元),表现为超支。

可见,置物架产品变动制造费用共计节约了500元,这是由于提高效率,工时由8 000小时(4 000×2)缩短至7 000小时;但由于费用率由4元提高到4.5元(31 5000÷7 000),产生了超支,降低了变动制造费用总的节约程度,因此辨明变化原因是很有必要的。

(四) 固定制造费用成本差异的计算分析

固定制造费用项目成本差异是指固定制造费用项目实际成本与固定制造费用项目标准成本之间的差额。其计算公式为:

固定制造费用项目成本差异＝固定制造费用项目实际成本－固定制造费用项目标准成本

＝实际工时×实际分配率－实际产量下标准工时×标准分配率

标准分配率＝固定制造费用标准成本总额(预算总额)÷预算总工时

具体的成本差异分析可分为两差异分析法和三差异分析法。

1. 两差异分析法

两差异分析法指将总差异分为耗费差异和能量差异部分,有关计算公式如下:

耗费差异＝实际固定制造费用－预算产量下标准固定制造费用

＝实际固定制造费用－标准工时×预算产量×标准分配率

能量差异＝预算产量下标准固定制造费用－实际产量下标准固定制造费用

＝预算产量下标准工时×标准分配率－实际产量下标准工时×标准分配率

＝(预算产量下标准工时－实际产量下标准工时)×标准分配率

【案例8.13】 金照日用品公司固定制造费用标准分配率是10元/小时,标准工时为2小时/件,预算生产能力为5 000件,生产置物架实际共计4 000件,用工7 000小时,实际发生固定制造费用108 000元。

要求:用两差异分析法计算其固定制造费用的成本差异。

解析：

(1) 固定制造费用成本差异＝108 000－4 000×2×10＝28 000(元)，表现为超支。

(2) 耗费差异＝108 000－5 000×2×10＝8 000(元)，表现为超支。

(3) 能量差异＝(5 000－4 000)×2×10＝20 000(元)，表现为超支。

可见，金照日用品公司固定制造费用超支28 000元，耗费是一方面原因，最主要还是由于生产能力没有达到预算产量所致。

2. 三差异分析法

三差异分析法是在两差异分析法的基础上，将能量差异进一步分解为产量差异和效率差异。即将固定制造费用成本差异分为耗费差异、产量差异和效率差异三个部分。有关计算公式如下：

产量差异＝(预算产量下标准工时－实际产量下实际工时)×标准分配率

效率差异＝(实际产量下实际工时－实际产量下标准工时)×标准分配率

【案例8.14】 根据上例资料。

要求：用三差异分析法计算其固定制造费用的成本差异。

解析：

(1) 固定制造费用成本差异＝108 000－4 000×2×10＝28 000(元)，表现为超支。

(2) 耗费差异＝108 000－5 000×2×10＝8 000(元)，表现为超支。

(3) 产量差异＝(5 000×2－7 000)×10＝30 000(元)，表现为超支。

(4) 效率差异＝(7 000－4 000×2)×10＝－10 000(元)，表现为节约。

可见，采用三差异分析法，能够更好区分固定制造费用的成本差异，厘清生产能力利用程度和生产效率高低的责任所在。

（五）标准成本差异分析的意义

标准成本差异分析是企业规划与控制的重要手段，企业应时刻关注各项成本差异的规模、趋势及其可控性，重点分析与处理差异金额大的项目，进一步探究实际执行结果与标准区别的深层次原因，并定期生成成本差异信息，汇总形成标准成本差异分析报告，针对性地提出成本改进措施。

任务实施

根据前述项目情境，结合所学任务知识，完成下列任务：

1. 回答"任务导入"中的第三个问题。
2. 运用标准成本法分析企业如何开展成本管理。

任务四　了解作业成本法,掌握责任成本评价

任务知识

一、作业成本

(一) 作业成本法的相关概念

作业成本法以"作业消耗资源、产出消耗作业"为原则,企业每完成一项作业活动,就有一定的资源被消耗,将资源耗费分配给作业,再依照成本对象消耗作业的关系,把作业成本分配给成本对象,直至最终形成产品。作业成本法原理,如图8.8所示。

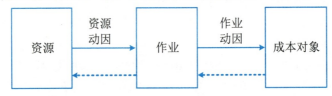

图8.8　作业成本法基本原理

可见,作业成本法是成本计算与成本管理的有机结合。这里需要明确以下几个概念:

1. 资源费用

资源是指在作业进行中被运用或使用的经济要素。资源费用,是指企业在一定期间内开展经济活动所发生的各项资源耗费,也就是计入产品成本的各种费用。资源费用既包括有形资源的耗费,例如房屋建筑物、机器设备、原材料、产成品等,也包括无形资源的耗费,例如知识产权、土地使用权,还包括人力资源耗费和税费支出等。

2. 作业

作业是指企业基于特定目的重复执行的任务或活动,既可以是具体的任务或活动,也可以泛指一类任务或活动,例如采购材料、快递运输、包装设计和产品检验等,它是连接资源和成本对象的桥梁。

按照消耗对象不同,作业可分为主要作业和次要作业。主要作业是指被产品、服务或顾客等最终成本对象消耗的作业;次要作业是指被原材料、主要作业等介于中间地位的成本对象消耗的作业。按照价值创造作用大小,作业可分为增值作业和非增值作业,增值作业是有价值的资源耗费,非增值作业是无价值的资源耗费,应被企业摒弃。

3. 成本对象

成本对象是企业计算成本的对象,是资源费用产生的缘由和归结分配的对象,例如流程、零部件、产品、服务、分销渠道、客户、作业和作业链等。

4. 成本动因

成本动因也称成本驱动因素,是成本对象与其直接关联的作业和最终关联的资源之间的催化剂。按在资源流动中所处的位置和作用不同,成本动因可分为资源动因和作业动因:资源动因是引起作业成本变动的驱动因素,资源耗费产生了一定的作业量。作业动因是引起产品成本变动的驱动因素,直接带来产品产量的变化,是资源消耗与最终产品的中介。作业成本的分配基础往往就是作业动因,也常用于计量作业的耗用,例如,材料搬运作业的衡量标准是搬运的零件数量,生产调度作业的衡量标准是生产订单数量、加工作业的衡量标准是直接人工工时,自动化设备作业的衡量标准是机器作业小时数等。

5. 作业中心

按照统一的作业动因,将各种资源耗费项目归结在一起,便形成了作业中心。作业中心,又称成本库,用来汇集业务过程及其产出的成本。作业中心的意义显著,有助于区分作业,便于作业管理以及相关责任中心的设计与考核,特别适用于作业类型较多且作业链较长,企业规模大且产品、客户和生产过程多样化程度较高,间接或辅助资源费用比重较大的企业。

(二)作业成本法的应用

作业成本法的应用可以真实地揭示资源、作业和成本之间的联动关系,为资源的合理配置和持续优化提供依据,也为企业更有效地开展规划、决策、控制、评价等各种管理活动奠定了坚实基础。其应用程序可以分成7个环节。

1. 资源识别及资源费用的确认与计量

由企业的财务部门负责,在各个部门综合配合下编制企业拥有或控制的所有资源费用清单,识别资源、确认与计量资源费用,为资源费用的追溯或分配奠定基础。其一般应分部门列示,内容要素包括发生部门、费用性质、归属类别和受益对象等

2. 成本对象选择

在作业成本法下,企业应将当期的全部资源费用根据资源动因和作业动因,分项目经由作业追溯或分配至相关的成本对象,确定成本对象成本。

3. 作业认定

作业认定是指企业识别由间接或辅助资源执行的作业集。认定内容主要包括企业对每项消耗资源的作业进行识别、定义和划分,确定不同作业的区别、联系及作用。一般可以根据企业生产流程自上而下地分解,还可以按照企业员工自下而上工作流程逐一认定各项作业。通常采用调查表法和座谈法来开展作业认定。

3. 作业中心设计

企业可以将认定的所有作业按照一定的标准进行分类,形成不同的作业中心。按照受益对象、层次和重要性,可以设计相应的作业中心,例如产量级作业、批别级作业、品种级作业、顾客级作业和设施级作业。

4. 资源动因选择与计量

企业应当分析每一项资源耗用与作业中心作业量之间的因果关系,选择并计量资源动因,一般应选择那些与资源费用总额呈正比例关系变动的资源动因作为费用分配的依据。

5. 作业成本归集

作业成本归集是指企业根据资源耗用与作业之间的因果关系,将所有的资源成本直接追溯或按资源动因分配至各作业中心,计算各作业总成本的过程。

6. 作业动因选择与计量

作业动因是引起作业耗用的成本动因,它反映了作业耗用与最终产出的因果关系,应选择相关性最大的作业动因,即代表性作业动因,作为作业成本分配的基础。作业动因需要在交易动因、持续时间动因和强度动因间进行选择。

7. 作业成本分配

作业成本分配是指企业将作业成本按作业动因分配至产品成本对象的过程,一般按照分配次要作业成本至主要作业,计算主要作业的总成本和单位成本,以及分配主要作业成本至成本对象,计算各成本对象的总成本和单位成本这两个步骤。

二、责任中心

责任中心也叫责任单位,是指将企业内部划分为若干具有一定权力并承担相应工作责任的部门或管理层次,以方便企业开展责任成本管理,并通过各责任中心的权责利关系来考核其工作业绩的一种成本管理模式。

按照权责范围以及业务活动的不同特点,责任中心一般可以划分为成本中心、利润中心和投资中心三类,并对应着不同的决策权力及不同的业绩评价指标。

(一) 成本中心

成本中心是指有权发生并控制成本的单位,一般只计量考核发生的成本,是应用最为广泛的一种责任中心。只要是对成本的发生负有责任的单位或个人都可以成为成本中心。例如,负责产品生产的车间或班组等生产部门或制定费用制度的财务部门等。

成本中心具有以下特点:成本中心不考核收入,只考核成本;成本中心只对可控成本负责,不负责不可控成本。当然,可控成本和不可控成本的划分是相对的,对于一个独立企业而言,几乎所有的成本都是可控的。成本中心考核和控制的主要内容就是责任成本,也就是说成本中心当期发生的所有可控成本之和就是其责任成本。

成本中心考核和控制主要使用的指标包括预算成本节约额和预算成本节约率。计算公式为:

预算成本节约额=实际产量预算责任成本—实际责任成本

预算成本节约率=预算成本节约额÷实际产量预算责任成本×100%

【案例8.15】 龙源企业的A车间塑料磨具工作组为成本中心,预算生产塑料饭盒2 800个,单位预算成本50元,实际生产3 000个,单位实际成本48元。

要求:计算预算成本节约额和节约率。

解析:

(1) 预算成本节约额=3 000×50—3 000×48=6 000(元)。

(2) 预算成本节约率=6 000÷(3 000×50)=4%。

(3) 塑料磨具工作组成本中心成本节约额6 000元,成本节约率为4%。

（二）利润中心

利润中心既有成本又有收入，需要对利润负责，是既能控制成本又能控制收入和利润的责任单位。其具有两种形式：一是自然利润中心，它是自然形成的，直接对外提供劳务或销售产品以取得收入的责任中心；二是人为利润中心，它是人为设定的，通过企业内部各责任中心之间使用内部结算价格结算半成品从而获取内部销售收入的责任中心。利润中心往往处于企业内部的较高层次，如分店或分厂等，相比较成本中心而言，其权力和责任都较大。通常情况下，利润中心采用利润作为业绩考核指标。具体指标计算如下：

边际贡献＝销售收入总额－变动成本总额

可控边际贡献＝边际贡献－该中心负责人可控固定成本

部门边际贡献＝可控边际贡献－该中心负责人不可控固定成本

其中，边际贡献反映了该利润中心的盈利能力，对业绩评价没有太大的作用；可控边际贡献也称部门经理边际贡献，反映了部门经理有效运用其控制下的资源的能力，是评价利润中心管理者业绩的理想指标。部门边际贡献，扣除了利润中心管理者不可控的间接成本，更多地用于评价部门业绩而不是利润中心管理者的业绩。

【案例8.16】 龙源企业的A车间是人为利润中心，2×23年实现销售收入260万元，变动成本为140万元，该中心负责人可控固定成本为25万元，不可控但应由该中心负担的固定成本为12万元。

要求：计算该利润中心的相关指标。

解析：

(1) 边际贡献＝260－140＝120（万元）。

(2) 可控边际贡献＝120－25＝95（万元）。

(3) 部门边际贡献＝95－12＝83（万元）。

（三）投资中心

投资中心是指既能控制成本、收入和利润，又能管控资金流动的责任中心，不仅可以制定价格、确定产品和生产方法等日常经营决策，还可以决定投资规模和投资类型等投资决策，如公司、子公司、事业部等。它是最高层次的责任中心，拥有最大的决策权，同时也承担最大的责任。利润中心和投资中心的区别在于，利润中心没有投资决策权。评价投资中心业绩时，另外附加计算分析利润与投资的关系，主要指标有投资收益率和剩余收益等。

1. 投资收益率

投资收益率＝息税前利润÷平均经营资产

平均经营资产＝(期初经营资产＋期末经营资产)÷2

其中，息税前利润是指扣减利息和所得税之前的利润。

投资收益率指标的优点是可用于部门之间及不同行业之间的比较，便于经理人员优化资源整体配置，获取更多利润；缺点是过于关注投资利润率容易引起管理人员短期行为，追求局部利益损害整体利益，追求眼前利益而牺牲长远利益。

2. 剩余收益

剩余收益＝息税前利润－平均经营资产×最低投资收益率

其中,最低投资收益率通常可以采用企业整体的最低期望投资收益率,也可以是企业为该投资中心单独规定的最低投资收益率。

剩余收益指标不易造成投资收益率指标带来的局部利益与整体利益相冲突的不足,但也仅仅只能反映当期业绩,还会导致投资中心管理者仅关注眼前利益而忽略长远利益,并且作为绝对指标,很难评价不同规模的投资中心的业绩比较。因此,这两个指标常常结合起来综合使用。

【案例8.17】 龙源企业内部有两个投资中心,具体情况如表8.2所示。

表8.2 龙源企业投资中心情况

投资中心	利润(万元)	投资额(万元)	投资收益率
祥瑞投资	420	3 000	14%
永盛投资	120	1 600	7.5%
龙源企业合计	540	4 600	11.7%

2×24年祥瑞投资中心获得一个价值1 800万元的投资机会,可获利润225万元,投资收益率为12.5%,假定公司整体的预期最低投资收益率为12%。

要求:对祥瑞投资中心投资机会进行综合评价。

解析:

(1)首先,假设祥瑞投资中心接受该投资,则祥瑞投资和永盛投资这两个投资中心的相关数据计算如表8.3所示。

表8.3 龙源企业投资情况

投资中心	利润(万元)	投资额(万元)	投资收益率
祥瑞投资	420+225=645	3 000+1 800=4 800	13.4%
永盛投资	120	1 600	7.5%
龙源企业合计	765	6 400	11.93%

(2)其次,龙源企业投资收益率=11.93%−11.7%=0.23%

祥瑞投资中心投资收益率=13.4%−14%=−0.6%

用投资收益率指标来评价,龙源企业接受投资后,投资收益率增加了约0.23%,应接受这项投资。但是,祥瑞投资投资中心的投资收益率却下降了0.6%,所以从单个投资中心角度来看,该投资中心可能不会接受这一投资。

(3)最后,用剩余收益指标来衡量业绩。

祥瑞投资中心接受新投资前的剩余收益=420−3 000×12%=60(万元)

祥瑞投资中心接受新投资后的剩余收益=645−4 800×12%=69(万元)

剩余收益差额=69−60=9(万元)

剩余收益指标揭示出该项投资是否给投资中心带来了更多的超额收入,祥瑞投资中心接受投资后剩余收益增加了9万元,则祥瑞投资中心应该接受这项投资。

任务实施

根据前述项目情境,结合所学任务知识,完成下列任务:
1. 简单描述一下投资中心的价值。
2. 回答"任务导入"中的第四个问题。

知识检测

一、单项选择题

1. 下列各项中,利用有关成本资料或其他信息,从多个成本方案中选择最优方案的成本管理活动是( )。
   A. 成本决策　　　　　　　　B. 成本计划
   C. 成本预测　　　　　　　　D. 成本分析

2. 下列各项中,考虑了生产过程中不可避免的损失、故障和偏差,具有客观性、现实性和激励性等特点的是( )。
   A. 现行标准成本　　　　　　B. 历史平均成本
   C. 正常标准成本　　　　　　D. 理想标准成本

3. 某企业生产单一产品,年销售收入为100万元,变动成本总额为60万元,固定成本总额为16万元,则该产品的边际贡献率为( )。
   A. 76%　　　　　　　　　　B. 60%
   C. 24%　　　　　　　　　　D. 40%

4. 某产品实际销售量为8 000件,单价为30元,单位变动成本为12元,固定成本总额为36 000元。则该产品的安全边际率为( )。
   A. 25%　　　　　　　　　　B. 40%
   C. 60%　　　　　　　　　　D. 75%

5. 对于生产多种产品的企业而言,如果能够将固定成本在各种产品之间进行合理分配,则比较适用的综合盈亏平衡分析方法是( )。
   A. 联合单位法　　　　　　　B. 顺序法
   C. 加权平均法　　　　　　　D. 分算法

6. 某企业只生产甲产品,预计单位售价11元,单位变动成本8元,固定成本费用100万元,该企业要实现500万元的目标利润,则甲产品的销售量至少为( )万件。
   A. 100　　　　　　　　　　B. 200
   C. 300　　　　　　　　　　D. 400

7. 关于投资中心,说法不正确的是( )。
   A. 投资中心是指既能控制成本、收入和利润,又能对投入的资金进行控制的责任中心
   B. 投资中心的评价指标主要有投资收益率和剩余收益
   C. 利用投资收益率指标,可能导致经理人员为眼前利益而牺牲长远利益
   D. 剩余收益指标可以在不同规模的投资中心之间进行业绩比较

8. 下列成本差异中,应该由劳动人事部门承担责任的是( )。
   A. 直接材料价格差异　　　　　　B. 直接人工工资率差异
   C. 直接人工效率差异　　　　　　D. 变动制造费用效率差异

9. 下列各项中,不会导致材料用量差异产生的是( )。
   A. 产品设计结构　　　　　　　　B. 工人的技术熟练程度
   C. 市场价格的变动　　　　　　　D. 废品率的高低

10. 某产品的预算产量为10 000件,实际产量为9 000件,实际发生固定制造费用180 000元,固定制造费用标准分配率8元/小时,标准工时1.5小时/件,则固定制造费用成本差异为( )。
    A. 节约60 000元　　　　　　　　B. 节约72 000元
    C. 超支72 000元　　　　　　　　D. 超支60 000元

二、多项选择题

1. 成本管理是一系列成本管理活动的总称。下列各项中,属于成本管理内容的有( )。
   A. 成本预测　　　　　　　　　　B. 成本计划
   C. 成本控制　　　　　　　　　　D. 成本考核

2. 在单一产品本量利分析中,下列等式成立的有( )。
   A. 盈亏平衡作业率＋安全边际率＝1
   B. 变动成本率×营业毛利率＝边际贡献率
   C. 安全边际率×边际贡献率＝销售利润率
   D. 变动成本率＋边际贡献率＝1

3. 关于本量利分析模式,下列各项中能够提高销售利润率的有( )。
   A. 提高边际贡献率　　　　　　　B. 提高盈亏平衡作业率
   C. 提高安全边际率　　　　　　　D. 提高变动成本率

4. 在责任成本管理体制下,有关成本中心说法错误的有( )。
   A. 成本中心对边际贡献负责　　　B. 成本中心对不可控成本负责
   C. 成本中心对可控成本负责　　　D. 成本中心对利润负责

5. 下列有关利润中心的说法正确的有( )。
   A. 利润中心是指对利润负责,但不对成本负责的责任中心
   B. 利润中心有独立或相对独立的收入和生产经营决策权
   C. 利润中心分为自然和人为利润中心,自然利润中心直接面对市场、对外提供劳务或销售产品以取得收入
   D. 评价利润中心业绩的最好指标是可控边际贡献

6. 下列可以作为投资中心的有( )。
   A. 某集团公司控股的子公司　　　B. 某公司的分公司
   C. 生产车间　　　　　　　　　　D. 某集团事业部

7. 下列作业中属于非增值作业的有( )。
   A. 检验作业　　　　　　　　　　B. 次品返工作业

C. 印刷厂的装订作业　　　　　　　D. 裁缝厂的裁剪作业
8. 下列各项中,属于直接材料标准成本的有(　　)。
A. 标准单价　　　　　　　　　　　B. 库存数量
C. 待用材料　　　　　　　　　　　D. 标准用量
9. 下列各项指标中,与盈亏平衡点呈同向变化关系的有(　　)。
A. 单位售价　　　　　　　　　　　B. 预计销量
C. 固定成本总额　　　　　　　　　D. 单位变动成本
10. 企业应用内部转移定价工具方法,一般应遵循的原则包括(　　)。
A. 合规性原则　　　　　　　　　　B. 效益性原则
C. 适应性原则　　　　　　　　　　D. 系统性原则

三、判断题

1. 在固定成本不变的情况下,单价和单位变动成本等量增加会导致盈亏平衡销售量下降。(　　)
2. 在标准成本控制与分析中,产品成本所出现的不利或有利差异均应由生产部门负责。(　　)
3. 在作业成本法下,一个作业中心只能包括一种作业。(　　)
4. 作为投资中心的业绩评价指标,剩余收益可以克服投资收益率的缺点,不会导致投资中心管理者的短视行为。(　　)
5. 基于本量利分析模型,其他因素不变,目标利润的变动会影响盈亏平衡点的销售额。(　　)
6. 在标准成本法下,变动制造费用成本差异指实际变动制造费用与预算产量下的标准变动制造费用之间的差额。(　　)
7. 在标准成本法下,固定制造费用成本差异是指固定制造费用实际金额与固定制造费用预算金额之间的差异。(　　)
8. 成本核算的分期,不一定与会计制度的分月、分季、分年相一致。(　　)
9. 当两个方案的相关成本只有变动成本时,可以直接比较两个不同方案的贡献边际进行决策。(　　)
10. 传统成本计算法分配间接费用采用统一的总量标准进行分配,准确性较好;而作业成本计算法间接费用分配的基础是作业的数量,是成本的动因。(　　)

技能训练

1. 假设红星公司2×24年1月份包装甲产品100件,实际耗用A材料11千克/件,A材料实际单价为48元/千克。包装直接材料的单位产品用量标准是10千克/件,每千克材料的价格标准为50元。
要求:计算A材料的价格差异、用量差异以及成本差异。

2. 假设红星公司2×24年1月份包装甲产品100件,实际工时用量为20 500小时,实际工资分配率为1.4元/小时。包装单位产品标准工时用量为200人工小时/件,每小时标准工时为1.5元/小时。

要求:计算包装直接人工差异、工资率差异、人工效率差异。

3. 假设红星公司2×24年1月份包装甲产品100件,实际工时用量为20 500小时,预算产量为110件,包装机械费用预算总额为17 600元,包装机械费用实际支出额17 000元。包装机械费用标准分配率为0.8元/小时,包装单位产品的标准工时用量为200台时/件,则包装单位产品的标准包装机械费用为1 500元/件。

要求:分析计算包装机械费用各种成本差异。

延伸阅读

项目八延伸阅读

项目九 分配管理

项目情境

甲公司2×23年初发行在外的普通股股数为10 000万股(每股面值1元)。2×23年3月31日分配2×22年度的利润,分配政策为向全体股东每10股送红股2股,每股股利按面值计算。送股前公司的股本为10 000万元,未分配利润为16 000万元。2×23年6月30日公司增发普通股1 000万股。除上述事项外,2×23年度公司没有其他股份变动。另外,2×23年初公司的股东权益为50 000万元,本年营业收入为200 000万元,净利润为10 000万元。公司没其他纳税调整事项,公司以往是以净利润的60%向投资者分配股利的。董事会认为,应当给投资者合理的回报,以保持公司良好形象。但公司处于成长期,预计在未来5年内,均需要大量资金增加投入,必须制定合理的股利政策。

任务导入

根据上述情境,请思考并尝试回答。
1. 公司的收益分配的原则和一般程序是怎样的?
2. 各种股利分配政策的含义、优缺点和适用范围分别是什么?
3. 股票股利与现金股利的区别以及对公司的影响有哪些?

学习目标

1. 知识目标:了解利润分配的原则、内容和程序;了解不同股利政策的内涵及适用范围;了解不同的股利支付形式;了解股票股利和股票回购、股票分割对企业的影响。

2. 技能目标:能够按照合法程序分配公司股利;能够比较不同股利政策,选择适合公司的股利政策;能够选择适合公司的股利支付形式;能够分析股票股利、股票回购、股票分割对公司以及股东的影响。

3. 素养目标:能够用正确的价值观指导公司的利润分配工作;具有团队合作精神;具有大局观,协调好国家、公司、股东以及其他利益主体的关系,兼顾公司长远利益;具有爱岗敬业、诚实守信、勇于创新、与时俱进等职业素质。

4. 思政目标:遵循国家相关法律法规,融入中华民族传统文化,统筹当前实际和长远发展,兼顾各方利益,依法、公正、公平、公开分配股利,推动经济社会和谐、健康和可持续发展。

知识导图

本项目的知识导图如图9.1所示。

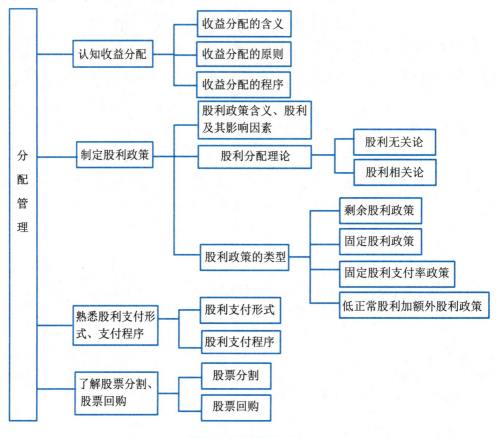

图9.1 知识导图

任务一 认知收益分配

任务知识

一、收益分配的含义

企业的收益分配有广义的收益分配和狭义的收益分配两种。广义的收益分配是指对企业的收入和收益总额进行分配的过程;狭义的收益分配则是指对企业净收益的分配。收益分配的实质就是确定给投资者分红与企业留用利润的比例。本项目所指收益分配是指企业净收益的分配。

企业通过投资和营运等活动取得收入后,按照补偿成本、缴纳所得税后,再按照净利润分配的程序进行收益分配。收益分配是一项政策性较强的财务活动,关系着国家、企业及所有者各方的利益。

二、收益分配的原则

（一）依法分配原则

企业的收益分配涉及国家、企业、股东、债权人、职工等多方面的利益。为了规范企业的收益分配行为,国家颁布了相关法律法规。这些法律法规规定了企业收益分配的基本要求、一般程序和重要比例。企业的收益分配必须依法进行,这是正确处理企业各方面的利益关系、协调各方面的利益矛盾的关键。

（二）分配与积累并重原则

企业赚取的净收益,一部分对投资者进行分配,另一部分形成企业的积累。企业积累起来的留存收益包括盈余公积和未分配利润。积累的净利润不仅为企业扩大再生产筹措了资金,同时也增强了企业抵抗风险的能力。留存一部分净收益还可以供未来分配之需,达到以丰补歉。恰当处理分配与积累的关系,能提高企业经营的稳定性与安全性,有利于所有者的长远利益。

（三）兼顾各方利益原则

企业是经济社会的基本单元,企业的收益分配直接关系到各方的切身利益。正确处理各方利益关系,协调矛盾,关系企业的生存与发展。因此,企业进行收益分配时,应当统筹兼顾,维护各利益相关团体的合法权益。

（四）投资与收益对等原则

企业进行收益分配应当体现"谁投资谁收益",收益大小与投资比例相适应,这是正确处理企业与投资者利益关系的关键。企业在向投资者分配收益时,应遵守公开、公平、公正的"三公"原则,按照投资者投入资本的比例来进行分配,不允许出现任何一方随意多分多占的现象。这样才能提高投资者的积极性,从根本上保护投资者的利益。

三、收益分配的一般程序

收益分配程序是指公司制企业根据适用法律、法规或规定,对企业一定期间实现的净利润进行分派必须经过的先后步骤。根据我国《公司法》等有关规定,企业当年实现的利润总额应按国家有关税法的规定作相应的调整,然后依法交纳所得税。交纳所得税后的净利润按下列顺序进行分配。

(一) 弥补以前年度的亏损

按我国财务和税务制度,弥补亏损分成税前利润补亏和税后利润补亏的两种不同规定。企业发生的年度亏损,一般由下一年度的税前利润弥补,下一年度税前利润尚不足以弥补的,可以由以后年度的税前利润继续弥补,税前利润弥补以前年度亏损的连续期限不超过5年。比如2×23年税前利润补亏最早能弥补2018年的亏损,如果2×17年还有未弥补的亏损,只能由2×23年的税后利润来弥补。税后利润可以弥补以往任何年度的亏损。

(二) 提取法定盈余公积金

根据《公司法》的规定,法定盈余公积金的提取比例为当年税后利润(弥补亏损后)的10%。当法定盈余公积金已达到注册资本的50%时可不再提取。法定盈余公积金可用于弥补亏损、扩大公司生产经营规模或转增资本,但公司用盈余公积金转增资本后,法定盈余公积金的余额不得低于转增前公司注册资本的25%。

(三) 提取任意盈余公积金

根据《公司法》的规定,公司从税后利润中提取法定公积金后,经股东会或者股东大会决议,还可以从税后利润中提取任意盈余公积金。

(四) 向投资者分配利润

根据《公司法》的规定,公司弥补亏损和提取公积金后所余税后利润,加上以前年度的未分配利润,即为可供股东(投资者)分配的利润。值得注意的是,公司持有的本公司股份不得分配,在公司弥补亏损和提取法定公积金之前向股东分配利润的,股东必须将违反规定分配的利润退还公司。

股利来源于企业的税后利润。对于股份制企业来说,收益分配在提取了法定盈余公积金后,先向优先股股东支付股息。在提取任意盈余公积金后,向普通股股东发放股利。股份公司当年无利润或出现亏损,原则上不得分配股利,但为维护公司股票的信誉,经股东大会特别决议,可按照股票面值较低比率用盈余公积金支付股利,支付股利后的法定盈余公积金不得低于注册资本的25%。

【案例9.1】 A公司2×15年初未分配利润账户贷方余额为50万元,2×15年发生亏损180万元,2×16—2×20年的每年税前利润为20万元,2×21年的税后利润为25万元,2×22年的税后利润为225万元。法定盈余公积计提比例为10%,提取任意盈余公积金10万元。

要求:计算2×22年该公司可供投资者分配的利润。

解析:

(1) 2×21年初未分配利润=50−180+20×5=−30(万元)。

(2) 2×21年可供分配的利润=−30+25=−5(万元)。

(3) 2×22年利润分配如下:

① 弥补亏损后的利润=225−5=220(万元)。

② 计提法定盈余公积金=220×10%=22(万元)。

③ 提取任意盈余公积金=10(万元)。

④ 可供投资者分配的利润＝220－22－10＝188(万元)。

任务实施

根据前述项目情境，结合所学任务知识，完成下列任务：
1. 回答"任务导入"中的第一个问题。
2. 简述税前利润和税后利润在弥补以前年度亏损时的区别。

任务二　制定股利政策

任务知识

一、股利政策的含义、股利及其影响因素

(一)股利政策的含义

股利政策是指在法律允许的范围内，企业是否发放股利、发放多少股利以及何时发放股利的方针及策略。股利政策在公司制企业经营理财决策中尤为重要，股利的发放既关系到公司股东的经济利益也关系到公司未来的发展。股利政策的关键问题是确定分配和留存的比例。合理的股利政策对于企业和股东来讲是非常重要的，所以公司在进行股利政策决策时，要综合考虑公司面临的各种影响因素，遵循收益分配原则，制定恰当的股利政策。

(二)股利及其影响因素

股利包含股息和红利。股息是股票的利息，是指股份公司从提取了公积金、公益金的税后利润中按照股息率派发给股东的收益。红利是指上市公司在进行利润分配时，分配给股东的利润。一般是股东会决议通过股利分配方案，公司董事会执行该方案。公司管理当局在制定股利分配方案时，应当考虑相关因素的影响。一般来说，影响企业股利分配的主要因素有：

1. 法律因素

为了保护债权人、股东和国家的利益，法律法规对公司的股利分配有如下限制。相关要求主要体现在资本保全约束、偿债能力约束、资本积累约束等。

(1) 资本保全约束

资本保全要求公司股利的发放不能侵蚀资本，即公司不能用资本发放股利。资本保全的目的，在于防止企业任意减少资本结构中的所有者权益的比例，以保护债权人的利益。

(2) 偿债能力约束

偿债能力是指企业按时足额偿还各种到期债务的能力，是企业确定收益分配政策时要

考虑的一个基本因素。特别是企业采用现金方式支付股利时,一定要考虑现金股利分配对公司偿债能力的影响,保证在现金股利分配后公司仍能保持较强的偿债能力。

(3) 资本积累约束

资本积累约束要求企业必须按照一定的比例和基数提取各种公积金,股利只能从企业的可供分配收益中支付。企业当期的净利润按照规定提取各种公积金后和过去累积的留存收益形成企业的可供分配收益。企业当年出现亏损时,一般不进行利润分配。

(4) 超额累计利润约束

因资本利得和股利收入的税率不同,如果公司为了股东避税而使得盈余的保留大大超过了公司目前及未来的投资需要时,将被加征额外的税款。

2. 公司因素

公司资金的周转灵活,是公司生产经营得以正常进行的必要条件。公司出于长期发展和短期经营的考虑,需要考虑以下因素。

(1) 资产的流动性

公司现金股利的分配,应以一定的资产流动性为前提。较多地支付现金股利会减少公司的现金持有量,使资产的流动性降低;而保持一定的资产流动性,是公司经营所必需的。

(2) 盈余的稳定性

公司是否能获得长期稳定的盈余,是其股利决策的重要基础。盈余相对稳定的公司有可能支付较高股利,而盈余不稳定的公司一般采用较低的股利政策。盈余稳定的公司面临的经营风险和财务风险较小,筹资能力较强,所以盈余稳定的公司对保持较高股利支付率更有信心。

(3) 筹资能力

如果公司具有较强的筹资能力,在公司需要资金时能够及时地筹措到所需的现金,那么公司具有较强的股利支付能力,公司有可能采取高股利政策。而筹资能力弱的公司则不得不多滞留盈余,因而往往采取低股利政策。

(4) 投资机会

公司的净利润来源包括投资净收益,所以有着良好投资机会的公司,往往少发放股利,将大部分盈余用于投资。因而更适合采用低股利支付水平的分配政策。缺乏良好投资机会的公司,保留大量现金会造成资金的闲置,于是倾向于支付较高的股利。

(5) 资本成本

留用利润是公司内部筹资的一种重要方式,与发行新股或举借债务相比,具有成本低的优点,特别是在负债资金较多、资本结构欠佳的时期,是一种比较经济的筹资渠道。公司有扩大资金的需要,也应当采取低股利政策。

(6) 其他因素

不同发展阶段、不同行业的公司股利支付比例会有所不同。

3. 股东因素

股东在收入、控制权、税赋、风险及投资机会等方面的考虑也会对企业的收益分配政策产生影响。

(1) 稳定的收入

公司股东自身的经济条件往往会影响他们在股东大会上对于股利政策的表决。如果股东依赖公司发放的现金股利维持生活,他们往往要求公司能够支付稳定的现金股利,反对公司留存过多的收益。相反,如果股东比较富有,他们对现金股利要求不会显得迫切。

(2) 控制权

通常以现有股东为基础组成的董事会,在长期的经营中可能形成了一定的有效控制格局,他们往往会将股利政策作为维持其控制地位的工具。高股利支付一般会导致股东股权和盈利的稀释,因为当公司支付了高现金股利后,需要资金时可能通过发行新的普通股来实现,如此就会有新的股东加入公司中来,从而打破目前已经形成的控制格局,持有控制权的股东希望少分配股利,少募集权益资金。

(3) 税赋

公司的股利政策会受股东对税赋因素考虑的影响。在我国,现金股利收入要征税,而股票交易尚未征收资本利得税,因此很多股东会由于对税赋因素的考虑而反对发放现金股利,从而获得更多纳税上的好处。

4. 其他因素

(1) 债务契约

一般来说,股利支付水平越高,留存收益越少,公司的破产风险加大,就越有可能损害到债权人的利益。因此,债权人为了保证自己的利益不受损害,通常都会在公司借款合同、债务契约以及租赁合约中加入关于借款公司股利政策的条款,以限制公司股利的发放。如果债务合同限制现金股利支付,公司只能采取低股利政策。

(2) 通货膨胀

通货膨胀会带来货币购买力水平下降、固定资产重置资金来源不足,此时,企业往往不得不考虑留用一定的利润,以便弥补由于货币购买力水平下降而造成的固定资产重置资金缺口。因此,在通货膨胀时期,企业一般会采取偏紧的收益分配政策。

二、股利分配理论

关于股利与股票市价间的关系,存在着不同的观点,并形成了不同的股利分配理论。西方财务理论界存在着两大流派——股利无关论、股利相关论。

(一) 股利无关论

股利无关论(也称 MM 理论)由美国经济学家弗兰科·莫迪利安尼和财务学家默顿·米勒于 1961 年提出。股利无关论立足于完善的资本市场,从不确定性的角度提出了股利政策和企业价值不相关理论。股利无关论认为,在一定的假设条件限定下,股利政策不会对公司的价值或股票的价格产生任何影响,投资者不关心公司股利的分配。一个公司的股票价格完全由公司的投资决策的获利能力和风险组合决定,而与公司的利润分配政策无关。该理论是建立在完全市场理论之上的,公司的投资决策与股利决策彼此独立。

(二) 股利相关论

股利相关理论认为,企业的股利政策会影响到股票价格。股利无关论的假设描述的是一种完美资本市场,在现实生活中,不存在无关论提出的假定前提,股利支付不是可有可无的,股利政策不是被动的,而是一种主动的理财计划与策略。

1. "一鸟在手"理论

"一鸟在手"理论认为,公司利用留存收益所带来的未来资本收益具有很大的不确定性。根据证券市场中收益与风险正相关的理论关系,当公司提高股利支付时,投资者由于需要承担的投资风险较小,所要求的报酬率也较低,所以会使公司股票价格上升;而当公司降低股利支付时,投资者相对承担较高的投资风险,所要求的报酬率也较高,就会导致公司股票价格下降。因此,该理论认为公司的股利政策与公司的股票价格是密切相关的,即当公司支付较高的股利时,公司的股票价格会随之上升,所以公司应保持较高水平的股利支付政策。

2. 信号传递理论

股利政策所产生的信息效应会影响股票的价格。信号传递理论得以成立的基础是,信息在各个市场参与者之间的概率分布不同,即信息不对称。在信息不对称的情况下,公司可以通过股利政策向市场传递有关公司未来盈利能力的信息。一般来讲,预期未来获利能力强的公司往往愿意通过相对较高的股利支付水平,把自己同预期获利能力差的公司区别开来,以吸引更多的投资者。鉴于股东与投资者对股利信号信息的理解不同,所做出的对企业价值的判断也不同。

(1)股利增长

可能传递了未来业绩大幅增长信号,也可能传递的是企业没有前景好的投资项目的信号。

(2)股利减少

可能传递企业未来出现衰退的信号,也可能传递企业有前景看好的投资项目的信号。

3. 所得税差异理论

该理论主要建立在现金股利税与资本利得税差异的基础上。由于现金股利收入和资本利得收入是不同类型的收入,所以在很多国家,税差的表现为:① 税率差。对资本利得收入征收的税率低于对股利收入征收的税率。② 时间差。股利收入纳税和资本利得收入纳税的时间上也是存在差异的。相对于股利收入的纳税来说,投资者对资本利得收入的纳税时间选择更具有弹性。因此,在其他条件不变的情况下,投资者更偏好资本利得收入而不是股利收入。所得税差异理论认为,资本利得收入比股利收入更有助于实现收益最大化目标,企业应当采用低股利政策。

4. 代理理论

代理理论认为,股利政策有助于缓解管理者与股东之间的代理冲突,也就是说,股利政策是协调股东与管理者之间代理关系的一种约束机制。代理理论认为高股利政策优点多。

① 公司管理者将公司的盈利以股利的形式支付给投资者,则管理者自身可以支配的"闲余现金流量"就相应减少了,这在一定程度上可以抑制企业管理者过度地扩大投资或进行特权消费,从而保护外部投资者的利益。

② 较多地派发现金股利,内部留存收益就会减少,减少了内部融资,导致企业进入资本市场寻求外部融资,从而企业可以经常接受资本市场的有效监督,这样便可以通过资本市场的监督减少代理成本。因此,高水平的股利支付政策有助于降低企业的代理成本,但同时也增加了企业的外部融资成本。

因此,理想的股利政策应当使两种成本之和最小。

三、股利政策的类型

(一) 剩余股利政策

1. 剩余股利政策的含义

剩余股利政策是指公司生产经营所获得的净收益首先应满足公司的资金需求,如果还有剩余,则派发股利;如果没有剩余,则不派发股利。也就是说先最大限度地使用留用利润来满足公司的需要,然后再考虑股东。剩余股利政策很好地诠释了股利无关论。剩余股利的成立基础,主要建立在公司再投资的收益率高于股东个人在同样风险下其他投资的收益率。股东宁愿把利润留下来用于企业再投资,而不是用于支付股利。也就是说股东对于盈利的留存或者发放股利毫无偏好,公司决策者不必考虑公司的分红模式,公司的股利政策只需随着公司的投资、融资方案的制定而自然确定。

2. 剩余股利政策的决策程序

① 设定目标资本结构。
② 根据目标资本结构,预计公司资金需求中所需要的权益资本数额。
③ 最大限度地用留存收益来满足资金需求中所需的权益资本的数额。
④ 留存收益在满足公司股东权益增加需求后,如果有剩余再用来发放股利。

3. 剩余股利政策的优缺点

(1) 剩余股利政策的优点

留存收益优先保证再投资的需要,满足公司在外部融资难度较大、负债比率高、利率负担及财务风险较大等情况下的资金的需求,从而有助于降低再投资的资金成本,保持最佳的资本结构,实现企业价值的长期最大化。

(2) 剩余股利政策的缺点

股利发放额每年随投资机会和盈利水平的波动而波动,不利于投资者安排收入与支出,也不利于公司树立良好的形象。

【案例9.2】 甲公司是一家上市公司,2×21年度实现净利润10 000万元,分配现金股利3 000万元;2×22年度实现净利润12 000万元。公司计划在2×23年投资一个新项目,投资所需资金为8 000万元,如果甲公司采用的是剩余股利政策,其目标资本结构要求2×23年新项目所需投资资金中债务资本占40%、权益资本占60%。

要求:计算2×22年度的股利支付率。

解析:

(1) 2×22年度分配现金股利=12 000−8 000×60%=7 200(万元)。
(2) 2×22年度的股利支付率=7 200/12 000=60%。

(二) 固定或稳定增长的股利政策

1. 固定或稳定增长的股利政策的含义

固定或稳定增长的股利政策是指公司将每年派发的股利额固定在某一特定水平或是在此基础上维持某一固定比率逐年稳定增长。其特征是不论经济情况如何,也不论公司经营好坏,不降低公司股利的发放额。公司只有在确信未来的盈利增长不会发生逆转时,才会宣布实施固定或稳定增长的股利政策。

2. 固定或稳定增长的股利政策的决策程序

(1) 确定固定的股利金额或股利增长率。

(2) 按固定金额或者股利增长率发放股利。

3. 固定或稳定增长股利政策的优缺点

(1) 固定或稳定增长的股利政策的优点

① 基于股利政策本身所包含的信息量,它能将公司未来的获利能力、财务状况以及管理层对公司经营的信心等信息传递出去。这有助于增加股东对公司的信心,稳定股票价格。

② 有利于吸引那些打算做长期投资的股东,这部分股东希望其投资的获利能够成为其稳定的收入来源,以便安排各种经常性的消费和其他支出。

③ 稳定的股利要比降低股利对稳定股价更有利。

(2) 固定或稳定增长的股利政策的缺点

① 股利支付与公司盈利相脱离,即不论公司盈利多少,均要按固定的乃至固定增长的比率派发股利。这可能导致公司资金短缺,财务恶化。

② 派发的股利金额大于公司实现的盈利,必将侵蚀公司的留存收益,影响公司的后续发展。

【案例9.3】 甲公司是一家上市公司,2×21年度实现净利润10 000万元,分配现金股利3 000万元;2×22年度实现净利润12 000万元。公司计划在2×23年投资一个新项目,投资所需资金为8 000万元,假设甲公司一直采用固定股利政策。

要求:计算2×22年度的股利支付率。

解析: 2×22年度的股利支付率=3 000/12 000=25%。

(三) 固定股利支付率政策

1. 固定股利支付率政策的含义

固定股利支付率政策是指企业将每年净收益的某一固定百分比作为股利分派给股东。这一百分比通常被称为股利支付率,股利支付率一经确定,将长期按此比率支付股利。

2. 固定股利支付率政策的决策程序

① 确定固定的支付比率。

② 按股利支付率和税后利润计算发放的股利。

3. 固定股利支付率政策的优缺点

(1) 固定股利支付率政策的优点

① 采用固定股利支付率政策,股利与企业盈余紧密地配合,体现了多盈多分、少盈少分、无盈不分的股利分配原则。

② 与企业财务能力相适应,每年的股利随着固定股利支付率政策的收益的变动而变动,保持分配与留存收益间的一定比例关系。这有利于投资者了解真实情况,做出恰当的投资决策。

(2) 固定股利支付率政策的缺点

① 合适的固定股利支付率的确定难度大。

② 传递的信息容易成为企业的不利因素。股利通常被认为是企业未来前途的信号传递,那么波动的股利向市场传递的信息就是企业未来收益前景不明确、不可靠等,很容易给投资者带来企业经营状况不稳定、投资风险较大的不良印象。

③ 如果企业的现金流量状况不好,却还要按固定比率派发股利的话,就很容易给企业造成较大的财务压力,缺乏财务弹性。

【案例9.4】 甲公司是一家上市公司,2×21年度实现净利润10 000万元,分配现金股利3 000万元;2×22年度实现净利润12 000万元。公司计划在2×23年投资一个新项目,投资所需资金为8 000万元,假设甲公司一直采用固定股利支付率政策。

要求:计算2×22年度的股利支付率。

解析:2×22年度的股利支付率=3 000/10 000=30%。

(四) 正常股利加额外股利政策

1. 正常股利加额外股利政策的含义

正常股利加额外股利政策,是指企业事先设定一个较低的正常股利额,每年除了按正常股利额向股东发放现金股利外,还在企业盈利情况较好、资金较为充裕的年度向股东发放高于每年度正常股利的额外股利。

2. 正常股利加额外股利政策的决策程序

① 每年支付固定数额的低股利。

② 高盈余年份增发股利。

3. 正常股利加额外股利政策的优缺点

(1) 正常股利加额外股利政策的优点

① 赋予公司较大灵活性,使企业在股利发放上留有余地,并具有较大的财务弹性。同时,每年可以根据企业的具体情况,选择不同的股利发放水平,以完善企业的资本结构,进而实现企业的财务目标。

② 使那些依靠股利度日的股东每年至少可以得到比较稳定的股利收入,吸引投资者。

(2) 正常股利加额外股利政策的缺点

① 由于年份之间企业的盈利波动使得额外股利不断变化,造成分派的股利不同,容易给投资者以公司收益不稳定的感觉。

② 当企业在较长时期持续发放额外股利后,容易给投资者造成错觉,可能会被误认为是"正常股利",一旦取消了这部分额外股利,传递出去的信号可能会使股东认为这是企业财务状况恶化的表现,进而可能会引起企业股价下跌的不良后果。

【案例9.5】 甲公司是一家上市公司,2×21年度实现净利润10 000万元,分配现金股利3 000万元;2×22年度实现净利润12 000万元。公司计划在2×23年投资一个新项目,投资所需资金为8 000万元,如果甲公司采用低正常股利加额外股利政策,低正常股利为2 000万元,额外股利为2×22年度净利润扣除低正常股利后余额的25%。

要求:计算2×22年度的股利支付率。

解析:

(1) 额外股利=(12 000-2 000)×25%=2 500(万元)。

(2) 2×22年度的股利支付率=(2 000+2 500)/12 000=37.5%。

项目九 分配管理

每家企业都有自己的发展历程,就规模和盈利来讲,都会有初创阶段、增长阶段、稳定阶段、成熟阶段和衰退阶段等。在不同的发展阶段,企业所面临的财务、经营等问题都会有所不同。企业的获利能力、现金流入量水平、融资能力、对资金的需求等也是不同的,所以企业在制定股利政策时还要与其所处的发展阶段相适应。企业在不同成长与发展阶段所采用的股利政策可用表9.1来描述。

表9.1 企业不同阶段股利政策

企业发展阶段	特　　点	适用的股利政策
企业初创阶段	企业经营风险高,有投资需求且融资能力差	剩余股利政策
企业快速发展阶段	企业快速发展,投资需求大	低正常加额外股利政策
企业稳定增长阶段	企业业务稳定增长,投资需求减少,净现金流入量增加,每股净收益呈上升趋势	固定或稳定增长的股利政策
企业成熟阶段	企业盈利水平稳定,企业通常已经积累了一定的留存收益和资金	固定股利支付率政策
企业衰退阶段	企业业务锐减,获利能力和现金获得能力下降	剩余股利政策

任务实施

根据前述项目情境,结合所学任务知识,完成下列任务:
1. 回答"任务导入"中的第二个问题。
2. 思考公司目前所处的发展阶段,思考公司采用何种分配政策比较合适。

任务三　熟悉股利支付形式、支付程序

任务知识

一、股利支付形式

(一)现金股利

现金股利是以现金支付的股利,亦称派现,是股份公司以货币形式发放给股东的股利,它是股利支付最常见的形式。企业在选择发放现金股利时除了要有足够的留存收益外,还要有足够的现金。

（二）股票股利

它是企业以增发股票的方式所支付的股利,我国实务中通常也称其为"红股"。股票股利对企业来说,并没有现金流出企业,只不过将企业的留存收益转移到股本账户上去,不会导致企业的财产减少。显然,发放股票股利是一种增资行为,会增加流通在外的股票数量,但与其他增资行为不同,它不会改变企业的财产价值和股东的股权结构,改变的是股东权益内部各项目金额,同时降低股票的每股价值。

（三）财产股利

它是以现金以外的资产支付的股利。股份公司以实物或公司拥有的其他企业的有价证券的形式向股东发放的股利。

（四）负债股利

它是以负债方式支付的股利,通常是以企业的应付票据支付给股东,有时也以发放企业债券的方式支付股利。

二、股利支付程序

企业在选择股利政策、确定股利支付数额和方式后,应当进行股利的发放。股利发放必须遵循相关的要求,按照规定日程进行。一般经历以下几个重要日期,股利宣告日、股权登记日、除息日和股利支付日。

（一）股利宣告日

企业董事会将股东大会通过的利润分配方案的情况以及股利支付情况予以公告的日期。股利宣告日后,企业承担了向股东支付的法定义务。宣告日后,企业在市场上流通的股票可以带利销售,即包含股利的较高的价格。

（二）股权登记日

有权领取本期股利的股东其资格登记截止日期。只有于登记日在册的股东可以参与当年股利分配。

（三）除息日

在除息日,股票的所有权与股票本身分离,股息将从股价中去除。除息日一般在股权登记日后一天。除息日后,股票将停止带利销售,股票的购买者将无法获得当年的股利。

（四）股利支付日

实际向股东发放股利的日期。

【案例9.6】 某公司于2×23年4月10日公布2×22年度的最后分红方案,其发布的公告如下:"2×23年4月9日召开的股东大会,通过了2×23年4月2日董事会关于每10股分派现金股利15元的2×22年股息分配方案。股权登记日为4月25日,除息日是4月26日。本公司此次委托中国结算深圳分公司代派的A股股东现金红利将于2×23年4月26日通过股东托管证券公司(或其他托管机构)直接划入其资金账户。特此公告。"该公司的股利支付程序如图9.2所示。

图9.2 股利发放的日程安排示意图

根据前述项目情境,结合所学任务知识,完成下列任务:
1. 回答"任务导入"中的第三个问题。
2. 试着找一个上市公司的股利分配方案,比如"科大讯飞"2023年的股利分配方案,思考这个上市公司股利分配方案所包括的内容。

任务四 了解股票分割、股票回购

一、股票分割

(一)股票分割的含义

股票分割又称股票拆细,即将一张较大面值的股票拆成几张较小面值的股票。现实中,企业如果认为股票价格太高,不利于其流动,有必要将其降低。股票分割对企业的资本结构不会产生任何影响,一般只会使发行在外的股票总数增加,资产负债表中股东权益各账户的余额都保持不变,股东权益的总额也保持不变。

(二)股票分割的意义

1. 降低企业股票价格

股票分割一般只有在企业股价暴涨的时候才会采用,起到降低股价的作用。股票分割会在短时间内使企业股票每股市价降低,买卖该股票所必需的资金量减少,易于增加该股票在投资者之间的换手,并且可以使更多资金实力有限的潜在股东变成持股的股东。股票分割可以促进股票的流通和交易。

2. 增加股东的现金股利

股价降低,购买该企业股票的人增加,股票的需求增加会推动股价上升,还会对除权日后股价上涨有刺激作用,增加股东的财富。股票分割后,只要股东收到的现金股利大于股票分割幅度,则股东实际收到的股利就有可能增加。

3. 树立企业的良好形象

股票分割可以向投资者传递企业发展前景良好的信息,有助于提高投资者对公司的信心,树立企业的形象。

【案例9.7】 2×23年终,乙公司资产负债表上的股东权益账户情况如表9.2所示。

表9.2 乙公司股东权益情况表

单位:万元

项 目	金 额
普通股(1 000万股,面值10元)	10 000
资本公积	20 000
盈余公积	4 000
未分配利润	5 000
所有者权益合计	39 000

要求:

(1) 假设该公司宣布发放30%的股票股利,即现有股东每持有10股,即可获得赠送的3股普通股。发放股票股利后,股东权益有何变化?每股净资产是多少?

(2) 假设该公司按照1∶5的比例进行股票分割。股票分割后,股东权益有何变化?每股的净资产是多少?

解析:

(1) 发放股票股利后股东权益情况如下表9.3所示。

表9.3 乙公司发放股票股利后的股东权益情况表

单位:万元

项 目	金 额
普通股(流通在外1 300万股,面值10元)	13 000
资本公积	20 000
盈余公积	4 000
未分配利润	2 000
所有者权益合计	39 000

每股的净资产为:

$$39\ 000 \div (1\ 000 + 300) = 30(元/股)$$

(2) 股票分割后股东权益情况如表9.4所示。

表9.4　乙公司股票分割后的股东权益情况表

单位：万元

项　　目	金　　额
普通股（面值2元，流通在外5 000万股）	10 000
资本公积	20 000
盈余公积	4 000
未分配利润	5 000
所有者权益合计	39 000

每股的净资产为：

$$39\ 000 \div (1\ 000 \times 5) = 7.8(元/股)$$

相对于增加流通在外普通股数量的股票分割政策，企业在某个时期如希望减少流通在外普通股的数量，可通过股票合并来实现。股票合并作为股票分割的反向操作行为，又称为"反分割"。它造成的影响可以归纳为：① 由于普通股数量的减少，导致普通股面值相应提高。② 与股票分割一样，股票合并后，普通股股本总额、资本公积、留存收益都保持不变，股东权益总额也保持不变。③ 由于普通股数量减少，而本年税后净利润不变，导致普通股每股收益增加。

二、股票回购

（一）股票回购的含义

股票回购是指上市公司出资将其发行的流通在外的股票以一定价格购买回来予以注销或作为库存股的一种资本运作方式。一般情况下，企业不得收购本企业股票，只有满足相关法律规定的情形时才可以。比如减少企业注册资本；与持有本企业股份的其他企业合并；将股份奖励给本公司职工；股东因对股东大会作出的决议持异议，要求企业收购其股份的。

股票回购主要是企业看好未来的发展前途，减少外部流通股的数量，让大股东尽可能地集中持股。它代表了以一种更灵活的方式（相对于股利）向股东返还资金。通常来说，若企业真正回购股票并注销，也就是让回购部分的股票"消失"，无法继续上市流通，那么股票数量（股本）将减少，每股价值就真正升值，体现在财务效应方面，便可以提升每股收益、资产收益率等盈利指标。但在大多数情况下，企业将回购的股票作为"库藏股"保留，仍属于发行在外的股票，但不参与每股收益的计算和收益分配。日后可挪作他用，如发行可转债（可转债发行后，若持有人将可转债转股持有的话，这个时候就可以利用库存股）、员工福利计划（如将库藏股用于股权激励、员工持股，以提高员工的工作积极性）等。

（二）股票回购的动机

1. 传递企业信息

企业进行股票回购的目的之一是向市场传递股价被低估的信号。股票回购具有与股票发行相反的作用。股票发行被认为是企业股票被高估的信号，如果企业管理层认为企业目前的股价被低估,通过股票回购,向市场传递了积极信息。股票回购的市场反应通常是提升了股价。

2. 现金股利的替代

如果企业的现金超过企业的现金需要量,企业现金流量比较充裕,可以通过回购股票将现金分配给股东。而派发现金股利会对企业产生未来的派现压力,实施股票回购会造成企业当期现金流出。股票回购时,企业以多余现金购回股东所持有的股份,使流通在外的股份减少,每股股利增加,从而会使股价上升,股东能因此获得资本利得,这相当于企业支付给股东现金股利。所以,可以将股票回购看作一种现金股利的替代方式。

3. 改善企业的资本结构

如果企业认为其股东权益资本所占比例过大、资本结构不合理时,就可能对外举债,并用举债获得的资金进行股票回购,以实现企业资本结构的合理化,发挥财务杠杆的作用。虽然发放现金股利也可以减少股东权益,增加财务杠杆,但两者在收益相同情形下的每股收益不同。特别是如果是通过发行债券筹资回购本公司的股票,可以快速提高负债率。

4. 股东可以获得少纳税或者推迟纳税的好处

对股东而言,股票回购后股东得到的资本利得需缴纳资本利得税,发放现金股利后股东则需缴纳股利收益税。在资本利得税率低于股利收益税率的情况下股东将得到纳税上的好处。我国股利的个人所得税税率为20%,而资本利得税我国目前还未征收,但是股东卖股票需缴纳一定的佣金、印花税等。

5. 巩固控制权

防止市场其他企业出现兼并收购的情况,把企业股权进行集中;通过股票回购,可以减少外部流通股的数量,提高股票价格,在一定程度上降低企业被收购的风险。

6. 满足企业兼并与收购

企业拥有回购的股票(库藏股),可以用来交换被收购或被兼并企业的股票,也可用来满足认股权证持有人认购企业股票或可转换债券持有人转换企业普通股的需要,还可以在执行管理层与员工股票期权时使用,避免发行新股而稀释收益。

(三)上市企业进行股票回购的负面影响

1. 增加了企业财务压力

企业需要大量的资金用于股票回购,造成一定的财务压力,降低资金的流动性,对企业未来的经营活动产生影响。如果利用以债务方式筹集的资金回购股票,还会产生财务风险。甚至可能会引起股东重点注重当前利润,从而忽略公司长远发展。

2. 削弱了债权人的利益保护

对债权人而言,股票回购相当于股东退股和企业出资的减少,在一定程度上削弱了对债权人的利益保障。

3. 容易导致企业操纵股价

企业回购股票,容易导致企业利用内幕信息进行炒作,误导投资者,导致证券管理混乱,影响企业规范化经营,从而损害社会股东的利益。

任务实施

根据前述项目情境,结合所学任务知识,完成下列任务:
1. 企业发放股票股利,股东权益有何变化?
2. 股票回购对于企业股价有何影响?

知识检测

一、单项选择题

1. 狭义的收益分配是指对(　　)的分配。
   A. 利润总额 　　　　　　　　　　B. 净利润
   C. 息税前利润 　　　　　　　　　D. 营业利润

2. 某公司注册资本为100万元。2×23年,该公司提取的法定公积金累计额为60万元,提取的任意公积金累计额为40万元。当年,该公司拟用公积金转增公司资本50万元。下列有关公司拟用公积金转增资本的方案中,不符合公司法律制度规定的是(　　)。
   A. 用法定公积金10万元、任意公积金40万元转增资本
   B. 用法定公积金20万元、任意公积金30万元转增资本
   C. 用法定公积金30万元、任意公积金20万元转增资本
   D. 用法定公积金40万元、任意公积金10万元转增资本

3. 公司当年税前利润最多可以用来弥补(　　)年的亏损。
   A. 2 　　　　　　　　　　　　　B. 3
   C. 5 　　　　　　　　　　　　　D. 10

4. 下列净利润分配事项中,根据相关法律法规和制度,应当最后进行的是(　　)。
   A. 向股东分配股利 　　　　　　　B. 提取任意公积金
   C. 提取法定公积金 　　　　　　　D. 弥补以前年度亏损

5. 关于股票股利,说法正确的是(　　)。
   A. 股票股利会导致股东财富的增加
   B. 股票股利会引起所有者权益各项目的结构发生变化
   C. 股票股利会导致公司资产的流出
   D. 股票股利会引起负债的增加

6. 能使股利与公司盈余紧密配合的股利分配政策是(　　)。
   A. 剩余股利政策 　　　　　　　　B. 固定或持续增长的股利政策
   C. 固定股利支付率政策 　　　　　D. 低正常股利加额外股利政策

7. 容易造成股利支付额与本期净利相脱节的股利分配政策是(　　)。
   A. 剩余股利政策 　　　　　　　　B. 固定股利政策
   C. 固定股利支付率政策 　　　　　D. 低正常股利加额外股利政策

8. 我国上市公司不得用于支付股利的权益资金是(　　)。
   A. 资本公积 　　　　　　　　　　B. 任意盈余公积

C. 法定盈余公积 　　　　　　　　D. 上年未分配利润

9. 甲公司以持有的乙公司股票作为股利支付给股东,这种股利属于( )。
   A. 财产股利 　　　　　　　　B. 负债股利
   C. 股票股利 　　　　　　　　D. 现金股利

10. 有权领取股利的股东有资格登记的截止日期,是指( )。
    A. 股利宣告日 　　　　　　　B. 股权登记日
    C. 除息日 　　　　　　　　　D. 股利支付日

二、多项选择题

1. 利润分配的原则有( )。
   A. 依法分配原则 　　　　　　B. 兼顾各方面利益原则
   C. 分配与积累并重原则 　　　D. 投资与收益对等原则

2. 下列影响因素中,股东希望提高股利支付率的有( )。
   A. 规避风险 　　　　　　　　B. 稳定股利收入
   C. 防止公司控制权稀释 　　　D. 避税

3. 下列有关通货膨胀因素对股利分配政策影响的表述中,正确的有( )。
   A. 需动用盈余补足重置固定资产的需要,所以公司不应多分配股利
   B. 需动用盈余补足重置固定资产的需要,所以公司应多分配股利
   C. 采取偏紧的股利政策
   D. 采取偏松的股利政策

4. 下列关于企业提取法定公积金的说法中,正确的有( )。
   A. 法定公积金的提取比例为当年税后利润(弥补亏损后)的10%
   B. 当年法定公积金的累积额已达到注册资本的50%时,可以不再提取
   C. 企业用法定公积金转增资本后,法定公积金的余额不得低于转增前公司注册资本的20%
   D. 提取的法定公积金,根据企业的需要,可用于弥补亏损或转增资本

5. 股份有限公司向股东分配股利所涉及的重大日期有( )。
   A. 股利宣告日 　　　　　　　B. 股权登记日
   C. 除息日 　　　　　　　　　D. 股利支付日

6. 假设某股份公司按照1:2的比例进行股票分割,下列正确的有( )。
   A. 股本总额增加一倍 　　　　B. 每股净资产保持不变
   C. 股东权益总额保持不变 　　D. 股东权益内部结构保持不变

7. 下列关于股票分割的表述中,正确的是( )。
   A. 改善企业资本结构 　　　　B. 使公司每股市价降低
   C. 有助于提高投资者对公司的信心 　　D. 股票面值变小

8. 采用低正常股利加额外股利政策,在( )条件下,对企业和股东是有利的。
   A. 企业净利润稳定 　　　　　B. 企业净利润不稳定
   C. 企业现金流量稳定 　　　　D. 企业现金流量不稳定

9. 下列各项中属于确定利润分配政策的法律因素的内容的是( )。

A. 控制权考虑　　　　　　　　　B. 资本保全约束
C. 资本积累约束　　　　　　　　D. 超额累积利润约束

10. 甲公司盈利稳定,有多余现金,拟进行股票回购用于将来奖励本公司职工,在其他条件不变的情况,股票回购产生的影响有(　　)。

A. 每股收益提高　　　　　　　　B. 每股面额下降
C. 资本结构变化　　　　　　　　D. 自由现金流减少

三、判断题

1. 企业在进行利润分配时,可以只向少数大股东分配利润。　　　　　　　　　(　　)
2. 收益分配必须符合法律要求,不能将资本用于分配。　　　　　　　　　　　(　　)
3. 优先股的优先权体现在剩余财产清偿分配顺序上居于债权人之前。　　　　(　　)
4. 股票股利和股票分割都是支付股利的方式。　　　　　　　　　　　　　　　(　　)
5. 从理论上讲,债权人不得干预企业的资金投向和股利分配方案。　　　　　(　　)
6. 金融市场利率走势下降的情况下,企业会采取低股利政策。　　　　　　　(　　)
7. 发放股票股利可以避免公司现金流出。　　　　　　　　　　　　　　　　　(　　)
8. 股票回购可能会改变公司资本结构。　　　　　　　　　　　　　　　　　　(　　)
9. 公司支付现金股利只要有足够的现金就可以。　　　　　　　　　　　　　　(　　)
10. 企业以前年度的未分配利润,可以并入本年度的利润向投资者分配。　　　(　　)

技能训练

1. 2×23年M公司获得1 500万元净利润,其中300万元用于支付股利。2×23年企业经营正常,在过去5年中,净利润增长率一直保持在10%。然而,预计2×24年净利润将达到1 800万元,2×24年公司预期将有1 200万元的投资机会。预计M公司未来无法维持2×24年的净利润增长水平(2×24年的高水平净利润归因于当年引进的盈余水平超常的新生产线),此后公司仍将恢复到10%的增长率。2×23年M公司的目标负债率为40%,未来将维持在此水平。

要求:分别计算在以下各种情况下M公司2×24年的预期股利。

(1) 公司采取稳定增长的股利政策,2×24年的股利水平设定旨在使股利能够按长期盈余增长率增长。

(2) 公司保持2×23年的股利支付率。

(3) 公司采用剩余股利政策。

(4) 公司采用低正常股利加额外股利政策,固定股利基于长期增长率,超额股利基于剩余股利政策(分别指明固定股利和超额股利)。

2. 甲公司发放股票股利前,投资者赵某持有甲公司普通股20万股,甲公司的股东权益账户情况如表9.5所示。

表9.5　甲公司股东权益账户情况

项　　目	金　　额
年初未分配利润	1 000万元

续表

项　　目	金　　额
本年税后利润	2 000万元
股本(2 000万股,面值1元)	2 000万元
资本公积	3 000万元
盈余公积	2 000万元
所有者权益合计	10 000万元

公司每10股发放2股股票股利,股票当时市价为5元,按市值确定的股票股利总额为2 000万元。

要求:

(1) 计算股票股利发放后的"未分配利润"项目余额。
(2) 计算股票股利发放后的"股本"项目余额。
(3) 计算股票股利发放后的"资本公积"项目余额。
(4) 计算股票股利发放后赵某持有公司股份的比例。

项目九延伸阅读

项目十 财务分析

项目情境

新能源汽车是国家重点发展的行业,翔宇是某名牌大学汽车专业的应届大学生,收到了行业中两家优秀企业抛来的橄榄枝,但他不知道如何选择。从事财务工作的舅舅获取了这两家企业近三年的财务报告,通过以下步骤进行了财务分析:

首先,从财务报表中提取诸如营业收入、净利润、资产总额、负债总额等关键性指标,然后初步进行比率分析,发现企业A的营业收入增长率明显高于企业B,净利润率更高,但资产负债率也高。这可能意味着企业A的经营能力和盈利能力较强,但风险也相应较高。

接着,他们重点进行了企业盈利能力和偿债能力分析,提取了两家企业的净利润率、毛利率和净资产收益率等反映盈利能力的指标,以及流动比率、速动比率和利息保障倍数等反映偿债能力的指标,对这家企业的盈利能力和偿债能力进行了细致的对比。最后,他们开展了现金流分析,现金流是企业经营的血液,重点分析了经营活动、投资活动和筹资活动的现金流量净额指标。

任务导入

根据上述情境,请思考并回答下述问题。

1. 翔宇舅舅通过财务报告开展财务分析对于翔宇选择就职企业是否有帮助?
2. 什么是偿债能力指标?资产负债率高就意味着企业风险一定高吗?
3. 翔宇舅舅的财务分析思路是否合理?
4. 什么是盈利能力指标?这里提到的不同盈利能力指标分别有着怎样的作用?
5. 不同能力指标之间有着相互影响与制约的关系,如何综合这些指标开展财务分析?
6. 作为一名求职员工,除了从财务分析中获取上述信息之外,还需要获得哪些重要的信息?

学习目标

本项目主要讲述企业财务分析中的基本思路和方法,通过对本项目的学习,应实现如下目标:

1. 知识目标：了解财务分析的概念和作用；熟悉偿债能力、营运能力和盈利能力指标的计算与分析；理解杜邦分析法的构成与特征；了解业绩评价的内容、标准和方法。

2. 技能目标：理解报表使用者对财务分析的内容需求；能够熟练地运用偿债能力指标、营运能力指标、盈利能力指标以及杜邦分析法开展一定的财务分析；掌握企业业绩评价的概况。

3. 素养目标：培养学生具备良好的伦理道德和社会责任感，知晓不同的财务报表利益主体对于财务分析的不同需求，明白发挥科学合理的业绩评价对于企业管理的积极作用。

4. 思政目标：树立大局观和可持续发展观，学会统筹分析、研判，培养独立、批判的思维能力。

 知识导图

本项目的知识导图如图10.1所示。

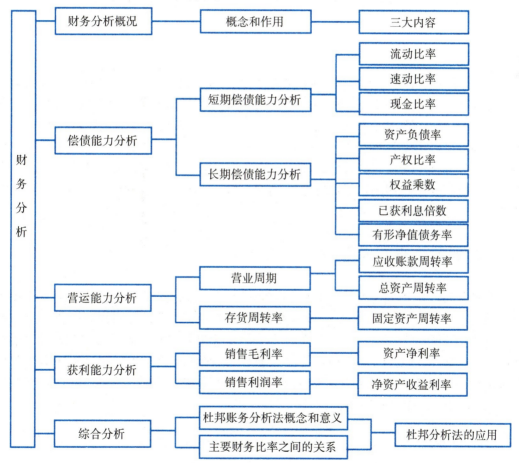

图10.1　知识导图

项目十　财务分析

任务一　初识财务分析

一、财务分析的概念

财务分析是以企业财务报告及其他资料为主要依据,采用一系列专门的分析技术和方法,对企业的财务状况和经营成果进行评价和剖析,反映企业在运营过程中的利弊得失、发展趋势,从而为改进企业财务管理工作和优化经济决策提供重要的财务信息。

二、财务分析的作用

财务分析既是对已完成的财务活动的总结,又是未来财务预测的前提,在财务管理的循环中起着承上启下的作用。财务分析可以衡量企业的经营业绩,评估企业的财务实力。通过偿债能力分析,可以使财务报表的使用者了解并评估企业财务实力;通过盈利能力分析,可以衡量企业的经营业绩,公平、公正、合理地评价经营者的工作业绩,划清经济责任,奖优罚劣;通过营运能力分析,可以评价企业的资产管理效率;通过发展能力和综合能力分析,合理地评估企业的风险、报酬以及发展前景,对利益相关者合理评估企业并进行决策具有重要意义。

三、财务分析的内容

在实际工作中,不同的利益主体进行财务分析有各自的侧重点。但总体而言,企业财务分析的基本内容主要包括3个方面:营运能力分析、偿债能力分析、盈利能力分析。偿债能力是企业偿还债务的保证,衡量的是企业的安全性,没有基本的安全性,也就没有盈利等其他的财务目标;营运能力是企业资产管理的能力,体现出资产运营的效率,是实现盈利目标的基础;盈利能力是企业的价值体现,是营运能力和偿债能力共同作用的结果,同时盈利能力也反作用于营运能力和偿债能力,发挥保障作用。

任务二 熟悉偿债能力指标，进行偿债能力分析

一、短期偿债能力分析

短期偿债能力是指企业偿还日常债务的能力，是衡量企业财务状况好坏的重要标志。因此，不论是投资人、债权人还是企业管理者，都非常重视企业的短期偿债能力。短期偿债能力的指标主要有流动比率、速动比率和现金比率。

（一）流动比率

流动比率是流动资产与流动负债的比值。其计算公式为：

$$流动比率 = \frac{流动资产}{流动负债}$$

一般情况下，流动比率越高，反映企业偿还短期债务的能力越强，流动负债得到偿还的可能性就越大。一般认为，合理的流动比率为2∶1。这是因为流动资产中变现能力最差的存货金额约占流动资产总额的一半，剩下的流动性较大的流动资产至少要等于流动负债，企业的短期偿债能力才会有保证。

【案例10.1】 本项目的财务指标的计算与分析主要建立以下这两张报表的基础上：其一是长江公司2×23年12月31日的资产负债表，如表10.1所示；其二是长江公司2×23年度的利润表，如表10.2所示。

表10.1 资产负债表

编制单位：长江公司　　　　2×23年12月31日　　　　　　　　　　单位：万元

资产	期末余额	年初余额	负债和股东权益	期末余额	年初余额
流动资产			流动负债		
货币资金	50	25	短期借款	60	45
交易性金融资产	6	12	交易性金融负债		
应收票据	8	11	应付票据	5	4
应收账款	398	199	应付账款	100	110
预付账款	20	4	预收账款	10	3
应收利息			应付职工薪酬	16	17
应收股利			应交税费	12	9

续表

资　　产	期末余额	年初余额	负债和股东权益	期末余额	年初余额
其他应收款	14	22	应付利息	9	5
存货	119	326	应付股利	20	10
一年内到期的非流动资产	77	7	其他应付款	15	12
其他流动资产	8	4	一年内到期的非流动负债	50	
流动资产合计	700	610	其他流动负债	3	5
非流动资产			流动负债合计	300	220
可供出售金融资产			非流动负债		
持有至到期投资			长期借款	480	240
长期应收款			应付债券	210	260
长期股权投资	38	45	长期应付款	50	65
投资性房地产			专项应付款		
固定资产	1 238	955	预计负债		
在建工程	10	35	递延所得税负债	20	15
工程物资			其他非流动负债		
固定资产清理		12	非流动负债合计	760	580
生产性生物资产			负债合计	1 060	800
油气资产			所有者权益		
无形资产	6	8	实收资本	100	100
开发支出			资本公积	20	10
商誉			减:库存股		
长期待摊费用			盈余公积	70	45
递延所得税资产	8	15	未分配利润	750	725
其他非流动资产			所有者权益合计	940	880
非流动资产合计	1 300	1 070			
资产总计	2 000	1680	负债和所有者权益合计	2 000	1 680

表10.2　利润表

编制单位:长江公司　　　　　　　　　2×23年度　　　　　　　　　单位:万元

项目	本期金额	上期金额
一、营业收入	3 020	2 886
减:营业成本	2 644	2 503
营业税金及附加	30	26
销售费用	20	22
管理费用	40	35
财务费用	110	96
资产减值损失	6	5
加:公允价值变动收益(损失以"—"号填列)		
投资收益(损失以"—"号填列)	40	24
其中,对联营企业和合营企业的投资收益		
二、营业利润(亏损以"—"号填列)	210	223
加:营业外收入	10	17
减:营业外支出	20	5
其中:非流动资产处置损失		
三、利润总额(亏损总额以"—"号填列)	200	235
减:所得税费用	64	75
四、净利润(净亏损以"—"号填列)	136	160
五、每股收益		
(一)基本每股收益		
(二)稀释每股收益		

根据2×23年度的资产负债表资料,计算长江公司流动比率。

解析:

长江公司年末流动资产700万元,流动负债300万元,则:

$$流动比率=700/300=2.33$$

长江公司2×23年末流动比率超过一般标准2∶1,说明该企业短期偿债能力较强。

在应用流动比率时,应注意以下几个问题:

一是不同的利益主体对流动比率的要求是不相同的。从短期债权人的角度看,希望流动比率越高越好,流动比率越高意味着偿债能力越强;从企业经营人的角度看,流动比率过高通常意味着企业现金的持有量过多,必然造成现金获利能力的降低和机会成本的增加。

二是虽然流动比率越高,表明企业偿还短期债务的流动资产保证程度越强,但这并不等于说企业已有足够的货币资金用来偿债。流动比率高,也可能是存货积压、应收账款增多且收账期延长,以及待摊费用和待处理财产损溢增加所致,而真正可用来偿债的货币资金却严重短缺。

三是流动比率是否合理,不同的行业企业以及同一企业不同时期的评价标准是不同的,因此,流动比率的评价应结合具体情况分析其合理性。

(二) 速动比率

速动比率是企业速动资产与流动负债的比值。其计算公式为:

$$速动比率 = \frac{速动资产}{流动负债}$$

速动资产,是指流动资产减去变现能力较差且不稳定的存货、待处理流动资产损溢和预付账款等后的余额。

速动比率也可以采用较保守的公式进行计算:

$$保守速动比率 = \frac{现金 + 非长期投资 + 应收账款余额}{流动负债}$$

【案例10.2】 根据"案例10.1"中描述的长江公司2×23年度的资产负债表资料开展计算。

要求:计算长江公司速动比率。

解析:

长江公司年末流动资产700万元,流动负债300万元,存货119万元,则:

$$速动比率 = (700 - 119)/300 = 1.94$$

计算速动资产时,要扣除存货、待处理流动资产损溢、待摊费用和预付账款等。其主要原因是:存货是流动资产中变现能力较弱的部分,它通常要通过产品的售出和账款的收回两个过程才能变为现金,产品的售出过程中,市场因素发挥着决定性的作用,可能会出现适销不对路、难于变现的产品,还可能存在存货计价成本与市价不一致的问题,产品虽然售出,但是以赊销的方式售出,资金难以收回;预付账款等也属于资产,它们只能减少企业未来的现金支出,不能转化为现金。因此,不应计入速动资产。

速动比率通常的正常水平应保持为1,比率低于1往往意味着短期偿债能力偏低。速动比率较之流动比率更能反映出流动负债偿还的安全性和稳定性,但并不能认为速动比率低的企业流动负债到期绝对不能偿还。速动比率会因行业的不同有较大的差别。例如,超市拥有大量的零售业务,大量的现金销售的企业速动比率就会大大低于1。影响速动比率的重要因素是应收账款的变现能力,应收账款的变现速度与程度直接影响了速动比率的可信度。

(三) 现金比率

现金比率是现金类资产与流动负债的比值。现金类资产由速动资产扣除应收账款后的余额转化而来,包括现金和短期投资。现金比率是衡量企业即时偿债能力的比率。其计算公式为:

$$现金比率 = (现金 + 短期投资)/流动负债$$

现金比率的高低主要取决于以下因素:日常经营的现金支付需要;应收账款、应收票据的收现周期;短期有价证券变现的顺利程度;企业筹集短期资金的能力等。现金比率越高,说明企业应急能力和偿债能力越强,但闲置过多的现金会影响现金的收益性。

【案例10.3】 根据"案例10.1"中描述的长江公司2×23年度的资产负债表资料开展计算。

要求:计算长江公司现金比率。

解析:

长江公司货币资金50万元,交易性金融资产6万元,流动负债300万元,则:
$$现金比率=(50+6)/300=0.19$$

【案例10.4】 根据"案例10.1"中描述的长江公司2×23年度的资产负债表资料开展计算。

要求:计算长江公司2×23年末营运资本。

解析:

长江公司2×23年末流动资产700万元,流动负债300万元,则:

2×23年末营运资本=700-300=400(万元)。

2×22年末营运资本=610-220=390(万元)。

2×22年末营运资本为390万元,2×23年末营运资本为400万元,表明这两年公司流动资产递减流动负债后还有剩余,公司具备一定的短期偿债能力;而且从纵向来看,公司短期偿债能力有所提高。

在分析企业短期偿债能力时,通常将流动比率、速动比率和现金比率三个指标结合起来分析,并结合营运资本进行全面分析,前者反映偿债能力的相对数,后者则反映偿债物质保证的绝对数。

二、长期偿债能力分析

长期偿债能力是指企业偿还长期负债的能力,长期偿债能力的强弱,是反映企业财务状况稳定与安全程度的重要标志。衡量长期偿债能力的分析指标主要有资产负债率、产权比率、权益乘数、有形净值债务率和已获利息倍数。

(一) 资产负债率

资产负债率是企业负债总额与资产总额的百分比,体现了企业资产对债权人权益的保障程度。其计算公式为

$$资产负债率=\frac{负债总额}{资产总额}\times 100\%$$

【案例10.5】 根据"案例10.1"中描述的长江公司2×23年度的资产负债表资料开展计算。

要求:计算长江公司资产负债率。

解析:

长江公司年末负债总额为1 060万元,资产总额为2 000万元,则:

$$资产负债率=\frac{1\ 060}{2\ 000}\times 100\%=53\%$$

分析资产负债率指标时,应注意以下几个问题:

① 经营风险较低的企业,应选择比较高的资产负债率,适当增加股东收益;经营风险较高的企业,应选择比较低的资产负债率,降低财务风险。一般认为,资产负债率的适宜水平是40%~60%。

② 一般来说，资产负债率高，债务压力大；资产负债率低，债务压力小。

③ 不同的利益主体对资产负债率的衡量角度是不同的。从债权人的角度看，资产负债率越低越好，资产负债率越低，资产的构成中债务比例越低，而权益比例越高，偿债能力就越强；从股东的角度看，希望保持较高的资产负债率水平，尤其当全部资本利润率高于借款利息率时，他们希望负债比例越高越好，可以通过财务杠杆效应获得更多利益；从经营者的角度看，更注重权衡债权人与股东之间的利益，确保在充分利用借入资本给企业带来好处的同时，尽可能降低财务风险。

④ 经验研究表明，资产负债率存在显著的行业差异，因此，分析该比率时应注重与行业平均数的比较，并结合总体经济状况、行业发展趋势、所处市场环境等综合判断。一般地，交通、电力行业该比率为50%～55%，加工业为65%左右，商贸业为80%左右，金融业为90%左右。

（二）产权比率

产权比率，也称债务股权比率，是指企业负债总额与所有者权益的百分比，是企业财务结构稳健与否的重要标志。其计算公式为：

$$产权比率 = \frac{负债总额}{所有者权益} \times 100\%$$

【案例10.6】 根据"案例10.1"中描述的长江公司2×23年度的资产负债表资料开展计算。

要求：计算长江公司产权比率。

解析：

长江公司年末负债总额为1 060万元，所有者权益为940万元，则：

$$产权比率 = \frac{1\ 060}{940} \times 100\% = 113\%$$

产权比率反映了企业所有者权益对债权人权益的保障程度。这一比率越低，表明企业的长期偿债能力越强，债权人权益的保障程度越高，承担的风险越小；反之，这一比率越高，则表明企业长期偿债能力越低，企业的风险主要由债权人承担。一般来说，产权比率高说明企业是高风险、高报酬的财务比率；产权比率低则是低风险、低报酬的财务比率。所以，企业在评价产权比率适度与否时，应从提高获利能力与增强偿债能力两个方面综合进行，即在保障债务安全的前提下尽可能提高产权比率。产权比率与资产负债率对评价偿债能力的作用基本相同，主要区别是：资产负债率侧重于分析债务偿付安全性的物质保障程度，产权比率侧重于揭示财务结构的稳健程度以及自有资金对偿债风险的承受能力。

（三）权益乘数

权益乘数是企业资产总额与股东权益的比值。其计算公式为：

$$权益乘数 = \frac{资产总额}{所有者权益总额}$$

$$= \frac{资产总额}{资产总额 - 负债总额}$$

$$= \frac{1}{1 - 资产负债率}$$

【案例10.7】 根据"案例10.1"中描述的长江公司2×23年度的资产负债表资料开展计算。

要求:计算长江公司权益乘数。

解析:企业年初资产总额1 680万元,股东权益880万元,年末资产总额2 000万元,股东权益940万元。则:

$$年末权益乘数=2\ 000/940=2.13$$
$$年初权益乘数=1\ 680/880=1.91$$

计算结果表明,该企业年末的权益乘数有所增大,负债比率就越大,财务风险就越大。

一般来讲,权益乘数表示企业的负债程度。权益乘数越大,负债比率就越大,说明企业承担的财务风险越大,偿还长期债务能力就越差。由于企业负债的存在,权益乘数总是大于或等于1。

(四)有形净值债务率

有形净值债务率是企业负债总额与有形净值的百分比,有形净值是所有者权益扣除无形资产价值后的百分比,也即股东拥有所有权的有形资产的净值。其计算公式为:

$$有形净值债务率=\frac{负债总额}{所有者权益总额-无形资产总额}\times 100\%$$

【案例10.8】 根据"案例10.1"中描述的长江公司2×23年度的资产负债表资料开展计算。

要求:计算长江公司有形净值债务率。

解析:

长江公司年末负债总额为1 060万元,所有者权益为940万元,无形资产总额为6万元,则:

$$有形净值债务率=\frac{1\ 060}{940-6}\times 100\%=113.5\%$$

有形净值债务率指标实质上是产权比率指标的延伸,从长期来看,比率越低越好。有形净值债务率更为谨慎、保守地反映在企业清算时债权人投入的资本受到所有者权益的保障程度,体现出会计的谨慎性原则,将无形资产、商誉、专利权及非专利技术等从股东权益中扣除,是因为从保守的观点看,这些资产很难为债权人提供任何资源,不能作为偿债的保障。该指标其他方面的分析同产权比率相同,这一比率比产权比率更谨慎、保守。

(五)已获利息倍数

债权人衡量企业的偿债能力,除了分析资产负债率、产权比率,考察债务资本的保障程度,还要计算利润与利息费用相比的倍数,测试债权人利息费用的风险。

已获利息倍数是指企业生产经营所获得的息税前利润与利息费用的比值,也叫利息保障倍数,反映了获利能力对债务偿付的保证程度。其计算公式为:

$$已获利息倍数=息税前利润/利息支出$$

公式中的"息税前利润"是指包括债务利息和所得税之前的利润,公式的分母"利息支出"反映本期发生的全部应付利息,其中不仅包括财务费用中的利息费用,还包括计入固定资产成本的资本化利息。资本化利息虽然不在利润表中扣除,但仍要偿还。

【案例10.9】 根据"案例10.1"中描述的长江公司2×23年度的利润表资料开展计算。

要求:计算长江公司已获利息倍数。

解析:

长江公司利润总额为200万元,利息费用为110万元,则:

$$已获利息倍数=\frac{200+110}{110}\approx 2.8$$

已获利息倍数的重点是衡量企业支付利息的能力,没有充足的息税前利润,利息支出的支付就会发生困难。只要已获利息倍数足够大,企业就有充足的能力偿付利息,否则相反。

【案例10.10】 假设长江公司某期的息税前利润为125万元,利息支出为25万元。

要求:计算长江公司已获利息倍数。

解析:

$$已获利息倍数=125/25=5$$

从长期看,已获利息倍数至少应当大于1,且比值越高,企业长期偿债能力一般也就越强。但在短期内,即使已获利息倍数小于1,也并不意味着企业不能支付利息,因为折扣、摊销额等不用当期支付现金。选择已获利息倍数时,应当与其他企业,特别是本行业平均水平进行比较,了解横向比较的差距。同时纵向比较本企业连续几年的该项指标,从稳健性的角度出发,最好选择最低指标年度的数据作为标准。因为从稳定性的角度出发,企业在债务期间每年都要偿还类似的债务,经营状况好的时候需要,经济不景气的时候也需要,选择最低指标年度的数据作为标准,可以保证最低的偿债能力。

任务实施

根据前述项目情境,结合所学任务知识,完成下列任务:
1. 简述财务分析的作用。
2. 简述短期偿债能力指标和长期偿债能力指标的具体内容。

任务三 熟悉营运能力指标,进行营运能力分析

任务知识

营运能力是指企业的资金、资产的周转能力,营运能力体现了企业生产经营工作在企业购、产、销各方面活动的质量和效果。分析营运能力指标,有助于找出生产经营中的问题,了解企业的经营状况和管理水平,强化企业经营管理,合理利用资金,改善财务状况。营运能力的指标主要有应收账款周转率、存货周转率、营业周期、流动资产周转率、固定资产周转率和总资产周转率。

一、应收账款周转率

应收账款周转率反映了企业应收账款变现速度的快慢及管理效率的高低。"应收账款平均余额"是指未扣除坏账准备的应收账款金额,是资产负债表中"期初应收账款余额"与"期末应收账款余额"的平均数;"应收账款平均余额"数据来源于企业资产负债表中"应收账款"和"应收票据"两个项目的期初与期末金额的平均数之和。赊销净额等于企业的利润表的"主营业务收入"扣除现销收入和销售退回、折让、折扣后的余额。但是,由于企业赊销数据是企业的商业秘密,一般不对外公布,因此,计算应收账款周转次数时,一般以销售收入总额作为赊销净额。

这种方法实际上是假定在会计年度内各月的应收账款余额相等,没有考虑营业的季节性和营业周期的变化,也没有解决应收账款余额在整个会计年度内不均衡变动的问题。如果实际上变化不大,其计算结果是较准确的;如果变化较大,则计算结果会有一定的偏差。应收账款周转率分析应与企业信用政策分析相结合,以便更好地评价客户的资信程度及企业制订信用条件的合理性。根据应收账款周转率可以计算出应收账款周转天数。应收账款周转天数也称应收账款账龄,它是指企业自商品或产品销售出去后,至应收账款收回为止经历的天数。一般而言,应收账款周转率越高,应收账款周转天数越短,说明企业的应收账款回收得越快,企业资产流动性增强,企业短期清偿能力也增强。其计算公式为:

应收账款周转率(次数)=赊销净额/应收账款平均余额

应收账款平均余额=(应收账款年初数+应收账款年末数)/2

应收账款周转天数=计算期天数/应收账款周转次数

其中,计算期天数按一年360天计。

【案例10.11】 假定春源公司应收账款本期年初数为50万元,年末数为60万元,全年实现销售收入525万元。其中,现销收入200万元,销售退回20万元,销售折扣与折让30万元。

要求:计算应收账款周转率。

解析:

(1) 赊销收入净额=525-200-20-30=275(万元)。

(2) 应收账款平均余额=(50+60)/2=55(万元)。

(3) 应收账款周转率=275/55=5次。

(4) 应收账款周转天数=360/5=72天。

【案例10.12】 假定蓝天公司2×21、2×22和2×23年末的应收账款余额分别为1 100万元、1 200万元和1 300万元,2×22和2×23年销售收入分别为20 000万元和22 000万元。

要求:计算该公司2×22年和2×23年度应收账款周转率和周转天数。

解析:

2×22年和2×23年度应收账款周转率和周转天数计算如表10.3所示。

表 10.3　应收账款周转率和周转天数计算表

项目＼年份	销售收入①（万元）	应收账款年末余额②（万元）	平均应收账款余额③（万元）	应收账款周转次数④＝①÷③（次）	应收账款周转天数⑤＝360÷④（天）
2×21		1 100			
2×22	20 000	1 200	1 150	17.39	20.70
2×23	22 000	1 300	1 250	17.6	20.45

以上计算结果表明，该公司2×23年的应收账款周转率比2×22年度略有改善，周转次数提高，周转天数缩短。

二、存货周转率

存货周转率是企业一定时期的销售成本与平均存货余额的比率。它是衡量企业销售能力和存货管理水平的指标。在流动资产中，存货所占的比重较大，存货的质量和流动性，将直接影响企业的流动比率，因此必须特别重视对存货的分析。存货的流动性，一般用存货的周转速度指标来反映，即存货周转率或存货周转天数。计算公式如下：

存货周转率(次数)＝主营业务成本/平均存货成本

平均存货成本＝(期初存货成本＋期末存货成本)/2

存货周转天数＝360/存货周转次数

【案例10.13】　根据"案例10.1"中描述的长江公司2×23年度的利润表资料开展计算。
要求：计算长江公司存货周转率和存货周转天数。

解析：

长江公司期初存货为326万元，期末存货为119万元，销售成本为2 644万元，则：

(1) 平均存货成本＝(326＋119)/2＝222.5(万元)。

(2) 存货周转率＝2 644/222.5＝11.88(次)。

(3) 存货周转天数＝360/11.88＝30(天)。

存货周转速度的快慢，不仅反映出企业采购、仓储、生产、销售各环节管理工作状况的好坏，而且直接决定了企业的偿债能力及获利能力。分析存货周转速度可以从不同的角度和环节找出存货管理中的问题，使存货管理在保证生产经营连续性的同时，尽可能地少占用经营资金，提高资金的使用效率，增强企业短期偿债能力，促进企业管理水平的提高。

一般来讲，存货周转率越高，存货周转速度越快，存货周转额越大，存货资金占用程度越低。反之，亦然。但存货周转率也不是越低越好，企业存货过少会导致存货周转率低，可能会出现缺货，影响企业的正常生产销售。该指标的计算应注意以下问题：在分析企业不同时期或不同企业的存货周转率时，应注意存货计价方法的口径应一致；分子、分母的数据应注意时间上的对应性，另外，需要时，还应对存货的结构以及影响存货周转速度的重要项目进行分析，例如计算原材料周转率、在产品周转率或某种存货的周转率。

三、营业周期

营业周期是指从取得存货开始到销售存货并收回现金为止的这段时间。营业周期的长短取决于存货周转天数和应收账款周转天数。其计算公式为:

$$营业周期＝存货周转天数＋应收账款周转天数$$

营业周期分析可以评价企业流动资金使用状况,一般情况下,营业周期短,说明资金周转速度快,营业周期长,说明资金周转速度慢。不同行业的营业周期长短有所不同。营业周期是以应收账款周转天数和存货周转天数为基础计算的,影响应收账款周转率和存货周转率的因素同样也影响营业周期。一般来说,商业企业商品存放时间较短,因此营业周期较短;工业企业生产过程较长,营业周期较长,但一般不超过一年。

【案例10.14】 假如"案例10.12"中蓝天公司应收账款周转率为4次,存货周转率为5次。

要求:计算蓝天公司营业周期。

解析:

营业周期:360/4＋360/5＝90＋72＝162(天)。

四、流动资产周转率

流动资产周转率是指企业一定时期销售(营业)收入净额与流动资产平均余额的比值。流动资产周转率是评价企业流动资产利用效率的主要指标。其计算公式为:

流动资产周转率(次数)＝主营业务收入净额/流动资产平均余额

流动资产平均余额＝(期初流动资产＋期末流动资产)/2

$$流动资产周转天数 = \frac{360}{流动资产周转率}$$

【案例10.15】 根据前述根据"案例10.1"中描述的长江公司2×23年度的资产负债表和利润表资料开展计算。

要求:计算长江公司流动资产周转率和流动资产周转天数。

解析:

根据2×23年度的资产负债表,长江公司年初流动资产为610万元,年末流动资产为700万元;根据2×23年度的利润表,产品销售收入为3 020万元,则:

(1) 流动资产周转率＝3 020/[(610＋700)/2]＝4.61(次)。

(2) 流动资产周转天数＝360/4.61≈78.09(天)

流动资产周转率反映了企业流动资产的周转速度,是对企业流动资产的利用效率进行分析的指标。一般情况下,该指标越高,表明企业流动资产周转速度越快,利用效率越好,企业流动资产管理水平较高,在某种程度上增强了企业的盈利能力。

五、固定资产周转率

固定资产周转率,也称固定资产利用率,是指企业销售(营业)收入净额与固定资产平均余额的比值,主要用来反映企业固定资产的利用效率。其计算公式为:

固定资产周转率(次数)＝主营业务收入净额(销售收入净额)／固定资产平均净值

$$固定资产平均净值 = \frac{期初固定资产净值 + 期末固定资产净值}{2}$$

$$固定资产周转天数 = \frac{360}{固定资产周转率}$$

固定资产周转率指标主要分析对厂房、设备等固定资产的利用效率。固定资产周转率高,说明固定资产利用率高、管理水平高,也说明企业固定资产投资得当,能够充分发挥效率。如果固定资产周转率与同行业水平相比偏低,则说明企业对固定资产的利用效率较低,影响企业的获利能力。应该注意的是,固定资产周转率指标的计算中,分母会由于折旧的计提逐年减少,而且还受不同折旧方法的影响。

【案例10.16】 假如春源公司固定资产平均余额为600万元,当年主营业务收入为1 000万。

要求:计算固定资产周转率和固定资产周转天数。

解析:

(1) 固定资产周转率＝1 000/600＝1.677(万元)。

(2) 固定资产周转天数＝360/1.677＝214.67(天)。

六、总资产周转率

总资产周转率是企业主营业务收入与资产平均总额的比值,它表明企业投资的每1元资产在1年内可以产生多少销售收入,所以该指标在总体上反映了企业利用资产的效率。其计算公式为:

总资产周转率(次数)＝主营业务收入净额/资产平均总额

$$资产平均总额 = \frac{期初资产总额 + 期末资产总额}{2}$$

$$总资产周转率 = \frac{360}{总资产周转率}$$

【案例10.17】 根据"案例10.1"中描述的长江公司2×23年度的资产负债表和利润表资料开展计算。

要求:计算长江公司总资产周转率。

解析:

长江公司年初资产总额1 680万元,年末资产总额为2 000万元;根据2×23年度的利润表,产品销售收入为3 020万元,则:

$$总资产周转率 = \frac{3\,020}{(1\,680 + 2\,000)/2} \approx 1.64$$

总资产周转率是反映企业全部资产综合使用效率的指标,既包括权益人投入的也包括债权投入的。该指标越高,说明企业全部资产的管理水平越高,周转速度越快,利用效率越高,全部资产所创造的经济资源流入也就越多,进而会改善企业的偿债能力和盈利能力。

任务实施

根据前述项目情境,结合所学任务知识,完成下列任务:
1. 回答"任务导入"中的第三个问题。
2. 介绍营运能力指标的具体内容。

任务四　熟悉获利能力指标,进行获利能力分析

任务知识

赢利能力是指企业获取利润的能力。无论是投资者、债权人,还是企业管理部门,都非常关心企业的赢利能力。因此,赢利能力的分析就显得尤为重要。从利润表来看,可以把企业的利润分为5个层次:主营业务毛利(主营业务收入－主营业务成本)、主营业务利润、营业利润、利润总额、净利润。能够更直接反映主营业务获利能力的指标是销售毛利率、销售利润率、资产净利率和净资产收益率等。赢利能力指标属于绝对量指标,越高越好,这些指标越高,反映企业盈利能力越强;反之则相反。

一、销售毛利率

销售毛利率是企业实现的毛利润与营业收入的百分比,说明1元的营业收入能带来的毛利润的金额。营业收入扣除营业成本后的部分称为营业毛利(简称毛利)。毛利占营业收入的比率称为营业毛利率(简称毛利率)。其计算公式为:

$$毛利 = 营业收入 - 营业成本$$
$$= 毛利率 \times 营业收入$$
$$= 毛利率 \times (单位商品平均售价 \times 销售数量)$$

$$毛利率 = \frac{毛利}{营业收入} \times 100\%$$

【案例10.18】根据"案例10.1"中描述的长江公司2×23年度的利润表资料开展计算。
要求:计算长江公司销售毛利率。
解析:
根据2×23年度的利润表,长江公司产品销售收入为3 020万元,销售成本为2 644万元,则:

$$销售毛利率 = \frac{3\,020 - 2\,644}{3\,020} \times 100\% \approx 12.45\%$$

销售毛利率指标表示每1元营业收入扣除销售成本后,剩余多少可以用于各项期间费用的耗费和形成最终的盈利。销售毛利率是企业销售利润率的最初基础,没有足够大的毛利率便不能赢利。一般而言,不同的行业的毛利率差距较大,但同一行业的毛利率水平应当接近,应当将该指标与同期企业的平均毛利率相比较,揭示出企业在定价政策、产品或生产成本控制等方面存在的问题。

毛利的变动,大致由销售数量、销售价格或者销售成本引起。当毛利率减少时应具体分析其原因,是因为定价不合理或市场定位错误造成销售数量减少,还是因为销售成本增加引起毛利额减少,还是由其他多种原因造成的。

二、销售利润率

销售利润率是企业实现的税后利润与主营业务净收入的百分比。销售利润率指标说明每1元的销售收入会带来多少利润,反映企业销售收入的获利水平。计算公式为:

$$销售利润率 = \frac{税后利润}{主营业务净收入} \times 100\%$$

$$销售营业利润率 = \frac{营业利润}{主营业务净收入} \times 100\%$$

$$主营业务利润率 = \frac{营业利润 - 其他业务利润}{主营业务净收入} \times 100\%$$

式中的主营业务净收入是指扣除销售折让、销售折扣和销售退回之后的销售净额。显然,销售利润率越高越好。销售利润率是一项综合性较强的盈利能力指标,企业经济条件、融资方式、资本结构以及营业特点等因素都会影响销售利润率。

【案例10.19】 根据"案例10.1"中描述的长江公司2×23年度的利润表资料开展计算。

要求:计算长江公司销售利润率。

解析:

根据2×23年度的利润表,长江公司销售收入为3 020万元,税后利润136万元,则:

$$销售利润率 = \frac{136}{3\,020} \times 100\% \approx 4.50\%$$

三、资产净利率

资产净利率是衡量企业运用全部资产获利的能力,通常指企业净利润与平均资产总额的百分比。计算公式为

$$资产净利率 = \frac{净利润}{平均资产总额} \times 100\%$$

【案例10.20】 根据"案例10.1"中描述的长江公司2×23年度的资产负债表和利润表资料开展计算。

要求:计算长江公司总资产报酬率。

解析：

根据2×23年度的利润表，长江公司净利润为136万元；根据2×23年度的资产负债表，年初资产总额为1 680万元，年末资产总额为2 000万元，则：

$$总资产报酬率 = \frac{136}{(1\,680+2\,000)/2} \times 100\% = 7.4\%$$

四、净资产收益率

净资产收益率，也称为权益净利率，反映企业一定时期运用权益资本获利的能力，通常指一定时期内的净利润与平均净资产的百分比。计算公式为：

$$净资产收益率 = \frac{税后利润}{平均净资产} \times 100\%$$

式中，$平均净资产 = \frac{年初所有者权益数 + 年末所有者权益变动数}{2}$。

所有者权益是指企业资产总额扣除负债总额后的差额。它包括实收资本、资本公积、盈余公积和未分配利润四个部分。净资产收益率反映投入企业的自由资本获取净收益的能力，该指标越高，说明企业自有资本获取收益的能力越强，运营效益越好，对债权人的保证程度越高；反之，则说明企业盈利能力越弱。所有者权益是评价企业资本经营效益的核心指标。

【案例10.21】 根据"案例10.1"中描述的长江公司2×23年度的资产负债表和利润表资料开展计算。

要求：计算长江公司净资产报酬率。

解析：

根据2×23年度的利润表，长江公司净利润为136万元，根据2×23年度资产负债表，年末的所有者权益为940万元，年初的所有者权益为880万元。则：

$$净资产收益率 = \frac{136}{(880+940)/2} \times 100\% = 14.95\%$$

净资产收益率指标通用性强，适用范围广，在我国上市公司业绩综合排序中，该指标居于首位。但使用时应注意与行业水平以及与企业历史水平综合比较，可以看出企业的差异水平。

分析总资产报酬率和总资产净利率时，应注意下面几个问题：

（1）总资产由投入资本和债务资本两方面构成，评价该指标时，要与经济周期、资产结构、企业特点和企业战略结合起来进行分析。

（2）该比率反映，企业要想创造高额利润，就必须重视所得和所费的比例关系，合理使用资金，降低消耗，避免资产闲置、资产浪费、资产损失、资金沉淀和费用开支过大等不合理现象。

 **任务实施**

根据前述项目情境,结合所学任务知识,完成下列任务:
1. 回答"任务导入"中的第四个问题。
2. 介绍盈利能力指标的具体内容。

任务五　理解杜邦财务分析法,运用杜邦财务分析法综合分析

 **任务知识**

一、杜邦分析法的概念

杜邦分析体系是由美国杜邦公司创造的一种财务分析体系。它以净资产收益率作为龙头,通过对净资产收益率的进一步分解,以资产净利率和权益乘数为核心,重点揭示企业获利能力及权益乘数对净资产收益率的影响,对企业的财务状况进行综合分析和评价。

二、杜邦分析法的特点

不同于前述财务指标的独立分析,杜邦分析法是一种综合财务分析方法。净资产收益率是综合性最强的财务比率,是杜邦财务分析体系的核心,其他各项指标都是围绕这一核心,通过研究彼此间的依存制约关系,综合反映获利能力、偿债能力和营运能力的指标,为企业管理者提高经营效率与效益提供决策依据。

三、杜邦分析法中主要财务比率之间的关系

(一)净资产收益率与资产报酬率及权益乘数之间的关系

净资产收益率＝资产报酬率×权益乘数

(二)资产报酬率与销售净利率及总资产周转率之间的关系

资产报酬率＝销售净利率×总资产周转率

净资产收益率的高低首先取决于资产报酬率,而资产报酬率又受销售净利率和总资产周转率两个指标的影响。销售净利率和总资产周转率均与资产报酬率之间呈正向变动关系,而资产报酬率越大,总资产收益率也就越大。

(三)销售净利率与净利润及销售收入之间的关系

销售净利率＝净利润÷销售收入

销售净利率实际上反映了企业净利润与销售收入的关系。要提高销售净利,必须从提高销售收入和降低成本费用两个方面出发。

(四) 总资产周转率与销售收入之间的关系

$$总资产周转率＝销售收入÷资产平均总额$$

总资产周转率是反映运用资产获取销售收入能力的指标,可以通过提高销售收入和降低各种资产的占用量进行分析。

(五) 所有者权益与总资产的关系

$$权益乘数＝\frac{资产总额}{所有者权益总额}＝\frac{资产总额}{资产总额－负债总额}＝\frac{1}{1－资产负债率}$$

权益乘数反映企业所有者权益与总资产的关系。在总资产需要量既定的情况下,企业适当开展负债经营,相对减少所有者权益的份额,可以提高权益乘数。

由此可得:

$$净资产收益率＝销售净利率×资产周转率×权益乘数$$

总之,净资产收益率是一个综合性极强的指标。它变动的原因涉及企业生产经营活动的方方面面。与企业的资本结构、销售规模、成本费用水平、资产的合理配置和利用紧密相关,是各方面综合努力的结果。

杜邦财务分析系统反映的财务比率关系如图10.2所示。

四、杜邦分析法的应用

杜邦分析法能够分解出净资产收益率变动的原因和变动的趋势,为日后改善企业管理指明了方向。

【案例10.22】 根据"案例10.1"中描述的长江公司2×23年度的资产负债表和利润表资料及相关案例计算结果资料开展计算。

要求:运用杜邦分析法对长江公司进行综合分析。

解析:

根据长江公司2×23年度的资产负债表和利润表,其销售净利率为5.0%,资产周转率为1.4次,资产周转率为7.0%,权益乘数为1.5;根据长江公司2×23年度的资产负债表和利润表,其销售净利率为4.0%,资产周转率为2.0次,资产周转率为8%,权益乘数为1.52。

① 计算两年的净资产收益率:

2×22年的净资产收益率＝资产报酬率×权益乘数＝7.0%×1.5＝10.5%

2×23年的净资产收益率＝资产报酬率×权益乘数＝8.0%×1.52＝12.16%

可知,2×23年的净资产收益率比2×22年的净资产收益率增长了1.66%(12.16%

—10.5％)。

② 分析产生差异的原因：

由于资产报酬率的变化引起净资产报酬率的变化＝(8.0％－7.0％)×1.5＝1.5％

由于权益乘数的变化引起净资产报酬率的变化＝8.0％×(1.52－1.5)＝0.16％

③ 分析差异的因素。

可知，该公司2×23年的净资产收益率比2×22年增长1.66％,其中由于资产报酬率提高1.0％引起净资产收益率上升1.5％,而权益乘数提高仅使净资产收益率上升0.16％,变化不大,表明公司资本结构维持稳定,对公司净资产收益率影响较小。

④ 进一步分析资产报酬率变化1.0％的原因：

资产报酬率＝销售净利率×总资产周转率

由于销售净利率降低的影响＝(4.0％－5.0％)×1.4＝－1.4％

由于资产周转率提高的影响＝4.0％×(2.0－1.4)＝2.4％

可知，该公司2×23年的资产报酬率比2×22年增长1.0％,其中由于资产周转率提高的影响为2.4％,而销售净利率的变动引起资产周转率下降为－1.4％。

综上所述，长江公司2×23年的净资产收益率比2×22年的净资产收益率增长了1.66％；在净资产收益率的两个构成因素中,权益乘数的变化引起0.16％的变化,不仅没有增长,反而下降,资产报酬率的变化引起1.5％的变化,有了很大的增长,在资产报酬率的两个构成因素中,销售净利率降低造成的影响为－1.4％,而资产周转率提高所产生的影响为2.4％,说明公司的加强资产管理的措施取得了成效,加快了资产的周转速度,提高了资产的使用效率。但是公司成本控制不严成为抑制公司利润增长的最大问题,在以后的年度应加强成本核算与成本控制。

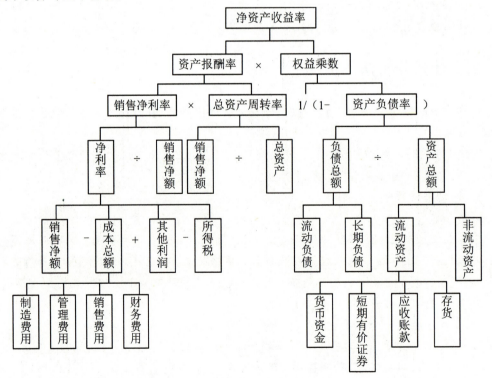

图10.2 杜邦财务分析系统反映的财务比率关系

根据前述项目情境,结合所学任务知识,完成下列任务:
1. 回答"任务导入"中的第五个问题。
2. 介绍一下杜邦分析法的主要内容。

任务六　开展业绩评价,提供有价值信息

一、业绩评价的含义

业绩评价是指运用数理统计和运筹学的方法,通过建立综合评价指标体系,依照相应的评价标准,将定量分析与定性分析相结合,对企业一定经营期间的获利能力、资产质量、债务风险以及经营增长等经营业绩和努力程度等各方面进行的综合评判。

业绩评价具有重要意义:科学地评价企业业绩,可以为出资者监管经营者提供重要依据,有效地促进经营者改善经营管理,并且为政府相关部门、债权人、企业职工等有关各方提供有价值信息。

二、业绩评价的内容

业绩评价由财务业绩定量评价和管理业绩定性评价两部分构成,并结合实际情况确定不同的权重,形成完整的评价指标体系。其通常由政府等权威部门统一测算和发布。

(一)财务业绩定量评价

财务业绩定量评价是指对企业一定经营期间财务业绩的主要方面进行定量对比分析评价。财务业绩定量评价指标依据功能作用划分为基本指标和修正指标,基本指标发挥评价的基础作用,修正指标则体现出相对的差异性和互补性。其具体包括:

1. 企业盈利能力指标

企业盈利能力指标包括净资产收益率、总资产报酬率2个基本指标和营业利润率、盈余现金保障倍数、成本费用利润率、资本收益率4个修正指标。

2. 企业资产质量指标

企业资产质量指标包括总资产周转率、应收账款周转率2个基本指标和不良资产比率、流动资产周转率、资产现金回收率3个修正指标。

3. 企业债务风险指标

企业债务风险指标包括资产负债率、已获利息倍数2个基本指标和速动比率、现金流动负债比率、带息负债比率、或有负债比率4个修正指标。

4. 企业经营增长指标

企业经营增长指标包括营业收入增长率、资本保值增值率2个基本指标和营业利润增长率、总资产增长率、技术投入率3个修正指标。

(二) 管理业绩定性评价

管理业绩定性评价是建立在财务业绩定量评价的基础上的，对企业一定期间的经营管理水平，采取专家评议的方式开展的定性分析和综合评判。管理业绩定性评价指标包括管理企业发展战略的确立与执行、经营决策、发展创新、风险控制、基础管理、人力资源、行业影响和社会贡献等8个方面的指标。

三、业绩评价的标准和方法

(一) 评价标准

业绩评价标准分为财务业绩定量评价标准和管理业绩定性评价标准。

财务业绩定量评价标准包括国内行业标准和国际行业标准。国内行业标准根据国内企业年度财务和经营管理数据，运用数理统计方法，分年度、分类型、分规模进行统一测算。国际行业标准根据居于行业国际领先地位的大型企业相关财务指标实际值，或根据同类型企业相关财务指标的先进值，在剔除会计核算差异后统一测算。财务业绩定量评价标准按照不同行业、不同规模及指标类别，划分为优秀、良好、平均、较低和较差五个等级。

管理业绩定性评价标准根据评价内容，结合企业经营管理的实际水平和出资人监管要求等统一测算，并划分为优、良、中、低、差五个等级。

(二) 评价方法

财务业绩定量评价是运用功效系数法的原理，以企业评价指标实际值对照企业所处行业的标准值，按照既定的计分模型进行定量测算。其基本步骤为：从相关资料提取数据，并加以调整，从而计算出各项指标实际值；确定各项指标标准值；按照既定模型对各项指标评价计分；计算财务业绩评价分值，形成评价结果。

管理业绩定性评价是运用综合分析判断法的原理，根据评价期间企业管理业绩状况等相关因素的实际情况，对照管理业绩定性评价参考标准，对企业管理业绩指标进行分析评议，确定评价分值。具体操作遵循以下步骤：将收集整理出的相关资料参照管理业绩定性评价标准，分析企业管理业绩状况；对各项指标评价计分，计算管理业绩评价分值，形成评价结果；最后计算综合业绩评价分值，形成综合评价结果。

根据财务业绩定量评价结果和管理业绩定性评价结果，按照既定的权重和计分方法，计算出业绩评价总分，并考虑相关因素进行调整后，得出企业综合业绩评价分值。根据企业综合业绩评价分值及分析得出的评价结论，最后将企业业绩综合评价结果分为优、良、中、低和差五个等级。

(三) 评价报告

综合评价报告是反映企业业绩状况,依据业绩评价结果编制的文件,由正文和附件构成。报告正文包括评价目的、依据、方法、过程、结果、结论以及需要说明的重大事项等内容;附件包括企业经营业绩分析报告、评价基础数据及调整情况、评价结果计分表、问卷调查结果分析、专家咨询报告等内容。

根据前述项目情境,结合所学任务知识,完成下列任务:
1. 回答"任务导入"中的第六个问题。
2. 介绍一下业绩评价的内容和方法。

一、单项选择题

1. 若产权比率为4/5,则权益乘数为( )。
   A. 5/4   B. 9/5
   C. 9/4   D. 4/5
2. 下列不能反映企业偿付到期长期债务能力的财务指标是( )。
   A. 营业利润率   B. 资产负债率
   C. 已获利息倍数   D. 产权比率
3. 光华公司年末会计报表中的部分数据为:流动负债60万元,流动比率为2,速动比率为1.2,销售成本100万元,年初存货52万元,则本年度存货周转次数为( )。
   A. 1.65次   B. 2次
   C. 2.3次   D. 1.45次
4. 如果流动负债小于流动资产,则期末以现金偿付一笔短期借款所导致的结果是( )。
   A. 营运资金减少   B. 营运资金增加
   C. 流动比率降低   D. 流动比率提高
5. 设立流动比率和速动比率指标的依据是( )。
   A. 资产的获得能力   B. 资产的变现能力
   C. 债务偿还的时间长短 D. 资产的周转能力
6. 影响速动比率可信性的重要因素是( )。
   A. 应收账款的变现能力 B. 存货的周转速度
   C. 营业周期的长短   D. 企业的销售水平
7. 下列各项中,可能导致企业资产负债率变化的经济业务是( )。
   A. 收回应收账款   B. 用现金购买债券

C. 接受所有者投资转入的固定资产   D. 以固定资产对外投资

8. 已获利息倍数指标不仅可以反映企业的长期偿债能力,而且可以反映(   )。

   A. 短期偿债能力   B. 资产管理能力
   C. 获利能力   D. 成长能力

9. 在杜邦分析体系中,假设其他情况相同,下列说法中错误的是(   )。

   A. 权益乘数大则财务风险大
   B. 权益乘数大则权益净利率大
   C. 权益乘数等于资产权益率的倒数
   D. 权益乘数大则资产净利率大

10. (   )指标是评价企业短期偿债能力最稳健的指标。

    A. 流动比率   B. 速动比率
    C. 现金比率   D. 产权比率

二、多项选择题

1. 分析企业短期偿债能力的指标有(   )。

   A. 流动比率   B. 资产负债率
   C. 速动比率   D. 权益乘数

2. 应收账款周转率提高意味着(   )。

   A. 短期偿债能力增加   B. 收账费用减少
   C. 收账迅速,账龄较短   D. 销售成本降低

3. 趋势分析法主要有(   )。

   A. 定基分析法   B. 杜邦分析法
   C. 比率分析法   D. 环比分析法

4. 影响净资产收益率的因素有(   )。

   A. 流动负债与长期负债值比率 B. 资产负债率
   C. 营业净利率   D. 资产周转率

5. 不能用于偿债的流动资产主要有(   )。

   A. 预付账款   B. 待摊费用
   C. 存货   D. 应收票据

6. 如果速动比率过高,意味着企业存在以下几种可能(   )。

   A. 存在闲置现金   B. 存在存货积压
   C. 应收账款周转缓慢   D. 偿债能力很差

7. 下列经济业务会影响产权比率的有(   )。

   A. 接受所有者投资   B. 建造固定资产
   C. 可转换债券转换为普通股 D. 偿还银行借款

8. 对于应收账款周转率的计算,下列说法正确的是(   )。

   A. 公式中的"应收账款"已经扣除了坏账准备
   B. 必须按照每年的应收账款余额来计算应收账款平均占用额
   C. 分子分母的数据在时间口径上要一致

D. 公式中的"应收账款"包括应收票据

9. 提高营业净利率的途径主要包括(　　)。
A. 扩大营业收入　　　　　　B. 提高负债比率
C. 降低成本费用　　　　　　D. 提高成本费用

10. 在运用比率分析法时,应选择科学合理的对比标准。常用的有(　　)。
A. 预定目标　　　　　　　　B. 历史标准
C. 行业标准　　　　　　　　D. 公认标准

三、判断题

1. 应收账款周转率过高或过低对企业都可能是不利的。　　　　　　　　(　　)
2. 通常情况下,股票市盈率越高,表明投资者对公司的未来越看好。　　(　　)
3. 当运用已获利息倍数指标判断企业偿债能力时,通常应选择该指标最高的年度。
(　　)
4. 每股收益是衡量上市公司盈利能力最重要的财务指标。　　　　　　(　　)
5. 现金比率越高越好。　　　　　　　　　　　　　　　　　　　　　(　　)
6. 资产负债率主要用来衡量企业的长期偿债能力,计算资产负债率时应扣除流动负债部分。　　　　　　　　　　　　　　　　　　　　　　　　　　　　　　(　　)
7. 杜邦分析体系计算权益乘数时,资产负债率是用期末负债总额与期末资产总额来计算的。　　　　　　　　　　　　　　　　　　　　　　　　　　　　　　(　　)
8. 采用比率分析法可以分析引起变化的主要原因、变动性质,并可预测企业未来的发展前景。　　　　　　　　　　　　　　　　　　　　　　　　　　　　　　(　　)
9. 在采用因素分析法时,可任意颠倒顺序,其结果是相同的。　　　　(　　)
10. 一般而言,利息保障倍数缩小,表明企业偿还债务的可能性就越大。(　　)

技能训练

光明公司2×23年度简化的资产负债表如表10.4所示。

表10.4　光明公司2×23年度简化的资产负债表

单位:万元

资产	金额	负债及所有者权益	金额
货币资金	50	应付账款	100
应收账款		长期负债	
存货		实收资本	100
固定资产		留存收益	100
资产合计		负债及所有者权益合计	

其他有关财务指标如下:① 长期负债与所有者权益之比为0.5;② 销售毛利率为10%;③ 存货周转率(存货按年末数计算)为9次;④ 平均收现期(应收账款按年末数计算,一年按360天计算)为18天;⑤ 总资产周转率(总资产按年末数计算)为2.5次。

项目十　财务分析

要求:利用上述资料,列示所填数据的计算过程。

项目十延伸阅读

项目十一 战略管理

项目情境

张经理入职一家海滨酒店多年,该酒店多年以来一直以精美的海鲜、优质的服务和良好的设施著称,致力于为客人提供舒适的住宿体验,但近几年海滨酒店的效益逐年下降,为此,张经理开始了反思。

海滨酒店近年来业务没有拓展,酒店部分建筑已经出现衰老迹象。酒店有60间客房,6间能分别容纳60人的餐厅,3间分别能容纳50人的会议室,1间面朝大海的酒吧,还配有2个成人娱乐场和1个儿童娱乐场。在财务收益方面,酒店上一年营业额为560万元,就其规模而言,这个营收数字表现平平。相比同行业酒店,海滨酒店的营业额主要由客房、餐饮、场地和娱乐等收入组成,其中以客房收入和餐饮收入为主;该地除了海滨酒店还有两家类似酒店,这两家酒店开业不久,相比而言,规模更大,设备设施更先进,装修很考究,经营效益也更好;该地地处沿海,气候温和,旅游资源丰富,旅游业发展旺盛,旅游收入占比很大,每年5~11月是旅游旺季,海滨酒店常年营业,但每年的12月到次年的4月效益平淡。

任务导入

根据上述情境,请思考并回答下列问题。
1. 影响海滨酒店经营的外部环境因素有哪些?
2. 影响海滨酒店经营的内部环境因素有哪些?
3. 海滨酒店可以采取什么战略来应对酒店面临效益下滑的状况?如何实施该战略?

学习目标

本项目主要解决初学者对战略管理工作的基本认识问题,通过对本项目的学习,应实现如下目标:

1. 知识目标:掌握战略管理的基本含义;熟练运用各种环境分析工具;了解企业的内部资源和能力及如何通过其实现竞争优势;了解战略执行的关键因素。

2. 技能目标:具备一定分析能力,能够对宏观政治、经济、技术环境进行识别、分析及处理,同时增强对企业内外部资源能力的理解。能够利用所学的分析诊断方法和工具,帮助企业进行相应的战略规划。

3. 素养目标:具备良好的事业全局观和发展观;充分认识并理解当前错综复杂的国内外环境所带来的新矛盾、新挑战,以及面对这些变化,企业应如何结合自身优势进行战略选择和定位。

4. 思政目标:树立干事创业的全局观和发展观,高瞻远瞩,统筹兼顾,积极应对,加强沟通协作,落实责任,实现使命,推动实体经济又好又快发展。

项目的知识导图如图11.1所示。

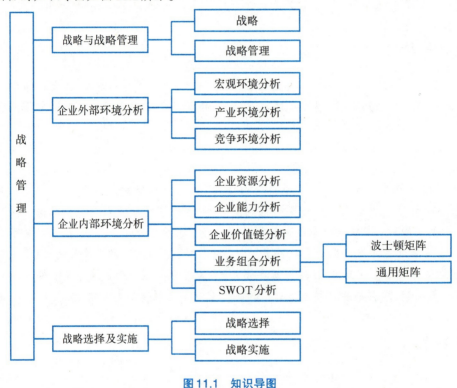

图11.1 知识导图

任务一 理解战略管理内涵,掌握战略管理过程和层次

任务知识

一、战略的内涵、特征及基石

(一) 战略的内涵

"战略"一词由来已久,起源于古代国与国之间的博弈与争斗。在中国,最早的战略可

以追溯到2000多年以前的《孙子兵法》,指战争中的谋略;在西方,战略起源于希腊语"strategos",意为军事将领,后来演变为军事术语,指军事将领指导战争全局的计划和谋略。综上,两者都有"指挥战争的计划和谋略"的含义,这是战略一词的最初来源。

20世纪中叶,进入第三次工业革命以来,战略的概念被普遍用于商业世界。对企业经营领域而言,通常人们认为"战略"的内涵是一个非常抽象且空洞的概念。在管理学的文献中,对战略的定义可谓众说纷纭,许多著名学者发表了自己的看法,具体如表11.1所示。

表11.1 有关战略的经典定义

序号	学者	战略定义
1	钱德勒	一个企业基本的长期目标的确定,以及为实现该目标所采取的行动和资源的分配
2	安索夫	战略包括四个要素,即产品与市场范围、增长向量、竞争优势、协同作用
3	安德鲁斯	公司战略是一种决策模式,决定和揭示企业的目的和目标,提出实现目的的重大方针与计划,确定企业应该从事的经营业务、明确企业的经济类型与人文组织类型,以及决定企业应对员工、顾客和社会作出的经济与非经济的贡献
4	迈克尔·波特	战略是公司为之奋斗的目标与公司为达到目标而寻求的途径的结合物
5	明茨伯格	战略的5P理论,即计划、策略、模式、定位与视角

综合以上学者对战略的定义,可以将战略的内涵归纳为:企业在长期的生存和发展中所确立的目标,以及为达到这些目标所采取的行动方式和方针。

(二) 战略的特征

基于战略的内涵,战略具有以下6个特征。

1. 全局性

全局性是战略的最根本的特征,是指企业的战略要以企业的全局为研究对象,来确定企业的总体目标,规定企业的总体行动和追求企业的总体效果,而不是研究企业的某些局部性的问题。

2. 长远性

长远性是指企业战略的着眼点是企业未来的总体发展问题,而不是现在,是谋求企业的长期利益,而不是眼前的利益。

3. 纲领性

纲领性是指战略所确定企业的发展方向和目标,是原则性和总体性的规定,对企业所有行动起到强有力的指导和号召作用,是对企业未来的粗线条设计,是对企业未来成败的总体谋划,而不是拘泥于现实的细枝末节。

4. 客观性

客观性是指战略的建立必须建立在对外部环境与内部资源能力条件客观分析的基础上。

5. 竞争性

竞争性是指在激烈的竞争中如何与竞争对手相抗衡的方案,应对外界环境的威胁、压力和挑战的行动方案。市场如战场,当今的市场总是与激烈的竞争密切相关,战略之所以产生和发展,就是为了在激烈的竞争中取得优势地位,从而保证自己的长期生存和发展。

6. 风险性

风险性是指战略考虑的是未来,而未来是不确定的,所以需要研究行业的规律性,或者跳出行业来审视行业,这样才能做好风险管控和进行模式创新。

(三) 战略的基石

"人无远虑,必有近忧。"一个人的生活不能没有目的。哈佛大学的一个关于目标与人生结果的研究表明,目标清晰且长远的人生活越来越好,没有目标的人生活比较糟糕。也就是说,有目标和没有目标的结果相差甚远。人生如此,企业作为一个经济实体,需要有自己的发展目标,有着自己的使命、愿景以及价值观。

1. 使命

使命是企业存在的根本目的和责任所在,是为了满足某种社会需求而提供特定的产品和服务。企业所界定的使命,应回答三个基本问题:"我们是谁""我们为谁服务"以及"我们能提供什么价值"。

2. 愿景

愿景描绘了企业未来的远大目标和愿望,是企业想要做的事情。愿景发端于使命,是企业管理者结合使命与自身掌握的资源,提供的产品与服务,是对企业一定时期内发展状态的一种展望。其目的在于给员工一个相对明确的努力方向。

3. 价值观

价值观是企业要实现自身愿景、使命所必须遵循的价值标准和价值信仰,是企业经营的指导原则。在企业里,因为每个员工的价值观都不一样,而企业需要的是将所有人的价值观统一起来,形成企业的行为规范,让员工在统一的行为准则中工作,为一个共同的目标(愿景)奋斗,达成企业的使命。

二、战略管理的含义、过程、任务及层次

(一) 战略管理的含义

什么是战略管理?战略管理一词最早由美国学者安索夫于1976年提出,他认为"战略管理是运用战略对整个企业进行管理",被称为"广义的战略管理";1982年美国学者斯坦纳认为"战略管理是对企业正能量的制定、实施、控制和修正进行的管理",被称为"狭义的正能量管理"。综合来看,战略管理是指企业在宏观层次通过分析、预测、规划、控制等手段,充分利用企业的各种资源,从而达到优化管理、提高经济效益的目的。

(二) 战略管理的过程

战略管理是一个动态管理过程,是用一定技术和技巧制定、评价和实施企业战略的过程。一个全面、规范的战略管理过程可以分解为以下三个阶段,即战略分析阶段、战略选择与评价阶段、战略实施与控制阶段。企业的战略管理过程如图11.2所示。

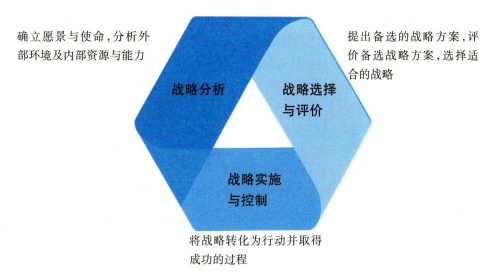

图11.2 战略管理的过程

1. 战略分析

战略分析包括企业确立愿景与使命、分析外部环境及内部资源与能力。

（1）确立愿景与使命

战略分析的起点是企业的愿景与使命，是战略制定的基础。愿景与使命阐述了企业所遵循的核心价值观及所追求的宗旨，为企业的战略制定与执行提供了明确的方向和原则。

（2）分析外部环境

分析外部环境包括宏观环境分析、产业环境分析及竞争环境分析，其目的在于帮助企业更好地了解市场环境，识别机遇与威胁，理解竞争格局，把握市场趋势，并及时调整战略，以保持竞争优势并实现长期发展。

（3）分析内部资源及能力

分析内部资源及能力的目的在于帮助企业了解其内部优势和劣势，以便更有效地整合和利用内部资源，提高竞争力和业绩。

2. 战略选择与评价

战略选择与评价阶段主要包括战略方案的提出、评价和选择三个部分。

（1）提出战略方案

在战略分析的基础上，集思广益拟定达成战略目标的多种备选方案，并对其进行全面分析和评价。

（2）评价战略方案

企业拥有的资源是有限的，在可供选择的战略方案中，企业战略制定者需要通过综合考虑资源分配、资源利用率、风险与收益、核心竞争力和长期发展五大因素，了解每一种备选方案的优势与劣势，并对其进行排序。

（3）选择战略方案

在对战略方案客观而充分评价的基础上，根据制定的战略目标，在有限资源条件下进行权衡和决策，最后选择出最适合企业的战略方案，以确保企业资源的最优配置和战略目标的实现。

3. 战略实施与控制

战略实施与控制阶段是将最优战略转化为行动并取得成功的过程,其目的在于确保战略的有效执行和实施,评估战略的执行效果,及时调整战略,并促进企业的学习和改进,从而保持长期的竞争优势和实现业务目标。战略的实施与控制主要结合以下四个方面开展。

(1) 企业组织结构

组织结构的完整与完善是战略实施的重要环节。通过企业组织结构的调整,建立与战略相适应的高效管理体制与组织结构,才能有助于战略的实施与战略目标的实现。

(2) 企业文化

企业文化是企业内部行动指南,影响企业经济绩效。广义上的企业文化像船上的舵,可以帮助企业保持方向并避免偏离;但是,企业更应该关注影响经济绩效方面的文化,类似于指南针,指引企业前进的方向和道路。这些文化可以帮助企业做出正确的决策,确保企业始终沿着正确的方向发展。

(3) 战略控制

战略控制强调战略实施过程中的检测、评估和纠正偏差的重要性,在企业监督战略实施的进程中,其将当前成效与预期目标相比较,及时纠正偏差,确保战略的有效实施,使战略实施的结果符合预期。

(4) 数字化技术

数字化技术强调的是在建立企业管理信息系统方面的作用。其主要目的是提高信息透明度、加强决策支持、优化资源配置、加强执行监控,以及实现持续改进。通过充分利用数字化技术,企业可以更好地实现战略目标,提高竞争力。

由于市场环境变化的不可预测,在现实生活中不存在完美的战略,好的战略都是在一边实施、一边调整中制定出来的。可以说,战略管理过程的三个阶段实际上是一个不断循环与完善的过程。

(三) 战略管理的任务

战略管理任务的核心就是说明企业存在的理由,即在保持战略的动态性、灵活性和整体性的前提下,确定企业下一步"准备做"什么。把"准备做"作为战略管理的核心任务,实际上是对企业内外部环境中的可做、应该做、能做、想做、敢做的一种综合权衡选择的结果。

(四) 战略管理的层次

企业战略根据组织层次的不同,可以分为公司层战略、业务层战略和职能层战略,具体如图11.3所示。

1. 公司层战略

公司层战略,又称公司战略或总体战略,是企业最高层次的战略。公司层战略需要根据企业的目标,选择企业可以竞争的经营领域,合理配置企业经营所必需的人、财、物等资源,使各项经营业务相互支持、相互协调。

公司层战略主要涉及两大问题:整个企业的财务结构和组织结构。

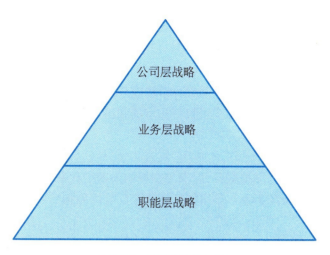

图 11.3　战略管理的层次

（1）财务结构

财务结构涉及企业的资本结构、资金筹措、资金投出、资金管理等方面。在公司层战略中，企业需要考虑如何配置资本结构，包括债务和股权的比例，以最大限度地降低成本、优化资本结构，并确保良好的财务稳定性和灵活性。此外，企业还需要考虑如何管理资金流动，以支持业务的发展和扩张，并确保资金的有效运作和风险管理。

（2）组织结构

组织结构涉及企业内部的组织架构、管理体系、职能分工、决策机制等方面。在公司层战略中，企业需要考虑如何设计和优化组织结构，以实现高效的协作和资源配置，提高管理效率和执行能力。企业可能需要进行组织架构的重组与优化，以适应市场变化和业务发展的需求，并确保企业能够灵活应对外部环境的挑战和机遇。

2. 业务层战略

业务层战略，又称业务战略、竞争战略或经营战略，是围绕企业参与市场竞争制定的战略。公司层战略确定的是一个大方向，落实到企业经营即发展则需要依托具体的业务，业务层战略的负责人主要是各业务单位的主管及辅助人员，他们将公司层战略所包括的企业目标、发展方向和措施进行具体化，形成本业务单位具体的竞争与经营战略。

常用的业务层战略有六大类型，即成本领先战略、市场占有战略、差异化战略、专注战略、创新战略和国际化战略，企业可以采取一种或多种战略的组合。

（1）成本领先战略

企业在提供相同的产品或服务时，通过在内部加强成本控制，在开发、生产、销售等多个领域内把成本降低到最低限度，以通过更低价格的产品或服务来获取市场份额和竞争优势的战略。其核心是优化流程，简化指标。

（2）市场占有战略

企业依靠在市场上占据更多的份额来实现增长和盈利的战略，其核心是提高市场份额，增加企业产品或服务的销售量和市场覆盖，以此来实现市场优势。

（3）差异化战略

企业在产品、服务或市场定位等方面与竞争对手形成明显的差异，以吸引消费者和建立竞争优势的战略。其核心是实现创新、品质、服务等方面的差异化,来满足消费者的特定需求,从而获得市场竞争力。

(4) 专注战略

企业通过集中资源和精力在特定的细分市场或产品领域上,以实现专业化、精细化和高效率运作的战略。其核心是通过深度了解目标市场和客户需求,提供专业化的产品或服务,以获得较高的市场份额和利润率。

(5) 创新战略

企业通过不断推出新产品或服务,以满足市场的不断变化和消费者的新需求,从而保持竞争优势的战略。其核心在于企业利用创新来获取竞争优势和实现长期增长。

(6) 国际化战略

企业通过跨越国界,进入国际市场,以扩大市场份额、获取资源和降低成本的战略。其核心是通过海外市场的扩展,实现获取国际资源和提升企业竞争力。

3. 职能层战略

职能层战略,又称职能战略或功能战略,属于企业经营层面的战略,是为了贯彻实施公司层及业务层战略而针对企业各主要职能部门制定的战略。根据职能部门不同可分为研发战略、生产战略、财务战略、销售战略等。职能层战略侧重于发挥各职能部门的优势,提高企业的工作效率及资源的利用率,从而支持公司层和业务层战略目标的实现。

公司层战略、业务层战略和职能层战略共同构建了企业完整的战略体系,三者需密切联系,相互配合,从而实现企业的经营目标。需要注意的是,对于经营产品或服务单一的中小企业而言,公司层战略和业务层战略是合二为一的。

任务实施

根据前述项目情境,结合所学任务知识,完成下列任务:

根据任务一所学知识,试着总结海滨酒店的使命、愿景及价值观。

任务二 进行外部环境分析,了解企业运营环境

任务知识

一、外部环境分析的目的、过程与挑战

(一) 外部环境分析的目的

企业进行外部环境分析的主要目的在于帮助企业深入理解其外部环境,从而能够更好地实施战略,制定有效的决策。这种分析有助于识别潜在的商业机遇和威胁,预见未来的发

展趋势,并根据这些信息做出相应的业务调整。通过外部分析,企业可以了解其他竞争对手的优势,并学习如何利用这些优势来实现自身的目标。

在对企业进行外部环境分析时,需要注意以下三点:

1. 外部环境的变化是持续不断的

随着时间的推移和各种因素的变化,外部环境可能会发生较大的变化。因此,企业在进行外部环境分析时,需要保持持续跟进和观察,及时更新分析结果,以保持对外部环境的准确把握。

2. 外部环境的变化具有不可控性

例如社会文化的转变、科技进步、法律法规的变化等都是外部环境因素,这些因素会对企业的经营和发展产生影响,但企业不能直接控制这些因素;相反,企业需要灵活地应对这些因素的变化,以保持其竞争力。

3. 外部环境对不同产业和不同企业的作用和影响是不同的

这就要求企业在进行外部环境分析时,不能套用现成的战略方案,而需要根据具体情况进行具体分析,考虑自身的特点。

(二)外部环境分析的过程

企业外部环境分析的过程包括:搜索、监测、预测和评估。

1. 搜索

通过搜索,企业能够识别外部环境中潜在变化的早期信号并探测出已经发生的变化。随着科技的发展,互联网为搜索活动提供了诸多机会。

2. 监测

监测是指根据观察环境的变化,从搜索到的趋势中识别出重要的新趋势。当企业进入一个新行业进行竞争时,搜索和监测活动就变得特别重要。搜索和监测能够为企业提供信息,帮助企业了解外部环境的变化和趋势,为战略决策提供支持。

3. 预测

预测是指借助搜索和检测所探测到的外部环境中的变化和趋势,对未来可能发生的事件进行合理推断和预测,并尽可能准确地估计这些事件发生的时间和影响程度。预测的目的是为企业提供有针对性的决策支持,帮助企业更好地应对未来可能出现的情况。

4. 评估

评估的目的是确保企业对外部环境变化和趋势的理解,并据此判断其对企业战略管理的影响时机和重要性。搜索、检测和预测是获取信息的关键步骤,而评估则是利用这些信息来做出决策的过程。

(三)外部环境分析的挑战

外部环境分析是战略管理的重要组成部分,但也面临着一些挑战。

1. 不确定性和复杂性

外部环境的变化往往具有不确定性和复杂性。市场需求、技术发展和竞争态势等因素可能随时发生变化,而且相互之间存在复杂的关联和相互影响,这增加了环境分析的难度。

2. 信息不对称

企业在获取外部环境信息时，可能无法获取到所有信息，或者信息来源不全、不准确，导致对外部环境的认识不完整或有偏差。

3. 时效性

外部环境的变化速度往往很快，信息更新迅速。企业需要及时获取和分析最新的外部信息，但信息获取和分析过程可能会花费较长的时间，导致信息的时效性降低。

4. 信息过载

在信息时代，企业面临着大量的信息和数据，信息过载会导致信息分析的效率降低，影响到决策的准确性和及时性。

5. 局限性和偏见

分析人员可能受到个人观点、偏见和局限性的影响，导致对外部环境的分析和判断产生偏差。这些局限和偏见的形成可能来源于分析人员的背景、知识和经验等方面差异。

二、外部环境分析的方法

（一）宏观环境分析

宏观环境一般包括四类因素，即政治、经济、社会文化、技术，简称PEST，如图11.4所示。另外还有自然因素，即一个企业所在地区或市场的地理、气候、资源分布和生态环境等因素。由于自然环境各因素的变化速度较慢，企业较易应对，因而不作为重点研究对象。

1. 政治环境

政治环境是指是指一个国家或地区的政治制度、体制、方针政策、法律和法规等方面。通过政治环境分析，可以发现新的经营机会，或提前识别潜在的经营风险。但这些机会或风险往往难以通过数据模型进行量化分析，更多的是一种定性分析。

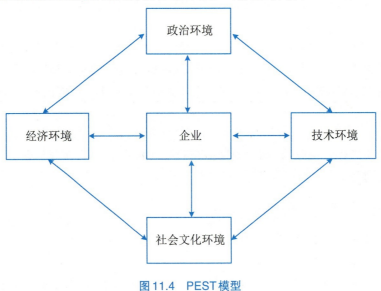

图11.4　PEST模型

2. 经济环境

经济环境是指构成企业生存和发展的社会经济状况及国家的经济政策。与政治环境相比,经济环境对企业生产经营的影响更直接、更具体,主要表现在:社会经济结构影响企业对于市场定位的选择以及与其他企业的竞争关系;经济发展水平与状况影响企业市场规模、销售收入以及企业的财务业绩;经济体制影响企业在市场中的位置、竞争形式以及在不同经济体制下的业务模式选择等。

3. 社会文化环境

社会文化环境是指企业所处的社会结构、社会风俗和习惯、信仰和价值观念、行为规范、生活方式、文化传统、人口规模与地理分布等因素的形成和变动。社会文化环境对企业的影响是多方面的。例如,人口规模、社会人口年龄结构、家庭结构、社会风俗对消费者消费偏好的影响等因素都是企业在确定投资方向、产品改进与革新等重大经营决策问题时必须考虑的因素。

4. 技术环境

技术环境,包括国家科技体系、科技政策、科技水平和科技发展趋势等,对企业的影响可能是创造性的或破坏性的。市场或行业内部和外部的技术趋势与事件会对企业战略产生重大影响,主要包括:新技术的出现使社会对本行业的产品或服务的需求增加,从而使企业可以扩大经营范围或开辟新的市场;技术进步可创造竞争优势;技术进步可能导致现有产品被淘汰或生命周期缩短。

(二)产业环境分析

一个企业想要跟其他企业竞争,就必须明确所处的行业,了解这个产业的竞争状况,才能制定对策并获得成功。下面将分别从产品的生命周期、产业五种竞争力及成功关键因素三个方面进行介绍。

1. 产品生命周期

以产业销售额增长率曲线的拐点划分,产业的增长和衰退随着产品的创新和推广过程呈现"S"形,产业发展阶段分为:导入期、成长期、成熟期及衰退期。产品生命周期各个阶段的特点如表11.2所示。

表11.2 生命周期各阶段特点

生命周期	导入期	成长期	成熟期	衰退期
产品销量	很少	节节攀升	巨大且基本饱和	大幅下降
产品质量	有待提高	参差不齐	基本标准化,改进缓慢	可能会出现问题
竞争对手	很少	进入市场较多	竞争者之间出现价格竞争	多数企业退出市场,没有竞争对手

续表

生命周期	导入期	成长期	成熟期	衰退期
广告费用	高	虽然高,但每单位销售收入分担的广告费在下降	降低,组合销售、促销成为主流	低,但需要抓住最后的市场份额和现金流
价格弹性	较小	相对较大	较小,可以采取高价格、高毛利的政策	要求高性价比,价格差异小
利润空间	较小	最高	适中,均下降	很低
企业规模	可能非常小	逐步扩大	相对稳定,不大可能出现新的企业	可能会退出市场,剩下的企业规模可能会缩小
战略目标	扩大市场份额,争取成为领头企业	争取最大市场份额,坚持到成熟期的到来	在巩固市场份额的同时提高投资回报率	防御,获取最后的现金流
战略路径	投资于研究开发和技术改进,提高产品质量	市场营销,改变价格形象和质量形象	提高效率,降低成本	控制成本,尽早退出
经营风险	非常高	有所下降,但市场不确定性增加	进一步降低,但价格战有时会出现	进一步降低,主要关注产品何时退出市场

2. 产业五种竞争力

任何企业在本行业中,都要面临以下五个方面的竞争力:潜在进入者、替代品、购买者、供应商和现有竞争者,这五种力量共同决定产业竞争的强度及产业利润率,如图11.5所示。

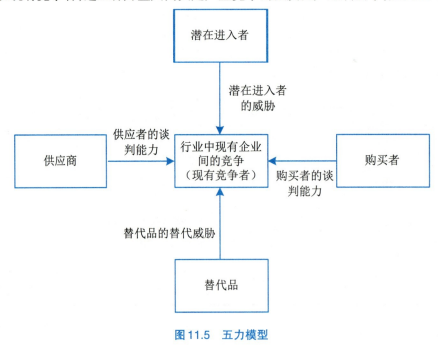

图11.5 五力模型

(1) 潜在进入者的威胁

新进入者在给行业带来新生产能力、新资源的同时,也希望在市场中赢得一席之地,这就有可能与现有企业在原材料和市场份额上形成竞争,最终导致行业中现有企业盈利水平降低,严重的话还有可能危及这些企业的生存。竞争者威胁的严重程度取决于两方面的因素:一是进入新行业的障碍大小,二是预期现有企业对于进入者的反应。

进入障碍主要包括规模经济、产品差异、初始资本投入、顾客转换、供应商的成本、进入分销渠道的难度、规模效益以外的其他成本劣势、专利以及政府政策的等方面。预期现有企业对新进入者的反应,主要是采取报复行动的可能性大小,当然这取决于有关企业的资产规模、行业增长速度等。总之,新企业进入一个行业的可能性大小,取决于进入者主观估计进入所能带来的潜在利益、所花费的代价与所要承担的风险这三者的相对大小情况。

(2) 替代品的替代威胁

两个处于不同行业的企业,可能会由于所生产的产品是互为替代品,从而产生相互竞争行为,这种源自替代品的竞争会以各种形式影响行业中现有企业的竞争战略。第一,现有企业产品售价以及获利潜力的提高,将由于存在着能被用户方便接受的替代品而受到限制;第二,由于替代品生产者的侵入,使得现有企业必须提高产品质量,或者降低成本降低售价,或者使其产品具有特色,否则其销量与利润年增长的目标就有可能受挫;第三,替代品生产者的竞争强度受产品买主转换成本高低的影响。

总之,替代品价格越低、质量越好、用户转换成本越低,其所能产生的竞争压力就强;而这种来自替代品生产者的竞争压力的强度,可以具体考察替代品的销售增长率、替代品企业生产能力与盈利扩张等情况来加以描述。

(3) 购买者的谈判能力

购买者主要通过其所具有的压价与要求提供较高的产品或服务质量的能力,来影响行业现有企业的盈利能力。购买者的讨价还价能力强弱主要受企业对购买者提供产品或服务的质量、购买者对产品的依赖程度和产品价格影响。

(4) 供应者的谈判能力

供应商是为企业提供产品或服务的,其谈判能力通过两个方面来体现:一方面通过提高其所提供产品或服务的价格,另一方面通过改变产品或服务的质量。无论哪一种都影响行业中现有企业的盈利能力与产品竞争力。供应商的谈判能力强弱主要取决于企业对供应商所提供的产品或服务对自身生产的需求程度,当所提供的产品或服务其价值占企业产品总成本的比例较大、对企业产品生产过程非常重要,或者严重影响产品的质量时,供应商的谈判能力就大大增强。

(5) 行业内现有的竞争情况

大部分行业中的企业,相互之间的利益都是紧密联系在一起的,作为企业整体战略一部分的各企业竞争战略,其目标都在于使得自己的企业获得相对于竞争对手的优势。所以在实施中就必然会产生冲突与对抗现象,这些冲突与对抗就构成了现有企业之间的竞争。现有企业之间的竞争常常表现在价格、广告、产品介绍和售后服务等方面,其竞争强度与许多因素有关。

一般来说,出现下述情况将意味着行业中现有企业之间竞争的加剧,例如:行业进入障碍较低,势均力敌的竞争对手较多;市场趋于成熟,产品需求增长缓慢;竞争者企图采用降价等手段促销;竞争者提供几乎相同的产品或服务,用户转换成本低等。

3. 成功关键因素

成功关键因素是指企业在特定市场获利所必须拥有的技能和资产,涉及企业必须实现增长的事项和必须集中搞好的因素。

为了确认产业的成功关键因素,需要考虑以下问题:顾客在各个竞争品牌之间进行选择的基础是什么;产业中的一个卖方企业要取得竞争成功需要什么样的资源和竞争能力;产业中的一个卖方企业获取持久的竞争优势必须采取什么样的措施。

不同行业的成功关键因素不同,甚至在相同的行业中,也会因驱动因素和竞争环境而变化。确认成功关键因素有助于确定企业的核心能力,根据产业和市场特征判定确定产业的核心能力。

(三)竞争环境分析

其实竞争环境分析是产业环境分析的补充,竞争环境分析的重点集中在与企业直接竞争的每一个企业。竞争环境分析又包括两个方面:一是从个别企业的视角去观察分析竞争对手的实力;二是从产业竞争结构的视角观察分析企业所面临的竞争格局。

1. 竞争对手分析

"知己知彼,百战不殆",对竞争对手的分析对企业的经营发展的影响是关键的。竞争对手分析通常从以下四个维度进行:竞争对手的未来目标、竞争对手的假设、竞争对手的现行战略与方法以及竞争对手的能力。

(1)竞争对手的未来目标

分析竞争对手的未来目标有助于预测竞争对手的市场地位和财务状况,推断其可能改变现行战略的可能性以及对其他企业战略行为的敏感性,从而使本企业找到既能达到目标又不威胁竞争对手的位置,或者通过明显的优势迫使竞争对手让步以实现自身的目标。

(2)竞争对手的假设

了解竞争对手对本企业和产业中其他企业的假设,可以帮助企业正确判断竞争对手的战略意图,从而更好制定本企业的战略。同时,如果竞争对手的假设不正确,企业需要及时采取应对措施,抓住战略契机。另外,分析竞争对手的偏见和盲点也能帮助企业制定更有利的竞争策略,确立或保持自身的竞争优势。

(3)竞争对手的现行战略

对竞争对手现行战略的分析目的是揭示其正在做、能做以及想做的事情。分析的重点在于战略选择的类型和效果、竞争地位是否会发生变化和竞争对手改变其战略的可能性及影响。了解竞争对手在其各项业务和各个职能领域采用的关键性经营方针及其如何寻求各项业务之间及各种职能之间的相互联系,有助于判断竞争对手的现行战略。

(4)竞争对手的能力

对竞争对手能力进行客观评估是竞争对手分析中最后的步骤。企业通过对竞争对手核心能力、成长能力、快速反应能力、适应变化的能力以及持久力这五个方面的重点分析,可以了解竞争对手在各个职能领域中的能力如何,最强之处是什么,最弱之处在哪里。随着竞争对手的成熟,这些方面的能力是否会发生变化,如果发生变化,是增强还是减弱。此外,这种分析框架同样适用于对企业进行自我分析,帮助其了解自身在产业环境中所处的位置。

综上,有效的竞争对手分析有助于企业了解、解读和预测竞争对手的行为与反应,从而做出相应的应对措施。

2. 产业内的战略群组

战略群组指的是一个产业中,具有相同或相似战略,或具有相同战略特征的各企业组成的集团。在一个产业中,可以存在不同数量的战略群组,有些产业中可能只有一个群组,而有些可能每个公司都是一个不同的群组。通常来说,一个产业中有多个群组,它们采用特征完全不同的战略。

对战略群组的分析有以下四种作用:了解战略群组间的竞争状况;了解各战略群组之间的"移动障碍";了解战略群组内企业竞争的主要着眼点;预测市场变化或发现战略机会。其中,前三项内容可以帮助企业在制定战略时,更好地了解自身所在的市场和竞争对手,以选择更适合自身的战略方向。而预测市场变化或发现战略机会,则可以帮助企业抓住市场的变化和机遇,制定更加有前瞻性的战略。

任务实施

根据前述项目情境,结合所学任务知识,完成下列任务:
分析影响海滨酒店的外部环境因素有哪些。

任务三　进行内部环境分析,了解企业运营状况

任务知识

一、内部环境分析的目的、过程与挑战

(一)内部环境分析的目的

企业内部环境是对企业资源和能力的详尽分析,能够帮助企业确定其在应对市场竞争时"能够做什么"。这些资源与能力的组合便是企业的核心能力,是企业获得持续竞争优势的重要基础。其主要目的包括:提高企业外部环境分析的有效性,更准确地判断企业所面临的机会与威胁;提高企业战略选择的科学性,更合理地做出企业的战略选择;提高企业战略实施的有效性,更合理地制定战略转型的策略。

(二)内部环境分析的过程

企业内部环境分析的过程,包括以下几个基本步骤,如图11.6所示。

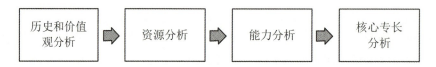

图 11.6 内部环境分析过程

1. 分析企业发展历史、现行战略和面临的挑战

其目的是全面了解企业的情况,为企业制定有效的战略和决策提供依据,从而推动企业持续健康发展。

2. 分析企业资源

其目的是全面了解企业的资源状况,有效进行资源配置和优化,制定合理的战略规划,评估投资决策,从而实现企业的战略目标并提高竞争力。

3. 分析企业能力

其目的是全面了解企业的优势和劣势,制定合理的战略规划,评估投资决策,推动企业持续发展,并最终提高企业的竞争力和市场地位。

4. 分析企业的核心专长

其目的是深入了解企业的优势和特点,制定合理的战略规划,寻找合适的合作伙伴,提高品牌认知度,并推动企业持续创新和发展,从而提升企业的竞争力和市场地位。

(三)内部环境分析的挑战

内部环境分析是评估企业内部资源、能力和组织结构的过程,以便发现优势和劣势,为制定战略和改进运营提供基础。然而,内部环境分析也面临一些挑战。

1. 不确定性

企业内部的优势和劣势是相对于企业所面临的外部机会和威胁而言的,在做出经营范围、目标市场、市场定位和商业模式等战略选择之前,企业战略者很难有针对性地判断企业的优势和劣势。

2. 复杂性

企业内部的资源和能力都是相互关联和共同作用的,准确判断哪一种具体的资源或能力是优势还是劣势对于企业战略管理者来说非常困难。

3. 利益冲突性

在判断企业竞争优势与核心专长的过程中,战略管理者会受到来自内部各个利益团体的压力、干扰或阻挠。

二、内部环境分析的方法

(一)企业资源分析

企业资源分析的目的在于识别企业的资源状况、企业在资源方面所表现出来的优势和劣势及其对未来战略目标制定和实施的影响。下面将通过对企业资源的主要类型、决定企业竞争优势的资源特征两个方面进行介绍。

1. 企业资源的主要类型

企业资源是指企业在向社会提供产品或服务的过程中所拥有、控制或可以利用的、能够帮助实现企业目标的各种生产要素的集合。企业资源主要分为三种：有形资源、无形资源和人力资源。

（1）有形资源

有形资源是指可见的、能用货币直接计量的资源，主要包括物质资源和财务资源。物质资源包括企业的土地、厂房、生产设备、原材料等，是企业的实物资源。财务资源是企业可以用于投资或生产的资金，包括应收账款、有价证券等。有形资源一般都反映在企业的资产当中，但是由于会计核算要求，资产负债表所记录的账面价值并不能完全代表有形资源的战略价值。

（2）无形资源

无形资源是指企业长期积累的、没有实物形态的，甚至无法用货币精确度量的资源，通常包括品牌、商誉、技术、专利、商标、企业文化及组织经验等。

（3）人力资源

人力资源是指组织成员向组织提供的技能、知识以及推理和决策能力。能够有效开发和利用人力资源的企业比那些忽视人力资源的企业发展得更好、更快。在技术飞速发展和信息化加快的新经济时代，人力资源在企业中的作用越来越突出。

2. 决定企业竞争优势的资源特征

在分析一个企业拥有的资源时，必须知道哪些资源是有价值的，可以使企业获得竞争优势。其主要的判断标准如下：

（1）资源的稀缺性

稀缺资源是指现有的或潜在的竞争者没有或很少能拥有的资源，通常都是不可再生资源。通俗地讲，稀缺资源是指地球上越来越少、不可再生或者再生速度赶不上人类需求，价值越来越高的资源。例如，石油、黄金和玉石等资源。

（2）资源的不可模仿性

资源的不可模仿性是指企业所持有的，并且是竞争对手难以模仿的资源，也就是说它不像材料、机器设备那样能在市场上轻易购买到，而是难以转移或复制。这种难以模仿的资源能为企业带来超过平均水平的利润。

（3）资源的不可替代性

不可替代的资源是指不具有战略等价性的资源。所谓战略等价性的资源，是指如果当两种资源可以分别用于实施同一种战略的话，那么这两种资源就被视为具有战略等价性的资源。即不可替代的资源是竞争对手无法通过其他资源来替代它，在为顾客创造价值的过程中具有不可替代的作用，如一家企业管理层与员工之间在相互信任的基础上建立起来的融洽和谐的工作关系就是很难被替代的资源。

（4）资源的持久性

持久的资源是指能够给企业带来持久的竞争优势，而不是昙花一现的资源，持久的资源不在于它会被模仿，而在于它是不是能长期地被持有和使用，资源的贬值速度越慢越有利于形成核心能力。

（二）企业能力分析

企业能力分析，是指企业配置资源，发挥其生产和竞争作用的能力，企业能力来源于企业资源的整合，是企业各种资源有机组合的结果。企业能力主要由研发能力、生产管理能力、营销能力、财务能力和组织管理能力等组成。

1. 研发能力

随着市场需求的不断变化和科学技术的持续进步，研发能力已成为保持企业竞争活力的关键因素。企业的研发活动能够加快产品的更新迭代，不断提高产品质量，降低产品成本，更好地满足消费者需求。企业的研发能力主要从研发计划、研发组织、研发过程和研发结果几个方面进行衡量。

2. 生产管理能力

生产是指将投入的原材料、资本或劳动等转化为产品或服务并为消费者创造效用的活动。生产活动是企业基本的活动，生产管理能力主要涉及五个方面，即生产过程、生产能力、库存管理、人力资源管理和质量管理。

3. 营销能力

企业的营销能力是指企业引导消费以占领市场、获取利润的产品竞争能力、销售活动能力和市场决策能力。产品竞争能力主要可从产品的市场地位、收益性和成长性等方面来分析；销售活动能力是对企业销售组织、销售绩效、销售渠道和销售计划等方面的综合考察；市场决策能力是以产品竞争力、销售活动能力的分析结果为依据的，是企业领导者对企业市场进行决策的能力。

4. 财务能力

财务能力主要涉及两个方面：一是筹集资金的能力，衡量指标是资产负债率、流动比率和已获利息倍数等；二是使用和管理资金的能力，衡量指标是投资报酬率、销售利润率和资产周转率等。

5. 组织管理能力

组织管理能力主要从以下几个方面进行衡量：职能管理体系的任务分工、岗位职责、集权和分权的情况、组织结构、管理层次和管理范围。

（三）企业价值链分析

价值链分析把企业内外增加价值的活动分为基本活动和辅助活动。基本活动是指生产经营的实质性活动，与商品实体的加工流转直接相关，是企业的基本增值活动；辅助活动是用以支持基本活动而且内部又相互支持的活动。

价值链分析是一种评估企业资源与能力的方法。通过分析企业内部的活动和各种价值活动之间的联系，确定那些支持企业形成竞争优势的关键性活动，以及最佳的活动联系方式，从而提高价值创造和战略能力。企业资源能力的价值链分析要明确以下几点。

1. 确认支持企业竞争优势的关键活动

虽然价值链的每项活动，包括基本活动和辅助活动，都是企业成功所必经的环节，但是这些活动对企业竞争优势的影响是不同的。在关键活动的基础上建立和强化这种优势很可能使企业获得成功。

2. 明确价值链内各种活动之间的联系

价值链中基本活动之间、基本活动与辅助活动之间以及辅助活动之间存在各种联系,选择或构建最佳的联系方式对于提高价值创造和战略能力是十分重要的。

3. 明确价值系统内部各项活动之间的联系

价值活动的联系不仅存在于企业价值链内部,而且存在于企业与企业价值链之间。价值系统内包括供应商、分销商和客户在内的各项价值活动之间有着许多联系。

(四)业务组合分析

业务组合分析关注企业整体的市场竞争力和商业价值,以优化产品组合和市场策略为目标,业务组合分析的具体方法有波士顿矩阵和通用矩阵分析两种。

1. 波士顿矩阵

波士顿矩阵,也称为市场增长率–相对市场份额矩阵,是一种用于企业战略选择和决策的经典模型。该模型由美国著名的管理学家布鲁斯·亨德森于1970年提出。

波士顿矩阵的基本概念基于两个变量:市场增长率和市场占有率。通过这两个变量,可以将所有产品或服务分为四个象限,具体如图11.7所示。

(1)问题产品

"问题"产品是处于高增长率、低市场占有率象限内的产品群,这类业务通常处于最差的现金流量状态。一方面,其所在产业的市场增长率高,需要企业大量投资以支持其生产经营活动;另一方面,其相对市场占有率低,能够生成的资金很少。因此,企业对于"问题"业务的进一步投资需要进行分析,判断使其转移到"明星"业务所需要的投资量,分析其未来盈利情况,并研究是否值得投资等问题。

图11.7 波士顿矩阵产品群

(2)明星产品

"明星"产品是处于高增长率、高市场占有率象限内的产品群,这类业务处于迅速增长的市场,具有很大的市场份额。在企业的全部业务中,"明星"业务的增长和获利有着极好的长期机会,但它们是企业资源的主要消费者,需要大量的投资。为了保护和扩展"明星"业务在增长的市场中的主导地位,企业应在短期内优先供给它们所需的资源,支持它们继续发展。

(3) 瘦狗产品

"瘦狗"产品也称衰退类产品,它是处在低增长率、低市场占有率象限内的产品群,特点是利润率低、处于保本或亏损状态,负债比率高,无法为企业带来收益。

(4) 金牛产品

"金牛"产品是指处于低增长率、高市场占有率象限内的产品群,已进入成熟期,这类业务处于成熟的低速增长的市场中,市场地位有利,盈利率高,本身不需要投资,反而能为企业提供大量资金,用以支持其他业务的发展。

2. 通用矩阵

通用矩阵又称行业吸引力矩阵,通过分析业务的市场吸引力和所处的竞争地位,对企业的业务组合进行规划。通用矩阵基于市场吸引力和竞争地位这两个因素来评估企业的不同业务,市场吸引力反映了业务所处市场的增长速度、利润率、市场规模等因素,而竞争地位则考虑了企业在市场中的份额、品牌知名度、技术优势等因素。

通过将市场吸引力和竞争地位分为高、中、低三个级别,将不同业务进行分类,通常使用九宫格的矩阵来展示不同业务的位置,从而为企业的资源配置和战略决策提供指导。通用矩阵如图11.8所示。

图11.8 通用矩阵不同业务决策

(五) 企业内外部条件的综合分析

企业内外部条件的综合分析就是把企业外部环境提供的机会或威胁,与企业内部条件的优势与劣势结合起来,综合考虑趋利避害的战略,企业综合分析采用的是SWOT分析法。

1. SWOT的因素分析

SWOT四个英文字母分别代表优势(strength)、劣势(weakness)、机会(opportunity)和挑战(threats)。运用SWOT分析法,有利于人们对企业所处情境进行全面、系统和准确的研究,有助于管理者和决策者制定较正确的发展战略和计划,以及与之相应的发展计划或对策。

(1) 优势

优势是指一个企业超越其竞争对手的能力,或者指企业特有的能提高企业竞争力的产品或服务,例如技术优势、独特的产品或服务、良好的品牌形象等。企业要注意保持现存优势并开发新的优势。

(2) 劣势

劣势是指一个企业与其竞争对手相比,由于人力资源流失、具有竞争力的技术缺乏、闲置资源冗余等内部资源和能力方面的不足,从而使自己与竞争对手相比处于劣势。

(3) 机会

机会是对企业业务富有吸引力的领域,在这一领域中,该企业具有一定的竞争优势;机会可以说是影响公司战略的最大因素,企业经营者应该确认并充分把握每一个机会,评估每一个机会给企业带来的成长和利润空间。

(4) 威胁

威胁是一种不利的发展趋势所形成的挑战。如果不采取果断的措施,这种不利趋势将会导致企业的竞争地位受到削弱。政治、经济、社会文化、技术壁垒、竞争对手等,对企业当下或未来造成威胁的因素,企业经营者应一一识别,并予以规避或采取相应的对策,以降低经营风险。

2. SWOT分析的应用

(1) 构建SWOT矩阵

结合企业内外部环境分析,将分析得出的结果根据对企业的影响程度进行排序,从而构建SWOT矩阵,如图11.9所示。

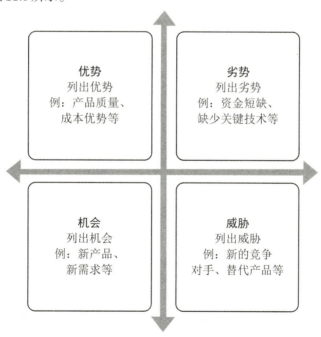

图11.9 SWOT矩阵

(2) 制定战略计划

在完成内外部环境分析和SWOT矩阵的构建后,便可制定相应的行动计划。制定计划的基本思路是:发挥竞争优势,克服竞争劣势,利用机会因素,化解威胁因素。

将排列与考虑的各种环境因素相互匹配并加以组合,得出一系列企业经营与发展的可选择计划,如表11.3所示。

表11.3 战略计划

		内部因素	
		优势(S)	劣势(W)
外部因素	机会(O)	SO战略 凭借企业的优势,充分利用外部环境所带来的机会	WO战略 通过各种方式弥补企业的劣势,充分利用外部环境所带来的机会
	威胁(T)	ST战略 利用企业的优势,尽力规避外部环境所带来的威胁	WT战略 通过各种方式弥补企业的劣势,尽力规避外部环境所带来的威胁

① 增长型战略(SO战略:优势-机会战略)。增长型战略又称扩张型战略、进攻型战略,是一种关注市场开发、产品开发、创新以及合并等内容的战略。从企业发展的角度来看,任何成功的企业都应当经历长短不一的增长型战略实施期,因为本质上只有实施增长型战略才能不断地扩大企业的规模。它要求企业寻找机会,以充分利用和发展企业优势。

② 扭转型战略(WO战略:劣势-机会战略)。扭转型战略是指企业利用外部环境因素的优势,调整自己的弱势,从而改进自身的发展状况的战略。这种战略的特点是战略重点由内到外,对内部弥补和改善自身的弱点,对外积极开拓市场,关键在于把握资源的合理分配和战略重点转移的时机。

③ 多种经营战略(ST战略:优势-威胁战略)。多种经营战略是一种通过整合企业自身优势和应对外部环境威胁来推动企业发展的战略。这种战略的核心理念是利用企业已有的优势,去应对和减轻外部环境中的威胁对企业造成的不利影响。

④ 防御型战略(WT战略:劣势-威胁战略)。防御型战略强调企业在业务发展过程中应高度重视可能出现的风险,并注意在面对风险时存在的不足之处。这种战略的核心思想是减小内部劣势,同时规避外部威胁,从而使得企业能够在风险出现时从容应对。

需要注意的是,SWOT分析虽然是一种常用的战略管理工具,但也存在一定的局限性,例如会受到分析者主观判断和偏见的影响以及易忽视环境和企业情况的动态变化,因此,企业在使用SWOT分析时应当注意其局限性,结合其他分析方法和工具,综合考虑各种因素,提高决策的科学性和有效性。

任务实施

根据前述项目情境,结合所学任务知识,完成下列任务:
1. 分析影响海滨酒店的内部环境因素有哪些。
2. 试采用SWOT法对海滨酒店进行发展因素分析。

任务四　明确战略选择，加强战略实施

一、战略选择

战略选择是指企业在面临各种外部和内部环境的挑战和机遇时，经过分析和评估后，从多种可能的战略方案中选择最合适的方案，以指导组织未来的发展方向和资源配置。战略选择涉及对企业目标、竞争环境、资源能力以及未来趋势的深入理解和综合考量，在这些基础上确定最佳的战略方向和路径。战略选择是企业战略管理过程中的一个关键环节，对企业的长远发展和竞争优势具有重要影响。

结合生命周期理论，将企业的发展阶段分为导入期、成长期、成熟期和衰退期四个阶段，在不同的生命周期阶段，企业的战略选择是不同的。

（一）导入期

导入期是企业刚刚创立，各项工作陆续推进的阶段。前期创意经过论证、开发，产品或服务雏形已经形成，企业准备继续研发优化产品，将创意产品化。导入期是企业开发成长的重要阶段，面临极大的创业风险，包括技术风险、市场风险和财务风险等。技术与产品风险，即能否将创意顺利地开发成产品，是否有可行的技术路线和技术方案，产品质量是否得到保障；市场风险，即产品能否得到市场认可，能否顺利推广。因此在导入期，企业主要的精力在于产品的商品化和市场化，将技术转化为市场需求的产品，并推向市场。初创企业的战略选择主要包括：产品开发战略、市场开发战略，简单地说就是将现有的产品或服务引入选定的市场。

（二）成长期

企业经过努力成功渡过最艰苦的导入期后，就将进入成长期，这意味着企业所推出的产品和服务已经得到市场认可，已经有了立足之地。产品的销售和利润已经逐步增长，市场份额逐步增加。企业在这个时期，主要任务是优化产品，提高质量水平，形成产品的系列化，并扩大产能规模，同时不断引进人才，改进和完善管理。企业要加大营销力度，不断扩大市场份额，力争获取更大的营收规模，与此同时还需要降低产品成本，提高效益。这阶段的主要战略选择是市场开发和市场渗透，即通过种种营销方法，将现有产品和服务，在现有市场中不断提高其市场份额。

（三）成熟期

当企业在经历高速的成长期后，销售增速将趋于平稳或下降，销售收入不再迅速增长，

甚至停滞不前。在这个时期,企业营收已经有一定规模,在行业中已经有一定地位,管理经营水平已经有一定高度。但是要想有大的突破暂时较为困难。为打破停滞不前,防止企业僵化甚至衰退,企业应该加大创新力度,通过产品创新、技术创新、管理创新、人才引进等,来开发新的产品、进入新的行业或并购企业等。这一阶段,企业可以选择的战略包括多元化战略、一体化战略、新产品开发战略等,并继续实施市场渗透战略。

1. 多元化战略

多元化战略指企业进入与现有产品和市场不同的领域,具体分为:相关多元化和非相关多元化。相关多元化是指企业以现有的产品或市场为基础进入相关产业或市场的战略,例如三星集团,不仅生产手机,还生产电脑、电视等;非相关多元化是指一个企业进入与其现有业务领域或核心能力不相关的新市场或产业的战略举措,例如华谊兄弟一边致力于电影、电视剧、音乐等领域的发展,一边进军体育产业。

2. 一体化战略

一体化战略是指企业对具有优势和潜力的产品或服务,沿其经营链的纵向或横向延展业务的深度和广度,扩大经营规模,实现企业成长。一体化战略按照业务拓展的方向分为纵向一体化和横向一体化,其中纵向一体化又可以划分为前向一体化和后向一体化。前向一体化是企业通过收购或兼并下游的分销商来建立自己的分销体系,例如可口可乐公司收购一些分销商,以增加对分销渠道的控制;后向一体化是企业通过收购或兼并若干原材料供应商,拥有和控制其供应系统,实行供产一体化,例如腾讯以86亿美元并购芬兰手游开发商Supercell。横向一体化是指为了扩大生产规模、降低成本、巩固企业的市场地位、提高企业竞争优势、增强企业实力而与同行业企业进行联合的一种战略。例如国美收购永乐电器,以增加营收规模,提高市场份额。

(四)衰退期

如果在成熟期不进行创新或不思进取,企业将进入衰退期,表现如组织机构僵化、人才流失、收入和利润下降、无新产品推出等,此时企业要么缩小业务范围,要么逐步退出市场。在这一阶段采取的战略主要有收缩战略、剥离战略以及清算战略。收缩战略主要包括大力降低成本、裁员、资产重组;剥离主要是出售企业的一部分或一些业务部门;而清算则是出售资产、偿还债务、关闭公司,最终彻底退出市场。

二、战略实施

战略实施是战略管理过程的第三阶段活动,它涉及将战略制定阶段所确定的意图性战略转化为具体的组织行动,目的是保障实现预定战略目标。

(一)战略实施的主要任务

1. 制定战略实施计划

制定战略实施计划不仅可以避免实施过程中出现混乱的局面,还可以让企业所有人员有明确的、具体的工作目标,最终保证战略目标的实现。战略实施计划应具有足够的灵活性,以便应对可能出现的意外情况,同时也应具有足够的刚性,以确保所有相关人员遵循计划并保持实施过程的一致性。

2. 组织变革

战略实施往往需要组织进行相应的变革。这可能包括重新设计组织结构、调整管理层次、优化业务流程以及改变决策过程等。组织变革的目标是使组织更加高效、灵活和适应性更强,以便更好地支持战略的实施。

3. 资源配置

战略实施需要足够的资源支持,包括人力、物力、财力等。根据战略的要求,组织需要合理配置这些资源,以确保实施过程的有效性。这可能涉及招聘和培训新员工、购买新的设备和软件、分配资金和其他资源等。

4. 培训与开发

培训和开发是战略实施的重要任务之一。组织需要确保其员工具备必要的技能和知识,以便他们能够有效地执行新的战略。这可能包括提供内部培训、外部培训以及职业发展机会等。通过培训和开发,组织可以提高员工的技能和素质,增强其对战略实施的承诺和参与度。

5. 监控与调整

在战略实施过程中,组织需要建立有效的监控机制,以跟踪实施进度、评估绩效以及识别潜在的问题和机会。通过监控,组织可以及时调整实施计划,以确保战略的有效实现。这可能涉及定期审查进度、进行风险评估以及制定应对策略等。以上任务相互交织,相辅相成,共同促进战略的顺利实施,从而实现组织的长期发展和成功。

6. 沟通与协调

有效的沟通和协调是战略实施的关键因素之一。组织需要建立良好的内部沟通机制,以确保信息传递的准确性和及时性。这可能涉及制定明确的沟通政策、建立有效的沟通渠道以及促进跨部门的合作与协调等。通过良好的沟通与协调,组织可以增强员工的凝聚力,提高实施过程的效率。

(二)战略实施的原则

企业在战略实施的过程中,常常会遇到许多在制定战略时未能估计或者无法完全估计到的问题。在战略实施中有三个基本原则应予遵循。

1. 适度合理性原则

适度合理性原则意味着组织需要制定切实可行的战略目标,不能过于激进或不切实际。在实施战略时,应确保资源的合理配置,以实现战略目标。此外,适度合理性还要求组织在设计战略时考虑其内部资源、能力和外部环境,确保战略的可行性和持续性。

2. 统一指挥原则

统一指挥原则强调在战略实施过程中,企业的各个部门和成员应当在行动上服从统一的指挥和调度。这样可以确保组织内部资源的有效利用,避免资源的浪费和重复工作。同时,统一指挥也有助于确保组织的战略目标得到一致的贯彻和落实。

3. 权变原则

权变原则是指在战略实施过程中应根据具体情况进行灵活调整。由于组织的内外部环境是不断变化的,因此战略实施过程中需要不断地对战略进行调整和优化。权变原则要求组织在实施战略时要有敏锐的洞察力和应变能力，能够根据环境的变化及时调整战略，以确保战略的有效性和适应性。

（三）战略实施的模式

战略实施的模式是指企业管理人员在战略实施过程中所采用的手段，分为以下五种：

1. 指挥型

这种模式下，企业高层领导会考虑如何制定企业战略，并将战略的实施视为日常业务决策的一部分。这种模式需要高度集权，对下层人员的具体要求不必非常清楚。在实行这种模式时，企业领导者往往扮演的是指挥者的角色，通过发布各种指令来推动战略的实施。

2. 变革型

在这种模式下，企业战略是由高层管理人员与员工共同参与制定的。在实施过程中，企业领导者会充分利用和挖掘员工的潜力，鼓励员工参与变革，并通过培训和教育来提升员工的技能和素质。这种模式强调员工在战略实施过程中的参与和贡献，而不是简单地执行命令。

3. 合作型

这种模式强调战略制定与实施过程中的协作和合作。企业领导者会与员工协商和制定战略，并在实施过程中寻求员工的意见和建议。这种模式注重员工的参与和反馈，有助于增强员工的归属感和责任感。

4. 文化型

在这种模式下，企业战略的实施是通过培养企业文化来实现的。企业领导者会注重塑造和传承企业的核心价值观和理念，通过文化的影响来推动战略的实施。这种模式需要企业领导者具备较高的领导力和影响力，能够引导和塑造员工的行为和态度。

5. 增长型

这种模式主要适用于处于增长阶段的企业。企业领导者会制定扩张战略，通过增加市场份额、拓展新产品或服务等方式来实现企业的快速增长。在实施过程中，企业领导者需要关注市场变化、竞争对手的动态以及自身的资源和能力。

任务实施

根据前述项目情境，结合所学任务知识，完成下列任务：
1. 海滨酒店可以采取什么战略来应对酒店面临效益下滑的状况？
2. 针对海滨酒店选定的战略应如何开展？

知识检测

一、单项选择题

1. 为了鼓励降低能源消耗，国家决定给予电动汽车生产企业每辆车3万元的补贴。对于电动汽车生产企业而言，这种补贴行为属于（   ）。
   A. 政治环境因素　　　　　　　　B. 经济环境因素

C. 社会文化环境因素　　　　　　　D. 技术环境因素

2. 某行业的市场迅速扩大，行业内企业的销售额和利润都迅速增长；行业内部竞争日趋激烈，不少后续企业进入该行业，按照行业生命周期，该行业处于(　　)。
A. 成长期　　　　　　　　　　　　B. 成熟期
C. 导入期　　　　　　　　　　　　D. 衰退期

3. PEST分析中的"PEST"是指(　　)。
A. 内部环境分析的优势和劣势　　　B. 外部环境分析的机会和威胁
C. 外部环境分析中的主要威胁　　　D. 宏观环境分析的主要因素

4. 竞争对手分析集中在(　　)。
A. 那些与企业直接进行竞争的企业　B. 那些生产替代品的企业
C. 行业中的所有企业　　　　　　　D. 那些可能进入该行业的企业

5. 进入威胁的大小取决于(　　)。
A. 进入者的多少　　　　　　　　　B. 退出壁垒的高低
C. 产业内竞争的程度　　　　　　　D. 现有企业的反应程度

6. 下面哪一个不是有形资源(　　)。
A. 资金　　　　　　　　　　　　　B. 工厂设备
C. 管理能力　　　　　　　　　　　D. 库存商品

7. 根据SWOT分析矩阵，企业应尽可能避免的组合是(　　)。
A. 劣势—威胁组合　　　　　　　　B. 劣势—机会组合
C. 优势—威胁组合　　　　　　　　D. 优势—机会组合

8. 以下哪项不包括在对经济环境的分析中(　　)。
A. 利率　　　　　　　　　　　　　B. 就业人口的种族划分
C. 贸易赤字和盈余　　　　　　　　D. 其他国家经济的健康情况

9. (　　)的目的就是了解企业所处的战略环境，掌握各环境因素的变化规律和发展趋势，为制定战略打下良好的基础。
A. 明确企业当前使命、目标和战略　B. 外部环境分析
C. 内部环境分析　　　　　　　　　D. 重新评价企业的使命和目标

10. 电视机制造企业兼并显像管制造企业，这种一体化类型属于(　　)。
A. 前向一体化　　　　　　　　　　B. 后向一体化
C. 横向一体化　　　　　　　　　　D. 混合一体化

二、多项选择题

1. 外部环境分析主要包括(　　)。
A. 企业面临的机遇　　　　　　　　B. 企业的核心竞争力
C. 企业竞争对手的情况　　　　　　D. 企业面临的威胁与挑战

2. 战略管理过程包括(　　)。
A. 战略分析　　　　　　　　　　　B. 战略演变
C. 战略选择与评价　　　　　　　　D. 战略实施

3. 企业的战略可划分为(　　)。

A. 公司战略　　　　　　　　　　B. 经营战略
C. 职能战略　　　　　　　　　　D. 人力资源战略

4. 下列说法中,属于应对五种竞争力的战略的有(　　)。

A. 自我定位,通过利用成本优势或差异优势把企业与五种竞争力相隔离

B. 通过与供应商或购买者建立长期战略联盟,以减少相互之间的讨价还价

C. 离开市场,寻找其他出路

D. 识别在产业中哪一个细分市场五种竞争力的影响更小一点

5. 按照价值链理论,企业下列各项活动中,属于辅助活动的有(　　)。

A. 书店提供网络在线销售服务

B. 家电生产企业利用外包仓库储存其产成品

C. 快递公司重整其人力资源管理,提升员工的服务能力

D. 制鞋企业设立特定研究中心专门从事人体工程学和产品生产的研究

6. 下列关于公司战略的说法中,不正确的有(　　)。

A. 公司战略常常涉及整个企业的财务结构和组织结构方面的问题

B. 业务战略是企业的最高层战略

C. 总体战略又称竞争战略

D. 业务战略侧重于企业内部特定职能部门的组织效率

7. 甲公司是国内一家以房地产业务为主题的多元化经营企业,业务范围涉及房地产、商场、电影院和食品零售行业等。甲公司对其业务发展进行分析,以下各项符合SWOT分析的有(　　)。

A. 房地产业务市场占有率高,但受国家政策调控的影响,整个行业增长缓慢,应采用SO战略

B. 商场行业增长迅速,但由于公司旗下商场无突出特色,因此市场占有率低,应采用WO战略

C. 电影院业务市场占有率高,同时随着居民消费水平的增加,整个行业增长迅速,应采用ST战略

D. 食品零售业务市场占有率低,且受电商的影响,整个行业增长缓慢,应采用WT战略

8. 乙公司是一家国际知名的快餐连锁企业。下列各项中,属于乙公司战略分析时必须关注的企业资源有(　　)。

A. 自动化生产线　　　　　　　　B. 独特的企业文化
C. 完善的员工培训体系　　　　　D. 作为商业秘密保管的食品配方

9. 下列各项中,关于产品生命周期不同阶段企业经营特征表述正确的是(　　)。

A. 导入期是企业经营风险最高的阶段

B. 成长期的竞争策略重点强调营销活动

C. 成长期企业主要使用债务融资

D. 在产品成熟期,企业可以采用稳健的高股利分红政策

10. 下列情况中,可能会造成产业内现有企业竞争激烈的有(　　)。

A. 产品的差异性比较小　　　　　B. 产品的转换成本高
C. 产品处于成熟期,市场增长缓慢　D. 产业进入障碍低而退出障碍高

三、判断题

1. 每个企业都有自己的使命。（　　）
2. 成本领先企业的利润率一般较低。（　　）
3. 企业与竞争对手只存在竞争,不存在合作。（　　）
4. 企业愿景由核心观念和企业使命两部分组成。（　　）
5. 价值链分析是分析企业内部经营环境的重要方法。（　　）
6. 在波士顿矩阵分析的基础上,对于问题产品可能采取的对策有发展和保持。（　　）
7. 明星产品能够创造大量的净现金流入的业务。（　　）
8. 竞争战略主要类型有成本领先、差异化、一体化三种。（　　）
9. 对于主要竞争对手,要进行有效的信息收集和分析活动。（　　）
10. 战略群组是指在同一行业内执行相同或相似战略的一组企业。（　　）

1. 小张在一家财务咨询公司上班,有一天接待了一个客户,该客户表示他在黄山风景区附近开了一家民宿。随着疫情后旅游业的繁荣,该民宿的生意应该不错,但结果却不尽如人意,入住率和利润率都低于这一带民宿的平均水平。客户向小张介绍了民宿的情况:① 民宿位置较好,交通方便;② 为游客提供了朴素但方便的房间;③ 削减"不必要的服务项目",虽然降低了房价,但经常被住宿游客抱怨民宿提供的服务不到位;④ 竞争对手多,附近高档酒店、宾馆、民宿众多,但自身在位置和价格上有一定优势;⑤ 没有对民宿进行有效的宣传;⑥ 管理团队的能力和经验较少。然后向小张咨询了如下问题:

(1) 导致该民宿经营不理想的主要原因是什么?
(2) 该民宿的发展前景如何?是选择继续经营还是退出经营?
(3) 如果选择继续经营,应该怎么改变该民宿的不利局面?

请运用所学知识代小张回答上述咨询问题。

2. 选择一家企业进行外部环境分析,写一篇600字左右的分析报告。

延伸阅读

项目十一延伸阅读

附 录

附录一 系 数 表

附表1　复利终值系数表

期数	1%	2%	3%	4%	5%	6%	7%	8%	9%	10%
1	1.010 0	1.020 0	1.030 0	1.040 0	1.050 0	1.060 0	1.070 0	1.080 0	1.090 0	1.100 0
2	1.020 1	1.040 4	1.060 9	1.081 6	1.102 5	1.123 6	1.144 9	1.166 4	1.188 1	1.210 0
3	1.030 3	1.061 2	1.092 7	1.124 9	1.157 6	1.191 0	1.225 0	1.259 7	1.295 0	1.331 0
4	1.040 6	1.082 4	1.125 5	1.169 9	1.215 5	1.262 5	1.310 8	1.360 5	1.411 6	1.464 1
5	1.051 0	1.104 1	1.159 3	1.216 7	1.276 3	1.338 2	1.402 6	1.469 3	1.538 6	1.610 5
6	1.061 5	1.126 2	1.194 1	1.265 3	1.340 1	1.418 5	1.500 7	1.586 9	1.677 1	1.771 6
7	1.072 1	1.148 7	1.229 9	1.315 9	1.407 1	1.503 6	1.605 8	1.713 8	1.828 0	1.948 7
8	1.082 9	1.171 7	1.266 8	1.368 6	1.477 5	1.593 8	1.718 2	1.850 9	1.992 6	2.143 6
9	1.093 7	1.195 1	1.304 8	1.423 3	1.551 3	1.689 5	1.838 5	1.999 0	2.171 9	2.357 9
10	1.104 6	1.219 0	1.343 9	1.480 2	1.628 9	1.790 8	1.967 2	2.158 9	2.367 4	2.593 7
11	1.115 7	1.243 4	1.384 2	1.539 5	1.710 3	1.898 3	2.104 9	2.331 6	2.580 4	2.853 1
12	1.126 8	1.268 2	1.425 8	1.601 0	1.795 9	2.012 2	2.252 2	2.518 2	2.812 7	3.138 4
13	1.138 1	1.293 6	1.468 5	1.665 1	1.885 6	2.132 9	2.409 8	2.719 6	3.065 8	3.452 3
14	1.149 5	1.319 5	1.512 6	1.731 7	1.979 9	2.260 9	2.578 5	2.937 2	3.341 7	3.797 5
15	1.161 0	1.345 9	1.558 0	1.800 9	2.078 9	2.396 6	2.759 0	3.172 2	3.642 5	4.177 2
16	1.172 6	1.372 8	1.604 7	1.873 0	2.182 9	2.540 4	2.952 2	3.425 9	3.970 3	4.595 0
17	1.184 3	1.400 2	1.652 8	1.947 9	2.292 0	2.692 8	3.158 8	3.700 0	4.327 6	5.054 5
18	1.196 1	1.428 2	1.702 4	2.025 8	2.406 6	2.854 3	3.379 9	3.996 0	4.717 1	5.559 9
19	1.208 1	1.456 8	1.753 5	2.106 8	2.527 0	3.025 6	3.616 5	4.315 7	5.141 7	6.115 9
20	1.220 2	1.485 9	1.806 1	2.191 1	2.653 3	3.207 1	3.869 7	4.661 0	5.604 4	6.727 5
21	1.232 4	1.515 7	1.860 3	2.278 8	2.786 0	3.399 6	4.140 6	5.033 8	6.108 8	7.400 2
22	1.244 7	1.546 0	1.916 1	2.369 9	2.925 3	3.603 5	4.430 4	5.436 5	6.658 6	8.140 3
23	1.257 2	1.576 9	1.973 6	2.464 7	3.071 5	3.819 7	4.740 5	5.871 5	7.257 9	8.954 3
24	1.269 7	1.608 4	2.032 8	2.563 3	3.225 1	4.048 9	5.072 4	6.341 2	7.911 1	9.849 7
25	1.282 4	1.640 6	2.093 8	2.665 8	3.386 4	4.291 9	5.427 4	6.848 5	8.623 1	10.835
26	1.295 3	1.673 4	2.156 6	2.772 5	3.555 7	4.549 4	5.807 4	7.396 4	9.399 2	11.918
27	1.308 2	1.706 9	2.221 3	2.883 4	3.733 5	4.822 3	6.213 9	7.988 1	10.245	13.110
28	1.321 3	1.741 0	2.287 9	2.998 7	3.920 1	5.111 7	6.648 8	8.627 1	11.167	14.421
29	1.334 5	1.775 8	2.356 6	3.118 7	4.116 1	5.418 4	7.114 3	9.317 3	12.172	15.863
30	1.347 8	1.811 4	2.427 3	3.243 4	4.321 9	5.743 5	7.612 3	10.063	13.268	17.449
40	1.488 9	2.208 0	3.262 0	4.801 0	7.040 0	10.286	14.975	21.725	31.409	45.259
50	1.644 6	2.691 6	4.383 9	7.106 7	11.467	18.420	29.457	46.902	74.358	117.39
60	1.816 7	3.281 0	5.891 6	10.520	18.679	32.988	57.946	101.26	176.03	304.48

续表

期数	12%	14%	15%	16%	18%	20%	24%	28%	32%	36%
1	1.120 0	1.140 0	1.150 0	1.160 0	1.180 0	1.200 0	1.240 0	1.280 0	1.320 0	1.360 0
2	1.254 4	1.299 6	1.322 5	1.345 6	1.392 4	1.440 0	1.537 6	1.638 4	1.742 4	1.849 6
3	1.404 9	1.481 5	1.520 9	1.560 9	1.643 0	1.728 0	1.906 6	2.097 2	2.300 0	2.515 5
4	1.573 5	1.689 0	1.749 0	1.810 6	1.938 8	2.073 6	2.364 2	2.684 4	3.036 0	3.421 0
5	1.762 3	1.925 4	2.011 4	2.100 3	2.287 8	2.488 3	2.931 6	3.436 0	4.007 5	4.652 6
6	1.973 8	2.195 0	2.313 1	2.436 4	2.699 6	2.986 0	3.635 2	4.398 0	5.289 9	6.327 5
7	2.210 7	2.502 3	2.660 0	2.826 2	3.185 5	3.583 2	4.507 7	5.629 5	6.982 6	8.605 4
8	2.476 0	2.852 6	3.059 0	3.278 4	3.758 9	4.299 8	5.589 5	7.205 8	9.217 0	11.703
9	2.773 1	3.251 9	3.517 9	3.803 0	4.435 5	5.159 8	6.931 0	9.223 4	12.167	15.917
10	3.105 8	3.707 2	4.045 6	4.411 4	5.233 8	6.191 7	8.594 4	11.806	16.060	21.647
11	3.478 5	4.226 2	4.652 4	5.117 3	6.175 9	7.430 1	10.657	15.112	21.199	29.439
12	3.896 0	4.817 9	5.350 3	5.936 0	7.287 6	8.916 1	13.215	19.343	27.983	40.038
13	4.363 5	5.492 4	6.152 8	6.885 8	8.599 4	10.699	16.386	24.759	36.937	54.451
14	4.887 1	6.261 3	7.075 7	7.987 5	10.147	12.839	20.319	31.691	48.757	74.053
15	5.473 6	7.137 9	8.137 1	9.265 5	11.974	15.407	25.196	40.565	64.359	100.71
16	6.130 4	8.137 2	9.357 6	10.748	14.129	18.488	31.243	51.923	84.954	136.97
17	6.866 0	9.276 5	10.761	12.468	16.672	22.186	38.741	66.461	112.14	186.28
18	7.690 0	10.575	12.376	14.463	19.673	26.623	48.039	85.071	148.02	253.34
19	8.612 8	12.056	14.232	16.777	23.214	31.948	59.568	108.89	195.39	344.54
20	9.646 3	13.744	16.367	19.461	27.393	38.338	73.864	139.38	257.92	468.57
21	10.804	15.668	18.822	22.575	32.324	46.005	91.592	178.41	340.45	637.26
22	12.100	17.861	21.645	26.186	38.142	55.206	113.57	228.36	449.39	866.67
23	13.552	20.362	24.892	30.376	45.008	66.247	140.83	292.30	593.20	1 178.7
24	15.179	23.212	28.625	35.236	53.109	79.497	174.63	374.14	783.02	1 603.0
25	17.000	26.462	32.919	40.874	62.669	95.396	216.54	478.90	1 033.6	2 180.1
26	19.040	30.167	37.857	47.414	73.949	114.48	268.51	613.00	1 364.3	2 964.9
27	21.325	34.390	43.535	55.000	87.260	137.37	332.96	784.64	1 800.9	4 032.3
28	23.884	39.205	50.066	63.800	102.97	164.84	412.86	1 004.3	2 377.2	5 483.9
29	26.750	44.693	57.576	74.009	121.50	197.81	511.95	1 285.6	3 137.9	7 458.1
30	29.960	50.950	66.212	85.850	143.37	237.38	634.82	1 645.5	4 142.1	10 143
40	93.051	188.88	267.86	378.72	750.38	1 469.8	5 455.9	19 427	66 521	*
50	289.00	700.23	1 083.7	1 670.7	3 927.4	9 100.4	46 890	*	*	*
60	897.60	2 595.9	4 384.0	7 370.2	20 555	56 348	*	*	*	*

注：*＞99 999。

附表2　复利现值系数表

期数	1%	2%	3%	4%	5%	6%	7%	8%	9%	10%
1	0.990 1	0.980 4	0.970 9	0.961 5	0.952 4	0.943 4	0.934 6	0.925 9	0.917 4	0.909 1
2	0.980 3	0.961 2	0.942 6	0.924 6	0.907 0	0.890 0	0.873 4	0.857 3	0.841 7	0.826 4
3	0.970 6	0.942 3	0.915 1	0.889 0	0.863 8	0.839 6	0.816 3	0.793 8	0.772 2	0.751 3
4	0.961 0	0.923 8	0.888 5	0.854 8	0.822 7	0.792 1	0.762 9	0.735 0	0.708 4	0.683 0
5	0.951 5	0.905 7	0.862 6	0.821 9	0.783 5	0.747 3	0.713 0	0.680 6	0.649 9	0.620 9
6	0.942 0	0.888 0	0.837 5	0.790 3	0.746 2	0.705 0	0.666 3	0.630 2	0.596 3	0.564 5
7	0.932 7	0.870 6	0.813 1	0.759 9	0.710 7	0.665 1	0.622 7	0.583 5	0.547 0	0.513 2
8	0.923 5	0.853 5	0.789 4	0.730 7	0.676 8	0.627 4	0.582 0	0.540 3	0.501 9	0.466 5
9	0.914 3	0.836 8	0.766 4	0.702 6	0.644 6	0.591 9	0.543 9	0.500 2	0.460 4	0.424 1
10	0.905 3	0.820 3	0.744 1	0.675 6	0.613 9	0.558 4	0.508 3	0.463 2	0.422 4	0.385 5
11	0.896 3	0.804 3	0.722 4	0.649 6	0.584 7	0.526 8	0.475 1	0.428 9	0.387 5	0.350 5
12	0.887 4	0.788 5	0.701 4	0.624 6	0.556 8	0.497 0	0.444 0	0.397 1	0.355 5	0.318 6
13	0.878 7	0.773 0	0.681 0	0.600 6	0.530 3	0.468 8	0.415 0	0.367 7	0.326 2	0.289 7
14	0.870 0	0.757 9	0.661 1	0.577 5	0.505 1	0.442 3	0.387 8	0.340 5	0.299 2	0.263 3
15	0.861 3	0.743 0	0.641 9	0.555 3	0.481 0	0.417 3	0.362 4	0.315 2	0.274 5	0.239 4
16	0.852 8	0.728 4	0.623 2	0.533 9	0.458 1	0.393 6	0.338 7	0.291 9	0.251 9	0.217 6
17	0.844 4	0.714 2	0.605 0	0.513 4	0.436 3	0.371 4	0.316 6	0.270 3	0.231 1	0.197 8
18	0.836 0	0.700 2	0.587 4	0.493 6	0.415 5	0.350 3	0.295 9	0.250 2	0.212 0	0.179 9
19	0.827 7	0.686 4	0.570 3	0.474 6	0.395 7	0.330 5	0.276 5	0.231 7	0.194 5	0.163 5
20	0.819 5	0.673 0	0.553 7	0.456 4	0.376 9	0.311 8	0.258 4	0.214 5	0.178 4	0.148 6
21	0.811 4	0.659 8	0.537 5	0.438 8	0.358 9	0.294 2	0.241 5	0.198 7	0.163 7	0.135 1
22	0.803 4	0.646 8	0.521 9	0.422 0	0.341 8	0.277 5	0.225 7	0.183 9	0.150 2	0.122 8
23	0.795 4	0.634 2	0.506 7	0.405 7	0.325 6	0.261 8	0.210 9	0.170 3	0.137 8	0.111 7
24	0.787 6	0.621 7	0.491 9	0.390 1	0.310 1	0.247 0	0.197 1	0.157 7	0.126 4	0.101 5
25	0.779 8	0.609 5	0.477 6	0.375 1	0.295 3	0.233 0	0.184 2	0.146 0	0.116 0	0.092 3
26	0.772 0	0.597 6	0.463 7	0.360 7	0.281 2	0.219 8	0.172 2	0.135 2	0.106 4	0.083 9
27	0.764 4	0.585 9	0.450 2	0.346 8	0.267 8	0.207 4	0.160 9	0.125 2	0.097 6	0.076 3
28	0.756 8	0.574 4	0.437 1	0.333 5	0.255 1	0.195 6	0.150 4	0.115 9	0.089 5	0.069 3
29	0.749 3	0.563 1	0.424 3	0.320 7	0.242 9	0.184 6	0.140 6	0.107 3	0.082 2	0.063 0
30	0.741 9	0.552 1	0.412 0	0.308 3	0.231 4	0.174 1	0.131 4	0.099 4	0.075 4	0.057 3
35	0.705 9	0.500 0	0.355 4	0.253 4	0.181 3	0.130 1	0.093 7	0.067 6	0.049 0	0.035 6
40	0.671 7	0.452 9	0.306 6	0.208 3	0.142 0	0.097 2	0.066 8	0.046 0	0.031 8	0.022 1
45	0.639 1	0.410 2	0.264 4	0.171 2	0.111 3	0.072 7	0.047 6	0.031 3	0.020 7	0.013 7
50	0.608 0	0.371 5	0.228 1	0.140 7	0.087 2	0.054 3	0.033 9	0.021 3	0.013 4	0.008 5
55	0.578 5	0.336 5	0.196 8	0.115 7	0.068 3	0.040 6	0.024 2	0.014 5	0.008 7	0.005 3

续表

期数	12%	14%	15%	16%	18%	20%	24%	28%	32%	36%
1	0.892 9	0.877 2	0.869 6	0.862 1	0.847 5	0.833 3	0.806 5	0.781 3	0.757 6	0.735 3
2	0.797 2	0.769 5	0.756 1	0.743 2	0.718 2	0.694 4	0.650 4	0.610 4	0.573 9	0.540 7
3	0.711 8	0.675 0	0.657 5	0.640 7	0.608 6	0.578 7	0.524 5	0.476 8	0.434 8	0.397 5
4	0.635 5	0.592 1	0.571 8	0.552 3	0.515 8	0.482 3	0.423 0	0.372 5	0.329 4	0.292 3
5	0.567 4	0.519 4	0.497 2	0.476 1	0.437 1	0.401 9	0.341 1	0.291 0	0.249 5	0.214 9
6	0.506 6	0.455 6	0.432 3	0.410 4	0.370 4	0.334 9	0.275 1	0.227 4	0.189 0	0.158 0
7	0.452 3	0.399 6	0.375 9	0.353 8	0.313 9	0.279 1	0.221 8	0.177 6	0.143 2	0.116 2
8	0.403 9	0.350 6	0.326 9	0.305 0	0.266 0	0.232 6	0.178 9	0.138 8	0.108 5	0.085 4
9	0.360 6	0.307 5	0.284 3	0.263 0	0.225 5	0.193 8	0.144 3	0.108 4	0.082 2	0.062 8
10	0.322 0	0.269 7	0.247 2	0.226 7	0.191 1	0.161 5	0.116 4	0.084 7	0.062 3	0.046 2
11	0.287 5	0.236 6	0.214 9	0.195 4	0.161 9	0.134 6	0.093 8	0.066 2	0.047 2	0.034 0
12	0.256 7	0.207 6	0.186 9	0.168 5	0.137 2	0.112 2	0.075 7	0.051 7	0.035 7	0.025 0
13	0.229 2	0.182 1	0.162 5	0.145 2	0.116 3	0.093 5	0.061 0	0.040 4	0.027 1	0.018 4
14	0.204 6	0.159 7	0.141 3	0.125 2	0.098 5	0.077 9	0.049 2	0.031 6	0.020 5	0.013 5
15	0.182 7	0.140 1	0.122 9	0.107 9	0.083 5	0.064 9	0.039 7	0.024 7	0.015 5	0.009 9
16	0.163 1	0.122 9	0.106 9	0.093 0	0.070 8	0.054 1	0.032 0	0.019 3	0.011 8	0.007 3
17	0.145 6	0.107 8	0.092 9	0.080 2	0.060 0	0.045 1	0.025 8	0.015 0	0.008 9	0.005 4
18	0.130 0	0.094 6	0.080 8	0.069 1	0.050 8	0.037 6	0.020 8	0.011 8	0.006 8	0.003 9
19	0.116 1	0.082 9	0.070 3	0.059 6	0.043 1	0.031 3	0.016 8	0.009 2	0.005 1	0.002 9
20	0.103 7	0.072 8	0.061 1	0.051 4	0.036 5	0.026 1	0.013 5	0.007 2	0.003 9	0.002 1
21	0.092 6	0.063 8	0.053 1	0.044 3	0.030 9	0.021 7	0.010 9	0.005 6	0.002 9	0.001 6
22	0.082 6	0.056 0	0.046 2	0.038 2	0.026 2	0.018 1	0.008 8	0.004 4	0.002 2	0.001 2
23	0.073 8	0.049 1	0.040 2	0.032 9	0.022 2	0.015 1	0.007 1	0.003 4	0.001 7	0.000 8
24	0.065 9	0.043 1	0.034 9	0.028 4	0.018 8	0.012 6	0.005 7	0.002 7	0.001 3	0.000 6
25	0.058 8	0.037 8	0.030 4	0.024 5	0.016 0	0.010 5	0.004 6	0.002 1	0.001 0	0.000 5
26	0.052 5	0.033 1	0.026 4	0.021 1	0.013 5	0.008 7	0.003 7	0.001 6	0.000 7	0.000 3
27	0.046 9	0.029 1	0.023 0	0.018 2	0.011 5	0.007 3	0.003 0	0.001 3	0.000 6	0.000 2
28	0.041 9	0.025 5	0.020 0	0.015 7	0.009 7	0.006 1	0.002 4	0.001 0	0.000 4	0.000 2
29	0.037 4	0.022 4	0.017 4	0.013 5	0.008 2	0.005 1	0.002 0	0.000 8	0.000 3	0.000 1
30	0.033 4	0.019 6	0.015 1	0.011 6	0.007 0	0.004 2	0.001 6	0.000 6	0.000 2	0.000 1
35	0.018 9	0.010 2	0.007 5	0.005 5	0.003 0	0.001 7	0.000 5	0.000 2	0.000 1	*
40	0.010 7	0.005 3	0.003 7	0.002 6	0.001 3	0.000 7	0.000 2	0.000 1	*	*
45	0.006 1	0.002 7	0.001 9	0.001 3	0.000 6	0.000 3	0.000 1	*	*	*
50	0.003 5	0.001 4	0.000 9	0.000 6	0.000 3	0.000 1	*	*	*	*
55	0.002 0	0.000 7	0.000 5	0.000 3	0.000 1	*	*	*	*	*

注：*<0.000 1。

附表3 年金终值系数表

期数	1%	2%	3%	4%	5%	6%	7%	8%	9%	10%
1	1.000 0	1.000 0	1.000 0	1.000 0	1.000 0	1.000 0	1.000 0	1.000 0	1.000 0	1.000 0
2	2.010 0	2.020 0	2.030 0	2.040 0	2.050 0	2.060 0	2.070 0	2.080 0	2.090 0	2.100 0
3	3.030 1	3.060 4	3.090 9	3.121 6	3.152 5	3.183 6	3.214 9	3.246 4	3.278 1	3.310 0
4	4.060 4	4.121 6	4.183 6	4.246 5	4.310 1	4.374 6	4.439 9	4.506 1	4.573 1	4.641 0
5	5.101 0	5.204 0	5.309 1	5.416 3	5.525 6	5.637 1	5.750 7	5.866 6	5.984 7	6.105 1
6	6.152 0	6.308 1	6.468 4	6.633 0	6.801 9	6.975 3	7.153 3	7.335 9	7.523 3	7.715 6
7	7.213 5	7.434 3	7.662 5	7.898 3	8.142 0	8.393 8	8.654 0	8.922 8	9.200 4	9.487 2
8	8.285 7	8.583 0	8.892 3	9.214 2	9.549 1	9.897 5	10.260	10.637	11.029	11.436
9	9.368 5	9.754 6	10.159	10.583	11.027	11.491	11.978	12.488	13.021	13.580
10	10.462	10.950	11.464	12.006	12.578	13.181	13.816	14.487	15.193	15.937
11	11.567	12.169	12.808	13.486	14.207	14.972	15.784	16.646	17.560	18.531
12	12.683	13.412	14.192	15.026	15.917	16.870	17.889	18.977	20.141	21.384
13	13.809	14.680	15.618	16.627	17.713	18.882	20.141	21.495	22.953	24.523
14	14.947	15.974	17.086	18.292	19.599	21.015	22.551	24.215	26.019	27.975
15	16.097	17.293	18.599	20.024	21.579	23.276	25.129	27.152	29.361	31.773
16	17.258	18.639	20.157	21.825	23.658	25.673	27.888	30.324	33.003	35.950
17	18.430	20.012	21.762	23.698	25.840	28.213	30.840	33.750	36.974	40.545
18	19.615	21.412	23.414	25.645	28.132	30.906	33.999	37.450	41.301	45.599
19	20.811	22.841	25.117	27.671	30.539	33.760	37.379	41.446	46.019	51.159
20	22.019	24.297	26.870	29.778	33.066	36.786	40.996	45.762	51.160	57.275
21	23.239	25.783	28.677	31.969	35.719	39.993	44.865	50.423	56.765	64.003
22	24.472	27.299	30.537	34.248	38.505	43.392	49.006	55.457	62.873	71.403
23	25.716	28.845	32.453	36.618	41.431	46.996	53.436	60.893	69.532	79.543
24	26.974	30.422	34.427	39.083	44.502	50.816	58.177	66.765	76.790	88.497
25	28.243	32.030	36.459	41.646	47.727	54.865	63.249	73.106	84.701	98.347
26	29.526	33.671	38.553	44.312	51.114	59.156	68.677	79.954	93.324	109.18
27	30.821	35.344	40.710	47.084	54.669	63.706	74.484	87.351	102.72	121.10
28	32.129	37.051	42.931	49.968	58.403	68.528	80.698	95.339	112.97	134.21
29	33.450	38.792	45.219	52.966	62.323	73.640	87.347	103.97	124.14	148.63
30	34.785	40.568	47.575	56.085	66.439	79.058	94.461	113.28	136.31	164.49
40	48.886	60.402	75.401	95.026	120.80	154.76	199.64	259.06	337.88	442.59
50	64.463	84.579	112.80	152.67	209.35	290.34	406.53	573.77	815.08	1 163.9
60	81.670	114.05	163.05	237.99	353.58	533.13	813.52	1 253.2	1 944.8	3 034.8

续表

期数	12%	14%	15%	16%	18%	20%	24%	28%	32%	36%
1	1.000 0	1.000 0	1.000 0	1.000 0	1.000 0	1.000 0	1.000 0	1.000 0	1.000 0	1.000 0
2	2.120 0	2.140 0	2.150 0	2.160 0	2.180 0	2.200 0	2.240 0	2.280 0	2.320 0	2.360 0
3	3.374 4	3.439 6	3.472 5	3.505 6	3.572 4	3.640 0	3.777 6	3.918 4	4.062 4	4.209 6
4	4.779 3	4.921 1	4.993 4	5.066 5	5.215 4	5.368 0	5.684 2	6.015 6	6.362 4	6.725 1
5	6.352 8	6.610 1	6.742 4	6.877 1	7.154 2	7.441 6	8.048 4	8.699 9	9.398 3	10.146
6	8.115 2	8.535 5	8.753 7	8.977 5	9.442 0	9.929 9	10.980	12.136	13.406	14.799
7	10.089	10.731	11.067	11.414	12.142	12.916	14.615	16.534	18.696	21.126
8	12.300	13.233	13.727	14.240	15.327	16.499	19.123	22.163	25.678	29.732
9	14.776	16.085	16.786	17.519	19.086	20.799	24.713	29.369	34.895	41.435
10	17.549	19.337	20.304	21.322	23.521	25.959	31.643	38.593	47.062	57.352
11	20.655	23.045	24.349	25.733	28.755	32.150	40.238	50.399	63.122	78.998
12	24.133	27.271	29.002	30.850	34.931	39.581	50.895	65.510	84.320	108.44
13	28.029	32.089	34.352	36.786	42.219	48.497	64.110	84.853	112.30	148.48
14	32.393	37.581	40.505	43.672	50.818	59.196	80.496	109.61	149.24	202.93
15	37.280	43.842	47.580	51.660	60.965	72.035	100.82	141.30	198.00	276.98
16	42.753	50.980	55.718	60.925	72.939	87.442	126.01	181.87	262.36	377.69
17	48.884	59.118	65.075	71.673	87.068	105.93	157.25	233.79	347.31	514.66
18	55.750	68.394	75.836	84.141	103.74	128.12	195.99	300.25	459.45	700.94
19	63.440	78.969	88.212	98.603	123.41	154.74	244.03	385.32	607.47	954.28
20	72.052	91.025	102.44	115.38	146.63	186.69	303.60	494.21	802.86	1 298.8
21	81.699	104.77	118.81	134.84	174.02	225.03	377.46	633.59	1 060.8	1 767.4
22	92.503	120.44	137.63	157.42	206.34	271.03	469.06	812.00	1 401.2	2 404.7
23	104.60	138.30	159.28	183.60	244.49	326.24	582.63	1 040.4	1 850.6	3 271.3
24	118.16	158.66	184.17	213.98	289.49	392.48	723.46	1 332.7	2 443.8	4 450.0
25	133.33	181.87	212.79	249.21	342.60	471.98	898.09	1 706.8	3 226.8	6 053.0
26	150.33	208.33	245.71	290.09	405.27	567.38	1 114.6	2 185.7	4 260.4	8 233.1
27	169.37	238.50	283.57	337.50	479.22	681.85	1 383.1	2 798.7	5 624.8	11 198
28	190.70	272.89	327.10	392.50	566.48	819.22	1 716.1	3 583.3	7 425.7	15 230
29	214.58	312.09	377.17	456.30	669.45	984.07	2 129.0	4 587.7	9 802.9	20 714
30	241.33	356.79	434.75	530.31	790.95	1 181.9	2 640.9	5 873.2	12 941	28 172
40	767.09	1 342.0	1 779.1	2 360.8	4 163.2	7 343.9	22 729	69 377	207 874	609 890
50	2 400.0	4 994.5	7 217.7	10 436	21 813	45 497	195 373	819 103	*	*
60	7 471.6	18 535	29 220	46 058	114 190	281 733	*	*	*	*

注:*>999 999.99。

附表4 年金现值系数表

期数	1%	2%	3%	4%	5%	6%	7%	8%	9%	10%
1	0.990 1	0.980 4	0.970 9	0.961 5	0.952 4	0.943 4	0.934 6	0.925 9	0.917 4	0.909 1
2	1.970 4	1.941 6	1.913 5	1.886 1	1.859 4	1.833 4	1.808 0	1.783 3	1.759 1	1.735 5
3	2.941 0	2.883 9	2.828 6	2.775 1	2.723 2	2.673 0	2.624 3	2.577 1	2.531 3	2.486 9
4	3.902 0	3.807 7	3.717 1	3.629 9	3.546 0	3.465 1	3.387 2	3.312 1	3.239 7	3.169 9
5	4.853 4	4.713 5	4.579 7	4.451 8	4.329 5	4.212 4	4.100 2	3.992 7	3.889 7	3.790 8
6	5.795 5	5.601 4	5.417 2	5.242 1	5.075 7	4.917 3	4.766 5	4.622 9	4.485 9	4.355 3
7	6.728 2	6.472 0	6.230 3	6.002 1	5.786 4	5.582 4	5.389 3	5.206 4	5.033 0	4.868 4
8	7.651 7	7.325 5	7.019 7	6.732 7	6.463 2	6.209 8	5.971 3	5.746 6	5.534 8	5.334 9
9	8.566 0	8.162 2	7.786 1	7.435 3	7.107 8	6.801 7	6.515 2	6.246 9	5.995 2	5.759 0
10	9.471 3	8.982 6	8.530 2	8.110 9	7.721 7	7.360 1	7.023 6	6.710 1	6.417 7	6.144 6
11	10.367 6	9.786 8	9.252 6	8.760 5	8.306 4	7.886 9	7.498 7	7.139 0	6.805 2	6.495 1
12	11.255 1	10.575 3	9.954 0	9.385 1	8.863 3	8.383 8	7.942 7	7.536 1	7.160 7	6.813 7
13	12.133 7	11.348 4	10.635 0	9.985 6	9.393 6	8.852 7	8.357 7	7.903 8	7.486 9	7.103 4
14	13.003 7	12.106 2	11.296 1	10.563 1	9.898 6	9.295 0	8.745 5	8.244 2	7.786 2	7.366 7
15	13.865 1	12.849 3	11.937 9	11.118 4	10.379 7	9.712 2	9.107 9	8.559 5	8.060 7	7.606 1
16	14.717 9	13.577 7	12.561 1	11.652 3	10.837 8	10.105 9	9.446 6	8.851 4	8.312 6	7.823 7
17	15.562 3	14.291 9	13.166 1	12.165 7	11.274 1	10.477 3	9.763 2	9.121 6	8.543 6	8.021 6
18	16.398 3	14.992 0	13.753 5	12.659 3	11.689 6	10.827 6	10.059 1	9.371 9	8.755 6	8.201 4
19	17.226 0	15.678 5	14.323 8	13.133 9	12.085 3	11.158 1	10.335 6	9.603 6	8.950 1	8.364 9
20	18.045 6	16.351 4	14.877 5	13.590 3	12.462 2	11.469 9	10.594 0	9.818 1	9.128 5	8.513 6
21	18.857 0	17.011 2	15.415 0	14.029 2	12.821 2	11.764 1	10.835 5	10.016 8	9.292 2	8.648 7
22	19.660 4	17.658 0	15.936 9	14.451 1	13.163 0	12.041 6	11.061 2	10.200 7	9.442 4	8.771 5
23	20.455 8	18.292 2	16.443 6	14.856 8	13.488 6	12.303 4	11.272 2	10.371 1	9.580 2	8.883 2
24	21.243 4	18.913 9	16.935 5	15.247 0	13.798 6	12.550 4	11.469 3	10.528 8	9.706 6	8.984 7
25	22.023 2	19.523 5	17.413 1	15.622 1	14.093 9	12.783 4	11.653 6	10.674 8	9.822 6	9.077 0
26	22.795 2	20.121 0	17.876 8	15.982 8	14.375 2	13.003 2	11.825 8	10.810 0	9.929 0	9.160 9
27	23.559 6	20.706 9	18.327 0	16.329 6	14.643 0	13.210 5	11.986 7	10.935 2	10.026 6	9.237 2
28	24.316 4	21.281 3	18.764 1	16.663 1	14.898 1	13.406 2	12.137 1	11.051 1	10.116 1	9.306 6
29	25.065 8	21.844 4	19.188 5	16.983 7	15.141 1	13.590 7	12.277 7	11.158 4	10.198 3	9.369 6
30	25.807 7	22.396 5	19.600 4	17.292 0	15.372 5	13.764 8	12.409 0	11.257 8	10.273 7	9.426 9
35	29.408 6	24.998 6	21.487 2	18.664 6	16.374 2	14.498 2	12.947 7	11.654 6	10.566 8	9.644 2
40	32.834 7	27.355 5	23.114 8	19.792 8	17.159 1	15.046 3	13.331 7	11.924 6	10.757 4	9.779 1
45	36.094 5	29.490 2	24.518 7	20.720 0	17.774 1	15.455 8	13.605 5	12.108 4	10.881 2	9.862 8
50	39.196 1	31.423 6	25.729 8	21.482 2	18.255 9	15.761 9	13.800 7	12.233 5	10.961 7	9.914 8
55	42.147 2	33.174 8	26.774 4	22.108 6	18.633 5	15.990 5	13.939 9	12.318 6	11.014 0	9.947 1

续表

期数	12%	14%	15%	16%	18%	20%	24%	28%	32%	36%
1	0.8929	0.8772	0.8696	0.8621	0.8475	0.8333	0.8065	0.7813	0.7576	0.7353
2	1.6901	1.6467	1.6257	1.6052	1.5656	1.5278	1.4568	1.3916	1.3315	1.2760
3	2.4018	2.3216	2.2832	2.2459	2.1743	2.1065	1.9813	1.8684	1.7663	1.6735
4	3.0373	2.9137	2.8550	2.7982	2.6901	2.5887	2.4043	2.2410	2.0957	1.9658
5	3.6048	3.4331	3.3522	3.2743	3.1272	2.9906	2.7454	2.5320	2.3452	2.1807
6	4.1114	3.8887	3.7845	3.6847	3.4976	3.3255	3.0205	2.7594	2.5342	2.3388
7	4.5638	4.2883	4.1604	4.0386	3.8115	3.6046	3.2423	2.9370	2.6775	2.4550
8	4.9676	4.6389	4.4873	4.3436	4.0776	3.8372	3.4212	3.0758	2.7860	2.5404
9	5.3282	4.9464	4.7716	4.6065	4.3030	4.0310	3.5655	3.1842	2.8681	2.6033
10	5.6502	5.2161	5.0188	4.8332	4.4941	4.1925	3.6819	3.2689	2.9304	2.6495
11	5.9377	5.4527	5.2337	5.0286	4.6560	4.3271	3.7757	3.3351	2.9776	2.6834
12	6.1944	5.6603	5.4206	5.1971	4.7932	4.4392	3.8514	3.3868	3.0133	2.7084
13	6.4235	5.8424	5.5831	5.3423	4.9095	4.5327	3.9124	3.4272	3.0404	2.7268
14	6.6282	6.0021	5.7245	5.4675	5.0081	4.6106	3.9616	3.4587	3.0609	2.7403
15	6.8109	6.1422	5.8474	5.5755	5.0916	4.6755	4.0013	3.4834	3.0764	2.7502
16	6.9740	6.2651	5.9542	5.6685	5.1624	4.7296	4.0333	3.5026	3.0882	2.7575
17	7.1196	6.3729	6.0472	5.7487	5.2223	4.7746	4.0591	3.5177	3.0971	2.7629
18	7.2497	6.4674	6.1280	5.8178	5.2732	4.8122	4.0799	3.5294	3.1039	2.7668
19	7.3658	6.5504	6.1982	5.8775	5.3162	4.8435	4.0967	3.5386	3.1090	2.7697
20	7.4694	6.6231	6.2593	5.9288	5.3527	4.8696	4.1103	3.5458	3.1129	2.7718
21	7.5620	6.6870	6.3125	5.9731	5.3837	4.8913	4.1212	3.5514	3.1158	2.7734
22	7.6446	6.7429	6.3587	6.0113	5.4099	4.9094	4.1300	3.5558	3.1180	2.7746
23	7.7184	6.7921	6.3988	6.0442	5.4321	4.9245	4.1371	3.5592	3.1197	2.7754
24	7.7843	6.8351	6.4338	6.0726	5.4509	4.9371	4.1428	3.5619	3.1210	2.7760
25	7.8431	6.8729	6.4641	6.0971	5.4669	4.9476	4.1474	3.5640	3.1220	2.7765
26	7.8957	6.9061	6.4906	6.1182	5.4804	4.9563	4.1511	3.5656	3.1227	2.7768
27	7.9426	6.9352	6.5135	6.1364	5.4919	4.9636	4.1542	3.5669	3.1233	2.7771
28	7.9844	6.9607	6.5335	6.1520	5.5016	4.9697	4.1566	3.5679	3.1237	2.7773
29	8.0218	6.9830	6.5509	6.1656	5.5098	4.9747	4.1585	3.5687	3.1240	2.7774
30	8.0552	7.0027	6.5660	6.1772	5.5168	4.9789	4.1601	3.5693	3.1242	2.7775
35	8.1755	7.0700	6.6166	6.2153	5.5386	4.9915	4.1644	3.5708	3.1248	2.7777
40	8.2438	7.1050	6.6418	6.2335	5.5482	4.9966	4.1659	3.5712	3.1250	2.7778
45	8.2825	7.1232	6.6543	6.2421	5.5523	4.9986	4.1664	3.5714	3.1250	2.7778
50	8.3045	7.1327	6.6605	6.2463	5.5541	4.9995	4.1666	3.5714	3.1250	2.7778
55	8.3170	7.1376	6.6636	6.2482	5.5549	4.9998	4.1666	3.5714	3.1250	2.7778

附录二 各项目知识检测与技能训练参考答案

项 目 一

【知识检测】

一、单项选择题
1—5：CDDBD；6—10：BDCAA

二、多项选择题
1—5：AB、ABCD、ACD、ABCD、ABCD；6—10：ACD、ACD、ABCD、BD、ABC

三、判断题
1—5：×××√√；6—10：×√√×√

【技能训练】

1. 解析：
(1) 优先回答二元制财务机构设置；分别从会计工作和财务管理岗位的工作内容、方法回答。
(2) 回答财务管理四大目标；回答财务管理相关利益人矛盾及协调方法。
(3) 回答财务管理五大环境；回答两大资金筹措渠道。

2. 解析：分别从会计和财务管理的概念内涵、工作对象、工作程序和工作方法不同之处进行分析说明。

项 目 二

【知识检测】

一、单项选择题
1—5：CBCAA；6—10：CCCDB

二、多项选择题
1—5：BC、ACD、BD、ABD、ACD；6—10：AB、AD、ABD、BCD、ABC

三、判断题
1—5：√√××√；6—10：×√××√

【技能训练】

1. 解析：
(1) 方案甲的付款现值 $= 10 + 28 \times (P/A, 10\%, 5) \times (P/F, 10\%, 1)$
$= 10 + 28 \times 3.790\ 8 \times 0.909\ 1$
$= 106.49(万元)$

(2) 方案乙的付款现值 $= 5 + 25 \times (P/A, 10\%, 6)$
$= 5 + 25 \times 4.355\ 3$
$= 113.88(万元)$

(3) 方案丙的付款现值＝10＋15×(P/A,10%/2,8)
　　　　　　　　＝10＋15×(P/A,5%,8)
　　　　　　　　＝10＋15×6.463 2
　　　　　　　　＝106.95(万元)
(4) 方案丁的付款现值＝30×(P/A,10%,6)×(P/F,10%,2)
　　　　　　　　＝30×4.355 3×0.826 4
　　　　　　　　＝107.98(万元)
因为方案甲的付款现值最小,所以应该选择方案甲。

2. 解析：
(1) 甲股票的期望收益率＝0.3×20%＋0.4×10%＋0.3×(−5%)
　　　　　　　　＝8.5%
乙股票的期望收益率＝0.3×30%＋0.4×10%＋0.3×5%
　　　　　　　　＝14.5%
(2) 甲股票收益率的标准差
$$=\sqrt{(20\%-8.5\%)^2×0.3+(30\%-24\%)^2×0.4+(-20\%-24\%)^2×0.3}$$
＝9.76%
乙股票收益率的标准差
$$=\sqrt{(30\%-14.5\%)^2×0.3+(10\%-14.5\%)^2×0.4+(5\%-14.5\%)^2×0.3}$$
＝10.36%
(3) $V_甲$＝σ/E(R)＝9.76%÷8.5%＝114.82%
　　$V_乙$＝σ/E(R)＝10.36%÷14.5%＝71.45%
因为甲方案的标准离差率大于乙方案,所以甲方案的风险较大。
(4) 投资组合的期望收益率＝8.5%×40%＋14.5%×60%＝12.1%

项　目　三

【知识检测】

一、单项选择题
1—5:BAACC;6—10:CDDCC;11—15:DDCAC;16—17:CB

二、多项选择题
1—5: AC、AD、ABD、AB、AB;6—10: AB、ACD、AB、ABD、ABCD;11—15: BC、ABCD、ABD、AD、ABD;16—17:ABC、ABC

三、判断题
1—5:√××√√;6—10:×√×√×

【技能训练】

1. 解析：
A＝(12 000＋6 000)×12%/4＝540

B＝－7 500＋6 000＋2 600－52－540＝508
2 545－C－52－540≥500
解得:C≤1 453,按10万元的倍数取整,得出:C＝1 450
D＝(2 600－1 450)×8％/4＝23－450＋E－690－E×8％/4≥500
解得:E≥1 673.47,按100万元的倍数取整,得出:E＝1 700

2. 解析:
(1) 公司的目标现金余额为50万元,则:A＝50(万元)
(2) B＝1 000×10％＋650×80％＝620(万元)
(3) 3月份新增短期借款＝50－30＝20(万元)

则 C＝612＋20＝632(万元)
(4) D＝750×60％＝450(万元)
(5) E＝1 539＋90＝1 629(万元)

3. 解析:
(1) 单位变动制造费用＝(54 000－48 000)/(5 500－4 500)＝6(元)
固定制造费用总额＝48 000－4 500×6＝21 000(元)

或 固定制造费用总额＝54 000－5 500×6＝21 000(元)
(2) 2×24年第一季度A产品预计制造费用总额＝5 160×6＋21 000＝51 960(元)
(3) A＝6 000×10％＝600
B＝480
C＝4 800＋600－480＝4 920
D＝5 000×10％＝500
E＝A＝600
F＝6 000＋500－600＝5 900
(4) ① 2×24年第二季度的销售收入预算总额＝4 800×200＝960 000(元)
② 2×24年第二季度的相关现金收入预算总额＝5 200×200×30％＋4 800×200×70％
＝984 000(元)

项 目 四

【知识检测】

一、单项选择题
1—5:BBBCA;6—10:BABCA
二、多项选择题
1—5:ABD、ABCD、ABCD、ABCD、AC;6—10:BC、CD、ABC、AC、ABCD
三、判断题
1—5:××√×√;6—10:×××××

【技能训练】

1. 解析:
(1) 资产增加额＝基期销售额×预计销售增长率×资产销售百分比
     ＝10 000×20％×50％＝1 000(万元)
敏感负债增加额＝基期销售额×预计销售收入增长率×负债销售百分比
     ＝10 000×20％×15％＝300(万元)
留存收益增加额＝基期销售额×(1＋预计销售收入增长率)×销售净利率×留存利润率
     ＝10 000×(1＋20％)×10％×40％
     ＝480(万元)
(2) 外部融资额＝预计的资产增加额－预计的敏感负债增加额
     －预计的留存收益增加额
     ＝1 000－300－480＝220(万元)

2. 解析:
由于在资本需要量与产品销量之间存在线性关系,且有足够的历史资料,因此该公司适合使用回归分析法,预测模型为 $Y=a+bX$。具体如表4.7所示。

表4.7

年度	产销量(X)(万件)	资金需要量(Y)(万元)	XY	X^2
2×20	1.8	280	504	3.24
2×21	4.5	480	2 160	20.25
2×22	7.7	610	4 697	59.29
2×23	9.2	730	6 716	84.64
2×24	6.8	600	4 080	46.24
$n=5$	$\sum X=30$	$\sum Y=2\ 700$	$\sum XY=18\ 157$	$\sum X^2=213.66$

代入式4.3和式4.4,

$$b=\frac{n\sum xy-\sum x\sum y}{n\sum x^2-\left(\sum x\right)^2}$$

$$a=\frac{\sum x^2\sum y-\sum x\sum xy}{n\sum x^2-\left(\sum x\right)^2}$$

求得 $a=191.6, b=58.14$
确定资本需要量模型为 $Y=191.16+58.14X$
将2×25年预计产销数量 $X=8.2$ 万件,代入模型,计算出
$Y=191.16+58.14×8.2=667.91$(万元)

项 目 五

【知识检测】

一、单项选择题
1—5:ADDCC;6—10:CCABA

二、多项选择题
1—5:ABCD、ABC、AB、AC、CD;6—10:ABC、BD、BCD、AB、ABC

三、判断题
1—5:√×√√√;6—10:×××××

【技能训练】

1. 解析:
(1) 边际贡献=(销售单价-单位变动成本)×产销量=(50-30)×10=200(万元)
(2) 息税前利润总额=边际贡献-固定成本=200-100=100(万元)
(3) 经营杠杆系数=200/100=2
财务杠杆系数=100/[100-60×12%-10/(1-25%)]=1.26
复合杠杆系数=2×1.26=2.52

或

复合杠杆系数=边际贡献/[息税前利润总额-利息费用-优先股利/(1-所得税税率)]
=200/[100-60×12%-10/(1-25%)]=2.52

2. 解析:
(1) 借款成本=7%×(1-25%)÷(1-2%)=5.36%
债券成本=[14×9%×(1-25%)]/[15×(1-3%)]=6.49%
普通股成本=1.2/[10×(1-6%)]+8%=20.77%
留存收益成本=(1.2/10)+8%=20%。
(2) 企业加权平均资金成本=5.36%×10/100+6.49%×15/100+20.77%×65/100
+20%×10/100=17.01%

3. 解析:
(1) 方案一和方案二比较:
(EBIT-24)×(1-25%)/(10+6)=(EBIT-25-36)×(1-25%)/10
得:EBIT=120(万元)
(2) 方案一和方案三比较:
(EBIT-24)×(1-25%)/(10+6)=(EBIT-25-10)×(1-25%)/(10+4)
得:EBIT=104(万元)
(3) 方案三的利息=(300-4×47.5)/(1+10%)×10%=10(万元)
(4) 方案二和方案三比较:
(EBIT-25-36)×(1-25%)/10=(EBIT-25-10)×(1-25%)/(10+4)
得:EBIT=125(万元)

(5) 当EBIT小于104万元时,应该采用方案一;当EBIT介于104万元~125万元时,应采用方案三;当EBIT大于125万元时,应采用方案二。

4. 解析:

(1) 方案一:总杠杆系数=边际贡献/税前利润
$$=5×(200-120)/[5×(200-120)-125]=1.45$$

方案二:总杠杆系数=边际贡献/税前利润
$$=5×(200-100)/[5×(200-100)-120-500×5\%-200×6\%]$$
$$=1.46$$

方案三:总杠杆系数=边际贡献/税前利润
$$=5×(200-100)/[5×(200-100)-120-500×5\%]=1.41$$

(2) 由于方案二的总杠杆系数最大,所以,方案二的风险最大。

(3) 令每股收益为零时的销量为Q万件,则:

方案一:$[Q×(200-120)-125]×(1-25\%)=0$

得:$Q=1.56$(万件)

方案二:$[Q×(200-100)-120-500×5\%-200×6\%]×(1-25\%)=0$

得:$Q=1.57$(万件)

方案三:$[Q×(200-100)-120-500×5\%]×(1-25\%)=0$

得:$Q=1.45$(万件)

(4) 若销量下降至15 000件时,方案三更好些,理由:若销量下降至15 000件时,采用方案三还有利润,而采用方案二则企业处于亏损状态。

5. 解析:

有三个筹资突破点:75万元、100万元、200万元。

各个筹资范围内的边际资本成本分析如下

(1) 新筹资额小于75万元时,筹资的边际资本成本为:$8\%×40\%+14\%×60\%=11.6\%$。

(2) 新筹资额大于75万元且小于100万元时,筹资的边际资本成本为:$9\%×40\%+16\%×60\%=12\%$。

(3) 新筹资额大于100万元且小于200万元时,筹资的边际资本成本为:$10\%×40\%+14\%×60\%=13.6\%$。

(4) 新筹资额大于200万元时,筹资的边际资本成本为:$10\%×40\%+16\%×60\%=13.6\%$。

项 目 六

【知识检测】

一、单项选择题

1—5:DCDAC;6—10:ACDBC

二、多项选择题

1—5:ABD、ABD、BCD、AB、BC;6—10:ABD、ABC、AC、ACD、ABC

三、判断题

1—5：√√×××；6—10：×√√×√

【技能训练】

1. 甲方案投资利润率 $= \dfrac{15\,000}{100\,000} = 15\%$

   乙方案投资利润率 $= \dfrac{90\,000/5}{100\,000} = 18\%$

   从计算结果来看，乙方案的投资利润率比甲方案的投资利润率高，故选择乙方案。

2. 甲方案回收期 $= \dfrac{100\,000}{35\,000} = 2.86$（年）

   乙方案回收期 $= 2 + \dfrac{100\,000 - 30\,000 - 34\,000}{38\,000} = 2.95$（年）

   从计算结果来看，甲方案的投资回收期短于乙方案的投资回收期，故选择甲方案。

3. (1) 建设期现金净流量

   $NCF_0 = -30$（万元）

   $NCF_1 = -25$（万元）

   (2) 经营期营业现金净流量

   $NCF_{2-10} = (15-10) + \dfrac{55-5}{10} = 10$（万元）

   (3) 经营期终结现金净流量

   $NCF_{11} = 10 + 5 = 15$（万元）

   (4) $NPV = 10 \times [(P/A, 10\%, 10) - (P/A, 10\%, 1)] + 15 \times (P/F, 10\%, 11)$
   $\qquad\quad - [30 + 25 \times (P/F, 10\%, 1)]$
   $\quad = 10 \times (6.144\,5 - 0.909\,1) + 15 \times 0.350\,5 - (30 + 25 \times 0.909\,1)$
   $\quad = 4.885$（万元）

4. (1) 净现值

   $NCF_0 = -30\,000$（元）

   $NCF_{1-6} = 4\,000 + \dfrac{30\,000}{6} = 9\,000$（元）

   $NPV = 9\,000 \times (P/A, 12\%, 6) - 30\,000 = 9\,000 \times 4.111\,4 - 30\,000 = 7\,002.6$（元）

   从计算结果来看，该投资方案净现值大于0，方案可行。

   (2) 现值指数 $= \dfrac{9\,000 \times (P/A, 12\%, 6)}{30\,000} = 1.233\,4$

   从计算结果来看，该投资方案现值指数大于1，方案可行。

   (3) 内含报酬率

   $$(P/A, IRR, 6) = \dfrac{30\,000}{9\,000} = 3.333\,3$$

   采用"试误法"：

   ① 先选用 $IRR = 18\%$ 进行试算：

   $$(P/A, 18\%, 6) = 3.497\,6$$

② 因3.333 3小于3.497 6,可提高试算值,选用IRR=20%试算:
$$(P/A,20\%,6)=3.325\ 5$$
因为3.325 5<3.333 3<3.497 6,所以18%<IRR<20%。用插值法计算:
$$\frac{\text{IRR}-18\%}{20\%-19\%}=\frac{3.333\ 3-3.497\ 6}{3.497\ 6-3.325\ 5}$$
求得IRR=19.91%
从计算结果来看,内含报酬率大于贴现率(期望补偿率),方案可行。

5. 根据债券估价的一般模型:
$$P=1\ 000\times10\%\times(P/A,12\%,10)+1\ 000\times(P/F,12\%,10)$$
$$=100\times5.650\ 2+1\ 000\times0.322$$
$$=887.02(元)$$
当该债券发行价格不超过887.02元时,可以进行投资。

6. 根据债券估价的一般模型:
$$1\ 100=90\times(P/A,i,8)+1\ 000\times(P/F,i,8)$$
解该方程采用"试误法":
① 先选用$i=9\%$进行试算:
$$90\times(P/A,9\%,8)+1\ 000(P/F,9\%,8)$$
$$=90\times5.534\ 8+1\ 000\times0.501\ 9$$
$$=498.13+501.9$$
$$=1\ 000(元)$$
② 因1 000小于1 100,故可判断贴现率低于9%,可降低试算值。选用$i=7\%$试算:
$$90\times(P/A,7\%,8)+1\ 000(P/F,7\%,8)$$
$$=90\times5.971\ 3+1\ 000\times0.582\ 0$$
$$=1\ 119.42(元)$$
因为1 000<1 100<1 119.42,所以7%<i<9%。用插值法计算:
$$\frac{i-7\%}{9\%-7\%}=\frac{1\ 100-1\ 119.42}{1\ 000-1\ 119.42}$$
求得$i=7.33\%$。

7. (1) 首先,计算高速增长期股利的现值:
$$0.6\times(1+12\%)\times(P/F,15\%,1)+0.6\times(1+12\%)^2\times(P/F,15\%,2)$$
$$+0.6\times(1+12\%)^3\times(P/F,15\%,3)$$
$$=0.616\ 2+0.632\ 4+0.649\ 7$$
$$=1.898\ 3(元)$$
(2) 其次,计算正常增长期股利在第3年末股票价值的现值:
$$\frac{0.6\times(1+15\%)^3\times(1+9\%)}{12\%-9\%}$$
$$=33.154\ 2(元)$$
(3) 最后,计算该股票的价值:

$1.898\ 3+33.154\ 2×(P/F,15\%,2)$

$=1.898\ 3+33.154\ 2×0.712$

$=25.50(元)$

8.(1)基金年初认购价值计算如下：

年初基金净资产价值总额＝基金资产市场价值－负债总额＝4 000－500＝3 500（万元）

年初基金单位净值＝3 500/1 000＝3.5(元)

年初基金认购价值应为＝基金单位净值＋首次认购费＝3.5＋3.5×5％＝3.68(元)

W公司购买价为3.3元低于该基金的认购价值3.68元,价格较为合理。

(2)年末基金赎回价计算如下：

年末基金净资产价值总额＝6 000－1 000＝5 000(万元)

年末基金单位净值＝5 000/1 500＝3.33(元)

年末基金赎回价＝3.33(元)

根据计算年末如果要赎回基金,则赎回价为每份3.33＋3.33×60％≈3.53元较为合理。

(3)2×21年W公司持有该基金收益率：

$$基金收益率=\frac{1\ 500×3.33-1\ 000×3.5}{1\ 000×3.5}=42.86\%$$

通过计算,2×21年W公司持有该基金实际收益率42.86％大于预期的40％,达到并超过了预期。

项 目 七

【知识检测】

一、单项选择题

1—5：DBBCB；6—10：CCBBB

二、多项选择题

1—5：ABCD、ABCD、ABC、AC、CD；6—10：ABCD、ABC、ABCD、ABCD、ABCD

三、判断题

1—5：×√×√√；6—10：×××√×

【技能训练】

1.解析：

(1)最佳现金持有量＝[(2×250 000×500)/10％]1/2＝50 000(元)

(2)最佳现金管理总成本＝(2×250 000×500×10％)1/2＝5 000(元)

转换成本＝250 000/50 000×500＝2 500(元)

持有机会成本＝50 000/2×10％＝2 500(元)

(3)有价证券交易次数＝250 000/50 000＝5(次)

有价证券交易间隔期＝360/5＝72(天)

2.解析：

(1)收款平均间隔天数＝10×50％＋20×30％＋30×20％＝17(天)

(2) 每日销售额＝7 200/360＝20(万元)
(3) 应收账款余额＝7 200/360×17＝340(万元)
(4) 应收账款机会成本＝340×10%＝34(万元)

3. 解析：
(1) 经济进货批量＝$\sqrt{2\times72\,000\times40/4}$＝1 200(千克)
(2) 相关总成本＝72 000/1 200×40＋1 200/2×4＝4 800(元)
(3) 平均占用资本＝1 200/2×200＝120 000(元)
(4) 年度最佳进货批次＝72 000/1 200＝60(次)

项　目　八

【知识检测】

一、单项选择题
1—5：ACDDD；6—10：BDBCC

二、多项选择题
1—5：ABCD、ACD、AC、ABD、BC；6—10：AD、AB、AD、CD、ABC

三、判断题
1—5：××××× ；6—10：××√√√

【技能训练】

1. 解析：
(1) 用量差异＝50×(100×11－100×10)＝5 000(元)
(2) 价格差异＝(48－50)×11×100＝－2 200
(3) 成本差异＝用量差异＋价格差异＝5 000＋(－2 200)＝2 800(元)

2. 解析：
(1) 直接人工差异＝实际工时×(实际工资率－标准工资率)
　　　　　　　　＝20 500×(1.4－1.5)＝－2 050
　　直接人工效率＝(实际工时－标准工时)×标准工资率
　　　　　　　　＝(20 500－200×100)
　　　　　　　　＝750
(2) 直接人工差异＝－2 050＋750＝－1 300

3. 解析：
(1) 耗费差异＝17 000－110×200×0.8＝－600(元)
(2) 能量差异＝0.8×(110×200－100×200)＝1 600(元)
(3) 成本差异＝－600＋1 600＝1 000(元)。

项 目 九

【知识检测】

一、单项选择题
1—5:BDCAB ;6—10:CBAAB

二、多项选择题
1—5:ABCD、AB、AC、ABD、ABCD;6—10:CD、BCD、BD、BCD、ACD

三、判断题
1—5:×√×××;6—10:×√√×√

【技能训练】

1. 解析:

(1) 稳定增长的股利政策下,公司2×24年的预期股利=300×(1+10%)=330(万元)。

(2) 固定股利支付率的股利政策下,公司2×24年的预期股利=1 800×(300/1 500)=360(万元)。

(3) 剩余股利政策下,公司2×24年的预期股利=1 800-1 200×(1-40%)=1 800-720=1 080(万元)。

(4) 低正常股利加额外股利政策如下,公司2×24年的预期股利如下:

固定股利=330(万元)

超额股利=1 800-330-1 200×(1-40%)=750(万元)

2. 解析:

(1) 发放股票股利后的未分配利润=3 000-2 000=1 000(万元)。

(2) 股本增加=2 000×2/10×1=400(万元)。

发放股票股利后的股本=2 000+400=2 400(万元)

(3) 发放股票股利后的资本公积=3 000+(2 000-400)=4 600(万元)。

(4) 股票股利不影响投资人的持股比例,因此赵某的持股比例依然是1%[(20+20/10×2×1)/2 400]。

项 目 十

【知识检测】

一、单项选择题
1—5:BABDB;6—10:BCCDC

二、多项选择题
1—5:AC、BC、AD、BCD、ABCD;6—10:BD、ACD、ACD、AC、ABCD

三、判断题
1—5:√√×××;6—10:××××√

【技能训练】

解析：

(1) 所有者权益＝100＋100＝200(万元)；长期负债＝200×0.5＝100(万元)。

(2) 负债和所有者权益合计＝200＋(100＋100)＝400(万元)。

(3) 资产合计＝负债＋所有者权益＝400(万元)。

(4) 销售收入÷资产总额＝2.5＝销售收入÷400。

销售收入＝400×2.5＝1 000(万元)。

销售成本＝(1－销售毛利率)×销售收入＝(1－10％)×1 000＝900(万元)。

销售成本÷存货＝9＝900÷存货。

存货＝900÷9＝100(万元)。

(5) 应收账款×360天÷销售收入＝18＝应收账款×360天÷1 000。

应收账款＝1 000×18÷360天＝50(万元)。

(6) 固定资产＝资产合计－货币资金－应收账款－存货＝400－50－50－100＝200(万元)。

项目十一

【知识检测】

一、单项选择题

1—5：AADAD；6—10：CABBB

二、多项选择题

1—5：ACD、ACD、ABC、ABD、CD；6—10：BCD、BD、ABCD、ABD、ACD

三、判断题

1—5：√×××√；6—10：×××√√

【技能训练】

1. 解析：

(1) 结合企业内外部环境分析回答。

(2) 结合经济环境和政策支持、竞争状况和市场结构、消费者需求和趋势三个方面进行回答。

(3) 结合问题1分析出的结果,有针对性地提出建议。

2. 解析：分别从该企业所处的行业、政治环境、宏观经济因素、技术环境、竞争对手及市场需求等几个方面进行分析。

参 考 文 献

[1] 财政部会计资格评价中心.财务管理[M].北京:经济科学出版社,2023.
[2] 王化成,刘俊彦,荆新.财务管理学[M].9版.北京:中国人民大学出版社,2021.
[3] 张显国,徐庆林.企业财务管理实务[M].北京:北京出版社,2021.
[4] 郑惠尹,张红梅.财务管理[M].北京:中国财政经济出版社,2023.
[5] 杨桂洁白.财务管理实务[M].北京:人民邮电出版社,2019.
[6] 刘光辉,庄小欧.财务管理实务[M].北京:教育科学出版社,2018.
[7] 达江.中级财务管理应试指南[M].汕头:汕头大学出版社,2023.
[8] 贾飞军.企业财务管理中的全面预算管理研究[J].现代商业,2020(32):145-145。
[9] 财政部.管理会计基本指引及应用指引[Z].2016.
[10] 刘淑莲.财务管理[M].6版.大连:东北财经大学出版社,2022.
[11] 中国注册会计师协会.财务成本管理CPA[M].北京:中国财政经济出版社,2022.
[12] 张玉英,毛爱武.财务管理[M].北京:高等教育出版社,2023.
[13] 张文华.财务管理实务[M].北京:电子工业出版社,2022.
[14] 孔德兰.财务管理实务[M].北京:高等教育出版社,2021.
[15] 孔令一.财务管理学[M].大连:东北财经大学出版社,2022.
[16] 魏江,邬爱其.战略管理[M].北京:机械工业出版社,2021.
[17] 黄旭.战略管理:思维与要径[M].北京:机械工业出版社,2020.
[18] 蓝海林.企业战略管理[M].北京:中国人民大学出版社,2021.
[19] 中国注册会计师协会.公司战略与风险管理[M].北京:中国财政经济出版社,2023.